Angela Tillmann
Identitätsspielraum Internet

Geschlechterforschung

Herausgegeben von
Lothar Böhnisch, Heide Funk und Karl Lenz

Angela Tillmann

Identitätsspielraum Internet

Lernprozesse und Selbstbildungspraktiken von Mädchen und jungen Frauen in der virtuellen Welt

Juventa Verlag Weinheim und München 2008

Die Autorin

Angela Tillmann, Jg. 1969, Dr. phil., ist wissenschaftliche Mitarbeiterin am Institut für Sozialpädagogik, Sozialarbeit und Wohlfahrtswissenschaften an der Fakultät Erziehungswissenschaften der Technischen Universität Dresden.

Ihre Arbeitsschwerpunkte sind Medienpädagogik, Mediensozialisation, Medien und Geschlecht, Kinder- und Jugendforschung, Qualitative Medienforschung.

Die vorliegende Arbeit wurde 2006 unter dem Titel „Informelles Lernen im Internet – ‚Identitätsspielräume' in einer virtuellen Gemeinschaft" an der Technischen Universität Dresden, Fakultät für Erziehungswissenschaften, als Dissertation eingereicht.

Bibliografische Information der Deutschen Nationalbibliothek

Die Deutsche Nationalbibliothek verzeichnet diese Publikation in der Deutschen Nationalbibliografie; detaillierte bibliografische Daten sind im Internet über http://dnb.d-nb.de abrufbar.

Umschlaggestaltung: Atelier Warminski, 63654 Büdingen
Umschlagabbildung: Rüdiger Tillmann, Hamburg
Druck nach Typoskript
Printed in Germany

ISBN 978-3-7799-1320-7

Danksagung

Die vorliegende Arbeit ist eine gekürzte Version meiner Dissertation, die ich im Sommersemester 2006 an der Technischen Universität Dresden eingereicht habe. Mein besonderer Dank gilt meinem Erstbetreuer Ralf Vollbrecht, der mir während der Arbeitsphase beratend zur Seite stand und mir die Teilnahme an diversen Konferenzen ermöglichte, über die ich spannende Anregungen für die Arbeit bekam. Weiterer Dank gebührt meinem Zweitbetreuer Lothar Böhnisch, auf dessen Unterstützung ich in der entscheidenden Schlussphase zählen konnte. Ebenfalls Dank gebührt meinem Drittgutachter Theo Hug, der sich sehr schnell und kurzfristig bereit erklärte, das Drittgutachten zu erstellen – und dies mit einer bewundernswerten Sorgfalt tat.

Regina Eichen, Ulrike Schmidt und allen LizzyNet-Redakteurinnen von Schulen ans Netz e.V. möchte ich ganz herzlich dafür danken, dass sie meine Forschungen bis zum Schluss so bereitwillig und engagiert unterstützt haben. Weiterhin möchte ich den MitarbeiterInnen von DigiVision GbR (Köln) danken, da sie während des Forschungsprozesses jederzeit ein offenes Ohr für mich und meine Anliegen hatten.

Ein weiteres herzliches Dankeschön richtet sich an die *Lizzys*, insbesondere die Interviewpartnerinnen. Sie haben mich in Hinblick auf die vorliegende Arbeit inspiriert und mir die Online-Welten um einiges näher gebracht. Der Austausch mit ihnen war erfrischend, lehrreich und hat sehr viel Spaß gemacht. Ihnen ist das Coverbild gewidmet, das Rüdiger Tillmann für dieses Buch gezeichnet hat.

Mein letzter und ganz besonderer Dank gilt Mone, die mich mit viel Geduld durch alle Höhen und Tiefen begleitet hat und mir in allen Arbeitsphasen beratend und unterstützend zur Seite stand.

Viele Einzelpersonen bleiben an dieser Stelle unerwähnt, obwohl sie mir in wesentlichen Momenten begegnet oder wichtige Denkanstöße geliefert haben. Es wird andere und bessere Gelegenheiten geben, ihnen ebenfalls Danke zu sagen.

Inhalt

1. Einleitung

In den 1980er Jahren wurde festgestellt, dass Mädchen und Frauen sich nicht in gleichem Maße für den Computer begeisterten wie Jungen und Männer. Ähnliche Beobachtungen wurden in den Neunzigern dann auch in Hinblick auf das Internet gemacht. Problematisiert wurde die „Technikdistanz" der Frauen und Mädchen von wissenschaftlicher, insbesondere feministischer Seite, da für die Mädchen daraus eine Benachteiligung erwachsen könne. Dabei beziehen sich die WissenschaftlerInnen nicht allein auf die Handhabung von Technik, sondern problematisieren vielmehr die zurückhaltende Partizipation an der Kommunikations- und Vernetzungskultur, der (virtuellen) Öffentlichkeit und den erschwerten Zugang zu neu entstehenden Berufsfeldern. Darüber hinaus wird der IuK-Technologie aber auch eine große Bedeutung hinsichtlich der Transformation des Geschlechterverhältnisses zugeschrieben. So sieht Manuell Castell (2001) in der weltweiten Durchsetzung des „informationstechnologischen Paradigmas"[1] eine erste Möglichkeit zur Infragestellung der bisherigen Geschlechterordnung. Auch in Studien über die neuen Arbeitsstrukturen und -verhältnisse (vgl. Funder/Dörhöfer 2004; Henninger 2004; Winker/Carstensen 2004) werden Transformationsmöglichkeiten ausgemacht. Heidi Schelhowe (1997) weist darauf hin, dass ein sich verändernder Technikbegriff und die neuartigen Qualifikationen bei der Benutzung und in der Konstruktion der Technologie günstige Ausgangsbedingungen für einen Transformationsprozess schaffen würden.[2] Andere AutorInnen sehen Verschiebungen in der traditionalen

1 Nach Castell wird der Industrialismus als gesellschaftlich grundlegendes Paradigma durch den Informationalismus abgelöst. An die Stelle einer industriellen Gesellschaftsformation tritt nun eine informationelle Gesellschaftsformation, „in der die Schaffung, die Verarbeitung, und die Weitergabe von Information unter den neuen technologischen Bedingungen dieser historischen Periode zu grundlegenden Quellen von Produktivität und Macht werden" (2001, S. 22). Informationen bilden den Rohstoff des neuen Paradigmas. Die fünf Merkmale des informationstechnologischen Paradigmas sind für ihn: die (intellektuellen) Technologien, die universell wirken, d.h. alle Prozesse unserer individuellen und kollektiven Existenz werden durch das neue technische Medium geprägt. Dabei folgen jedes System und jeder Beziehungskomplex, die diese neuen Informationstechnologien nutzen, einer Netzwerklogik. Weitere Merkmale des Informationalismus sind die Flexibilität, die durch beständigen Wandel und organisatorische Mobilität gekennzeichnet ist und die zunehmende Konvergenz spezifischer Technologien zu einem hochgradig integrierten System, in dem die alten technologischen Entwicklungsbahnen ununterscheidbar voneinander würden.

2 In dem neuen Technikbegriff ist laut Heidi Schelhowe (1997) nicht nur die Technikkonstruktion und -beherrschung, sondern heute auch die „Softwareentwicklung" aufgehoben.

Grenzziehung zwischen dem Privaten und Öffentlichen, wodurch das wesentliche Fundament für das Geschlechterverhältnis in den Industrienationen ins Wanken geraten könne (z.B. durch die Preisgabe von Privatem auf Homepages). Anfang der 1990er wurde außerdem die Hoffnung geäußert, dass dadurch, dass der Körper im Cyberspace zunächst ausgeblendet sei, ein zeitweiliger Geschlechterrollenwechsel möglich wäre (Genderswapping) (vgl. Turkle 1995). Durch neuartige Begegnungsformen und variantenreiche Selbstkonstruktionen könnten Reflexionsprozesse angestoßen und das Internet somit zu einer „Identitätswerkstatt" werden (vgl. Bruckman 1992).

Viele der Prognosen haben sich bis heute nicht eingestellt. Von einer Demokratisierung des Geschlechterverhältnisses mit Hilfe der neuen Technologien kann nicht die Rede sein. So zeigt z.B. eine Untersuchung bzw. Befragung von Mitgliedsunternehmen des größten Branchenverbandes (Bitcom), dass es sich bei der Informationstechnologie- und Telekommunikationsbranche weiterhin um eine Männerdomäne handelt, die Zahl der beschäftigten Frauen von 1997 mit 27% sogar auf 25% im Jahr 2002 sank und in der Geschäftsführung (7,7%) und im Management (13,1%) kaum Frauen anzutreffen sind (vgl. Funder/Dörhöfer 2004, S. 125ff.). Frauen sind „weder in quantitativer noch in positionaler Hinsicht in den Unternehmen der ITK-Industrie sonderlich stark vertreten, auch sind mehr Frauen als Männer teilzeitbeschäftigt" (ebd., S. 137). Allerdings wird auch deutlich, dass selbst in männerdominierten Unternehmen inzwischen ein stärkerer Legitimationsdruck herrscht, um die Aufrechterhaltung der Geschlechterasymmetrie zu rechtfertigen (vgl. ebd., S. 139).

Einen weiteren Hinweis darauf, dass die neue Technologie nur begrenzt zu einer Demokratisierung des Geschlechterverhältnisses beiträgt, liefern auch Christiane Schachtner und Bettina Duval mit ihrem Forschungsprojekt „E-Network", in dem sie die Kommunikation und Gemeinschaftsbildung in fünf Frauen- und Mädchennetzwerken untersucht haben. Sie stellen fest, dass weiterhin ein „Verteilungskampf um attraktive Räume, auch und gerade um den virtuellen Raum" zu beobachten ist und dass dieser Verteilungskampf in Form von Schließungsmechanismen geführt wird (Schachtner/Duval 2004, S. 288). Diese Schließungsmechanismen machen die Autorinnen nicht nur entlang von Einkommens- und Bildungsgrenzen, sondern auch in Form eines männlichen Dominanzverhältnisses aus, das sich in herabwürdigenden Äußerungen gegenüber Frauen, der Infragestellung von technischem Knowhow bei Frauen und den ausschließlich an männlichen Bedürfnissen sich orientierenden Kommunikationsinhalten äußert. Sie zeigen aber auch, dass sich Mädchen und Frauen unabhängig davon eigene geschlechtshomogene „Räume“ im Internet schaffen und diese nach ihren Bedürfnissen einrichten (vgl. Schachtner/Winker 2005).[3]

Einer dieser geschlechtshomogenen Räume steht im Mittelpunkt der vorliegenden Arbeit. Es handelt sich um ein Online-Angebot von Schulen ans Netz e.V. für Mädchen im Alter von 12 bis 18 Jahren. Dieses Angebot namens „LizzyNet“ (www.lizzynet.de) habe ich Anfang 2000 im Auftrag von Schulen ans Netz e.V. mit konzipiert und ein Jahr redaktionell betreut. Drei Jahre später bekam ich dann als wissenschaftliche Mitarbeiterin an der Professur für Medienpädagogik (TU Dresden) die Möglichkeit, das Netzwerk zu evaluieren. Im Mittelpunkt der Evaluation standen die konkrete Nutzung und Akzeptanz des Angebots (vgl. Tillmann/Vollbrecht 2003). Die im Rahmen der Evaluation erhobenen Daten sind von mir in einer zweiten Auswertungsphase, im Rahmen einer *Grounded Theory Analyse*, neu aufgebrochen und durch weitere Daten ergänzt worden. Mein Fokus richtet sich auf die informellen Lernprozesse und Selbstbildungspraktiken von Mädchen und jungen Frauen im Internet. Hierfür habe ich mich auf die Suche nach einer Kernkategorie begeben, die theoretisch und forschungspraktisch breit genug angelegt ist, um sowohl die inhaltlichen Vorgaben und sozialen Praktiken als auch die strukturellen und sozialräumlichen Rahmenbedingungen zu berücksichtigen.

Aufbau der Arbeit

Gegenstand der vorliegenden Studie ist ein virtuelles, insbesondere für den außerschulischen Bereich konzipiertes Angebot für Mädchen. Wenngleich die präsentierten Ergebnisse bzw. Kategorien in einem spezifischen Nutzungskontext entwickelt wurden, lassen sie sich durchaus auf andere Kontexte übertragen. Sie verweisen zum einen auf die Bedeutung der Medieninhalte und Rahmenbedingungen bei der Nutzung und zeigen weiterhin welche Motive und Interessen das Medienhandeln der Jugendlichen leiten (nicht nur das der Mädchen). Der Wunsch der Jugendlichen/Mädchen nach einer eigenmächtigen Selbstdarstellung bzw. *Selbstkonstruktion* und die Suche nach einem angemessenen Umfeld dafür, in dem sie sich ausprobieren, vielfältig *orientieren* und *zugehörig* fühlen können sowie Anerkennung und *soziale Unterstützung* erfahren, beeinflusst nicht nur das Handeln in diesem speziellen Netzwerk.

3 Die Untersuchung von Gabriele Winker, Ricarda Drüeke und Kerstin Sude (vgl. 2004, S. 253ff.), in der 200 frauenpolitische Netzwerke analysiert wurden, zeigt allerdings, dass das Internet von Frauennetzen immer noch primär als einseitiger Informationskanal ohne Ausnutzung der Interaktivität des Mediums verwendet wird und die Möglichkeiten zur Einflussnahme auf den herrschenden Diskurs noch längst nicht ausgeschöpft werden.

Zu Beginn der Arbeit werde ich das Angebot zunächst kurz vorstellen (Kap. 2). Da das Angebot entwickelt wurde, um Zugangsbarrieren von Mädchen zum Internet/Computer abzubauen, gehe ich zunächst auf das spezifische Verhältnis der Mädchen zu den neuen Technologien ein und werde dann einige Nutzungszahlen zur Computer- und Internetnutzung von Mädchen präsentieren.

Von der Konzeption und Anlage her nimmt das Angebot „LizzyNet" Bezug auf (de-) konstruktivistische Geschlechtertheorien und davon beeinflusste neuere Ansätze zur Mädchenarbeit. Diese werde ich in Kapitel 3 darlegen. Den Theorien und Ansätzen zufolge ist Geschlecht keine biologische Determinante oder fixe Persönlichkeitseigenschaft, sondern wird in alltäglichen Handlungen ständig erzeugt und reproduziert (*doing gender*).

Das Medienhandeln der Mädchen wird in dieser Arbeit vor dem Hintergrund gesamtgesellschaftlicher Modernisierungsprozesse (Kap. 4.1) und der allgemein für die Jugendphase formulierten Handlungsaufgaben (Kap. 4.2) betrachtet, die sich für Mädchen trotz zu beobachtender Wandlungs- und Angleichungsprozesse weiterhin anders gestalten als für Jungen (Kap. 4.3). In der Jugendforschung wird mit Blick auf die Bewältigung der Handlungsaufgaben immer wieder auf die Bedeutung der Peer-Group und Jugendkulturen hingewiesen. Sie stellen für die Jugendlichen eine besonderes Entwicklungs- bzw. Bewältigungsressource dar (Kap. 4.4). Diese Ressource wird von Mädchen in einer anderen Weise genutzt als von Jungen (4.4.1, 4.4.2). Mädchen als auch Jungen greifen dabei jedoch auf ähnliche Unterstützungsleistungen zurück. Die soziale Netzwerk- bzw. Unterstützungsforschung zeigt, zwischen welchen Formen sozialer Unterstützung differenziert werden kann (Kap. 4.5). Bisher hat sich die soziale Netzwerkforschung allerdings vorwiegend mit den Strukturen und Beziehungsqualitäten in realen Netzwerken befasst. In der vorliegenden Arbeit stehen nun die Qualitäten und Funktionen von Online-Beziehungen/Online-Netzwerken im Vordergrund (Kap. 4.6).

Bei der Bewältigung von Handlungsaufgaben in der Jugendphase kommt der Identitätsarbeit eine besondere Bedeutung zu. Identität wird im Kontext der vorliegenden Arbeit in Anlehnung an die Gender Studies (Kap. 5.1), Cultural Studies und Postcolonial Studies (Kap. 5.2) sowie empirische sozialwissenschaftliche Forschung (Kap. 5.3) als ein nie abzuschließendes Projekt konzeptualisiert, das auf narrative und diskursive Weise stetig hergestellt und verändert wird. Greifbar ist Identität nur, indem wir uns selbst erzählen oder inszenieren – also auf performativer Ebene agieren (*doing identity*).

Wie die Identitätskonstruktionen gestaltet werden, darauf haben die Medien heute einen wesentlichen Einfluss (Kap. 6.1). Die Medienpädagogik interessiert sich vor allem dafür, wie Jugendliche die Medien für die Identitätsarbeit und Aneignung von Welt nutzen und wie sie einen souveränen

Umgang mit den Medien und Medieninhalten erlernen; oder – falls dem nicht so ist – welche Bedingungen und Prozesse sie davon abhalten, einen reflektierten, sozial verantwortbaren, kritischen und kreativen Umgang mit Medien zu entwickeln, der es ihnen ermöglicht, Medien sowohl öffentlich als auch privat für ihre Interessen einzusetzen (Stichwort: Medienkompetenz) (Kap. 6.1.1). Ein Ansatz, der die Medien in den Sozialisationskontext hineindenkt und um eine möglichst ganzheitliche Analyse jugendlicher Medienwelten bemüht ist, ist der sozialökologische Ansatz (Kap. 6.2). Sozialisation wird dabei verstanden als Folge einer aktiven Auseinandersetzung mit der symbolischen, sozialen und materiellen Umwelt sowie sich selbst. Dieser Ansatz nähert sich dem Medienhandeln der Jugendliche über den Bezug zur sozialräumlichen Umwelt. Mit diesem Ansatz können allerdings nur Identitätsbildungs- und Unterstützungsprozesse erfasst werden, die sich im realweltlichen Umfeld zeigen. Um auch die virtuellen Praktiken und Erfahrungen erfassen zu können, knüpfe ich an ein Konzept an, das im Rahmen von Überlegungen zu einem spatial turn in der Medienwissenschaft formuliert wurde (Kap. 6.3). Raum bzw. der „Medienraum" wird in diesem Kontext nicht mehr als etwas Gegebenes vorausgesetzt, sondern als etwas sozial Konstituiertes begriffen, das durch Machtverhältnisse geprägt und durch menschliches Tun ständig reproduziert wird. Im Zuge dieser Sichtweise wird dafür plädiert Medien als „Identitätsräume" zu konzeptualisieren und nach ihrer identitätsstiftenden Funktion zu befragen (*doing space*).

Auf der Grundlage dieser theoretischen Überlegungen werden die Ergebnisse bzw. Schlüsselkategorien der Grounded Theory-Studie dargestellt. Mit Hilfe des „paradigmatischen Modells" von Strauss und Corbin (1996) werden zunächst die Verbindungen zwischen den Bedingungen der Internet- und LizzyNet-Nutzung, den Handlungsstrategien, beeinflussenden Faktoren und Konsequenzen gezeigt (Kap. 7); anschließend werden die Schlüsselkategorien dann in Hinblick auf die herausgearbeitete Kernkategorie „Identitätsspielräume" geordnet (Kap. 8). Aus den Ergebnissen lassen sich abschließend Konsequenzen für die inhaltlich-konzeptionelle pädagogische Arbeit ableiten. Darüber hinaus zeigt die Arbeit aber auch weiteren Forschungs- und politischen Handlungsbedarf auf und lädt zu theoretischen Gedankenspielen ein (Kap. 9).

Ich habe mich dafür entschieden, den empirischen Teil etwas umfangreicher zu gestalten (z.B. durch illustrierendes Datenmaterial), da eine abduktive Forschungslogik keine kurze Präsentation bzw. Rezeption der Ergebnisse im Schlusskapitel erlaubt. Außerdem denke ich, dass eine transparente methodische Umsetzung der Methodologie für LeserInnen, die (erstmals) mit der Grounded Theory arbeiten, hilfreich sein kann. In diesem Sinne stellt die Arbeit, um einen meiner Gutachter zu zitieren, vielleicht auch ein Lehrstück in Forschungsmethodik und Forschungspraxis der Grounded Theory dar und kann andere motivieren, sich auf diesen spannenden Forschungsprozess einzulassen.

2. Die Online-Community „LizzyNet“

Die im Rahmen der vorliegenden Studie analysierten informellen identitätsrelevanten Lernprozesse von Mädchen wurden zu einem großen Teil im Rahmen der Nutzung der Online-Community „LizzyNet“ realisiert. Es handelt sich hierbei um eine pädagogisch betreute, im außerschulischen Bereich angesiedelte Lern- und Kommunikationsplattform im Internet, die sich ausschließlich an Mädchen im Alter von 12 bis 18 Jahren richtet. Im Unterschied zu anderen, insbesondere kommerziellen Angeboten für Mädchen, versucht dieses Angebot die bisher dominierende Gender-Orientierung in Frage zu stellen. Dabei werden zwei Strategien verfolgt: Zum einen sollen die Mädchen im Rahmen eines geschlossenen, geschlechthomogenen Lernsettings vor abwertenden männlichen Kommentaren und einem männlichen Dominanzverhalten sowie sexuellen Belästigungen geschützt werden. Weiterhin wird im Rahmen eines sozialisationsbedingten Differenzansatzes nach geschlechtsspezifischen Erlebens- und Verhaltensweisen und Interessen geschaut, um die Mädchen in ihrer Lebenswelt abzuholen. Dabei werden aber – in Anlehnung an Gildemeister und Wetterer (1995) – Reifizierungen vermieden. Die Redakteurinnen gehen also nicht davon aus, dass Mädchen einen per se anderen, gar „weiblichen“ Zugang zur Technik oder zum Internet haben, sondern im Mittelpunkt dieser Herangehensweise steht der Abbau von Zugangsbarrieren. Den Mädchen werden also weder typische Aneignungsweisen unterstellt oder nahe gelegt, noch werden sie mit Themen konfrontiert, mit denen sich Mädchen „normalerweise“ beschäftigen (sollen), wie z.B. Schönheit, Mode, Kosmetik oder die heterosexuelle romantische Liebe. Vielmehr werden Themen jenseits üblicher Rollenklischees angeboten und die Mädchen zu vielfältigen Inszenierungs- und Aktionsformen motiviert. Es wird also insgesamt versucht, geschlechtsgebundene Polarisierungen zu vermeiden. Ziel ist es, Mädchen Zugänge zu neuen Handlungsfeldern, Berufsfeldern und Partizipationsräumen und damit auch neue Zugänge zur Welt zu eröffnen. Wie dieser Anspruch auf der Angebotsseite umgesetzt wird, möchte ich kurz erläutern.

Das gesamte Angebot gliedert sich *heute* in die vier Oberrubriken *Magazin, Community*, *Knowhow* und *Berufswelt.* Die Rubriken setzen jeweils unterschiedliche Schwerpunkte. Im *Magazin* findet die Nutzerin Artikel von der Redaktion und den Mädchen sowie verschiedene Möglichkeiten zur aktiven Teilnahme (z.B. die Online-Zeitung „LizzyPress“ und Wettbewerbe), in der *Community* den Kommunikationsbereich (den persönlichen E-Mail-Account und Steckbrief, die Freundinnenliste, Foren, Chats, Clubs), in der Rubrik *Knowhow* die Internet-Praxis-Angebote (Computerwissen, Design/ Webdesign, Online-Kurse, Online-Spiele) und in der Rubrik *Berufswelt*

Tipps und Tricks für die Berufswahl und Bewerbung (Berufswegweiser, Berufsbilder). Um sicherzustellen, dass die Mädchen unter sich sein können, wurde das Angebot in einen öffentlich zugänglichen und einen geschlossenen Bereich unterteilt, letzterer ist nur per Anmeldung zugänglich. Öffentlich sind das *Magazin* und die *Berufswelt*, geschlossen sind die *Community* und Teile der Rubrik *Knowhow* (Online-Spiele und Online-Kurse).

Die Studie, auf die ich mich im Folgenden beziehe, ist durchgeführt worden, als LizzyNet noch in einem etwas anderen Gewand erschien; das Angebot wurde im Jahr 2006 relauncht. In Hinblick auf die konzeptionelle und inhaltliche Ausrichtung hat sich wenig geändert. Neu hinzugekommen ist die Rubrik *Berufswelt*. Einige Angebote aus diesem Bereich waren vorher in der Rubrik *Knowhow* zu finden. Nicht mehr existent ist die einfache Variante des Homepage-Baukastens (*LizzyPage*). An ihre Stelle ist der ebenfalls schnell und einfach zu generierende *Steckbrief* getreten. Eine weitere Neuerung stellen die *LizzyScouts* dar. Diese treten an die Stelle der *Clubmoderatorinnen*, die in den letzten Jahren in der Rubik *Community* über die selbst gegründeten Interessengemeinschaften zu spezifischen Themen im Netzwerk wachten, z.B. über den Manga- oder Webdesign-*Club*. Die *Scouts* haben einen etwas größeren Verantwortungsbereich von den Redakteurinnen zugewiesen bekommen. Ansonsten sind die Rubriken um weitere einzelne Angebote (z.B. Kurse, Spiele) und Funktionalitäten ergänzt worden.

Das Besondere an dem Angebot LizzyNet ist, dass die zu beobachtenden Lernprozesse außerhalb des institutionellen und formalen Bildungssystems stattfinden. In der Fachwelt hat sich hierfür der Begriff des „informellen Lernens" etabliert (vgl. Dohmen 2001). In verschiedenen Studien wird darauf verwiesen, dass Jugendliche diesen Lernprozessen einen hohen Stellenwert einräumen (vgl. Tully 1994; Overwien 1999; Lipski 2000/2003; Hungerland/Overwien 2004; Wahler/Tully/Preiß 2004; Otto/Kutscher 2004a). Motor des Lernens ist ihr Interesse und die „subjektive Bedeutsamkeit des ausgewählten Gegenstandes" (Lipski 2000, S. 1). Problematisiert wurde, dass diese Lernformen bisher vom öffentlichen, formalen Bildungssystem nicht hinreichend wertgeschätzt und anerkannt wurden – sicherlich auch weil sie *außerhalb* der formalen Bildungseinrichtungen stattfinden. Erst in den letzten Jahren wird diesen informellen Lernprozessen im Zuge des von Politik, Bildung und Wirtschaft geforderten „lebenslangen Lernens" mehr Aufmerksamkeit geschenkt. Unter informellen Lernprozessen werden in der Regel Lernprozesse subsumiert, die außerhalb des formalen Bildungswesens, in der Regel im unmittelbaren Lebens- und Erfahrungszusammenhang und aus vielfältigen Anlässen stattfinden. Gelernt wird im Alltag, in der Freizeit, z.B. in der Kinder- und Jugendarbeit, oder in kommerziellen Erlebniswelten und im Umgang mit Medien. Üblicherweise wird das Lernen in Hinblick auf die Lernziele, Lernzeit und Lernförderung nicht strukturiert und führt üblicherweise auch nicht zur Zertifizierung (vgl. Kommission der Europäischen Gemeinschaften 2001). Laut Jost Reischmann erfolgen die Lernprozesse „en passant", also nebenbei und sind meist nicht beabsichtigt (vgl. 1995, S. 201). Die überwiegende Motivation ist nicht auf das Können, den Erwerb und das Behalten von Wissen gerichtet, trotzdem kann die Lernaktivität aber intentional und vom Individuum selbst gesteuert und selbst organisiert sein (Kommission der Europäischen Gemeinschaften 2001, S. 9, 32ff.).

Das Potential dieser informellen Lernprozesse wird darin gesehen, dass sie in selbst gewählten sozialen Bezügen (z.B. der Peer-Group) und an selbst gewählten Orten (z.B. im Internet) stattfinden und daher hoch motiviert erfolgen. Die Anerkennung und Unterstützung solcher Lernprozesse wird dabei von Overwien (2003) als eine Chance gesehen, um den gesellschaftspolitischen Fokus wieder stärker auf die „Lernfreiheiten" der Subjekte und das Konzept „Bildung" zu legen. Allerdings sind auch andere Stimmen zu vernehmen. Diese orientieren sich stärker an dem Konzept „Arbeit". Das Potential informeller Lernprozesse wird dann darin gesehen, dass Jugendliche nun auch ihre Freizeit nutzen, um sich erforderliche Kompetenzen für die Teilhabe an der Wettbewerbsgesellschaft zu erschließen. Inwieweit in diesem Fall dann noch die Rede von „Lernfreiheiten" sein kann, ist an anderer Stelle zu diskutieren. Im Rahmen der Dissertation interessieren mich die identitäts- und damit bildungsrelevanten informellen Lernprozesse.[4]

2.1 Internet-Nutzung von Mädchen

LizzyNet wurde konzipiert, damit die Mädchen sich stärker als bisher ins Netzgeschehen einmischen, das notwendige Internetwissen aneignen und die kommunikativen Dimensionen der Vernetzungstechnologie kennen lernen. Damit sollte eine Zielgruppe motiviert werden, die zum damaligen Zeitpunkt äußerst selten online war und hinsichtlich der Intensität und des Versorgungsgrades mit Computern und Internetzugängen weit hinter den männlichen Geschlechtsgenossen lag (Feierabend/Klingler 1998; Kielholz 2001).

Betrachten wir die aktuellen Zahlen zur Internet-Nutzung von Mädchen, zeigt sich, dass der Anteil der Mädchen unter den „gelegentlichen Online-

---

4 Es sei an dieser Stelle aber auch darauf hingewiesen, dass die Berufsorientierung für Mädchen eine andere gesellschaftliche Bedeutung hat als für Jungen. Mädchen bzw. Frauen schaffen sich hierüber meiner Ansicht nach eher neue bzw. mehr Handlungsspielräume. In diesem Zusammenhang ist auch zu bedenken, dass in Zeiten der Arbeitsplatzverknappung davon auszugehen ist, dass bei steigender Geschlechterkonkurrenz Frauen wieder häufiger in die familiale Rolle zurückgedrängt werden. Die Mädchen schon frühzeitig in ihrer Berufsorientierung zu bestärken, lässt sich meiner Ansicht nach in diesem Kontext eher als eine Spielraumerweiterung interpretieren.

NutzerInnen“ zugenommen hat. Allerdings macht ein Vergleich mit den parallel ebenfalls angestiegenen Nutzungszahlen der Jungen deutlich, dass die Differenz zwischen den Geschlechtern wiederum zugenommen hat, von zunächst 10,1% auf 14,9% im Jahr 2006 (siehe Tabelle 1).

InternetnutzerInnen 1998 bis 2004 ab 14 Jahre (in Prozent)								
Jahr Gesamt	1998 n=1006		2002 n=1011		2004 n=1002		2006 n=1084	
„gelegentliche Online-Nutzung“	M 15,7	F 5,6	M 53	F 36	M 64,2	F 47,3	M 67,3	F 52,4
Differenz	10,1		17		16,9		14,9	
Anteil der 14- bis 19-Jährigen	15,6		76,9		94,7		97,3	

Tab. 1: Internetnutzung in Deutschland 1998 bis 2007 in Prozent (Quelle: ARD/ZDF-Onlinestudien 1998-2007) (M= Männer, F = Frauen)

In Hinblick auf die Intensität der Nutzung werden ebenfalls Unterschiede deutlich. Laut der JIM-Studie von 2005 sind die Mädchen im Vergleich zu den Jungen deutlich weniger unter den Heavy-UserInnen (-20%), stattdessen stärker unter den Intensiv-UserInnen (+6%), den Low-UserInnen (+12%) und Very-Low-Userinnen (+10%) anzutreffen (vgl. JIM-Studie 2005, S. 35). Mädchen nutzen das Internet also nach wie vor etwas weniger intensiv als Jungen. Auch wird deutlich auf, dass die Mädchen das Internet selektiver nutzen. Im Vordergrund der Nutzung von Mädchen stehen die Kommunikationsmöglichkeiten (E-Mail, Instant-Messaging), an zweiter Stelle dann die Suche nach Informationen für die Schule und Ausbildung, dicht gefolgt von der Informationssuche in der Freizeit. Deutlich weniger Interesse bringen die Mädchen für Spiele, den Musik- und Dateien-Download und die Teilnahme an Newsgroups, die eher einen fachlichen Austausch zu spezifischen Themen versprechen, auf. Nun sind auch die Jungen vorwiegend am Austausch interessiert, zeigen aber hinsichtlich der Nutzungsintensität bei allen abgefragten Aktivitäten ein vielseitigeres Spektrum auf. Unterschiede von über 10% zeigen sich z.B. in den Bereichen Instant-Messaging (+11%), Informationssuche (nicht Schule) (+14%), Nachrichten/Aktuelles (+18%), Musik/Sound hören (+13%), Newsgroups (+12%), Netz-, Multi-User-Spiele (+19%) und dem Dateien-Download (ohne Spiele) (+12%). Außerdem weisen die Jungen insgesamt eine größere Bandbreite an tatsächlich genutzten Internetsites auf (4,6 zu 3,1%). Mädchen nutzen das Internet also deutlich selektiver und liegen hinsichtlich der Nutzungsintensität nur bei der Suche nach Informationen für Schule und

Beruf (+5%) sowie bei den E-Mail- (+2%) und Chattätigkeiten (+1%) vor den Jungen.

Grundsätzlich entsteht damit der Eindruck, dass Mädchen im Internet weniger experimentierfreudig sind und sich lieber auf bekannte und „sichere" Pfade begeben (Kommunikation, Schule, Beruf, Information). In Hinblick auf neuere Dienste oder Partizipationsfelder, die etwas mehr (Fach-) Kenntnisse voraussetzen (z.B. Webtelefonieren, Filesharing-Angebote, Weblogs[5] lesen/schreiben, Webseiten gestalten) präsentieren sich Mädchen zurückhaltender als Jungen. Hinsichtlich der Ausstattung zeigen sich ebenfalls Unterschiede. So verfügen nur 51% der Mädchen gegenüber 69% der Jungen über einen eigenen Computer/Laptop (vgl. JIM-Studie 2006, S. 10).

Von wesentlicher Bedeutung für die Art und Intensität der Nutzung ist allerdings nicht nur die Kategorie Geschlecht, sondern auch der *Bildungshintergrund.* Das zeigt sich zum einen im Computer/Laptop-Besitz; so haben nur 43% der HauptschülerInnen im Vergleich zu 58% der RealschülerInnen und 62% der GymnasiastInnen einen eigenen Rechner. Außerdem nutzen HauptschülerInnen das Internet und die meisten Kommunikationsmöglichkeiten (E-Mail, Instant-Messaging) insgesamt seltener als die Anderen, fallen dann allerdings durch eine überdurchschnittliche Nutzung von Chatrooms auf (vgl. JIM-Studie 2005, S. 3.) Der Zugang der HauptschülerInnen zum Internet scheint zunächst ein kommunikativer (E-Mail, Chatten). Deutlich seltener als Mädchen anderer Schulformen setzen sie das Internet zur Informationssuche für die Schule und den Beruf ein. Ein – im Vergleich zu den anderen SchülerInnen – intensiveres Nutzungsverhalten zeigen die HauptschülerInnen neben dem Chatten außerdem noch im Musik-Download und bei den Netz-Multi-User-Spielen (vgl. ebd., S. 39).

Einfluss auf die Internetnutzung hat neben dem Geschlecht und dem Bildungshintergrund auch das *Alter.* Die Nutzung von Chatrooms übt auf jüngere Jugendliche eine stärkere Attraktivität aus als auf ältere (vgl. ebd., S. 36, 45). Deutlicher noch wird der Unterschied zwischen diesen beiden Gruppen, wenn man sich die Nutzungsfrequenz anschaut. Hier wird deutlich, dass die 12- bis 13-Jährigen das Internet längst noch nicht so häufig nutzen wie die älteren Jugendlichen (vgl. ebd.).

Im Hinblick auf Jugendliche mit *Migrationshintergrund* kann aufgrund einer Sekundäranalyse von Annette Treibel und Elke Billes-Gerhart davon ausgegangen werden, „dass die Eigenschaft ‚Hauptschüler' (also die Kate-

---

5 Weblog setzt sich aus den Begriffen „Web" und „Logbuch" zusammen. Ein Blog enthält i.d.R. Mitteilungen und kommentierte Links, die chronologisch aufgelistet werden. Es erinnert stark an ein Tagebuch, dementsprechend wurde zunächst auch synonym der Begriff „Online-Tagebuch" verwendet. Neben den einfacheren Weblogs haben sich inzwischen auch komplexere Weblogs etabliert, z.B. Audio- und Video-Blogs (Vblog) oder Blogs, die per Handy aktualisiert werden können (Mobile Blog).

gorie Schulform) stärker ‚durchschlägt' als die Eigenschaft ‚Migrationshintergrund'" (2004, S. 155). Migrationsjugendliche sind in der Gruppe der HauptschülerInnen überproportional vertreten und teilen bezüglich der neuen Medien deren charakteristische Merkmale, so z.B. eine geringere Ausstattung, eine eher unterhaltungs- als informationsorientierte Nutzung und weniger intensive Zugriffe.

Zusammenfassend kann festgehalten werden, dass das Geschlecht, der Bildungshintergrund und eng damit verknüpft die kulturelle Herkunft aber auch das Alter Einfluss auf die Internetnutzung nehmen. Es partizipieren zwar deutlich *mehr* Mädchen als vor acht Jahren, die Differenz zwischen den Geschlechtern besteht aber aufgrund der parallelen Zunahme der Nutzungszahlen bei Jungen weiterhin. Mädchen nutzen das Internet immer noch weniger intensiv und weniger vielseitig bzw. selektiver. Zudem verfügen sie seltener über einen eigenen Computer oder Laptop. Neben dem Geschlecht spielt darüber hinaus das Alter, nicht aber der Bildungshintergrund, eine bedeutende Rolle, denn wenn HauptschülerInnen einmal Zugang zum Internet haben, unterscheiden sie sich hinsichtlich ihrer Nutzungshäufigkeit nicht mehr von Jugendlichen anderer Bildungsschichten. Die jüngeren NutzerInnen sind allerdings deutlich seltener online und legen auch andere Interessen an den Tag. Auffallend ist z.B., dass sie sich mit den Hauptschülerinnen die besondere Vorliebe fürs Chatten teilen.[6]

Gründe für die unterschiedlichen Nutzungszahlen bei Mädchen und Jungen wurden vor allem in geschlechtsgebundenen Sozialisationserfahrungen und der unterschiedlichen Technik- bzw. Technologieaffinität von Männern und Frauen gesehen (vgl. Collmer 1997; Rudolph 1997; Walter 1998; Zwick/ Renn 2000). Dabei wird die Umgangsweise mit Technik als ein Resultat der binären Geschlechterordnung betrachtet. Dies bedeutet, dass die Subjekte durch ihren Umgang mit der Technik (z.B. Computer, Internet) lernen, ihre geschlechtliche Identität auszudrücken und sich als „männlich" oder „weiblich" zu positionieren. Das Geschlechterverhältnis präsentiert sich somit als ein sozialer Konstruktionsprozess, an dem die Subjekte sich durch ihr geschlechtsgebundenes Verhalten aktiv beteiligen. Hierfür hat sich in der theoretischen Debatte der Begriff des „doing gender" eingebürgert (vgl. West/Zimmerman 1991) (siehe 3.1). Wie *doing gender* in Hinblick auf die neuen Technologien funktioniert, haben Elisabeth Klaus, Monika Pater und Uta Schmidt (vgl. 1997) am Beispiel der historischen Durchsetzung des Radios sowie der Verbreitung des Internets dargestellt. Sie zeigen, dass Mädchen sich anfangs lieber technikunbegabt geben und kaum dazu ermuntert werden, sich mit technischen Dingen zu beschäftigen. Ihre „Technikskepsis" und „Computer- bzw. Internetabstinenz" benutzen sie unter ande-

6 Einige der Befunde finden sich auch in der vorliegenden Studie wieder. Sie werden im Auswertungskapitel (siehe 7) herausgearbeitet und bei der Entwicklung der Kernkategorie berücksichtigt (siehe 8).

rem zur Darstellung der eigenen geschlechtlichen Identität, dabei bestätigen sie die gesellschaftliche Zuweisung. Mit anderen Worten: Mädchen müssen keinen E-Mail Account einrichten oder eine Website anfertigen können, die Laienrolle passt viel besser zu den Rollenerwartungen und wird dementsprechend auch einfacher ins Selbstbild übernommen. Auch Sabine Collmer resümiert in ihrer Studie über die Aneignungs- und Zugansgweisen von Frauen und Männern zum Computer, dass auf der Basis der alltagsweltlichen Aushandlungen des *doing gender* das Verhältnis zum Computer geklärt wird (vgl. 1997, S. 257).[7] Die Technik nimmt als genderdifferenzierender Faktor innerhalb der Ordnung der Zweigeschlechtlichkeit eine herausgehobene Stellung ein. Zu ähnlichen Ergebnissen kommt Annette Kielholz, die 1997 im Rahmen einer schriftlichen Befragung an Deutschschweizer Schulen ebenfalls auf einige Aspekte des *doing gender* aufmerksam gemacht hat. So besitzen Mädchen sehr viel seltener einen Rechner als Jungen im eigenen Zimmer (15,2% gegenüber 49,6% der Jungen), haben seltener einen Internetanschluss und geben seltener den Anstoß zum Computerkauf zu Hause (16,9% gegenüber 41,5%). Wenn sie am Rechner sitzen, fällt auf, dass sie sich öfter in der Zuschauerrolle befinden als die Jungen (33% gegenüber 13%). Zeigen sie sich in der Freizeit besonders engagiert, müssen sie sich im Vergleich zu den männlichen Intensivnutzern häufiger an entstehenden Nutzungskosten beteiligen. Auch werden sie – nach eigenen Angaben – weniger in ihrem Hobby unterstützt. Insgesamt legen sie außerdem eine signifikant tiefere Kontrollüberzeugung an den Tag, d.h. sie trauen sich den Umgang mit dem Internet weniger zu, haben häufiger Angst etwas falsch zu machen oder fühlen sich durch Unübersichtlichkeit abgeschreckt (vgl. Kielholz 2001).[8]

Wenngleich diese Zahlen ein recht deutliches Bild vom „anderen" Zugang der Mädchen zu Computer und Internet vermitteln, wird von Seiten der Gender-Forschung darauf verwiesen, dass diese Studien und Ergebnisse viele Mädchen (und Jungen) ausblenden und letztlich doch wieder nur zur Reproduktion des Geschlechterdualismus beitragen. Ziel (de-) konstruktivistischer Ansätze ist es stattdessen, Geschlecht neu zu denken und die Konstruktionsspielräume der Geschlechter zu erweitern.

---

7 Sabine Collmer hat auch herausgefunden, dass technikkompetente Frauen im Kontakt mit ihren männlichen Kursteilnehmern, Kunden oder Kollegen ihr „Frau-Sein" strategisch in den Hintergrund stellen müssen, um anerkannt zu werden (vgl. 1997, S. 258).

8 In der vorliegenden Studie wurde anhand desselben Datenmaterials von Simon Baumgartner und Susanne Jäggi ebenfalls festgestellt, dass die Kontrollüberzeugung – die Sicherheit im Umgang mit dem Internet – mit zunehmender Erfahrung zwar auch in der Schule größer wurde, eine Nutzung in der Freizeit allerdings zu weit positiveren Ergebnissen kam. Ihre Erklärung dazu ist, dass „die Schülerinnen und Schüler im Unterricht zu wenig Eigeninitiative entwickeln können und damit im Umgang mit dem Internet ein geringeres Kompetenzerleben haben" (2001, S. 199).

Die konzeptionelle Ausrichtung der untersuchten Online-Community ist in Anlehnung an den (de-) konstruktivistischen Ansatz in der Genderforschung als auch den Erfahrungen und Prinzipien der Mädchenarbeit vorgenommen worden. Die Bezugspunkte werden im Folgenden dargelegt.

3. Doing Gender – in Forschung und Praxis

Seit Anfang der 1990er Jahre wird von Seiten der Frauen- und Gender-Forschung die These vertreten, dass das Geschlecht keine biologische Determinante oder fixe Persönlichkeitseigenschaft ist, also nicht eindeutig, natürlich, anerzogen und unveränderlich ist, sondern in alltäglichen Handlungen ständig erzeugt und reproduziert wird. Diese Betrachtungsweise von Geschlecht markiert einen Wandel vom Gleichheits- über den Differenz- zum Konstruktions- bzw. Dekonstruktionsansatz.[9] Jedem dieser Ansätze liegt eine bestimmte Vorstellung von Geschlecht zugrunde. Diese nimmt Einfluss sowohl auf die Forschung als auch Konzepte der Mädchenarbeit.

3.1 Doing Gender in der Forschung

Im Rahmen des Gleichheitsansatzes wurde zunächst die Ungleichheit zwischen den Geschlechtern thematisiert, mit dem Ziel Diskriminierung im Geschlechterverhältnis aufzuzeigen und zu bekämpfen. Im Mittelpunkt standen die gesellschaftlichen Diskriminierungen und Sozialisationsvorgänge, die Mädchen und Frauen daran hindert, bestimmte gesellschaftliche Teilbereiche zu erobern. „Wir werden nicht als Mädchen geboren, wir werden dazu gemacht" ist der vielsagende Titel eines Buches, in dem Ursula Scheu 1977 die Unterschiede beschreibt, die in der Behandlung von Mädchen und Jungen von Geburt an gemacht werden.

Der Gleichheitsansatz kam in den 1980er Jahren in die Kritik, da es bei dem Streben um Gleichheit offenbar vor allem um eine Angleichung an das männliche Geschlecht ging. Dieses wurde implizit als Norm für beide Geschlechter herangezogen. Im Zuge dessen erschienen Frauen häufig als Defizitwesen; auch wurden ihre Bedürfnisse und Fähigkeiten ausgeblendet. In den Folgejahren rückte die Andersartigkeit von Frauen und damit die Differenz zwischen Frauen und Männern stärker ins Zentrum der Aufmerksamkeit. Ziel war es nun, das spezifisch „Weibliche" zu erforschen und aufzuwerten. Gefordert wurden die Anerkennung der Gleichwertigkeit und das Recht auf gleiche Entwicklungsmöglichkeiten. In den Mittelpunkt der Analyse rückten die gesellschaftlichen Strukturen und Herrschaftsverhältnisse. Geschlecht wurde nun stärker als Strukturkategorie begriffen. Zurückgeführt werden die Unterschiede zwischen Männern und Frauen dabei insbesondere auf die patriarchalen Strukturen in der Gesellschaft, die geschlechterbezogene Arbeitsteilung und unterschiedlichen Erfahrungs- und Alltags-

9 Diese im Folgenden skizzierten feministischen Debatten folgen nicht aufeinander, sondern werden zum Teil gleichzeitig vertreten und auch weiterentwickelt.

welten von Männern und Frauen. Frauenforscherinnen richteten ihre Aufmerksamkeit z.B. auf die Erforschung und Anerkennung des „weiblichen Lebenszusammenhangs" (vgl. Prokop 1976), des „weiblichen Arbeitsvermögens" (vgl. Beck-Gernsheim/Ostner 1978), der „weiblichen Moral" (vgl. Gilligan 1984) und des „weiblichen Sozialcharakters" (vgl. Chodorow 1985).

Kritisiert wurde an diesem Ansatz, dass die Gemeinsamkeiten zwischen Männern und Frauen und Verschiedenheiten zwischen Frauen aus dem Blick geraten. Zudem laufe die feministische Forschung mit ihrem Blick auf „die Frau" und „den Mann" Gefahr, selber zu den binären Vorstellungen über das Wesen der Geschlechter beizutragen und den Geschlechterdualismus zu reproduzieren (vgl. Gildemeister/Wetterer 1995). Weitere Kritik kam von Seiten lesbischer Frauen, „Women of Color", Thirld World Feministinnen sowie Migrantinnen, die sich gegen eine vereinheitlichende Verwendung der Kategorie Frau durch weiße, heterosexuelle Frauen der Mittelschicht wendeten. Sie wiesen darauf hin, dass eine einseitige Fokussierung auf die Kategorie Geschlecht zu kurz greift und andere Kategorien wie Ethnie, Religion und Klasse und die Verknüpfungen mit Rassismus, Sexismus, Heterosexismus zu berücksichtigen seien.[10]

Im Zuge dieser Kritik wird die Kategorie Geschlecht nun selbst zum erklärungswürdigen Phänomen. Hier setzt nun die so bezeichnete „konstruktivistische Wende" an (vgl. Kahlert 2000, S. 26). Das Geschlechterverhältnis präsentiert sich in Anknüpfung daran als ein sozialer Konstruktionsprozess, an dem sich die Subjekte durch ihr geschlechtsgebundenes Rollenverhalten aktiv beteiligen. Geschlecht wird nun als ein ausschließlich soziales Phänomen bzw. Ausgangspunkt und Ergebnis sozialer Interaktionen gesehen (vgl. West/Zimmermann 1991). In der theoretischen Debatte hat sich hierfür der Begriff des *doing gender* eingebürgert. „Das Konzept betont die aktive bzw. interaktive Herstellung, Reproduktion und Variation sozialer Regeln und Strukturen, die wiederum die Praxis der AkteurInnen beeinflussen" (Dausien 1999, S. 236). Geschlecht wird demnach durch bewusste Aktivitäten als auch durch unbewusstes ritualisiertes und habitualisiertes Handeln hergestellt. In Anknüpfung an den ethnomethodologisch[11] fundierten sozialkonstruktivistischen Ansatz wird das differente Handeln von Frauen und Männern nun nicht mehr als frauen- oder männerspezifisch angesehen, sondern als ein Mittel zur Darbietung, Herstellung und Fortschreibung der Geschlechterpolarität – die es aufzulösen gilt. Die Forschungsfrage lautet nun: Was tun die Menschen – bewusst oder unbewusst –, um als Mädchen oder

10 Dieser Diskurs wird heute als sogenannter „postkolonialer Diskurs" aufgegriffen und fortgeführt.

11 Der Doing-Gender-Ansatz entnimmt Anleihen aus der Ethnomethodologie, die Harold Garfinkel in den 1950er Jahren begründet hat. In den ethnomethodologischen Arbeiten wird untersucht, mit welchen alltagspraktischen Handlungen soziale Wirklichkeit hergestellt wird.

Junge, Mann oder Frau agieren zu können und erkannt zu werden (*doing gender*) oder auf welche Weise schaffen sie es, das Geschlechterkorsett zu durchbrechen (*undoing gender*)? Welche Brüche und Widersprüche sind dabei zu beobachten? Dabei steht nicht nur der Herstellungsprozess im Mittelpunkt, sondern auch die Art und Weise, wie diese Differenzen gleichzeitig hierarchisiert und naturalisiert und unter welchen Bedingungen durchbrochen werden. In diesem Ansatz existiert keine Natur vor der Kultur; die Menschen handeln vielmehr in einem bereits gegebenen sozio-kulturellen Kontext. Herausragende Bedeutung kommt hier dem „kulturellen System der Zweigeschlechtlichkeit" zu (vgl. Hagemann-White 1984). Dieses verweist auf den Einfluss der Kategorie Geschlecht auf gesellschaftliche Strukturen und soziale und individuelle Handlungsspielräume. Festgelegt werden die Spielräume bei der Geburt, da Mädchen und Jungen aufgrund ihrer unterschiedlichen Anatomie einem Geschlecht zugeordnet werden und sich im Laufe ihrer Sozialisation dementsprechend zu verhalten lernen. Differenziert wird also zwischen einem biologischem *(sex)* und einem sozio-kulturell geprägten Geschlecht *(gender)*. Im Fokus der sozialkonstruktivistischen Geschlechtertheorie stehen die Voraussetzungen und Konstruktionsmechanismen bzw. alltäglichen geschlechterbezogenen Darstellungs-, Wahrnehmungs- und Zuschreibungsroutinen. Ziel des Ansatzes ist die Irritation des zweigeschlechtlichen Musters in sozialen Interaktionen bzw. – langfristig – die Aufhebung der naturalisierten, bipolaren Geschlechterzuordnung und damit der Geschlechterhierarchie.

Judith Butler hat Anfang der 90er Jahre mit ihrem diskurstheoretischen bzw. meist als „dekonstruktivistisch" betitelten Ansatz die analytische Trennung zwischen dem biologischen und kulturellem Geschlecht radikaler noch als die deutschen Vertreterinnen in Frage gestellt.[12] In ihrem Theoriegebäude existieren keine vorgängigen männlichen oder weiblichen Körper, sondern das vermeintlich natürliche Geschlecht (*sex*) ist immer schon sozial bzw. diskursiv geprägt (vgl. Butler 1997, S. 32ff.). Es gibt keine materiellen, biologischen Grundlagen jenseits der sozialen Praktiken der Bedeutungszuschreibungen und gegenwärtiger Herrschaftsverhältnisse zu entdecken. Für Butler entsteht der (Geschlechts-) Körper durch die *Macht des Diskurses* und *performative Wiederholungen* bzw. geschlechtsgebundene Praktiken (*doing gender*). Sie begreift die Kategorie „Frau" als eine Fiktion, die ihren illusorischen Charakter nur aufrechterhalten kann, indem das Ideal durch seine wiederholte Bezeichnung permanent bestätigt und damit naturalisiert wird. Es gibt nicht das Original „Frau", sondern nur den beständigen Versuch, die Norm aufrechtzuerhalten. Wesentlich in Butlers Konzept ist die Ergänzung des Begriffspaares *sex* und *gender* durch *desire*. Die Wahrnehmung des eigenen Geschlechtskörpers erfolgt demnach nicht nur im Rahmen des Systems der Zweigeschlechtlichkeit, sondern in einer binär or-

---

12 Da Judith Butler eine wesentliche Position im Identitätsdiskurs einnimmt, werde ich in Kapitel 5.1 noch ausführlicher auf ihre Theorie eingehen.

ganisierten *heterosexuellen Matrix*. Die scheinbar natürliche Beziehung zwischen dem anatomischen Geschlecht (*sex*), der Geschlechtsidentität (*gender*), der sexuellen Praxis und dem Begehren (*desire*) entlarvt Butler unter Rückgriff auf Foucault als Effekt moderner, bürgerlicher Diskurse. Im Rahmen einer machtvollen Bezeichnungspraxis wird festgelegt, wie sich Männer und Frauen aufeinander zu beziehen haben. Heterosexualität wird damit zu einer wesentlichen Bedingung für die Subjektwerdung (*Zwangsheterosexualität*). Butler fordert die feministische Politik stärker noch als VertreterInnen des sozialkonstruktivistischen Ansatzes auf, sich jenseits biologisch fundierter Kategorien neu zu denken und zu entwerfen.

Wenngleich Butler den sozialkonstruktivistischen Ansatz radikalisiert, sind Gemeinsamkeiten festzustellen. Sowohl der sozialkonstruktivistische als auch der dekonstruktivistische Ansatz berauben *sex* und *gender* ihrer Naturhaftigkeit, kritisieren das binäre System der Zweigeschlechtlichkeit und denken Geschlecht als sozial-kulturelle Konstruktion. Sie gehen also davon aus, dass wir kein Geschlecht *haben*, sondern es beständig *herstellen*, es immer wieder mit neuen Bedeutungen versehen und uns dabei auf vorherrschende Diskurse, insbesondere auf das heteronormative System der Zweigeschlechtlichkeit, beziehen. Geschlecht stellt sich in diesem theoretischen Kontext als eine subjektive Konstruktionsleistung und damit als potentiell gestaltbar und veränderbar dar. Beide Ansätze haben außerdem gemein, dass sie geschlechtliche Zuschreibungen vermeiden und versuchen die Geschlechterdichotomien aufzuweichen. Butler verweist mit dem Hinweis auf die Wirkmacht der heterosexuellen Matrix allerdings stärker noch auf die konstitutive Rolle des Begehrens für die Herstellung des Geschlechts. Weiterhin schärft sie den Blick für Verwerfungen und Ausschlüsse, die mit jeder Konstituierung eines Subjekts einhergehen.

3.2 Doing Gender in der Mädchenarbeit

Entstanden ist die heute praktizierte „emanzipatorische Mädchenarbeit" Ende der 1970er Jahre im Kontext der zweiten Frauenbewegung. Die Pädagoginnen orientierten sich an zielgruppen- und gesellschaftspolitischen Zielen und Prinzipien, die sich in Anknüpfung an den differenztheoretischen Ansatz etabliert haben (vgl. Brinkmann 2006, S. 82ff.):

- Die Förderung der *Neu- und Aufwertung „weiblicher" Fähigkeiten*, wie z.B. Fürsorge, Empathie und Anerkennung. Außerdem sollen bisher unterdrückte Fähigkeiten zugelassen werden, die qua gesellschaftlicher Zuschreibung eher Männern eigen sind.
- *Betroffenheit* zeigen, die in einer patriarchalisch strukturierten Gesellschaft von einem gemeinsamen Erfahrungshintergrund und einer gleichen Benachteiligung der Mädchen/Frauen ausgeht.
- *Parteilichkeit* an den Tag legen, die sich aus der gemeinsamen Betroffenheit ergibt – mit dem Ziel, sich auf struktureller Ebene für bessere soziale

und politische Rahmenbedingungen des Aufwachsens von Mädchen einzusetzen.
- *Geschlechtergetrennte Gruppen und Räume* anbieten, die den Mädchen Schutz-, Frei-, Lebens-, Gestaltungs-, Erfahrungs- und Lernräume jenseits männlicher Normen, Werte und Anforderungen geben und sie für gemischtgeschlechtliche Kontexte stärken.
- *Ganzheitlichkeit* der Lebenswirklichkeit der Mädchen berücksichtigen, d.h. das Leben der Mädchen in Gesamtheit und Vielfalt erfassen.
- *Jungenarbeit* fördern, denn nur wenn sich Jungen selbstkritisch mit ihrer Männlichkeit und Position im Geschlechterverhältnis auseinandersetzen, können die Ziele der Mädchenarbeit nachhaltig erreicht werden.

Seit einigen Jahren wird in Anknüpfung an (de-)konstruktivistische Ansätze allerdings intensiv diskutiert, inwieweit der Blick der Mädchenarbeit auf die mögliche Benachteiligungen von Mädchen nicht weiterhin zur Herstellung und Verfestigung der Geschlechterkategorie „Mädchen" beiträgt (vgl. Meyer/Seidenspinner 1998). Mit der Betonung auf Ungleichheit würde der Eindruck geweckt, dass nur das weibliche Geschlecht aufgrund der Geschlechtszugehörigkeit Probleme hätte (vgl. Rose/Scherr 2000, S. 66). Auch gebe es eine Diskrepanz zwischen den Anliegen der Mädchenarbeit und den Selbstdefinitionen der Mädchen (vgl. Rose 2000, S. 241). In Anknüpfung daran wird von der Mädchenarbeit gefordert, den gesellschaftlichen, insbesondere geschlechterbezogenen Wandel in den Blick zu nehmen und sich stärker an aktuellen Problemlagen zu orientieren (vgl. Brinkmann 2006, S. 100ff.). In Abkehr von der bisher dominierenden, aber nicht mehr erfolgreichen Komm-Struktur der Mädchenarbeit soll außerdem genauer definiert werden, welche Zielgruppe wie adressiert wird und was genau die Mädchenarbeit erreichen will (vgl. ebd., S. 103). Grundsätzlich ist die Mädchenarbeit aufgefordert, sich stärker mit den Veränderungen in der weiblichen Lebensführung auseinandersetzen und somit gesamtgesellschaftliche Modernisierungsprozesse, insbesondere die Individualisierung und Medialisierung zu berücksichtigen sowie aktuelle Geschlechtertheorien und -diskurse wahrzunehmen (vgl. Meyer/Seidenspinner 1998).

Bezugnehmend auf diese Kritikpunkte formuliert Tanja Marita Brinkmann einige innovative Vorschläge für die Mädchen- bzw. geschlechterbewusste Jugendarbeit (2006, S. 96ff.):

a) Generationsirritationen als Weiterentwicklungspotential nutzen

Vor dem Hintergrund der unterschiedlichen Lebenswelten und biografischen Erfahrungen von Pädagoginnen und Adressatinnen sollte nicht mehr auf Solidarität und Gemeinsamkeiten gesetzt, sondern sollten die Individualisierungsbestrebungen der Mädchen ernst genommen werden. Gefragt sei eine stärker inhaltsorientierte Arbeit und intensivere Diskussion über aktuelle Geschlechtertheorien.

b) Von der gemeinsamen Betroffenheit zur Verschiedenheit

Es kann nicht mehr von einer „gemeinsamen Betroffenheit" bzw. einem gemeinsamen Erfahrungshintergrund von Pädagoginnen- und Adressatinnen ausgegangen werden, vielmehr sind die Unterschiede zwischen den Generationen und die enorme Variabilität innerhalb der Mädchengeneration anzuerkennen.

c) Überdenken des Parteilichkeitskonzepts

Wenngleich es auf politischer Ebene weiterhin sinnvoll ist, sich parteilich für Mädchen gegen bestehende Ungleichheiten einzusetzen, sind auf der Ebene mädchenpädagogischer Beziehungen mögliche Vereinseitigungstendenzen zu reflektieren; auch ist von einem moralisch überhöhten Anspruch abzusehen. Zudem gefährde die Parteilichkeit eine notwendige Distanz und blende aus, dass auch Jungen von Mädchen diskriminiert werden können.

d) Von der Aufwertung „weiblicher" Eigenschaften zu deren (De-) Konstruktion

Indem „weibliche" Fähigkeiten hervorgehoben und „männliche" Fähigkeiten und Handlungsweisen ausgewiesen werden, fördern Pädagoginnen Polarisierungen und Stereotypisierungen. Stattdessen sollten Klischees entlarvt und de-konstruiert werden, z.B. indem Zweigeschlechtlichkeit und geschlechterbezogene Zuschreibungen als eine Konstruktion und Reduktion der Variabilität entlarvt und Mädchen und Jungen für die Konstruktionsmechanismen sensibilisiert werden. Statt der Dualismen sind Sowohl-als-Auch Kategorien in den Vordergrund zu stellen. Zudem sei auf Verwerfungen und Ausschlüsse zu achten.

3.3 Doing Gender – Undoing Gender bei LizzyNet

Das Angebot LizzyNet lässt sich, blendet man den Träger für einen Moment aus, als offenes Angebot der außerschulischen Jugendarbeit mit einer Komm-Struktur charakterisieren. In einem geschützten, geschlechtshomogenen Raum werden den Mädchen verschiedene Angebote zur Auseinandersetzung mit sich und der Welt gemacht. Es geht darum, die Kompetenzen von Mädchen zu fördern, ihr Selbstwertgefühl zu stärken und ihren Handlungsspielraum zu erweitern. Von der Konzeption und Anlage her nimmt das Angebot Bezug auf neuere Gender-Theorien. Es knüpft allerdings mit der geschlechtshomogenen Ausrichtung auch an tradierte differenztheoretisch begründete Prinzipien der Mädchenarbeit an, die allerdings flexibel gehandhabt werden. Es wird nicht angenommen, dass Mädchen einen anderen Nutzungsstil *haben*, vielmehr wird ihnen ein virtueller Raum zur Verfügung gestellt, in dem sie ihren eigenen individuellen Mediennutzungsstil *entwickeln* und weiter *ausdifferenzieren* können. Geschlecht stellt damit zwar zunächst eine Eintrittskarte dar, dieses Ticket dient im Weiteren dann aber dazu, sich ein neues Handlungsfeld zu erschließen. Auf diese

Weise – so das erklärte Ziel von LizzyNet – lassen sich die Geschlechterdifferenzen, die derzeit zwischen Jungen und Mädchen in Hinblick auf die Internetnutzung noch bestehen, für die Nutzerinnengruppe ausgleichen. Das Angebot unterstützt dabei die Bildung partieller Solidaritäten: Mädchen tun sich also zusammen, nicht weil sie Mädchen sind, sondern weil sie gemeinsame Erfahrungen oder eine Vorliebe zu spezifischen Themen teilen. Unterschiede zwischen Mädchen werden nicht ausgeblendet, vielmehr wird explizit auf die vielfältigen Interessen und Online-Aktivitäten der Nutzerinnen hingewiesen. Zudem ist das Angebot teilnehmerinnenorientiert, d.h. es knüpft an die Interessen und Ideen der Mädchen an und fordert sie zur aktiven Mitarbeit auf.

In Anknüpfung an die oben angeführten theoretischen Ansätze und vor dem Hintergrund der Kritik an der differenztheoretisch orientierten Mädchenarbeit sowie neueren Ansätzen, die zu einer Entdramatisierung[13] des Geschlechts in der praktischen Mädchen- und Kinder- und Jugendarbeit auffordern, werde ich im Folgenden zunächst einige Einflüsse der gesamtgesellschaftlichen Modernisierungsprozesse auf die Jugendphase skizzieren. Anschließend stelle ich die für diese Phase formulierten Handlungsaufgaben dar, die sich – so wird weiterhin gezeigt – für Mädchen nach wie vor etwas anders gestalten als für Jungen. Mit Blick auf die *weibliche Lebensführung* wähle ich dabei zunächst eine differenztheoretische Herangehensweise, werde aber auch den Einfluss weiterer Kategorien (ethnische Herkunft, Bildungshintergrund) und die Wandlungs- und Angleichungsprozesse zwischen den Geschlechtern berücksichtigen. Die gesellschaftliche Zustandsbeschreibung und die Konkretisierung der Handlungsaufgaben dienen als Grundlage für die nachfolgende Grounded Theory Analyse.

---

13 Hannelore Faulstich-Wieland verwendet diesen Begriff in Anlehnung an Erving Goffman. Sie plädiert dafür, die Geschlechterunterscheidung und -konstruktion zu bestimmten Zeitpunkten und an bestimmten Orten in den Hintergrund treten zu lassen und somit Geschlecht zu neutralisieren bzw. zu entdramatisieren (vgl. 2002, S. 46ff.).

4. Informelle Lernprozesse in der Jugendphase

Jugendliche setzen sich in der Jugendphase erstmals aktiv, emotional und reflektiert mit den hormonellen und psychischen Veränderungen, ihrem Körper, ihrer Biographie und Zukunft und damit auch dem gesellschaftlichen Strukturwandel auseinander. Im Folgenden werde ich zunächst auf die strukturellen Rahmenbedingungen und Herausforderungen der heutigen Jugendphase eingehen und im Anschluss daran die für diese Phase typischen Handlungsaufgaben für die Jugend insgesamt und für Mädchen im Besonderen herausarbeiten. In Anknüpfung an die soziale Netzwerk- und Unterstützungsforschung werde ich weiterhin auf die in Peer Groups praktizierten Hilfeleistungen eingehen und Hinweise dafür bringen, dass diese Unterstützungsleistungen nicht mehr nur offline, sondern auch online geleistet werden.

4.1 Aufwachsen in Zeiten der Globalisierung

In der sozialwissenschaftlichen Jugendforschung wird im Zuge des gesellschaftlichen Strukturwandels und feministischer Kritik nicht mehr davon ausgegangen, dass wir es mir *einer* Jugend und einer eindeutig vom Kindes- und Erwachsenensein abgrenzbaren Jugendphase zu tun haben. Vielmehr wird ein Strukturwandel der Jugendphase bzw. die Entstrukturierung und Entgrenzung der Jugendphase konstatiert, die durch eine längere Verweildauer im Bildungssystem (vgl. Baacke/Heitmeyer 1985; Heitmeyer/Olk 1990) („Postadoleszenz") und auch eine offene und ungewisse Übergangsphase in die Arbeitswelt gekennzeichnet ist (vgl. Schröer 2004; Schröder 2006), sodass sich das ehemalige „Moratorium" für viele Jugendliche als ein dauerhaftes Provisorium präsentiert (vgl. Lappe 1999; Wahler 2000).

Wesentliche Gründe für den Strukturwandel der Jugendphase werden in dem global agierenden digitalen Kapitalismus, in der Destabilisierung der Arbeitsgesellschaft und der zunehmenden Individualisierung der Gesellschaft gesehen, derzufolge Individuen aus traditionellen Lebenswelten und Lebenszusammenhängen herausgelöst werden und verstärkt auf der Suche nach neuen Arten der sozialen Einbindung sind (vgl. Beck 1986). Konstatiert wird in Folge dessen eine Pluralisierung von Lebensstilen und die Entwicklung diverser jugendkultureller Praktiken bzw. die Ausdifferenzierung von Jugendkultur. Neben bekanntere Szenen wie z.B. die Techno- der Gothic-Szene treten heute vielfältige andere Szenen, Bewegungen, Gruppen, Tribes, Fangemeinden, die von je unterschiedlicher Dauer sind und sich in Hinblick auf ihre Einstellungen, Symbole, Rituale, Events, Medienaffinitäten usw. voneinander unterscheiden. In diesen Kulturen suchen Jugendliche Sinn, Orientierung und Zugehörigkeit. Diese neuen Vergemeinschaftungen markieren allerdings nur eine Seite der Medaille; auf der anderen Seite lässt sich eine zunehmende Tendenz zur Individualisierung und „Selbstbeherrschung" beobachten, d.h. der/die Einzelne fühlt sich immer stärker für sein/ihr Leben allein zuständig und blendet strukturelle Ausgangs- und Rahmenbedingungen aus. Dies betrifft z.B. auch die Herstellung und Vermarktung des eigenen Arbeitsvermögens (Stichwort: Selbstökonomisierung, vgl. Voß/Pongratz 1998).

Bezogen auf die Lebensplanung und den Lebenslauf Jugendlicher bedeutet die Individualisierung auf der einen Seite also durchaus mehr Freiheitsgrade, z.B. im Sinne der Stärkung individueller Lebens- und Richtungsentscheidungen, aber eben auch eine zunehmend biographische Ungewissheit und Selbstorganisation. Dementsprechend gelten die Herausforderungen, mit denen Jugendliche nach Ansicht der Arbeitsgruppe Bielefelder Jugendforschung im Jahr 1990 konfrontiert wurden, auch heute noch:

> „Die Schwierigkeiten und Störanfälligkeiten zeigen sich darin, daß Jugendliche im Vergleich zu früheren Jugendgenerationen mehr entscheiden *können* (also größere Optionsvielfalt haben) – aber auch entscheiden *müssen* (also unter Entscheidungszwängen stehen) – ohne daß sie zumeist wissen, woraufhin sie denn entscheiden *sollen* (weil die Kriterien der Entscheidung selbst unklar und die Berechenbarkeit der Folgen der Entscheidungen unübersichtlich geworden sind)." (vgl. Arbeitsgruppe Bielefelder Jugendforschung 1990, S. 27, H.i.O)

Mit den Einflüssen der Globalisierung haben die Schwierigkeiten und Störanfälligkeiten zugenommen.[14] Der Begriff der Globalisierung beschreibt laut Ulrich Beck den Prozess der zunehmenden internationalen Verflechtung und Intensivierung von globalen Beziehungen in den Bereichen der Wirtschaft, Politik, Kultur und Umwelt (vgl. ebd. 1997, S. 46ff.). Diese Entwicklung wird forciert durch die (Neo-) Liberalisierung des Welthandels und die neu enstehenden Kommunikations-, Transport- und Handelswege. In Folge dessen wird die Einheit von Nationalstaat und Nationalgesellschaft

14 Grundsätzlich sei darauf hingewiesen, dass weder der Begriff der Individualisierung noch der der Globalisierung einen gänzlich neuen Entwicklungsprozess beschreiben. Vielmehr hat es immer schon Vorformen oder frühere Formen gegeben. In Hinblick auf den „primären Individualisierungsschub" – für Beck (1986) beginnt die „sekundäre Individualisierung" in den 1950er Jahren – setzt man hier den Übergang vom Hochmittelalter zur Neuzeit an, als sich die ökonomische Produktion allmählich aus dem familiären Zusammenleben herauslöste. Die Globalisierung beginnt bereits bei früheren länderübergreifenden Formen wirtschaftlichen Austausches, die häufig verknüpft waren mit Eroberung, Missionierung und Kolonialisierung.

immer mehr in Frage gestellt. Es bilden sich neuartige Macht- und Konkurrenzverhältnisse sowie auch Konflikte (vgl. ebd.). Für die Jugendlichen zeigen sich die neuen Konkurrenzverhältnisse und Konflikte z.B. im Bereich des Bildungssystems (Einführung der Bachelor-Master-Struktur, Einsparung von Bildungszeit, Fokussierung auf Eliten) und bei der Propagierung neuer kultureller Leitwerte (Flexibilität, Mobilität). Fehlende Ausbildungs- und Arbeitsplätze und Einschnitte in die sozialen Sicherungssysteme markieren weitere Unsicherheitsmomente. Jugendliche müssen sich also heute in einer zunehmend komplexer werdenden Gesellschaft zurechtfinden, die geprägt ist von dem Verlust traditioneller Bindungen, der Verschärfung sozialer Gegensätze, einer temporären und „flexiblen Spezialisierung" auf dem Arbeitsmarkt und dem rapiden Tempo des sozialen Wandels. Zur Bewältigung dieser neuen Herausforderungen greifen sie – je nach Geschlecht, kultureller Herkunft, Bildungshintergrund u.a. in Zukunft noch näher zu bestimmenden Einflussfaktoren – auf unterschiedliche Lebensweisen und Bewältigungsstrategien zurück.

Damit wird deutlich, dass der Begriff Jugend in vielerlei Hinsicht zu ungenau ist. Und doch macht es weiterhin Sinn, von einer – wenngleich auch zeitlich weniger begrenzten, entstrukturierten und entgrenzten – Jugendphase zu sprechen. Argumente hierfür liefern die anatomischen, physiologischen und hormonellen sowie kognitiven Veränderungsprozesse in dieser Phase. Diese Entwicklungen markieren weiterhin eine erkennbare Grenze zwischen den Lebensphasen Kindheit und Jugend bzw. Jugend und Erwachsensein. Körperliche Veränderungen gehen einher mit einem kognitiven Entwicklungssprung[15] und einer daran geknüpften erstarkten Selbstreflexivität. Die/der Jugendliche setzt sich erstmals seit der Kindheit bewusst mit sich und ihrem/seinem Selbstbild auseinander. Die Suche nach einer eigenen Identität steht im Mittelpunkt. Dies zeigt sich z.B. auch in dem erwachenden Bestreben der Jugendlichen, sich mit Hilfe eines Mode-, Musikstils, spezifischer Freizeit- und Medien-Präferenzen, also jugendkultureller Praktiken in Szene zu setzen bzw. eigenständig und unabhängig von den Eltern zu inszenieren und zu definieren. Erst in der Jugendphase eröffnet sich der „mitwirkende Entscheidungsspielraum etwa für die Schul- und Berufslaufbahn, die Ehe und den Familienzyklus, die Wahl des Freizeit-, Medien und Konsumverhaltens, Wahl der Freundschaftsbeziehungen, der Arbeitsstelle, der Wohnung, des Wohnortes, der politischen, religiösen und alltagspragmatischen Einstellungen etc." (Ferchhoff/Neubauer 1997, S. 119). Damit wird auf ein Konzept verwiesen, dass in der Jugendforschung bis heute

15 Hier sei auf das kognitive Entwicklungsmodell von Jean Piaget verwiesen, in dem das Kind einen kognitiven Entwicklungssprung ab ca. dem zwölften Lebensjahr macht.

relevant ist: die so genannten Entwicklungs- bzw. Handlungsaufgaben im Jugendalter.[16]

4.2 Handlungsaufgaben im Jugendalter

Die gesellschaftlichen und kulturellen Anforderungen, mit denen Jugendliche sich neben den hormonellen und körperlichen Veränderungsprozessen konfrontiert sehen, lassen sich noch heute auf die *Entwicklungsaufgaben* zurückführen, die Havighurst, beeinflusst durch Eriksons Theorie der psychosozialen Entwicklung, für die amerikanische Gesellschaft vor ca. sechs Jahrzehnten formuliert hat. In der Logik des entwicklungspsychologischen Modells wurde ursprünglich davon ausgegangen, dass der endgültige Übergang in das Erwachsenenalter erst dann möglich ist, wenn alle jugendspezifischen Anforderungen bewältigt und zugleich die psychodynamischen Veränderungen sowie der Prozess der inneren Ablösung vom Elternhaus abgeschlossen sind (Oerter/Montada 1987, S. 276). Zu den so genannten Aufgaben gehörten laut Havighurst (1972):

- die Akzeptanz der eigenen körperlichen Erscheinung und effektive Nutzung des Körpers,
- die Übernahme der männlichen oder weiblichen Geschlechterrolle
- der Aufbau neuer und reifer Beziehungen zu Altersgenossen beiderlei Geschlechts,
- die emotionale Unabhängigkeit von den Eltern und von anderen Erwachsenen,
- die Vorbereitung auf Ehe und Familienleben,
- die Vorbereitung auf eine berufliche Karriere,
- Werte und ein ethisches System erlangen, das als Leitfaden für das Verhalten dient,
- die Entwicklung einer Ideologie,
- sozial verantwortliches Verhalten erstreben und erreichen.

Eva und Michael Dreher haben diesen Katalog in ihren Untersuchungen Mitte der 1980er Jahre betätigt, ihn allerdings auch um die historische Dimension ergänzt: „Sie ist für Entwicklungsaufgaben insofern wirksam, als sowohl gesellschaftliche Verhältnisse wie persönliche Werte und Zielsetzungen von Gegenwartsproblemen und vom jeweiligen Zeitgeist beeinflußt sind“ (1985a, S. 58). Hier ließen sich die beschriebenen Individualisierungs- und Globalisierungstendenzen anführen. Dreher und Dreher (1985b) weisen außerdem darauf hin, dass sich die Jugendlichen *gleichzeitig* mit mehreren Entwicklungsaufgaben auseinandersetzen und der Katalog der Entwicklungsaufgaben durch folgende Punkte ergänzt werden müsste:

16 Im folgenden Kapitel wird geklärt, wie es zu der begrifflichen Verschiebung von den Entwicklungs- zu den Handlungsaufgaben kommt.

- Über sich im Bilde sein (Gewinn von Selbständigkeit, Selbstsicherheit und Selbstkontrolle)
- Aufnahme intimer und emotionaler Beziehungen zum Partner/zur Partnerin
- Entwicklung einer Zukunftsperspektive in eigener Regie

In einer Langzeitstudie haben Jürgen Barthelmes und Ekkehard Sander (2001) Anfang des 21sten Jahrhunderts die Jugendlichen selber aufgefordert, die für sie relevanten Entwicklungsthemen zu benennen. An den Themen der Jugendlichen, die in Tabelle 2 dargestellt sind, wird deutlich, dass bestimmte der ursprünglich genannten Aufgaben für die in Deutschland lebenden Jugendlichen auch heute noch relevant sind.

Altersphase	Vorherrschende (Entwicklungs-) Themen entsprechend der Aussagen der Jugendlichen
mit 13/14 Jahren	- Abschied von der Kindheit - Verstärkung der Freundschaftsbeziehungen - Entdeckung und Bewusstwerden des eigenen Körpers
mit 15/16 Jahren	- Schule, Lernen - Ablösung von den Eltern - Freundschaften und „erste Liebe" - Abgrenzung und Auseinandersetzung
mit 19/20 Jahren	- Paarbeziehungen/Partnerschaft - Ausbildungswege, Berufsaussichten, Studium

Tab. 2: Entwicklungsthemen Jugendlicher (Quelle: Barthelmes/Sander 2001, S. 139)

Erwähnt werden muss allerdings, dass sich der Katalog eng am heterosexuellen System der Zweigeschlechtlichkeit orientiert und Themen Jugendlicher mit nicht-deutscher kultureller Herkunft ausblendet. Auch werden die gesellschaftliche Wandlungsprozesse und materiellen Lebensbedingungen der Jugendlichen nach wie vor vernachlässigt. Zudem verlaufen typische Punkte der Jugendentwicklung, wie z.B. die Ablösung von der Herkunftsfamilie und der Generationenkonflikt heute wesentlich abgeschwächter (vgl. Böhnisch 2005, S. 146).

Grundsätzlich wird außerdem von einer stärkeren soziokulturellen Selbstständigkeit heutiger Jugendlichen ausgegangen. Jugendlichen demonstrieren diese Eigenständigkeit vor allem in der Medienwelt, Konsumwelt und Peer-Group. Ihre Gemeinschaftserlebnisse finden dabei stärker in medialen Umwelten statt, werden durch Medienvorlieben initiiert und durch eine parallele Mediennutzung zelebriert. Darüber hinaus erleichtern und unterstützen die Medien auch die Bildung überörtlicher Gesellungsformen und Gemeinschaftsbildungen, z.B. das Fantum oder – so im Fall der vorliegenden

Arbeit – die Bildung „virtueller Gemeinschaften“ (vgl. Tillmann/Vollbrecht 2006b). Weiterhin ist bekannt, dass Medien auch bei der Identitätsentwicklung eine bedeutende Funktion zukommt. Hier eröffnet das Internet den Jugendlichen interessante neue Kommunikations- und Experimentierräume (vgl. z.B. Bruckman 1992; Turkle 1995, 1999). Medien – darauf wird später noch ausführlicher eingegangen – fungieren somit als verlässliche Begleiter in einer von starken Veränderungen und Unsicherheiten geprägten Phase (siehe ausführlich 6.1).

Die von Havighurst formulierten Entwicklungsaufgaben stellen also keinen Aufgabenkatalog dar, „auf den sich pädagogisches Handeln einschwören könnte“ (Baacke 2000, S. 55). Sie knüpfen vielmehr an normierte Lebensentwürfe in westlichen Gesellschaften an, die so nicht von allen Jugendlichen gewählt werden (können). Von Seiten der Identitätsforschung wird daher dafür plädiert, statt von Entwicklungs- zukünftig von Handlungsaufgaben zu sprechen (vgl. Straus/Höfer 1997; Keupp u.a. 2002). Damit wird zum einen die normative Basis des Konzeptes von Havighurst problematisiert, zum anderen aber auch berücksichtigt, dass die Bewältigung der Aufgaben nicht auf die Jugendphase beschränkt ist.

In Hinblick auf die inhaltlichen Anforderungen und strukturellen Rahmenbedingungen zur Bewältigung dieser Aufgaben sowie die zu entwickelnden Bewältigungsstrategien ist nach Geschlecht, sozialer und kultureller Herkunft zu unterscheiden.

4.3 Handlungsaufgaben für Mädchen im Jugendalter

In neueren gendersensiblen Studien wird darauf hingewiesen, dass sich die Geschlechterverhältnisse in den letzten Jahrzehnten stark gewandelt haben und Unterschiede innerhalb der Gruppe der Mädchen größer sind als zwischen ihnen. Ungleichheiten lassen sich immer weniger oder nicht nur am Geschlecht, sondern auch an anderen Kategorien festmachen. Im Folgenden werden einige Bereiche aufgezeigt, in denen sich die Wandlungsprozesse beobachten lassen. Ich beziehe mich dabei vor allem auf eine sekundäranalytische Studie zu weiblichen (und männlichen) Lebenszusammenhängen (vgl. Cornelißen u.a. 2002).[17]

17 Die Sekundäranalyse stützt sich auf Daten des Statistischen Bundesamtes, auf repräsentative Jugendstudien und einige Spezialuntersuchungen, in denen die Handlungsspielräume und die Teilhabe von Mädchen, jungen Frauen und Jungen bzw. jungen Männern in verschiedenen Lebensbereichen verglichen und analysiert wurden (Shell-Jugendstudie 2000; Jugendsurvey des DJI 1992, 1997; IPOS Jugendstudie 1993, 1995, 1999).

4.3.1 Schule, Ausbildung, Übergang in den Beruf

Mädchen und jungen Frauen sind am Ende der Schulzeit, Berufs- und Hochschulausbildung den Jungen in Hinblick auf formale Chancengleichheit gleich- oder sogar besser gestellt (vgl. Geissler/Oechsle 2000). Sie entwerfen von sich aus heute vielfältige „Lebenspläne" (Geissler/Oechsle 1996) über die weibliche Normalbiographie hinaus und fordern die Gleichberechtigung in allen Lebensbereichen ein (vgl. auch Beck/Beck-Gernsheim 1990; Seidenspinner et al. 1996). Grundsätzlich bewerten Mädchen und junge Frauen im Alter zwischen 16 und 29 Jahren die Bereiche Schul- und Berufsausbildung sowie Beruf und Erwerbsarbeit durchgängig höher als junge Männer. Im Osten ist der Unterschied dabei stärker ausgeprägt als im Westen (vgl. Cornelißen u.a. 2002, S. 19ff.). Dies trifft jedoch nicht für alle Mädchen zu, denn ein Großteil der Migrantinnen verfügt über einen niedrigeren Bildungsabschluss oder erreicht keinen Schulabschluss. Es werden allerdings auch Unterschiede zwischen den Migrantinnen deutlich (vgl. ebd.). Obwohl die formale Chancengleichheit in Bezug auf den Schulbesuch also zumindest bei „deutschen" Mädchen weitestgehend verwirklicht ist, die jungen Frauen im Vergleich zu den männlichen Mitschülern inzwischen sogar die besseren Noten haben – dies zeigt sich auch innerhalb der Gruppe der MigrantInnen –, sind für Mädchen die Aussichten auf dem betrieblichen und schulischen Ausbildungssektor weiterhin ungünstiger. Die an *Berufsfachschulen* ausgebildeten typischen Frauenberufe (im Gesundheits-, Erziehungs- und sozialen Sektor) eröffnen ihnen im Erwerbsleben schlechtere Chancen sowohl in finanzieller Hinsicht als auch in Hinblick auf die Positionierung und Aufstiegschancen.[18] In den eher von Mädchen ergriffenen *Ausbildungsberufen* Floristin, Friseurin, Bäckerin und Schneiderin erhalten die Mädchen außerdem eine deutlich geringere Ausbildungsvergütungen (vgl. ebd., S. 62ff.). Weiterhin zeigt sich, dass das *Berufswahlspektrum* der Mädchen und jungen Frauen nach wie vor deutlich geringer ist als das der Männer. 50% der Frauen wählen zwischen 10 Berufen (im Vergleich zu 37% der Männer) – in dieser Reihenfolge: Bürokauffrau, Arzthelferin, Kauffrau im Einzelhandel, zahnmedizinische Fachangestellte, Friseurin, Industriekauffrau, Fachverkäuferin im Nahrungsmittelhandwerk, Kaufrau für Bürokommunikation, Hotelfachfrau und Bankkauffrau (vgl. Statistisches Bundesamt 2005a, 2005b). Grundsätzlich können junge Frau-

18 Carol Hagemann-White (1992) hat einige Gründe aufgezeigt, warum „Frauenberufe" für Mädchen so attraktiv sind. Zum einen eignen sie sich für Konstruktion und Darstellung weiblicher Identität, zum anderen suggeriert der hohe Frauenanteil in diesen Berufen, dass die Vereinbarkeitsleistung von Familie und Beruf hier gelingen kann. Außerdem lässt die gelebte Erfahrung es ihrer Ansicht nach zweifelhaft erscheinen, ob Mädchen gut beraten sind, „Männerberufe" zu ergreifen und sich potentiellen sexuellen Belästigungen auszusetzen. Außerdem können Mädchen im Unterschied zu Jungen nicht annehmen, dass der Beruf ihnen eine geglückte Ehe vermittelt oder sie gar durch die Berufserfahrung zur guten Mutter (die Jungen: zum Vater) werden.

en außerdem mit einem im Schnitt schlechteren Verdienst bei gleicher Qualifikation rechnen. Laut einer Studie des Instituts für Arbeitsmarkt- und Berufsforschung verdienen Arbeitnehmerinnen mit gleicher Qualifikation und Berufserfahrung im selben Betrieb und im gleichen Job Vollzeit arbeitend im Schnitt 12% weniger als ihre männlichen Kollegen. Dieser Abstand hat sich seit Mitte der 90er Jahre nicht verringert (vgl. DIE ZEIT, Nr. 37, 08.09.2005, S. 31). Auch die Karrierebestrebungen von jungen Frauen werden durch gegenläufige Tendenzen des Arbeitsmarktes wie z.B. die starke Unterrepräsentanz von Frauen in Spitzenpositionen der Politik, der Wirtschaft, der Justiz, der Massenmedien und der Hochchulen gebremst. Am Beispiel der Hochschule zeigt sich, dass der Frauenanteil mit zunehmendem Qualifikationsniveau kontinuierlich abnimmt. Darüber hinaus sind geschlechtstypische Orientierungen auszumachen, Frauen sind vor allem in den Sprach- und Kulturwissenschaften (Germanistik, Anglistik, Amerikanistik, Romanistik) und weniger in den Naturwissenschaften (Informatik, Physik) anzutreffen. Einen Anstieg um 50% hat es in den letzten 20 Jahren in den Bereichen Humanmedizin, Rechts-, Wirtschafts- und Sozialwissenschaften gegeben (vgl. Stürzer 2002, S. 72ff.). Auffällig ist weiterhin, dass Kinder, deren Väter Beamte, Selbstständige oder Angestellte sind, überdurchschnittlich häufig ein Studium beginnen – unabhängig davon, ob das Kind weiblich oder männlich ist. An dieser Situation hat sich seit Mitte der 1990er Jahre kaum etwas geändert (vgl. BMBF 2002, S. 204ff.)

4.3.2 Lebensform und Familie

Junge Frauen vollziehen den Übergang in Ehe und Familie rascher als junge Männer: Sie ziehen zu einem biographisch früheren Zeitpunkt von zu Hause aus (vgl. Linssen/Leven/Hurrelmann 2002, S. 56), gehen früher feste Partnerschaften ein, wohnen eher mit ihrem Partner zusammen, heiraten früher und entscheiden sich früher für Kinder als junge Männer – dies gilt verstärkt für Frauen in den neuen Bundesländern (vgl. Knothe 2002b, S. 96ff.). Dennoch bleibt ein Drittel der Frauen heute kinderlos. Auffällig ist weiterhin, dass junge Mütter ihre beruflichen Pläne weiterhin zugunsten familiärer Aufgaben zurückstellen und den Hauptteil familialer Reproduktions- bzw. Sorgearbeit übernehmen. Die egalitärste Arbeitsteilung im Haushalt haben erwerbstätige Paare ohne Kinder (vgl. BMFSFJ/Statistisches Bundesamt 2003, S. 14ff.). Gründe dafür, dass Frauen weiterhin die Reproduktions- und Sorgearbeit übernehmen, werden neben den tradierten Rollenbildern auch in den unzureichenden öffentlichen Betreuungsangeboten für Kinder unter drei Jahren gesehen. Regina Becker-Schmidt (1987) hat in diesem Zusammenhang den Begriff der „Doppelten Vergesellschaftung" geprägt und damit darauf hingewiesen, dass die Vergesellschaftung von Mädchen auf die Teilhabe an zwei (widersprüchlichen) Lebensbereichen abzielt: Familie und Erwerbsarbeit. So werden junge Mädchen in der Familie nicht nur weiterhin durch die spezifische Spielzeugauswahl (z.B.

Puppen) oder die älteren in der Schule (12- bis 15-jährige Mädchen) durch das Angebot von Schulfächern (z.B. Hauswirtschaft) und eine längere Beteiligung an der Hausarbeit in der Familie auf ihre zukünftige Mutterrolle vorbereitet, auch an den Erziehungsvorstellungen von Müttern wird deutlich, dass Mädchen weiterhin auf die familialen Aufgaben hin erzogen werden. Laut einer Umfrage von Hannelore Faulstich-Wieland (vgl. 1999, S. 47ff.) werden Erziehungsziele wie z.B. „Zärtlichkeit", „Hilfsbereitschaft" und „Haushaltsführung" von Müttern weiterhin bei Mädchen favorisiert; wenngleich „Durchsetzungsvermögen" und „selbstständiges Denken" auch sehr weit oben platziert sind – bei den Jungen jedoch deutlich weiter vorn.[19] Deutlich weniger wichtig ist für die Mütter, dass ihre Töchter technisches Verständnis und handwerkliches Können erwerben (siehe Tabelle 3).

Erziehungsziele	für Mädchen		für Jungen	
	%	Rang	%	Rang
Zärtlichkeit	73,2	1	59,7	9
Durchsetzungsvermögen	65,1	2	73,5	2
Selbstständiges Denken	64,2	3	76,6	1
Hilfsbereitschaft	62,5	4	59,3	10
Haushaltsführung	62,1	5	14,5	21
(...)	(...)	(...)	(...)	(...)
Computerkenntnisse	20,8	19	45,0	17
Politisches Interesse	19,2	20	36,3	19
Technikverständnis	15,7	21	61,4	6
Handwerkliches Können	13,5	22	60,3	8

Tab. 3: Mütter bewerten Erziehungsziele für Mädchen und Jungen – in Prozent (Quelle: Faulstich-Wieland 1999)

Trotz der weiterhin zu beobachtenden tradierten Rollenverteilung und -zuschreibungen wird in einer in den Jahren 1991 bis 1998 durchgeführten Längsschnittstudie des Deutschen Jugendinstitutes (DJI) deutlich, dass die Mädchen und jungen Frauen sehr vielfältige sinnstiftende und handlungsleitende Lebensthemen haben. Wenngleich die Lebensthemen „Doppelorientierung auf Familie und Beruf" und „Familie" in der Häufigkeit weiterhin ganz oben stehen, gesellen sich weitere Themen wie „eigener Weg", „Beruf", „Suche nach Orientierung", „gemeinsamer Weg" und „Aufrechterhaltung des Status Quo" dazu (vgl. Keddi et al. 1999, S. 101ff.). Bei nahezu allen im Rahmen der Studie interviewten Frauen wird deutlich, dass Frauen

19 Interessant in diesem Zusammenhang ist, dass sich die Mädchen laut der Shell Jugendstudie 2006 zwar ebenso fleißig und ehrgeizig wie Jungen und junge Männer geben, aber im Vergleich zu 2002 nicht mehr so durchsetzungswillig wie diese zeigen (vgl. ausführlich Shell Jugendstudie 2006).

in unterschiedlichen Lebensphasen durchaus unterschiedliche Prioritäten setzen und die Berufstätigkeit insgesamt an Bedeutung gewonnen hat.

4.3.3 Freizeit

Die zeitlichen Spielräume in der Freizeitgestaltung fallen für Mädchen geringer aus als für Jungen. Diese Tendenz hat sich seit 1991/1992 verstärkt, sodass jüngere Mädchen (10- bis 14-Jährige) inzwischen über 28 Minuten und ältere Mädchen (14- bis 18-Jährige) über 45 Minuten weniger Freizeit verfügen als die gleichaltrigen Jungen (vgl. Cornelißen/Blanke 2004, S. 163ff.). Gründe hierfür finden sich u.a. in der Familienarbeit. Jüngere Mädchen verwenden hierfür mit 19 Minuten und ältere mit 37 Minuten deutlich mehr Zeit als Jungen. Allerdings zeigt sich auch, dass die Mädchen mit ihrer Zeitverwendung keineswegs unzufriedener sind als Jungen:

> „Es entsteht vielmehr der Eindruck, sie seien auch mit der gebundenen Zeit (Ausbildung, Beruf und Hausarbeit) zufriedener als Jungen und könnten ihre knappere persönliche Zeit für sich subjektiv mindestens ebenso befriedigend wie Jungen nutzen (vgl. Cornelißen/Blanke 2004, S. 173).

Bei der inhaltlichen Ausgestaltung der Freizeit fallen geschlechtsspezifische Akzente auf, wobei die Diskrepanzen in der deutschen Population geringer sind als in der Population der MigrantInnen. Unterschiede in der zeitlichen Verteilung zeigen sich bei den Computerspielen, die eher von Jungen präferiert werden sowie im Bereich Sport/Bewegung/Natur.[20] Mädchen verwenden stattdessen mehr Zeit für Lesen und soziale Kontakte (vgl. ebd., S. 170). In Hinblick auf die Sportbeteiligung und das Sportverhalten zeigen sich Migrantinnen deutlich weniger engagiert als gleichaltrige deutsche Mädchen (vgl. Boos-Nünning/Karakasoglu 2003). Als Gründe hierfür werden strukturelle Hindernisse als auch variierende kulturbedingte Wertvorstellungen und Körperkonzepte angeführt (vgl. Schaoua/Keiner 2006, S. 139). Die deutschen Mädchen treiben im Vergleich zu Jungen ebenfalls weniger Sport. Ein Review von 108 Studien ergab in 96% aller Vergleiche im Jugendalter (13- bis 18-Jährige) signifikante Unterschiede in der Sportbeteiligung zuungunsten der Mädchen (vgl. Sallis/Prochaska/Taylor 2000). Außerdem bevorzugen Jungen und Mädchen unterschiedliche Orte des Sporttreibens – Jungen sind eher in der Freundesgruppe, Mädchen allein sportlich aktiv. Jungen nehmen zudem stärker an einem außerunterrichtlichen

---

20 Zumindest für diese Studie gilt es zu berücksichtigen, dass ca. zwei Drittel aller Jugendlichen keinen Sport treiben und keine Computerspiele spielen. Die deutlichen Unterschiede zwischen den Geschlechtern kommen also durch wenige Intensivsportlerinnen und Computerspielnutzerinnen zustande (vgl. Cornelißen/Blanke 2004, S. 173). Andere Studien zeigen jedoch insbesondere in den Bereichen Sport und Computerspiele sehr deutliche geschlechtsbezogene Unterschiede (vgl. z.B. Sallis/Prochaska/Taylor 2000; Fritzsche 2000; JIM-Studie 2006) (s.u.)

und vereinsorganisierten Sport teil, Mädchen stattdessen häufiger an ausschließlich informellen Sportaktivitäten (v.a. Fitness, Körperbildungsprogramme). Weiterhin treiben Mädchen weniger Mannschaftssportarten und Rückschlagspiele und sind häufiger an Individualsportarten beteiligt (insbesondere Reiten und Tanzen)[21]. Wenn geschlechtsuntypische Sportarten betrieben werden, dann überschreiten offenbar eher die Mädchen die Geschlechtergrenzen (vgl. Überblick bei Burrmann 2006, S. 178ff.). Begründet wird dies damit, dass der Umgang mit dem Körper und die Teilnahme am Sport in das sozialkulturelle System der Zweigeschlechtlichkeit eingebunden ist. Mädchen werden demnach zu unterschiedlichen Bewegungs- und Sportaktivitäten angeregt und da männliche Sportarten offenkundig prestigeträchtiger sind, können sie sich für diese auch schneller begeistern. Jungen hingegen können „femininere" Sportarten weniger gut mit ihrem Selbstbild vereinbaren.[22]

Weitere Differenzen im Freizeitverhalten zeigen sich beim Einkaufsbummel, der insbesondere von Mädchen praktiziert wird. Hierbei steht laut Birgit Bütow auch die Erprobung und Entwicklung des weiblichen Geschmacks im Mittelpunkt (vgl. Bütow 2000, S. 40; Fritzsche 2000, S. 206ff.). Historisch neu ist die Bedeutung, die Mädchen der Zugehörigkeit zu einer Clique beimessen (vgl. Cornelißen u.a. 2002). Es zeigt sich allerdings, dass Mädchen dann vor allem in mädchendominierten Cliquen oder wenig stilorientierten, offenen Szenen anzutreffen sind (Bütow 2000, S. 55) (siehe ausführlich 4.4.2).[23]

In Hinblick auf die Mediennutzung lassen sich weitere Differenzen beobachten. Laut der JIM-Studie 2006 nutzen Jungen und junge Männer – entsprechend ihrer höheren Ausstattung mit Geräten – Computer und das Internet, vor allem Computer- und Konsolenspiele häufiger als Mädchen. Letztere bevorzugen stattdessen Musikmedien, mit Ausnahme des MP3-

---

21 Insgesamt ist offenbar ein Trend dahingehend zu beobachten, dass individualisierte, selbstbezogene Körperübungen zunehmen. Das Sporttreiben richtet sich auf den eigenen Körper und dessen Leistungsfähigkeit, auf Fitness und ästhetische Modellierung. Dies gilt wohl auch zunehmend für Männer (vgl. Burrmann 2006, S. 185). Der Breitensport stellt sich damit als ein weiteres kulturelles Feld dar, in dem sich die oben skizzierten Individualisierung- bzw. gesellschaftlichen Wandlungsprozesse niederschlagen.

22 Der Männerforscher Robert William Connell hat mit seinem Begriff der „hegemonialen Männlichkeit" und seiner Unterscheidung in verschiedene Männlichkeitstypen auf das Über- und Unterordnungsverhältnisse der Geschlechter aufmerksam gemacht. Er weist darauf hin, dass die Nähe zur Frau den Männern nicht zu Ehre gereicht bzw. ihre gesellschaftliche Vormachtstellung in Frage stellt. Ein Beispiel für minderwertige Männlichkeit in einer patriarchalen Gesellschaft stellen für ihn z.B. Schwule dar.

23 In der Studie von Birgit Bütow sind die jüngeren Mädchen zur Hälfte in Mitglied einer zumeist durch Mädchen dominierten Clique, die 16- bis 18-Jährigen sind zu zwei Dritteln in einer Gleichaltrigengruppe, in der der Geschlechterproporz ausgeglichen oder zugunsten der Jungen verschoben ist (vgl. 2000, S. 43).

Players und lesen häufiger Bücher. Ansonsten zeigen sich allerdings nur geringe Unterschiede: Mädchen sehen etwas häufiger fern, lesen öfter Zeitschriften, Zeitungen und Comics und gucken etwas häufiger Videos (vgl. JIM-Studie 2006, S. 12). In Hinblick auf die Medienbindung werden die Unterschiede dann deutlicher. Bei Jungen steht der Computer für ein Drittel vergleichsweise unangefochten auf dem ersten Rang. Mit Abstand folgt das Internet; ähnlich hoch ist die Bindung an das Fernsehen. Bei Mädchen und jungen Frauen gibt es keinen eindeutigen Favoriten. Doppelt so häufig wie Jungen votieren Mädchen aber für Bücher und das Radio. Berücksichtigt man den Bildungshintergrund wird deutlich, dass HauptschülerInnen zum Internet eine deutlich geringere Bindung haben (12%) als RealschülerInnen (18%) oder GymnasiastInnen (23%). Stattdessen sprechen sie sich mehr für Computer, Bücher und MP3-Player aus (vgl. ebd., S. 17). Im Rahmen der Shell Jugendstudie 2000 wurde deutlich, dass der Anteil der 15- bis 23-jährigen türkischen Mädchen, die in der Freizeit nicht am Computer arbeiten, wesentlich größer ist als bei deutschen Mädchen (vgl. Fritzsche 2000, S. 206ff.). In Hinblick auf die favorisierten Medieninhalte im Fernsehen wird weiterhin deutlich, dass jüngere und ältere Mädchen bevorzugt beziehungsorientierte Stoffe sehen, Jungen favorisieren eher action- und kampfgeladene Zeichentrickserien mit starken Männerfiguren, die sich in einer bedrohlichen Umwelt und physischen Konfliktsituationen erfolgreich behaupten können (vgl. Götz 2003).

Gründe für das bisher dargelegte differente Freizeitverhalten von Mädchen und Jungen werden im Sozialisationsprozess gesehen. Wenngleich Mädchen sich untereinander stark unterscheiden, arbeiten sie sich doch alle weiterhin – in unterschiedlicher Intensität – an der kulturellen Setzung „Weiblichkeit“ ab. Das heißt die Subjektentwicklung des Mädchens erfolgt nach wie vor im Rahmen des kulturellen Systems der heterosexuellen Zweigeschlechtlichkeit. Wenngleich diverse Spielarten des *doing gender* praktiziert oder auch konterkariert werden und sich die soziokulturellen Schnittmuster für eine kohärente Geschlechteridentität somit stetig wandeln, liefert das asymmetrische System der Zweigeschlechtlichkeit aber weiterhin einen Platzanweiser, zu dem sich die Mädchen positionieren müssen.

4.3.4 Umgang mit dem Körper

Weitere Gründe für die im vorherigen Abschnitt skizzierte geschlechterdifferente Sportbeteiligung und das Sportverhalten liefert auch die Körpersozialisation. Der Körper ist *der* zentrale Austragungsort bei der Suche nach Identität (vgl. Helfferich 1994). Jugendliche lernen in ihrem körperbezogenen oder -vermittelten Verhalten ihre Männlichkeit und Weiblichkeit auszudrücken. Die körperbezogenen Erfahrungswelten der Geschlechter unterscheiden sich dabei in vier Punkten (vgl. Kolip 1997, S. 97f.):

- Die Anerkennung durch andere ist für Mädchen in der Adoleszenz mehr als für Jungen vermittelt über das Erfüllen ästhetischer Normen;
- der weibliche Körper wird mehr als der männliche sexualisiert;
- das Akzeptieren des eigenen Körpers erfolgt für Mädchen in vielen Fällen vor dem Hintergrund sexueller Gewalterfahrungen,
- Mädchen wird spätestens ab der Pubertät vermittelt, dass weibliche Umbruchphasen medikalisiert werden.

Ein Beispiel für die Punkte eins und zwei stellen die negativen Mädchenfiguren dar: die „Schlampe“ und das „Flittchen“. Sie weisen auf den Balanceakt hin, den Mädchen vollführen müssen: die Abgrenzung von der subtilen Abwertung des Weiblichen auf der einen Seite und die Bedrohung der sexuellen Geschlechtsidentität durch ein untypisches Verhalten, z.B. sexuelle Bewegungsfreiheit, auf der anderen Seite (vgl. Breitenbach/Kausträter 1998, S. 397). Klaus-Jürgen Tillmann resümiert nach einer sekundäranalytischen Betrachtung aller bundesdeutschen Repräsentativstudien der Schul- und Jugendforschung der 1970er und 1980er Jahre, dass sich die Situation für Mädchen zwischen dem 12ten und 16ten Lebensjahr gänzlich anders darstellt als für Jungen. Ihre kindliche Rolle wird deutlich früher als bei den Jungen erotisch eingefärbt und ihr Selbstwert wird in nicht geringem Maße von der eigenen sexuellen Attraktivität abhängig gemacht. Die unterschiedliche Sexualmoral und der „erotische Entwicklungsvorsprung“ der Mädchen bringen die Mädchen häufig in eine widersprüchliche, oft auch konfliktgeladene Situation. Auf der einen Seite sind sie aufgefordert, ihren Platz in der „erotischen Kultur“ (Elger u.a. 1984, 100, zitiert in Tillmann 1992, S. 25) zu finden, werden sie aufgrund ihrer Weiblichkeit für die (prestigeträchtigen) Älteren interessant, zugleich wird ihre Entwicklung von den Eltern aber auch mit Sorge betrachtet: „Sie sollen attraktiv sein, aber nicht aufreizend. Sie sollen ihre „Sinnlichkeit“ im Rahmen der „Sittsamkeit“ entwickeln und präsentieren“ (Tillmann 1992, S. 25). Dabei legen die Jungen hinsichtlich der Bewertungen die gleiche Doppelmoral an den Tag wie die Eltern und Lehrer: „Sie sind einerseits von den attraktiven Mädchen fasziniert, sind aber zugleich schnell bereit, diesen Mädchen das Etikett „Hure“ anzuheften“ (vgl. ebd., S. 26). Auch Birgit Bütow weist am Beispiel einer gemischtgeschlechtlichen Clique in einem Jugendclub auf das Spagat hin, das Mädchen vollbringen müssen. Sie „kokettieren“ und „bieten sich an“, signalisieren dabei aber gleichzeitig, dass sie es „Noch-Nicht-Ernst-Meinen“ (vgl. 2000, S. 51). Dass die Anerkennung durch andere für Mädchen auch heute noch relevant ist, zeigt z.B. auch die Internet-Kommunikation in einer amerikanischen Online-Community für Mädchen zum Thema „Körper“ und „Schönheitsideal“. Die Hilferufe und Antworten in den untersuchten Foren kreisen vor allem um ein Thema: den Jungen gefallen zu wollen bzw. gefallen zu müssen (vgl. Smyres 1999).

Die Gesundheitsforschung hat gezeigt, dass sich vor dem Hintergrund dieser körperbezogenen Erfahrungswelten geschlechtsspezifische somatische

Kulturen ausbilden, d.h. die Mädchen (und Jungen) entwickeln je eigene körpermanipulative als auch gesundheitsrelevante protektive und schädliche Praktiken und Verhaltensweisen (vgl. Kolip 1997, S. 124). Mädchen äußern z.B. ihre (stärkeren!) aggressiven Gefühle weniger externalisierend, sondern neigen eher zu Depressionen und nehmen insbesondere ab dem 14ten Lebensjahr deutlich mehr Medikamente als junge Männer ein (vgl. ebd., S. 188). Sie beschreiben ihren Gesundheitsstatus zudem durchgehend schlechter als Jungen (vgl. ebd., S. 154). Aktuelle Jugendsurvey zeigen, dass Mädchen außerdem signifikant häufiger über psychosomatische Beschwerden klagen als Jungen (Ravens-Sieberer/Thomas/Erhart 2003, S. 41ff.). Die gesundheitliche Einschätzung korreliert hierbei allerdings nicht nur mit dem Geschlecht, sondern auch mit der sozialen Lage. Jugendliche mit nicht privilegierter Herkunft schätzen ihr Gesundheitsbefinden schlechter ein (vgl. Knothe 2002a, S. 266ff.). Bezüglich der Einnahme von Medikamenten weist Petra Kolip (vgl. 1997, S. 188ff.) außerdem darauf hin, dass Mädchen und Frauen kaum eine weibliche körperliche Umbruchphase ohne z.T. massive medizinische Interventionen durchlaufen (z.B. Verschreibung von Hormonpräparaten). Darüber hinaus setzen sich Mädchen durch gewichtsreduzierende Diäten auch stärker der Gefahr von langfristigen Essstörungen (Anorexia nervosa, Bulimia nervosa) und körperlichen Mangelerscheinungen aus.

4.3.5 Sexuelle Gewalterfahrung

Mädchen sind nach wie vor wesentlich häufiger von sexueller Gewalt im familiären und sozialen Nahbereich betroffen als Jungen. Wenngleich bislang kaum epidemiologische Studien über Begleitumstände und Häufigkeit sexuellen Missbrauchs vorliegen, zeigt die polizeiliche Kriminalstatistik des Jahres 2006 1.659 angezeigte Fälle von sexuellem Missbrauch von Schutzbefohlenen. Dass die Dunkelziffer deutlich höher liegt, ist allgemein bekannt (vgl. Polizeiliche Kriminalstatistik 2006). Es wird davon ausgegangen, dass die Wahrscheinlichkeit, Opfer von sexuellen Straftaten zu werden, für weibliche Jugendliche vierzehnfach höher ist als für männliche Jugendliche (vgl. Knothe 2002a, S. 303ff.). Laut eines Berichts des Bundesministeriums für Familie, Senioren, Frauen und Jugend sind 8,6% aller Frauen mindestens einmal in ihrem Leben sexuell genötigt oder vergewaltigt worden (vgl. BMFSFJ 2001, S. 257). Der gefährlichste Ort für Kinder und Jugendliche ist dabei nach wie vor die Familie. Zwei Drittel aller Vergewaltigungen werden im familialen Nahbereich ausgeübt (vgl. ebd., S. 34). In einer Studie von Carmen Lange (2002, S. 50ff.), in der 16- und 17-jährigen Großstadtjugendlichen die Definition von sexueller Belästigung/ Gewalt selbst überlassen wurde, berichten 21% der Mädchen von „mittelschweren" Belästigungs- und Gewalterfahrungen – in Westdeutschland deutlich häufiger (23%:17%).[24] Sie erzählen von körperlichen Übergriffen und Situationen, in denen psychischer Druck bzw. körperliche Gewalt angewandt wurde (im Vergleich dazu: 3% der Jungen). 8% der interviewten Mädchen berichten von „schweren Belästigungs- und Gewalterfahrungen" (1% der Jungen). Die Mädchen wurden dann unter Anwendung massiven psychischen Drucks oder körperlicher Gewalt (z.T. mehrmals) zu sexuellen Handlungen gezwungen. Es handelt sich dabei häufig um Übergriffe nahe stehender Personen (vgl. ebd. 2002, S. 50ff.). Die Studie zeigte, dass Mädchen in jedem Alter sexuellen Übergriffen ausgesetzt sind, die meisten werden jedoch aus der Zeit der Pubertät, im Alter von 15 und 16 Jahren berichtet. In Hinblick auf die Orte, an denen Mädchen besonders gefährdet sind, wird deutlich, dass weder der öffentliche noch der private Raum für Mädchen Sicherheit bietet. Übergriffsituationen finden bei Mädchen aus dem Westen insbesondere auf der Straße (23%) und in der eigenen Wohnung (18%) statt, während Mädchen im Osten zusätzlich „die Natur/den Wald" benennen (15%) (vgl. ebd., S. 68). Oftmals machen sich die Täter den „Überraschungseffekt" zu nutze und Mädchen schweigen, weil sie kein Aufsehen erregen wollen.

> „Angst, Erschrecken und Ekel sowie ein Gefühl der Hilflosigkeit sind die häufigsten Gefühle in der Situation, und die Mädchen berichten von gravierenden negativen Konsequenzen, die vor allem in einer allgemeinen Verängstigung, sozialem Rückzug und einem erheblichen Maß an Selbstbeschränkung liegen." (Lange 2002, S. 88f.)

4.3.6 Zusammenfassung

Wenngleich die hier beschriebenen Aspekte des weiblichen Lebenszusammenhanges nicht grundsätzlich für alle Mädchen gelten, dabei sowohl biographische Einflüsse, kulturelle und ethnische Hintergründe als auch soziale Lebenslagen zu berücksichtigen sind[25], wird anhand der skizzierten Ergebnisse aus verschiedenen Jugendstudien deutlich, dass sich die Handlungsaufgaben der Mädchen in Hinblick auf Risiken, Handlungsspielräume und die qualitative Ausgestaltung der Lebensphase Jugend weiterhin anders

24 In der Studie von Carmen Lange wird darauf hingewiesen, dass es schwierig ist, das tatsächliche Ausmaß sexueller Übergriffe zu erheben. So verneinten die Mädchen in einigen Fällen die Frage der Interviewerinnen nach sexuellen Belästigungen zunächst, da diese Erlebnisse für sie „selbstverständlich" waren und nicht als sexuelle Belästigungen eingeordnet wurden. Erst nach kurzem Zögern fragten die Mädchen z.B., ob „in der U-Bahn angegrabscht zu werden" auch eine Form der sexuellen Belästigung wäre (2002, S. 86ff.).

25 Birgit Bütow zeigt in ihrer Studie über Mädchen-Cliquen z.B., dass Mädchen mit prekären Sozialisationshintergründen in ihren heterosexuellen Erfahrungen, in ihren Verhaltens- und Orientierungsmöglichkeiten, in ihrer Autonomie, Selbstbestimmtheit und Reflexivität noch deutlich eingeschränkter sind als Mädchen, die in intakten Elternhäusern, in Geborgenheit und Sorge aufwachsen (vgl. 2006, S. 209; vgl. dazu auch Bohnsack 1989, S. 269ff.).

gestalten als bei Jungen: Mädchen übernehmen mehr familiäre und häusliche Pflichten als Jungen, greifen weiterhin auf „frauenspezifische“ Berufe und Studiengänge zurück, stoßen hinsichtlich der beruflichen Karriere weiterhin auf ungünstigere Bedingungen, stellen ihren Körper und ihre Geschlechterrolle auf andere Art und Weise dar als Jungen, fühlen sich in ihrem Körper und mit ihrem Körpergewicht weniger wohl, zeigen mehr psychosomatische Beschwerden und erleben deutlich mehr sexuelle Belästigungs- und Gewalterfahrungen.

Obgleich sich also die Lebenssituation der Mädchen in den letzten Jahrzehnten gewandelt haben, lassen sich weiterhin, z.T. allerdings subtilere Ungleichheiten und Bewältigungsstrategien ausmachen. Dabei nimmt allerdings nicht nur die Kategorie Geschlecht Einfluss, sondern andere Kategorien wie z.B. der Bildungs- oder ethnische Hintergrund haben oftmals eine größere Erklärungskraft.

Bei der Bewältigung der Handlungaufgaben bzw. Herausforderungen der Lebensphase kommt der Gleichaltrigengruppe eine wesentliche Bedeutung zu.

4.4 Bewältigung von Handlungsaufgaben in der Peer-Group

Auf die Bedeutung der Gleichaltrigengruppe bzw. Peers bei der Bewältigung der gesellschaftlich und kulturell geprägten Handlungsaufgaben weist die Entwicklungspsychologie und Jugend- und Gesundheitsforschung seit Ende der 1980er Jahre hin. Um die Herausforderungen der Jugendphase aktiv angehen und produktiv sinnbezogen verarbeiten bzw. bewältigen zu können, suchen die Jugendlichen mit zunehmendem Alter immer weniger den Rat der Eltern oder pädagogischer Institutionen, sondern verlassen sich auf die Gleichaltrigengruppe – die Peers. Unter Ihresgleichen verständigen sie sich auf informelle Weise über Normen und Werte, ihren Lebensstil, neue Handlungs- und potentielle Berufsfelder, Rollen, Identitäten u.a. Peers stellen von Eltern relativ unabhängige Entwicklungs- und Autonomieräume dar, die viele Möglichkeiten des Experimentierens und des widerständigen Verhaltens auch gegenüber gesellschaftlichen Erwartungen eröffnen.

Von Seiten der Entwicklungspsychologie, Jugend- und Gesundheitsforschung wird den Peers neben einzelnen Bezugspersonen und Institutionen eine wesentliche informelle Hilfe- und Schutzfunktion (vgl. Krappmann/Oswald 1983, 1995; Krappmann 1991; Fend 1998)[26] sowie ein gesundheitsförderlicher Einfluss zugesprochen (Holler/Hurrelmann 1990; Kolip 1993).

26 In der Sozialpädagogik werden allerdings auch die Ambivalenzen thematisiert, denn manches Risikoverhalten und Jugendkriminalität entwickeln sich auch in der Anregungs- und Abhängigkeitsszenerie der Clique (vgl. Böhnisch 2005, S. 150).

Sie helfen demnach bei Problembewältigungen, erfüllen eine wichtige Funktion beim Aufbau neuer und reiferer Beziehungen zu Altersgenossen beiderlei Geschlechts (vgl. Oerter/Montada 1987, S. 276), unterstützen die emotionale Ablösung von den Eltern und anderen Erwachsenen (vgl. Krappmann 1991; Oswald 1992) und helfen beim Aufbau eines Wertesystems, indem sie ein Forum für den Austausch von Meinungen und Bewertungen und ein wichtiges Übungsfeld für Perspektivübernahmen und sozialverträgliche Konfliktlösung darstellen (vgl. Dreher/Dreher 1984a, S. 69; Breitenbach 2000, S. 15). Für die Jugendlichen besonders wichtig ist vor allem, dass ihre Bedürfnisse nach einem gemeinsamen emotionalen Erleben, sozialer Anerkennung und Zugehörigkeit erfüllt werden (vgl. Bendit/ Steinmayr 1985, S. 204; Kraacke 1992; Waldmann/Straus 1992). In der Regel entwickeln sich die Freundschaften zu Personen, deren soziokultureller Hintergrund ähnlich dem eigenen ist. Einfluss auf die Beziehung nehmen auch die Eltern und deren Werthaltungen (vgl. Kraacke 1992).

Peers stellen demnach ein wichtiges Übungsfeld und eine wesentliche emotionale Ressource für Jugendliche dar. Unter sich lernen die Jugendlichen die Perspektivübernahme, testen Konfliktlösungen an, setzen sich in Beziehung zum anderen Geschlecht und fühlen sich in neue Identitäten und Gemeinschaftsformationen ein. In einer unsicheren Phase mit großen Veränderungen (Schulwechsel, Ausbildung, körperliche Reife, erste Partnerschaften) ist es für Jugendliche eine große Erleichterung, Ängste, euphorische Gefühle und neue Erfahrungen mit gleichermaßen Betroffenen solidarisch teilen zu können.

Mädchen suchen sich neben der Peer-Group auch Mädchengruppen und -räume, um sich mit den Handlungsaufgaben, insbesondere mit ihrem Mädchensein und der Konstruktion von Weiblichkeit bzw. ihrer zukünftigen Rolle als Erwachsene auseinander zu setzen.

4.4.1 Mädchenfreundschaften

Frühere Beobachtungen und Forschungsergebnisse zeigen, dass für Mädchen weniger die Größe des Freundeskreises als vielmehr die Beziehung zu anderen Mädchen wichtig ist (vgl. Engel/Hurrelmann 1989, S. 58). Mädchenfreundschaften eröffnen demnach Handlungsräume, in denen sie sich offen, vertrauensvoll und humorvoll, u.a. auch durch den Einsatz von Ironie mit ihrem Mädchensein und der zukünftigen Rolle als erwachsene Frau auseinander setzen und in heterosexuelle Umgangsformen einarbeiten (vgl. Breitenbach/Kausträter 1998, S. 400). Die Freundschaften unter Mädchen und Frauen sind von gegenseitiger Kenntnis und Fürsorge geprägt (vgl. Kolip 1993, S. 84f.).[27] Mädchen legen viel Wert auf gegenseitiges Vertrauen, emotionalen Rückhalt und enthüllen im Unterschied zu Jungen in Freundschaften stärker ihr Selbst (vgl. Reismann 1990). Für sie kennzeichnen enge Freundschaften vor allem Diskussionen über persönliche und intime Themen. „Miteinander sprechen" ist für sie, gleich nach dem „gemeinsam ausgehen" ihre Lieblingsaktivität (vgl. Youniss/Smollar 1985).[28]

Eine besondere Bedeutung hat nach wie vor die *beste Freundin*, die der Gleichaltrigengruppe lange Zeit vorgezogen wird. Sie spielt neben der Mutter, die eher die Ansprechperson in biographischen Schlüsselfragen bleibt, eine wesentliche Rolle (vgl. Zinnecker/Behnken/Maschke 2002, S. 59). Ihr werden Geheimnisse anvertraut, sie ist die Vertraute und Ratgeberin (vgl. ebd.; Huber/Rehling 1989; Breitenbach/Kausträter 1998) und damit auch zentral für die Bearbeitung und Weiterentwicklung von Weiblichkeitskonstruktionen und die Behauptung des Jugendlichenstatus als Mädchen gegenüber den Eltern bzw. anderen Erwachsenen (vgl. Bütow 2006, S. 224). Der Freundin wird ein intimer Einblick in die Gefühls- und Gedankenwelt gewährt und es wird ein körperlich-zärtlicher Kontakt gepflegt (vgl. Breitenbach/Kausträter 1998, S. 400). Im Unterschied zu älteren Untersuchungen (vgl. Pagenstecher/Jaeckel/Brauckmann 1985; Huber/Rehling 1989) stellen Eva Breitenbach und Sabine Kausträter fest, dass die große Bedeutung der Mädchenfreundschaft bzw. des weiblichen Bezugsraumes für die Mädchen auch dann bestehen bleibt, wenn sie sich in einer (festen) heterosexuellen Beziehung befinden (vgl. 1998, S. 400, vgl. auch Barthelmes/Sander 2001, S. 257f. oder Bütow 2006, S. 215f.). Auch Birgit Bütow zeigt in ihrer Studie über Mädchen in ostdeutschen Cliquen, dass die Einarbeitung in heterosexuelle Umgangsformen (Gespräche über die eigene bzw. weibliche Attraktivität, Mode, Sexualität und Jungen) und der Austausch über typische „weibliche" Themen der Bearbeitung von Weiblichkeitsvorstellungen dient, die wiederum als Vergleichsmaßstab für die eigenen Muster fungieren. Ihren Ergebnissen zufolge trägt die kommunikative Praxis unter Mädchen einerseits zur Entwicklung ihrer Identität bei, sorgt zugleich aber auch für eine gewisse subtile soziale Kontrolle, indem Abweichungen von bestimmten Formen von Weiblichkeit abgewertet und sanktioniert werden. Hierbei reproduzieren die Mädchen auch soziale Ungleichheiten, indem sie sich selbst bestimmte Abwertungen in Bezug auf ihren Status zuweisen, sich als weniger wichtig und letztlich abhängig von den Jungen definieren. Diesen Konstruktionsleistungen lassen sich laut Bütow nicht auf

27 Die Freundschaften von Männern zeichnen sich laut Autorinnen im Vergleich dazu eher durch „Seite-an-Seite" Beziehungen (side by side) aus und definieren sich über gemeinsame, nach außen gerichtete Aktivitäten.

28 Einen Hinweis darauf, dass „Miteinander sprechen" für die heutige Mädchengeneration auch noch zu den Lieblinsaktivitäten gezählt werden kann, liefert eine bundesweite repräsentative Studie aus Bielefeld. Demnach nutzen 60% der Mädchen gegenüber 48,7% der Jungen das Handy 6 Stunden die Woche. Zudem geben sie für die Nutzung deutlich mehr Geld aus (vgl. Tully 2004, S 165ff.).

männliche Attributierungen aus der Clique sondern auf gesellschaftliche Vorgaben und Strukturen zurückführen (vgl. 2006, S. 201).

Insgesamt wird mit den Ergebnissen über Mädchen in Cliquen die These erhärtet, dass „geschlechtshomogene Sozialräume zentrale, ganz eigenständige sozialisatorische Funktionen erfüllen und vielfältige Möglichkeiten der Bearbeitung bzw. der Konstruktion von Weiblichkeit in ihren komplexen Facetten und Optionen bieten“ (ebd., S. 215). Diese Sozialräume stellen jedoch keine „separaten Enklaven“ dar, die unabhängig von anderen sozialen Einbindungen der Mädchen zu Gleichaltrigen existieren. Es sind laut Bütow auch keine Inseln jenseits gesellschaftlicher Rahmenbedingungen und Strukturen, vielmehr bilden und nutzen Mädchen weibliche Sozialräume aus spezifischen Konstellationen und Situationen heraus, wobei alle weiblichen Sozialräumen eines gemein haben:

> „Sie bewegen sich im System der Zweigeschlechtlichkeit und der Heterosexualität, bieten aber zugleich vielfältige andere Erfahrungs- und Orientierungsmuster, in denen nicht vordergründig heterosexuelle Konstruktions- und Distinktionsleistungen erbracht werden“ (Bütow 2006, S. 216).

Mädchenfreundschaften haben demnach einen hohen Stellenwert für Mädchen und stellen eine bedeutende Ressource für sie dar. Neben der Familie (bei jüngeren Mädchen) und männlichen Beziehungspartnern (bei älteren Mädchen) sind Freundinnen laut Eva Breitenbach (2000) die wichtigsten Personen, in bestimmten Lebensphasen sind sie sogar *die* wichtigsten Personen überhaupt. Mädchenfreundschaften dienen der Konstruktion und Inszenierung von Weiblichkeit, als Arbeitsraum zur Reflexion und Bewältigung von Erfahrungen und zur Entwicklung spezifischer Praktiken und Kompetenzen, aber auch, wie am Beispiel der „Schlampe“ oder anderen Abwertungen deutlich wurde, als soziales Kontrollinstrument. Sie stellen für Mädchen damit wesentliche Sozialisationsträgerinnen dar.

Eine weitere besondere Form des Peer-Zusammenschlusses stellen die so genannten Jugend(sub)kulturen dar. Da sie ebenfalls zur Bewältigung der Jugendphase beitragen, wird auf sie sowie insbesondere auf die Rolle von Mädchen in Jugendkulturen eingegangen.

4.4.2 Mädchen in Jugendkulturen

Jugend(sub)kulturen stellen eine wesentliche Ressource zur Bewältigung altersspezifischer Aufgaben und Probleme sowie individueller Lebenslagen dar. Ihre Funktion besteht darin, die Mitglieder von Rollenzuweisungen der Familie, Schule und Arbeitswelt zu befreien, so dass sie alternative und autonome Handlungsweisen unter Gleichgesinnten einstudieren können (vgl. Brake 1981). Auf öffentlichen Plätzen oder in halböffentlichen Räumen (z.B. auf dem Parkplatz, an Bushaltestellen, in Jugendtreffs) entziehen sich die Jugendlichen der Kontrolle und Beobachtung durch die Eltern und Erwachsenen, machen aber auch gleichzeitig durch ihre Aktionen auf sich aufmerksam („Interaktionsplätze") (vgl. Schröder/Leonhardt 1998). Im Unterschied zu früheren Zeiten erfolgt der Anschluss an Jugendszenen heute allerdings eher situativ, „als kurzfristig wirkender Stimulus eines reizvoll erscheinenden Arrangements, aufgrund der Orientierung an Freunden, die das Experiment des ‚Andersseins' schon eingegangen sind" (Baacke 1994, S. 23). Dabei wird das „Wir-Gefühl" der Jugendlichen durch Abgrenzungen nach außen erzeugt und aufrechterhalten. Es beruht auf sozialer Zugehörigkeit und sozialer Distinktion.

Die feministische Mädchenforschung hat bereits in den 1970er Jahren darauf aufmerksam gemacht, dass die in der Jugendforschung beschriebenen Jugend(sub)kulturen männlich dominiert und Mädchen dort unterrepräsentiert sind. Auch hat sie darauf hingewiesen, dass Mädchen in den Beschreibungen der Jugendgruppen meist unsichtbar sind oder nur als Objekte vorkommen: „Die Frauen hatten in der Welt der Werte keinen symbolischen Platz [...]. Sie waren das Material, durch das die wichtigen Werte sich ausdrücken konnten" (Willis 1981, S. 49). Mädchen partizipierten dementsprechend kaum in Jugendszenen oder traten dort eher zurückhaltend auf. Auch heute noch werden Mädchen und junge Frauen in Jugendszenen in erster Linie als „Freundin von ..." oder „als Teil einer Kategorie wahrgenommen, der gegenüber die eigene Männlichkeit einen höheren Rang verleiht" (Eckert/Reis/Wetzstein 2000, S. 403). Das Sagen in den Cliquen haben die Jungen. Der Zugang zu den von Jungen dominierten und männlichen Verhaltens- und Orientierungsmustern strukturierten Cliquen (z.B. der Skater-Szene, HipHop-Szene) ist Mädchen nahezu unmöglich:

> „Die männliche Skater-Clique versichert sich über die körperorientierte Aneignung des öffentlichen Raumes Straße nicht nur ihrer Fähigkeiten, sondern insbesondere ihrer sozialen und personalen Identität als Mann, wozu Dominanz und Stärke gehört. Subtile Hierarchien und Rituale (z.B. Begrüßung, Drogen-Konum) sichern den Zusammenhalt und die Orientierung am Bild von Männlichkeit." (Bütow 2000, S. 55).

Partizipationsversuche werden durch sexuelle Abwertungen gestoppt: „Posieren ist alleinig Jungen-Domäne. Mädchen haben sich dort mit ihrem Platz an der Peripherie und als Zuschauerinnen zu begnügen." (ebd.). Andere Untersuchungen weisen ebenfalls darauf hin, dass sich Jugendkulturen in erster Linie als männliche Szenen präsentieren (McRobbie 1997; Richard/Krüger 1997; Großegger 1999; Hitzler/Bucher/Niederbacher 2001). Wenn Mädchen in der Öffentlichkeit agieren, dann suchen sie sich vor allem offene, relativ unstrukturierte und unverbindliche Szenen bzw. Gleichaltrigen-Gruppen, die sich noch im Stadium der Formierung ohne festen kollektiven Bezugsrahmen befinden oder aber in einem angeeigneten Sozialraum organisiert sind (vgl. Bütow 2000, S. 57). Diese Gruppen ermöglichen es ihnen, mit ihren Geschlechterrollen zu experimentieren und selbstbestimmt zu agieren, ohne negativ sanktioniert zu werden. Sie stellen für sie öffentliche „Schutzräume“ dar, die sie vor allem dazu nutzen, um sich in heterosexuelle Umgangsformen einzuüben und ihre Wirkung auf das andere und eigene Geschlecht auszutesten, ohne als „Schlampe“ in Verruf zu kommen (vgl. ebd., S. 51). Allerdings werden dabei nach wie vor soziale Ungleichheitsmuster zwischen den Geschlechtern konstituiert und reproduziert. Mädchen machen in den gemischtgeschlechtlichen Cliquen also weiterhin Diskriminierungserfahrungen, sei es durch fehlende Solidarität unter Mädchen oder durch konkrete Abwertung durch Jungen.

Erklärt wurde die Zurückhaltung der Mädchen zunächst damit, dass Mädchen stärker sozial kontrolliert werden und ihnen im Zuge dessen der Zutritt zu Orten subkultureller Aktivität verwehrt wird (z.B. zur Straße, zu Diskotheken, zu Fußballplätzen usw.) (McRobbie/Garber 1979). Wenngleich diese Argumentation heute sicherlich nicht mehr ganz so zutreffend ist, verweist sie doch auf einen weiteren, bis heute relevanten Grund: die Begrenzung des Körperraums im Rahmen der Geschlechtersozialisation. Mädchen lernen früh, sich im nahräumlichen Bereich zu bewegen und beschränken ihren Bewegungsradius durch Schönheits- und Attraktivitätszwänge. Sie werden „in höherem Maße auf engere Raumbeanspruchung sowie weniger kreative oder weniger körperorientierte Raumelemente und auf ruhige, eher konsumorientierte Handlungen verwiesen“ (Wüstenrot-Stiftung 2003, S. 234). Ihre Verhaltensweisen sind leiser, stärker nach innen gekehrt und auf engen Raum begrenzt. (ebd., S. 233) (vgl. auch Paravicini u.a. 2002, S. 184ff.; Spitthöver 2000). Die Kontrolle der körperlichen Bewegung rührt unter anderem auch daher, dass Räume von Männern besetzt und patriarchalisch vorstrukturiert sind (vgl. Böhnisch/Funk 2002, S. 156). So galt der Privatraum für Mädchen und Frauen immer schon als Schon- und Schutzraum, der öffentliche Raum hingegen als Ort der Gefährdung, obgleich die Frauenforschung mit der Sichtbarmachung von sexueller Gewalt und sexuellem Missbrauch in der Familie gezeigt hat, dass dieser Privatraum keinen Schutz- und Schonraum darstellt.

Da die Mädchen nicht nur seltener, sondern außerdem insgesamt in weniger auffälliger oder aggressiver Weise auftraten, wurden ihre kulturellen Handlungspraktiken, ihre eigenen widerständigen, weniger expressiven, sondern stärker privat-häuslichen subkulturellen Stile in der Jugendforschung lange Zeit bzw. bis heute noch weniger wahrgenommen (vgl. McRobbie/Garber 1979). Mike Brake umschreibt die unauffälligeren Aktivitäten der Mädchen insgesamt als lockere Zusammenschlüsse, in denen Umgangstechniken angeeignet (z.B. Tanzen), Selbstdarstellung ausprobiert (z.B. Schminken) und der sexuelle und körperliche Entwicklungsstand mit dem der Freundin verglichen wird. Dementsprechend bedarf es auch „nur eines eigenen Zimmers, eines Plattenspielers und einer Freundin“, um aktiv zu werden (1981, S. 146; vgl. auch Baker 2004). Auch Birgit Bütow weist in ihrer aktuellen

Studie über Mädchencliquen darauf hin, dass Mädchen unter sich einen Erfahrungsraum konstituieren, in welchem sie Alternativen zu den er- und gelebten Rollen probieren und mit den Grenzen und Möglichkeiten des eigenen Geschlechts experimentieren, also eigene bzw. geschlechtsgebundene jugendkulturellen Handlungen praktizieren (vgl. 2006, S. 54). Die Gruppe bzw. Treffen stellen den geschützten Freiraum dar, in dem Mädchen keine Sorge haben müssen „sexuell zu versagen oder sich sozial daneben zu benehmen" (Brake 1981, S. 146). Hier zeigt sich, dass auch und gerade Jugendliche, die nicht in fest umrissenen Gruppen integriert sind, imaginäre Lösungen entwickeln, „die individuell gelebt werden, aber deshalb keineswegs ‚individualistisch' sind" (Helfferich 1994, S. 106).

Die Fokussierung auf die männlich dominierten, auffälligen und provokativ abweichenden ArbeiterInnensubkulturen hat nach Ansicht der Jugendforscherinnen dazu geführt, dass die „Unsichtbarkeit" und Marginalität der Mädchen in den Gruppen auf der Ebene der theoretischen Konzeption reproduziert werden (vgl. McRobbie/Garber 1979; McRobbie 1982; Helfferich 1994). Sie plädieren daher dafür, nicht nur kollektive öffentlich-männliche Symbolisierungen, sondern auch private Symbolisierungen als imaginäre Lösungen zu erfassen (vgl. auch Helfferich 1994, S. 107). Einen Anknüpfungspunkt stellen die kulturellen Praktiken in den eigenen vier Wänden dar (*bedroom-culture*) (McRobbie/Garber 1979, S. 224). Hier beschäftigen sich die Mädchen mit Musik, lesen ihre Bücher, gestalten ihre parasozialen Beziehungen zu Stars, verewigen sich in Tagebüchern – agieren im Internet. Die eigenen vier Wände sind ein wesentlicher Ort, an dem Mädchensein ausgehandelt wird.

Einen Hinweis darauf, welche Beziehungsqualitäten und Unterstützungsleistungen in den (realen und virtuellen) Mädchenräumen potentiell gelebt und geleistet werden, liefert die Netzwerk- und hier insbesondere die soziale Unterstützungsforschung. Der Blick richtet sich hier nun nicht mehr auf die Inhalte (Handlungsthemen), sondern auf die Merkmale von Netzwerken und die dort praktizierten Unterstützungsformen.

4.5 Soziale Unterstützung in Netzwerken

Erstmals verwendet wurde der Terminus „Netzwerk" für das Netzwerk an persönlichen Beziehungen von dem englischen Anthropologen John Barnes (1954). In einer Feldstudie in einem kleinen norwegischen Fischerdorf versuchte er auf diese Weise das informelle Netz zwischen Freunden, Verwandten und Kollegen zu beschreiben.[29] Angeregt durch die Muster von

29 Es ging John Barnes um die Erfassung der inneren sozialen Struktur des Ortes Bremnes, die neben den informellen Kontakten auch das institutionelle System von Verwaltung, Kirche und die ökonomischen Bezüge umfasste.

Knoten und Schnüren in einem Fischernetz formulierte er eine erste wissenschaftliche Definition des Begriffs:

> „Each person is, as it were, in touch with a number of people, some of whom are directly in touch with each other and some of whom are not. [...] I find it convenient to talk of a social field of this kind as a network. The image I have is of a set of points some of which are joined by lines. The points of the image are people, or sometimes groups, and the lines indicate which people interact with each other." (Barnes 1954, S. 43)

Dieser relativ simple Netzwerkbegriff, der nicht mehr besagt, als „daß Menschen mit anderen sozial verknüpft sind" (Keupp 1987, S. 11), ist bis heute in der Netzwerkforschung aktuell. In der Regel werden die Netzwerkeinheiten (AkteurInnen), in Anlehnung an das „Fischernetz" von Barnes, als Knoten und die Netzwerkverbindungen zwischen den sozialen Beziehungen oder Einheiten als Kanten (auch Relationen bzw. *ties* genannt) dargestellt und entweder aus der individuellen Perspektive von Ego oder aber auf der strukturellen Ebene analysiert. Unterschiedliche Wissenschaften wie die Kulturanthropologie, Psychologie und Soziologie haben sich den strukturellen und graphisch darstellbaren Netzwerken im Rahmen zweier forschungsmethodischer Zugänge – den „zwei Welten" der Netzwerkanalyse (vgl. Straus 2002, S. 48) – genähert. In der einen „Welt" arbeitet man stark mit den *formalen* Methoden der mathematischen Graphen- und Gruppentheorie; das Credo dieser Netzwerkanalyse geht von einer „Geometrie sozialer Beziehungen bzw. Vermessungen sozialer Netzwerke" aus (Keupp 1987, S. 24). Die andere Tradition, die inzwischen in vielen Wissenschaften Fuß gefasst hat, agiert mit sehr unterschiedlichen konzeptionellen und methodischen Zugängen und wird auch als multiperspektivische Netzwerkforschung bezeichnet (vgl. Straus 2002, S. 47).[30] Beide Strategien stehen sich nicht unversöhnlich gegenüber, sondern werden inzwischen kombiniert. Unabhängig davon, ob nun die Struktur eines Netzwerks erhoben wird (z.B. Beziehungen der Personen untereinander, Verbindung zwischen den einzelnen Sektoren Familie, Arbeit) oder aber die Frage nach der Qualität sozialer Beziehungen, die Funktionen von Netzwerken zur Bewältigung individueller Problemsituationen oder die Bedeutung von Netzwerken für die alltägliche Identitätsarbeit gestellt wird, werden i.d.R. die im Folgenden beschriebenen Merkmalsdimensionen zugrunde gelegt. Differenziert wird zwischen drei Hauptkategorien von Merkmalen (vgl. Röhrle 1994, S. 16):

- den relationalen,
- den funktionalen,
- den strukturellen.

30 Grundsätzlich wird auch zwischen strukturellen und funktionellen Netzwerkanalysen differenziert (vgl. Keupp 1982).

Alle Merkmalsdimensionen finden sich in der Tabelle 4 und werden im Folgenden kurz erläutert.

I.	Relationale Merkmale
A	Starke vs. schwache Bindungen (Intimität, Intensität)
B	Kontakthäufigkeit
C	Latente vs. aktualisierte Beziehungen
D	Dauer (Stabilität)
E	Multiplexe vs. uniplexe Beziehungen (Vielartigkeit der Beziehungsinhalte)
F	Egozentrität vs. Altruismus
G	Reziprozität
H	Homogenität
I	Grad der an Bedingungen geknüpften Zugänglichkeit

II.	Funktionale Merkmale
A.	Soziale Unterstützung (Sicherheit, Rückhalt usw.)
B.	Soziale Kontrolle (Normorientierung, Übermittlung von Werten)

III	Strukturelle Merkmale
A	Größe (Zahl der Elemente; z.B. Personen, Organisationen, Nationen)
B	Dichte (Zahl der möglichen zu den tatsächlich vorhandenen Beziehungen)
C	Erreichbarkeit (Möglichkeiten zur Herstellung von direkten und indirekten sozialen Beziehungen zwischen undefinierten oder definierten Mengen von Verknüpfungspunkten [Pfaden])
D	Zentralität (Grad der sozialen Integration)
E	Cluster/Cliquen (Zahl der partiell oder total abgrenzbaren, in sich dichten Netzwerkteile)
F	Sektoren/Zonen (Familie, Verwandte, Freunde usw.)

Tab. 4: Merkmale sozialer Netzwerke (Quelle: Röhrle 1994, S. 16)

4.5.1 Relationale Merkmale sozialer Netzwerke

Die Merkmalsdimension der relationalen Merkmale bezieht sich auf die Art der Beziehungen. In Anlehnung an Mark Granovetter (1973) wird zwischen starken Bindungen (*strong ties*) und schwachen, lockeren Bindungen (*weak ties*) unterschieden.

Starke Beziehungen zeichnen sich durch ein hohes Maß an Intimität bzw. eine hohe Intensität der Interaktion aus, sind multiplex, d.h. sie berücksichtigen eine Vielfalt gemeinsamer Interessen und Aktivitäten. Derartige Beziehungen sind dauerhaft, verlässlich und relativ belastbar. Zwischen den Beziehungspersonen besteht ein großes Vertrauen, sodass Asymmetrien im Geben und Nehmen ausgeglichen werden können. Andererseits sind sie aber auch „kontrollierend und einschränkend, normativ regulierend und damit auch fremdbestimmt" (vgl. Nestmann 1988, S. 67). Starke Bindungen bestehen meist zwischen Lebens- und LiebespartnerInnen, zwischen nahen Familienangehörigen und sehr guten FreundInnen. Die Personen sind sich in soziodemographischer Hinsicht oft ähnlich bzw. werden nach Ähnlichkeit ausgewählt.

Als schwache Beziehungen gelten hingegen Bindungen, die weniger emotional und intim sind. Die Beteiligten lernen sich gewöhnlich nur mit wenigen ausgewählten Identitäten kennen (z.B. Hobby, Beruf). Sie investieren weniger Zeit in die Beziehung, auch fällt es ihnen leichter, den Kontakt aufzukündigen. Derartige Bindungen sind „offen, potentiell anregend und fordernd, vielfacettig, selbstbestimmbar und meist frei gewählt" (ebd.). Anders als bei den starken Beziehungen ist es hier notwendig, die Bilanz zwischen Geben und Nehmen relativ bald auszugleichen. Diese Art der Bindung birgt mehr Risiken und Unsicherheiten. Sie ist „erst auszuhandeln und im Einzelnen eher in Breite, Tiefe und Dauer von Problembewältigungsprozessen begrenzt" (ebd.). Schwache Beziehungen unterhält man i.d.R. zu Bekannten, entfernten Verwandten, KollegInnen und NachbarInnen. Die Stärke der schwachen Bindungen liegt laut Granovetter vor allem darin, Menschen zusammenzubringen, die sich im unmittelbaren persönlichen Umfeld nicht begegnen würden. Sie können in kritischen Lebensereignissen oder Statusveränderungen neue Informationen, Orientierungen und Rollenangebote liefern und den Zugang zu alternativen Informationen und Ressourcen ermöglichen. Über diese *weak ties* können außerdem Homogenitätsanforderungen aufgebrochen und darüber neue Handlungsoptionen und -perspektiven sichtbar werden. Zudem lassen sich soziale Anerkennung und Wertschätzung oft glaubhafter und wirkungsvoller über schwache als über starke Beziehungen vermitteln. Schwache Bindungen befinden sich an der Peripherie persönlicher Netzwerke und fungieren dort als Brücken zwischen verschiedenen Netzen. Während EhepartnerInnen und intime Freunde in Hinblick auf alle Unterstützungsarten also eine zentrale Stellung einnehmen, leisten lockere Bindungen eher spezifische Dienste (z.B. Weitergabe von Informationen, Ratschläge) (vgl. Nestmann 1988, S. 61).[31]

Zu differenzieren ist weiterhin zwischen *multi-* und *uniplexen* Kontakten. *Multiplexe Beziehungen* zeichnen sich z.B. durch eine mehrfache Anzahl von Interaktionen je Netzrelation aus. In ihnen erfüllt eine Person gleich mehrere Rollen, z.B. ist die Freundin auch die Beraterin in Zukunftsfragen.

---

31 Mark Granovetters (1973, 1974) Analyse hatte gezeigt, dass die notwendigen Informationen für eine erfolgreiche Stellensuche vor allem von Personen stammen, die nicht zum engeren Freundes- und Verwandtenkreis zählen.

Existiert jedoch für jeden Sinngehalt einer sozialen Interaktion nur eine Person, spricht man von *uniplexen Kontakten* (vgl. Pfennig 1996, S. 27).

Je nachdem welchen Nutzen sich der/die Empfänger/in verspricht, er oder sie gerne gibt oder eher versucht, einen erhöhten Nutzen für sich herauszuziehen, ist die soziale Beziehung bzw. das soziale Netzwerk eher *altruistisch* oder *egozentriert* angelegt.

Eine vierte Merkmalsdimension ist die *Reziprozität.* Hiermit lassen sich Beziehungen charakterisieren, die auf Gegenseitigkeit ausgelegt sind und ein ausgeglichenes Verhältnis zwischen Geben und Nehmen anstreben. I.d.R. steht diese Dimension für eine gelingende Beziehung.

Eine weitere Grundlage sozialer Beziehungen drückt sich im *Homophilie-Prinzip* aus. Selbstgewählte Kontakte, so hat sich gezeigt, richten sich häufig an gleichen demographischen Merkmalen aus, d.h. Menschen knüpfen freundschaftliche Verbindungen zu gleichaltrigen und statusähnlichen Personen (vgl. Lazarsfeld/Merton 1964, S. 24). Bildungs-, schicht- und kulturhomogene Ähnlichkeiten zwischen Personen bzw. gleiche oder ähnliche Interessen und Erfahrungen ermöglichen ein Gefühl von Nähe und Verbundenheit und garantieren eine gewisse Beständigkeit.

Grundsätzlich wird davon ausgegangen, dass räumliche Begebenheiten als auch persönliche und familiäre Vorgaben die *Zugänglichkeit* einer Beziehung beeinflussen. Prinzipiell wird gesagt, dass, je häufiger man eine Person trifft und je näher der Verwandtschaftsgrad ist, desto leichter finden sich die Personen in die Beziehungen ein.

Alle Merkmalsdimensionen sind untrennbar miteinander verbunden bzw. interdependent. Die zahlreichen Zusammenhänge zwischen den Dimensionen verweisen dabei auf die vielfältigen Bedeutungsgehalte von Beziehungen (vgl. Röhrle 1994, S. 85).

4.5.2 Funktionale Merkmale sozialer Netzwerke

Als funktionale Merkmalsdimensionen führt Röhrle die beiden Kategorien *soziale Unterstützung* und *soziale Kontrolle* an. Grundsätzlich wird von einem integrativen Potential sozialer Netzwerke ausgegangen. Eine mögliche Folge der Integration ist die Angleichung von Vorlieben, Interessen und persönlichen Ausdrucksformen. Die Anpassung schafft ein Gefühl von Zugehörigkeit, oft verstärkt durch die Abgrenzung der Netzwerkmitglieder von Außenstehenden. Sie erfordert aber gleichzeitig auch eine genaue Befolgung von festgelegten Normen und Regeln, der zufolge sich der soziale Druck erhöht. Diese sich so entwickelnde *soziale Kontrolle* kann auch als einschränkend erfahren werden.

Neben der sozialen Kontrolle führt Röhrle als zweite funktionale Merkmalsdimension die *soziale Unterstützung* an. Diese Dimension hat sich inzwischen zu einem eigenen Forschungsgegenstand etabliert[32] und gilt als Hauptfunktion sozialer Netzwerke. Es gibt inzwischen einige Klassifikationen sozialer Unterstützungsformen, in der jeder Leistung eine Vielzahl von Unterstützungsverhalten zugeordnet wird. In der vorliegenden Studie orientiere ich mich an dem Analysemodell von Carolyn Cutrona und Julie Suhr (1992, S. 155), da dieses auch bereits im Rahmen bisheriger Forschungen zu netzbasierten Selbsthilfegruppen (vgl. Braithwaite et al. 1999, Walther/ Boyd 2002) und Beratungsforen (vgl. Klein 2004) eingesetzt worden ist und somit eine Bezugnahme ermöglicht. Cutrona und Suhr differenzieren zwischen fünf Formen sozialer Unterstützung und unterteilen ihre Unterstützungstypen dann noch einmal in zwei weitere, übergeordnete Kategorien: *actionfacilitating support* und *nurturant support* (ebd.) (siehe Tab. 5).

Action-facilitating Support zielt auf die direkte Problemlösung. Es werden Informationen zum Problem gegeben und konkrete Vorschläge, Ratschläge und Empfehlungen gemacht. Weiterhin werden Situationen bewertet und konkrete Rückmeldungen auf Handlungen gegeben. Alle Unterstützungsleistungen zielen darauf ab, ein Problem zu lösen. Diese Art der Unterstützung bezeichnen die AutorInnen als *Informational Support*. Weiterhin fällt in diese Kategorie die *Tangible Aid*, bei der konkrete Unterstützung durch tatsächliche materielle Hilfe (z.B. Geld) oder Dienstleistungen geleistet wird (z.B. Lebensmittel liefern, Baby-Sitting). Ebenfalls dazugerechnet wird eine Hilfeleistung, bei der eine Person entlastet wird, indem man ihr eine Aufgabe abnimmt oder glaubhaft signalisiert, ihr unter die Arme greifen zu können. Hierbei handelt es sich also um Handlungen, die direkt darauf abzielen, die Sorgenquelle ausfindig zu machen und das Problem zu beseitigen (vgl. Cutrona/Suhr 1992, S. 155, 161).

Nurturant Support wird geleistet, um Trost zu schenken, Lebensmut und Zugehörigkeit zu vermitteln. Diese Form der Unterstützung zielt nicht direkt auf die Lösung eines Problems, vielmehr geht es darum, der Person einen emotionalen Halt zu geben. Cutrona und Suhr unterscheiden hier zwischen *Emotional Support*, *Esteem Support* und *Social Network Support*. *Emotional Support* beinhaltet Ausdrücke von Sorge, Zuneigung, Empathie und Mitgefühl („Fühlst Du Dich besser?", „Das auszuhalten muss ganz schön schwierig sein."). Durch aufmerksame Kommentare wird Liebe, Nähe und Vertrauen sowie Verständnis für die Situation vermittelt. Die Person wird zu neuen Handlungen ermutigt. Unterstützungsleistungen, die die Autorinnen als *Esteem Support* bezeichnen, verstehen sie als Zeichen von Wertschätzung und Zutrauen. Es geht um die Anerkennung bzw. Bestätigung des eigenen Könnens und der eigenen Fähigkeiten sowie der Person an sich („Das hast du super gemacht.", „Ich weiß, dass du das kannst.") als auch darum, der Person Schuldgefühle zu nehmen (vgl. ebd., S. 155, 161).

32 Als eigenständiges Forschungsgebiet etablierte sich die soziale Unterstützungsforschung in den 1970er Jahren (vgl. Kolip 1993, S. 57).

Social Network Support hilft dabei, Sorgen mit LeidensgenossInnen zu teilen und über Gefühle von Zugehörigkeit zu Personen mit ähnlichen Interessen und Sorgen Stärke zu entwickeln. Der Zugang zu sozialen Ressourcen bzw. „LeidensgenossInnen" wird hergestellt und damit das Gefühl vermittelt, dass da jemand ist, mit dem man reden kann („Wir möchten gerne, dass du unserer Gruppe beitrittst").

Action-Facilitating Support	Nurturant Support
Informational Support - Vorschläge machen - Empfehlungen machen - Rückmeldungen auf konkrete Handlungen - Ratschläge geben - Weitergabe von Informationen	Emotional Support - Ausdrücke von Liebe - Ausdrücke von Zuneigung[33] - Vertrauen vermitteln - Sympathie zeigen - aktiv Zuhören - Empathie und Mitgefühl zeigen - sich sorgen - Zutrauen/Sicherheit geben
Tangible Aid - Materielle Hilfe leisten - Dienstleistung - Entlastung von Aufgaben	Esteem Support - Anerkennung der Fähigkeiten/Einstellungen - Wertschätzung vermitteln - Verantwortung/Schuldgefühle nehmen
	Social Network Support - Weitervermittlung an andere Personen oder Gruppen mit ähnlichen Erfahrungen oder Fachkenntnissen - Präsent/Ansprechbar sein

Tab. 5: Unterstützungsformen nach Cutrona und Suhr (1992)

Soziale Unterstützung kann grundsätzlich als passiver, konsumptiver und aktiver Prozess verstanden werden. Passiv ist die Unterstützungsleistung dann, wenn Hilfeleistungen erhalten werden bzw. Hilfe gegeben wird und sich damit ein Gefühl des Gebrauchtwerdens einstellt. Wird das Problem verbalisiert, eine gewisse Unzulänglichkeit eingestanden und die Unterstützung gezielt gesucht, spricht man von einem aktiven Prozess (vgl. Röhrle 1994, S. 78).

33 Cutrona und Suhr benennen in diesem Zusammenhang physische Zeichen von Zuneigung wie z.B. Küsse, Umarmungen. In der computervermittelten Kommunikation wird die Körperlosigkeit kompensiert durch Aktionswörter (*dichganzfestdrückend*, *knuddel* , *knutsch*) und Smileys (:- {} = Kuss u.a.

Da es sich bei der sozialen Unterstützung um ein mehrdimensionales Konstrukt handelt, welches das Zusammenwirken verschiedener Aspekte voraussetzt, gilt es bei der Betrachtung sozialer Netzwerke neben den sozialen Unterstützungsleistungen und ihren Inhalten bzw. Schwerpunkten grundsätzlich zwei weitere Aspekte zu berücksichtigen: zum einen die *strukturellen Rahmenbedingungen*, unter denen Unterstützung geleistet wird und zum anderen die *subjektive Wahrnehmung der Verfügbarkeit* und die *Zufriedenheit* mit der Unterstützung (vgl. Otto u.a. 2004b, S. 32).

4.5.3 Strukturelle Merkmale sozialer Netzwerke

Die strukturellen Netzwerkmerkmale dienen der Beschreibung eines sozialen Netzwerkes nach objektiv beobachtbaren bzw. morphologischen Gesichtspunkten. Obwohl nur einige wenige dieser Merkmale in der vorliegenden Studie berücksichtigt werden, sollen sie aus Gründen der Vollständigkeit alle kurz vorgestellt werden. Die *Größe* wird an der Zahl der Netzwerkmitglieder gemessen. Diese lässt sich in der vorliegenden Studie auch schon deshalb nicht erheben, da die Mitgliederzahl stetig steigt und viele Mitglieder (inzwischen) auch inaktiv sind. Ein weiteres Merkmal ist die *subjektiv beurteilte Wichtigkeit* und *Netzwerkdichte*. Diese dient in struktureller Hinsicht allgemein als Maß für die netzinterne Kontrolle und Koordinierungsfähigkeit (vgl. Diaz-Bone 1997, S. 59), sagt aber auch etwas über die Mobilisierbarkeit und Verfügbarkeit sozialer Ressourcen aus. Grundsätzlich wird darauf hingewiesen, dass in der Regel erst eine kombinierte Sicht der objektiven und subjektiven Netzwerkressourcen ein umfassendes Bild vom persönlichen Netzwerk eines Individuums geben kann (vgl. Nestmann 1988, S. 108f., Straus 2002, S. 212). Ein weiteres Merkmal ist die *Erreichbarkeit*. Sie beschreibt den Grad der Kontaktmöglichkeiten zwischen Netzwerkmitgliedern, also wie schnell und unmittelbar Mitglieder eines sozialen Netzwerks eine Zielperson kontaktieren können (vgl. Röhrle 1994, S. 19). Sind die Personen gut erreichbar, spricht man ihnen aufgrund des Wissens- bzw. Informationsvorsprungs eine Machtposition zu. Ähnlich verhält es sich mit dem Merkmal der *Zentralität*. Es besagt, dass je zentraler eine Person (Personengruppe) im Netzwerk verortet ist, also je mehr soziale Beziehungen sie im Netzwerk unterhält und je ausgeprägter ihre Vermittlungsrolle ist, sie desto stärker zur Norm- und Regelbildung beiträgt. Die Netzwerkdichte und Zentralität verweisen darüber hinaus noch auf eine weitere Dimension: die *Beziehungsverdichtung*. Teile des Gesamtnetzwerkes, die sich vom übrigen Netzwerk abgrenzen lassen und eine vergleichsweise große Dichte aufweisen, werden als *Cluster* und *Cliquen* bezeichnet. Die Cliquen sind dabei noch enger verknüpft als die Cluster. Hier steht jeder mit jedem in Kontakt (Netzwerkdichte: 100%). Cluster und Cliquen markieren Sektoren und Zonen im sozialen Netzwerk und werden als auch *partielle Netzwerke* bezeichnet (z.B. Familie, Freundeskreis).

Bisher hat sich die soziale Netzwerkforschung vorwiegend mit den Strukturen und Beziehungsqualitäten in realen Netzwerken befasst. In der vorliegenden Arbeit stehen die Qualitäten und Funktionen von Online-Beziehungen/Online-Netzwerken bzw. in gewisser Weise die „virtuelle Peer-Group" im Vordergrund. Das Internet ermöglicht es, *im* Medium selber neuartige Begegnungen, Gesellungsformen und Identitätsexperimente zu leben.

4.6 Virtuelle Netzwerke

Neue Kontakte werden von Jugendlichen heute nicht mehr nur im Freundeskreis, im näheren sozialräumlichen Umfeld oder der „ökologischen Peripherie", also z.B. im Kaufhaus in der Innenstadt oder einem Festival realisiert (siehe 6.2), vielmehr sind durch das Internet neue potentielle Treffpunkte hinzugekommen. Die sich dort bildenden sozialen Formationen sind zunächst unter dem Begriff der „virtuellen Gemeinschaft" bekannt geworden. Der Begriff geht auf Howard Rheingold zurück, der 1993 sein Buch entsprechend betitelte. Er beschreibt in diesem Buch die Erfahrungen, die einige Menschen Anfang der 1980er mit dem Mailboxsystem „The WELL" (Whole World 'Lectronic Link) in der Bucht von San Francisco gemacht haben. Rheingold hebt hier insbesondere die erfahrene soziale Unterstützung hervor. Wenngleich diese Entwicklungen und neuen Formen der Vergemeinschaftung anfangs stark problematisiert wurden (vgl. Mettler von Meibom 1994; Stoll 1996), zeigen diverse Studien seit Mitte der 1990er Jahre jedoch, dass Online-Beziehungen das reale Netzwerk bereichernd ergänzen (vgl. Döring 1994, 1996; Wetzstein et al. 1995; Parks/Floyd 1996; Parks/Roberts 1997; Utz 1996; Suler 1996; Kauffeldt 2007). Kirsten Pullen, die sich mit den Ähnlichkeiten und Unterschieden der Ausgestaltung von Fantum der Serie „Xena" on- und offline auseinander gesetzt hat, weist z.B. auf die Erleichterung vieler Fans hin, die im Internet endlich auf Menschen mit einer ähnlich großen Begeisterung getroffen sind. Die Erleichterung ist umso größer, je weniger enge Familienangehörige und Freunde diese Vorliebe teilen und für einen Austausch zur Verfügung stehen (vgl. 2000, S. 53f.). Um allen Beziehungsformen und -qualitäten gerecht zu werden und keine Vorentscheidung über das Wesen der sozialen Formation oder über Veränderungen der Bindungsstrukturen zu treffen, werden die sozialen Formationen inzwischen als soziale Netzwerke definiert und untersucht (vgl. Wellmann 1997; Wellman/Gulia 1999; Gräf 1997; Haythornthwaite/Wellman/Garton 2000; Heintz/Müller 2001; Stegbauer 2001). Deutlich wurde, dass Beziehungen demnach nicht *entweder* im Virtuellen *oder* im Realen gesucht werden, sondern sich vielfältig gestalten. In verschiedenen Studien über MUDs zeigte sich z.B., dass es zu großen Überlappungszonen von Real Life- und Online-Netzwerken kommt (vgl. Parks/Roberts 1997; Götzenbrucker 2001; Heintz 2000) – es sich also häufig um Hybridbeziehungen handelt. Dauerhafte und ausschließlich online gepflegte Beziehungen sind offenbar eher selten anzutreffen und werden von Nicola Döring als „intimate strangers“ bezeichnet. Es werden intimste Gedanken anvertraut, die/der Online-Freund/in nimmt aber in keiner Weise an dem realweltlichen Alltagsleben teil und wird gerade in lebenspraktischen Notsituationen als Fremde/r und Außenstehende/r nicht sichtbar (vgl. Döring 2003, S. 475). Ann Elisabeth Auhagen spricht in diesem Zusammenhang auch von „Para-Freundschaften“ (2002, S. 109).

Grundsätzlich macht es Sinn, zwischen romantischen Beziehungen und Peer-Freundschaften zu unterscheiden bzw. Döring differenziert auch zwischen dem beiläufigen Kennenlernen (über z.B. persönliche Themen) und dem zielgerichteten Kennenlernen (über Kontakt- und Dating-Plattformen) (Döring 2003, S. 448ff.). Je nachdem aus welchem Grund ein Kontakt aufgenommen wird, werden Online-Treffen früher angestrebt. Darüber hinaus wird die Intensivierung einer Beziehung durch das schrittweise Aufsuchen immer reichhaltigerer medialer Umgebungen gefördert, d.h. nach einer Weile nutzen die NutzerInnen nicht mehr nur die öffentlichen Foren oder Chats, sondern greifen auch auf die E-Mail- und private Chat bzw. Instant-Messaging-Kommunikation zurück und gehen irgendwann auch zu Kurzmitteilungen per Handy und/oder Telefonate über (vgl. Bahl 1997; Lea/Spears 1998). Bevor man sich schließlich das erste Mal zu einem Offline-Rendezvous trifft, werden typischerweise auch Fotos ausgetauscht (vgl. Parks/Floyd 1996; Döring 2000; Herlyn 2001). Christian Stegbauer kommt auf der Grundlage seiner Untersuchung in Mailinglisten zu dem Ergebnis, dass Unterstützung, gegenseitige Gefühle und Beziehungen nur zwischen jenen Personen entstehen, die sich intensiv beteiligen (vgl. 2001, S. 71). Virtuelle Beziehungen und Netzwerkformationen sind außerdem „konjunkturellen“ Veränderungen unterworfen. Nancy Baym arbeitet für eine Gruppe von Soap-Fans im Usenet z.B. heraus, dass sich die Gemeinschaft im Zeitraum von 1995 bis 1998 verändert hat, gewisse Traditionen zwar überdauern und viele „Oldtimer“ immer noch Mitglied sind, es sich inzwischen aber um eine komplexere Gemeinschaft handelt. Wenngleich der Begriff der Gemeinschaft die Selbstwahrnehmung der Gruppe immer noch bestimmt, hat doch – so Baym – ein „Prozess der Urbanisierung“ stattgefunden. Sie zitiert hier eine Nutzerin, die seit Beginn der 90er Jahre Mitglied ist: „Es ist immer weniger wie mein ‚Heimatdorf‘ und wird immer mehr wie ein ‚Großstadtdschungel‘!“ (Baym 2000, S. 311).[34] Johanna Mutzl weist in ihrer Studie über die Internet-Fangemeinschaft der Fernsehserie „Charmed“ darauf hin, dass im Internet keine traditionellen Formen von Gemeinschaft und Austausch ersetzt, sondern diese kreativ erweitert

34 Nancy Baym hat Anfang und Ende der 90er Jahre dieselbe Diskussionsgruppe im Usenet mit dem Namen „rec.arts.tv.soaps“ (r.a.t.s.) analysiert. In dieser Gruppe wurden die tagsüber im amerikanischen Fernsehen ausgestrahlten Soap Operas diskutiert. In der 1998 durchgeführten Nachfolgestudie wurden neben der Gruppe auch eine Reihe relevanter neuer Webites analysiert (vgl. zusammenfassende Betrachtung beider Studien siehe Baym 2000).

werden (2005, S. 172). Sie zeigt an fünf Punkten, welche Bedeutung die Teilnahme an Fangemeinschaften für Fans hat (ebd.):

- Ernst genommen und verstanden werden
- Freundschaften, Beziehungen
- Kreative Ausdrucksmöglichkeiten
- Vielfältige Anregungen
- Anerkennung

In anderen Studien wird ebenfalls deutlich, dass das Internet für Fans neue Potentiale zur gemeinsamen Ausgestaltung persönlicher Interessen und Leidenschaften bereit hält (vgl. z.B. Pullen 2000). Es deutet sich bereits an, dass in den virtuellen Kommunikationsnetzen Beziehungen auf sehr unterschiedliche Art ausgestaltet werden. Welche Beziehungsform realisiert wird, hängt von vielerlei Faktoren ab: vom einem Angebot, in dem ich mich wieder finde oder von dem ich mich ausgeschlossen fühle, den Kommunikations- und Partizipationsmöglichkeiten, die mir eine vielgestaltige Selbstdarstellung und Kontaktaufnahme und -pflege ermöglichen oder erschweren, den eigenen Interessen und Bedürfnissen, dem eigenen Engagement usw. Zudem wird deutlich, dass vielfältige hybride Beziehungen existieren, die online geknüpft/offline fortgesetzt, offline geknüpft/online intensiviert oder aber online geknüpft/online gelebt werden. Die virtuelle Welt ist für Jugendliche inzwischen eine soziale Ressource, die sie nutzen, um sich mit Anderen kontinuierlich über ausgewählte Themen auszutauschen und aufgrund persönlicher Lebenslagen zu vernetzen. Ein Gemeinschaftsgefühl stellt sich aus Sicht der Netzwerkmitglieder nicht mehr nur durch eine geographische Nähe ein (wie z.B. die Nachbarschaft), sondern auch durch das Vertrauen in Online-Netzwerke und die empfundene soziale Zugehörigkeit, die erlebte Geselligkeit und empfangene Unterstützung. Darüber hinaus ermöglichen die Online-Netzwerke auch Orientierungen und Rollenangebote sowie einen Zugang zu alternativen Informationen und Ressourcen außerhalb des engen realen Netzwerkes, mit der Option, dass das Beziehungsnetzwerk bzw. soziale Umfeld sich erweitern kann. Damit verliert die reale Beziehung nicht an Bedeutung, vielmehr wird diese weiterhin gesucht, denn offline können eben doch noch andere und zusätzliche Beziehungsqualitäten gelebt und Unterstützungsleistungen gewährt und empfangen werden als online. Der virtuelle soziale Raum eröffnet damit vielfältige Möglichkeiten um sich zu vernetzen und neue Formen von Zugehörigkeit auszuprobieren und auszuleben.

4.7 Zusammenfassung

Jugendliche in Deutschland wachsen heute in einer individualisierten Gesellschaft heran. Traditionale Sozialformen, -bindungen und Sicherheiten verlieren zunehmend an Bedeutung, prekäre Arbeitsverhältnisse und biographische Ungewissheiten nehmen zu. Diese Veränderungsprozesse bekommen nicht alle Jugendlichen gleichermaßen zu spüren. Unterschiede und Ungleichheiten lassen sich hinsichtlich des Alters, Geschlechts und der Bildung, sozialen Lebenslage und kulturellen Herkunft feststellen. Im Zuge dessen spricht die Jugendforschung nicht mehr von *der* Jugend, sondern von Jugend *im Plural*. Aus sozialpsychologischer und jugendsoziologischer Sicht macht es allerdings weiterhin Sinn von einer, wenngleich auch entstrukturierten und entgrenzten Jugendphase zu sprechen. Erstmalig seit der Kindheit setzen sich Jugendliche in dieser Phase mit Entwicklungs- bzw. Handlungsaufgaben auseinander. Sie müssen sich für eine Schul- und Berufslaufbahn entscheiden, erleben sich aktiv sexuell begehrend, setzen sich mit bestehenden gesellschaftlichen Normen- und Werten auseinander und entwickeln eigene, jugendkulturelle Lebensstile. Dabei nähern sich die Geschlechter immer stärker an. Insbesondere die Lebenssituation der Mädchen hat sich in den letzten Jahrzehnten stark gewandelt. Neben Angleichungsprozessen im Bildungsbereich lassen sich aber weiterhin, zum Teil subtilere Unterschiede bei der Karriere- und Familienplanung, im Umgang mit dem eigenen Körper, der Gesundheit und im Gewalterleben feststellen.

Bei der Bewältigung der Anforderungen der Jugendphase stellt die Peer Group für beide Geschlechter nach wie vor ein wichtiges Übungsfeld und eine wesentliche emotionale Ressource dar. Unter Ihresgleichen lernen die Jugendlichen die Perspektivübernahme, testen Konfliktlösungen an, setzen sich in Beziehung zum anderen Geschlecht und fühlen sich in neue Identitäten und Gemeinschaftsformationen ein. Die Mädchenforschung hat gezeigt, dass der besten Freundin dabei weiterhin eine besondere Bedeutung zukommt.

Eine besondere Form des Peer-Zusammenschlusses stellen die Jugendkulturen dar, an denen Mädchen heute stärker partizipieren. In von Jungen dominierten Cliquen üben sie sich dabei vor allem in heterosexuellen Umgangsformen; *ihre* jugendkulturellen Praktiken praktizieren sich eher in lockeren Peer-Zusammenschlüssen, mädchendominierten oder reinen Mädchen-Cliquen und den eigenen vier Wänden.

Die soziale Netzwerk-, insbesondere soziale Unterstützungsforschung hat gezeigt, auf welche Unterstützungsleistungen die Jugendlichen bzw. Mädchen in Peer-Kontexten zurückgreifen können. Noch unzureichend erforscht ist, welche Unterstützungsleistungen in virtuellen Netzwerken geleistet werden. Erste Studien über virtuelle Netzwerke weisen darauf hin, dass Jugendliche hier neue Beziehungsqualitäten und Formen von Zugehörigkeit ausprobieren und sich Zugang zu alternativen Informationen verschaffen.

An einigen Stellen wurde bereits deutlich, dass die aufgeführten Handlungsaufgaben eng mit der Entwicklung einer Geschlechtsidentität bzw. der *Identitätsentwicklung* verknüpft sind. Diese stellt nach wie vor eine der wesentlichen bzw. *die* wesentliche Handlungsaufgabe der Jugendphase dar.

5. Doing Identity

Neu an der Jugendphase ist, dass die Heranwachsenden hier erstmals eine eigene Position einnehmen, über sich selbst als gewordene Person reflektieren, sich bewusst inszenieren und in eine eigene Zukunft hinein denken. Ihr kognitiver und moralischer Entwicklungsstand erlaubt es ihnen, eigene Wege zu gehen. Grundsätzlich wird heute allerdings nicht mehr davon ausgegangen, dass in dieser Phase der Grundstein für eine „erfolgreiche" Identitätsentwicklung gelegt wird. Die Erreichung eines gleichgewichtigen, harmonischen Ich-Zustands (vgl. Erikson 1973), das endgültige Gelingen einer Ich-Identität (vgl. Marcia 1966, 1989), die sich als eine Einheit im Raum und ein Kontinuum in der Zeit präsentiert und der dieser Identitätsentwicklung zugrunde gelegte ontologische Entwicklungsplan, mit anderen Worten die Vorstellung von einem stabilen, widerspruchsfreien und überdauernden Ich, das sich zeitlebens an *einem* Lebensentwurf orientiert, ist heute überholt und bleibt zu viele Antworten schuldig, so z.B. „auf die Frage nach der Identitätsentwicklung der Geschlechter und der verschiedenen sozialen und ethnischen Gruppen in den westlichen Industriegesellschaften" (Kraus/ Mitzscherlich 1997, S. 150). Die Theorien, die sich heute mit Identität(en) auseinander setzen, begreifen Identität als ein kulturelles und begriffliches Konstrukt, das nicht unabhängig von historisch-gesellschaftlichen Rahmenbedingungen gesehen werden kann. „Identitätsentwicklung [ist] nicht der Vollzug eines biologischen Programms, sondern ein Entwicklungsprozess [...], der innig mit der Konstitution des Subjekts in einer spezifisch gesellschaftlichen Epoche zusammenhängt; und mehr noch: Identität wird überhaupt erst zur Aufgabe des Subjekts in einer spezifischen historischen Situation" (Kraus 1996, S. 22). Wie Identität bzw. die Subjektbildung heute konzeptualisiert wird, das soll im Folgenden aus poststrukturalistischer Perspektive, aus Sicht der Genderforschung, Cultural Studies und Postcolonial Studies sowie der sozialwissenschaftlich und sozialpsychologisch orientierten Identitätsforschung diskutiert werden. Neben der Konzeptualisierung von Identität als einem prozessualen Geschehen, geht es an dieser Stelle bereits darum, die LeserInnen für die performativen und narrativen sowie sozialen, kulturellen und materiellen Spielräume zu sensibilisieren, die den Individuen für eigene Identitätsentwürfe zur Verfügung stehen und darüber hinaus auch auf die Leistungen hinzuweisen, die die Individuen im Rahmen ihrer Identitätsarbeit vollbringen (müssen).

5.1 Performative Konstruktion geschlechtlicher Identität

Judith Butler hat sich vor allem mit der Problematik der feministischen Repräsentationspolitik auseinandergesetzt. Sie macht nicht nur auf die Differenzen zwischen Frauen aufmerksam, sondern stellt das fortgesetzte Insistieren auf Kohärenz und die Kategorie Frau grundsätzlich in Frage. Ihr Entwurf einer neuen Bündnispolitik setzt weder auf eine erweiterte Kategorie Frau(en) noch ein „in sich vielfältiges Selbst, das seine Komplexität unmittelbar offenbart" (Butler 1991, S. 36). Ausgehend von der Kritik am cartesianischen Dualismus (Geist/Materie, Kultur/Natur) und dem Phallogozentrismus[35], weist sie darauf hin, dass sich die Kultur nicht in den Körper einschreibt, sondern dass der Körper nur in Abhängigkeit von der Materialisierung regulierender Normen zu denken ist. „Akte, Gesten, artikulierte und inszenierte Begehren schaffen die Illusion eines inneren Organisationskerns der Geschlechtsidentität (*organizing gender core*), eine Illusion, die diskursiv aufrecht erhalten wird" (ebd., S. 200). Die Wahrnehmung des eigenen Geschlechtskörpers erfolgt dabei im Rahmen einer binär organisierten, heterosexuellen Matrix. Kulturell sinnvolle, sozial verstehbare bzw. vorstellbare – *intelligible* – Geschlechter konstituieren sich durch eine kohärente und kontinuierliche Beziehung zwischen dem anatomischen Geschlecht (*sex*), der Geschlechtsidentität (*gender*), der sexuellen Praxis und dem Begehren (*desire*) (vgl. ebd., S. 38). Geschlecht erscheint nun nicht mehr nur als soziale Konstruktion, sondern als Wirkung eines gegebenen Regimes der (Hetero-)Sexualität, in der das Geschlecht binär markiert wird. Im Rahmen einer machtvollen Bezeichnungspraxis wird festgelegt, was „wahr" und „authentisch" ist bzw. wie sich Männer und Frauen aufeinander zu beziehen haben. Diese heterosexuelle Matrix bzw. Matrix der *Intelligibilität* legt somit die Grenzen für das Normale und Natürliche fest, weist damit aber auch die „Zonen der Unbewohnbarkeit" aus (ebd. 1997, S. 23), jene bevölkerte Zonen, in denen inkohärente, unintelligible Geschlechtlichkeiten (z.B. Homo-, Bi- und Transsexuelle) zurückgewiesen, abgewertet und verworfen werden. Diese unbewohnbaren Zonen bilden den „Ort gefürchteter Identifizierung"; Subjekte, die sich darin aufhalten, erscheinen als „bedrohliche Gespenster" (ebd.). Sie repräsentieren verbotene Positionen, die dem Subjekt nicht gänzlich verloren gehen, sondern als gesperrtes Wissen bzw. blockiertes Begehren im Subjekt fortleben. Die kulturelle Ordnung der Geschlechter gibt also vor, welche Subjekte bzw. Subjektpositionen die Kriterien eines Subjekts „Frau" erfüllen und welche nicht. Ein kohärentes Subjekt stellt damit das (vorläufige) Ergebnis einer Bezeich-

35 Nach Judith Butler und auch anderen Feministinnen wird in der Moderne das Körperliche weiblich und das Geistige männlich kodiert. Der Begriff des Phallogozentrismus steht für eine phallische, d.h. eine symbolisch männlich kodierte Denkweise, die den Logos über andere Wissens- und Erfahrungsformen stellt. Geprägt wurde der Begriff von Derrida (vgl. ausführlich dazu Kimmerle 2000).

nungspraxis dar, die durch Verwerfungen und Ausschließungen charakterisiert und in politischen und kulturellen Vernetzungen ständig hervorgebracht und aufrechterhalten wird (vgl. ebd. 1991, S. 18). Das biologische Geschlecht ist damit nicht einfach etwas, was man/frau hat, sondern „es wird eine derjenigen Normen sein, durch die ‚man' überhaupt erst lebensfähig wird" (ebd. 1997, S. 22).

Für Judith Butler und andere feministische, dem dekonstruktivistischen Denken verpflichtete TheoretikerInnen, lässt sich die Geschlechtsidentität somit nicht auf ein (vorgängiges) Wesen zurückführen, sondern erst die *Wiederholung* bzw. erfolgreiche Anknüpfung an bestehende Bedeutungen und Diskurse bzw. an die mannigfaltigen Herrschaftsverhältnisse bringen die Idee der Geschlechtsidentität hervor. Butler bedient sich, um die produktiven Mechanismen der Diskurse zu erläutern, der Sprechakttheorie von John L. Austin (1979). Worte benennen bzw. beschreiben demnach nicht nur, sondern führen etwas performativ herbei, und zwar genau das, was sie benennen. *Performativität* bezeichnet demnach nicht vereinzelte, absichtsvolle Akte, sondern die „ständig wiederholende und zitierende Praxis, durch die der Diskurs die Wirkungen erzeugt, die er benennt" (ebd. 1997, S. 22) und durch die gleichsam unser Glauben an die Natürlichkeit und Notwendigkeit der Geschlechtsidentität erzwungen wird (vgl. ebd. 1991, S. 206). Dies illustriert Butler anhand Althussers Theorie der Anrufung. In dem Moment, in dem das Kleinkind im Geburtssaal als Mädchen oder Junge bezeichnet wird, wird es sichtbar. Um diese Subjektposition dauerhaft halten zu können, muss es allerdings nicht nur angerufen werden, sondern die dazugehörige Norm annehmen und ständig zitieren (*doing gender*). Geschlecht wird damit zu einer Fiktion, die, um ihre naturalisierende Wirkung zu erzielen, stetig (re)produziert und performativ generiert werden muss und der Zitation – bzw. im Hinblick auf die politische Praxis – einer permanenten Aushandlung bedarf. Nur so wird ein Subjekt überlebensfähig. In Anknüpfung an Derrida ist für Butler die Re-Iteration (Wiederholung eines Zeichens) dabei auch immer mit der Möglichkeit der Alteration (Veränderung) verbunden. Es bleibt also immer eine Distanz zwischen der Benennung und dem, was diese versucht anzurufen, also zwischen dem Referentiellen und dem Performativen (vgl. Butler 1998, S. 178f.). Dementsprechend verortet Butler die Möglichkeit zur Veränderung der Geschlechtsidentität „in der Möglichkeit, die Wiederholung zu verfehlen bzw. in einer De-Formation oder parodistischen Wiederholung, die den phantasmatischen Identitätseffekt als eine politisch schwache Konstruktion entlarvt" (ebd. 1991, S. 207). Handlungsfähig wird das Subjekt also im Rahmen einer variantenreichen Wiederholungs- und Bezeichnungspraxis, in der Identitätskategorien offen gehalten und immer wieder reflektiert und destabilisiert werden, z.B. durch eine Praxis des Widersprechens, also verfehlte sprachliche Reproduktionen. Als Beispiel führt Butler die *Queer-Bewegung* an. Mit dem Begriff *queer* – übersetzt bedeutet der Begriff soviel wie eigenartig, verdächtig und pervers – wurden in den USA ursprünglich alle Menschen mit einer nicht-heterosexuellen Orientierung betitelt. Indem sich die *Queers* dann in den späten 1980ern selbst als Perverse bezeichneten und sich selbstbewusst und stolz inszenierten, haben sie dazu beigetragen, dass sich der negative Bedeutungshof des ehemals zur Stigmatisierung benutzten Begriffs wandelte, sodass der Begriff heute nicht nur für eine politische Bewegung, sondern auch eine eigene Forschungsrichtung in den USA steht, d.h. die Bewegung hat zu einer Neubestimmung der kulturellen Muster von Geschlecht und Sexualität beigetragen (vgl. Kraß 2003). *Queer* stellt dabei jedoch keine (neue) Identität dar, sondern beschreibt nach Butler die Mobilität von Begehren und Geschlecht und kann damit als ein Versuch gelesen werden, das Kohärenzideal der Identität absichtsvoll zu verfehlen und das Möglichkeitsspektrum für Identitäten zu erweitern bzw. sexuelle Vielfalt zu würdigen. Allerdings weist Butler auch darauf hin, dass selbst eine *durchqueerende* Identitätspolitik die sprachliche Logik von Ein- und Ausschluss nicht überwinden kann. Infolge dessen geht es ihr darum, die Ausschlüsse beständig in der eigenen Interessenspolitik zu reflektieren.

Zusammenfassend kritisiert Butler also die Vorstellung eines Subjekts als autonomes, mit sich identisches, ontologisches Wesen, das den gesellschaftlichen Macht- und Herrschaftsverhältnissen vorgelagert ist. Ausgehend von einer Kritik am identitätslogischen Begriff „Frau" plädiert sie für eine neue Lesart des Subjekts bzw. konzentriert sich hierbei auf die Prozesse der Subjektwerdung. Es geht ihr dabei nicht um einen neuen Subjektbegriff, sondern darum, das Subjekt für neue Deutungen und neue Existenzformen zu öffnen. Für Butler gibt es keine dem Diskurs vorgängigen Subjekte, sondern nur einen Prozess der Subjektivation, in dessen Rahmen das Subjekt im Zuge einer intelligiblen Anrufung gezwungen wird, sich der Matrix der heterosexuellen Zweigeschlechtlichkeit zu unterwerfen und damit andere Subjektpositionen zurückzuweisen. Indem das Subjekt die Position (bewusst oder unbewusst) annimmt, sich innerlich von dem konstitutiven Außen abgrenzt, also andere Subjektpositionen ausschließt und unsichtbar macht, entwickelt es eine vermeintlich kohärente Identität (z.B. als „echte" Frau). Die Annahme einer Identität geht also immer auch mit dem Verlust alternativer Selbst-Entwürfe einher. Andersheit und Differenz bzw. der Verlust wird somit zur Voraussetzung von Identität. Damit bleibt das von ihr so bezeichnete „postsouveräne Subjekt" (ebd. 1998, S. 198) allerdings weiterhin handlungsfähig, nämlich wenn es erkennt, dass es von diskursiven Strukturen und Herrschaftsverhältnissen hervorgebracht wird und in diese verstrickt ist. Wirkmächtig wird es in der Umdeutung von Begriffen.

5.2 Narrative Konstruktion kultureller Identität

Das Konzept der „kulturellen Identität" wird im Rahmen der Identitätsdebatte in Hinblick auf die Frage nach der kollektiven Identität diskutiert, die in der Moderne vor allem über die Zugehörigkeit zur Nation hergestellt wurde bzw. sich quasi automatisch darüber einstellte. Nation und Kultur sind hier sehr eng verknüpft. Im Zuge der Globalisierung haben sich die kulturellen Erzählmuster für viele Identitäten jedoch gewandelt, da immer mehr Menschen zwischen verschiedenen Orten, Ländern und Kulturen pendeln.

Der hinsichtlich kultureller Identitäten interessanteste Aspekt der Globalisierung betrifft die so genannten Deterritorialisierungsprozesse, die mit den beschleunigten verkehrs- und kommunikationstechnologischen Entwicklungen und Zeit-Raum-Verdichtungen einhergehen und die sich an der Zunahme und den veränderten Bedingungen internationaler (postkolonialer) Migration nachvollziehen lassen. Seit den sechziger bzw. verstärkt seit dem Ende der achtziger Jahre des letzten Jahrhunderts sind es vor allem die armen Bevölkerungsschichten, die in die hochindustrialisierten Regionen der Welt bzw. in die Metropolen des Kapitalismus wandern, um dort ihr Glück zu versuchen (vgl. Pries 1998). Es lassen sich idealtypisch vier Formen internationaler Migration unterscheiden (vgl. Gogolin/Pries 2004, S. 9ff.):

- Emigration/Immigration: Die MigrantInnen richten sich dauerhaft im Ausland ein, integrieren und assimilieren sich dort (z.B. Immigration in die USA)
- Rückkehr-Migration: Die MigrantInnen kehren nach einer mehr oder weniger ausgedehnten Periode wieder in ihr Heimatland zurück (z.B. GastarbeiterInnen)
- Diaspora-Migration: Die MigrantInnen wandern aus religiösen oder/und durch loyalitäts- und organisationale Abhängigkeitsbeziehungen ein (wie z.B. transnationale Unternehmen, internationale Stiftungen usw.). Sie richten sich physisch-räumlich, vielleicht auch wirtschaftlich, aber nur bis zu einem gewissen Grade sozial und politisch in der Ankunftsgesellschaft ein und unterhalten nach wie vor eine starke sozio-kulturelle Bindung zu ihrem Herkunftsland.
- Transmigration: Für diese MigrantInnen ist der Wechsel zwischen verschiedenen Lebensorten in unterschiedlichen Ländern der Normalzustand. Sie spannen einen alltagsweltlichen Sozialraum pluri-lokal über Ländergrenzen hinweg zwischen verschiedenen Orten auf.

In der letztgenannten nomadischen Daseinsform finden sich MigrantInnen der zweiten und dritten Generation wieder (vgl. Pries 1998, S. 58). Sie sind nicht dauerhaft auf einen Platz fixiert, können aber auch nicht als de-territorialisiert, sondern eher als pluri-lokal bezeichnet werden (vgl. Goglin/Pries 2001, S 10). Dies bedeutet, dass sich die MigrantInnen nicht gänzlich assimilieren oder aber vollkommen abschotten, sondern sich *zwischen* der Herkunfts- und Ankunftskultur verorten und damit so genannte „hybride Räume“ (vgl. Nederveen Pieterse 1998, S. 97), „transnationale Sozialräume“ (vgl. Pries 1998, S. 63) oder „cultural flows“ (vgl. Hannerz 2000) schaffen, in denen nicht nur Menschen, „sondern mit ihnen auch Informationen, Produkte, Bilder und Bedeutungen zirkulieren“ (Hess/Lenz 2001, S. 23). Diese neuen Räume manifestieren sich laut Jan Nederveen Pieterse z.B. in Städten mit ethnisch gemischten Quartieren, zeigen sich aber auch in der wechselseitigen Beeinflussung und Mischung von (afrikanischen und europäischen) Elementen, wie der kreolischen Küche in New Orleans. Solcherart neue soziale Räume, so Ludger Pries, sind im Unterschied zu den uns geläufigen Formen allerdings „de-lokalisiert, geographisch-räumlich diffus“ (ebd., S. 69) und „relational“ (Gogolin/Pries 2004, S. 11). Sie bestimmen die alltagsweltliche Lebenspraxis und Identitäten der Menschen und weisen gleichzeitig über den Sozialzusammenhang der Nationalgesellschaft hinaus, sind also nicht mehr in der Logik der Herkunfts- und Ankunftsregion zu erfassen, sondern haben Auswirkungen auf beide Sozialräume (vgl. Pries 1998, S. 75f.). Die BewohnerInnen dieser Orte, die *TransmigrantInnen*, pendeln zwischen zwei oder mehreren nationalen und kulturellen Kontexten hin und her und schaffen damit *transnationale soziale Räume* bzw. Netzwerke – *transnational communities*. Um diese Netzwerke zwischen und jenseits der Nationalstaaten erfassen zu können, bedarf es neuer Modelle, in denen auch die *„Bindestrich-Identitäten* oder *multiplen Sowohl-Als-Auch-Identitäten*“ (Pries 2002, S. 12, H.i.O.) berücksichtigt werden.[36]

Einer der führenden Vertreter der Postkolonialismustheorie, der diese „Zwischenräume“ als einer der ersten in den Blick genommen hat, ist Homi Bhabha (vgl. 1990, 1994). Er zeigt, dass in postkolonialen Zeiten das „Wesen“ oder der „Ort“ der Kultur nicht mehr als einheitlich, geschlossen verstanden werden kann und sich für MigrantInnen die Grenzen zwischen Heimat und Fremde immer mehr auflösen. Sie sind aufgefordert sich im Rahmen kontinuierlicher Übersetzungsleistungen zwischen zwei oder mehr Kulturen und Sprachen als „displaced persons“ in einem Raum des Dazwischen (in-between-space), in einem „dritten Raum“ (third space) oder wie es heute vielfach heißt, in so genannten „hybriden Räumen“ zu verorten (Nederveen Pieterse 1998, S. 97).

> „Hybrid „ist alles, was sich einer Vermischung von Traditionslinien oder von Signifikantenketten verdankt, was unterschiedliche Diskurse und Technologien verknüpft, was durch Techniken der collage, des sam-

---

36 Ludger Pries weist darauf hin, dass die Bedeutungszunahme von Transmigration keineswegs bedeutet, dass die klassischen Formen und Folgen von Wanderungsprozessen (Rückkehr in Herkunftsland, Integration in Ankunftsregion, Herausbildung von Diaspora-Netzwerken) als Forschungsgegenstände und Felder von Sozialpolitik obsolet würden, zumal sie weiterhin einen beträchtlichen und meist den weit überwiegenden Teil aller internationalen Migration prägen. Sie müssen aber durch den neuen Wanderungstyp ergänzt werden (vgl. 2002, S. 18).

> plings, des Bastelns zustande gekommen ist." (Bronfen/Marius 1997, S. 14)

Hybride Räume sind also Zonen, in denen sich die BewohnerInnen eine postkoloniale Lebenssituation *zwischen* Heimat und Fremde teilen. In diesen von hybriden und nomadischen Identitäten bevölkerten *third spaces* bzw. „Zwischenwelten" wird weder die eine noch die andere Kultur bevorzugt oder verdrängt, sondern werden Differenz und Andersheit zusammengebracht und die Beziehung zwischen dem Lokalen und Globalen verschoben:

> „Die kulturelle Praxis in den Einwanderungsgesellschaften zeigt, dass Menschen mehrere Heimaten haben, mehrere kulturelle und soziale Bindungen entwickeln und leben können, dass sie dabei nationale und ethnische Sortiermuster kreativ unterwandern und sich so ihre Welt über nationalstaatliche Grenzen hinweg entwerfen" (Römhild 2003, S. 42; vgl. Gutiérrez Rodríguez 1999; Mecheril 2003).[37]

Dies alles ereignet sich, wie Paul Mecheril in einer Studie über zwei „andere Deutsche" gezeigt hat, oftmals „außerhalb der offiziell beschriebenen Orte, ereignet sich in Köpfen und privaten Räumen" (Mecheril 2003, S. 410).

Die Identitäten, die sich in diesem geographisch-räumlichen und sozialkulturellräumlichen Relevanzrahmen jenseits und quer zu nationalstaatlichen und nationalgesellschaftlichen Grenzen herausbilden und sich der Einordnung in die Logik der Herkunfts- und Ankunftsregion versperren und „durch Reisen und Telefonverbindungen erhalten werden", werden als „transnationale Identitäten" (Clifford 1997, S. 256) oder „hybride Identitäten" bezeichnet (vgl. z.B. Pries 1998, S. 80).

Die Verortung des Subjekts an einem eigenen imaginären Ort und Bezugspunkt, im Spannungsfeld zwischen dem Lokalen und Globalen, verweist auf die politische Dimension der Debatte: Kulturelle Identitäten werden immer relativ, im Rahmen von bestehenden Machtverhältnissen und Klassifikationssystemen, konstruiert. Dadurch kann jede Selbsterzählung, die sich auf einen Kern, eine „‚kulturelle Identität' im Sinne einer gemeinsamen Kultur, eines kollektiven ‚einzig wahren Selbstes', das hinter vielen anderen, oberflächlicheren oder künstlich auferlegten ‚Selbsten' verborgen ist, und das Menschen mit einer gemeinsamen Geschichte und Abstammung miteinander teilen" auch nur eine tröstliche Geschichte darstellen, die wir

---

37 Dass es sich hierbei um eine sehr positive Sicht handelt, von der nicht grundsätzlich auszugehen ist bzw. dass die interkulturelle Auseinandersetzung nicht immer konstruktiv verläuft, zeigt die Untersuchung von Regina Römhild über Russlanddeutsche aus dem Jahre 1998. Statt zu einer Annahme der russlanddeutschen AussiedlerInnen, kommt es in diesem Fall zu einer Konfrontation und im Zuge dessen zu einem ethnisierenden Polarisierung. „Für ein kulturelles Dazwischen, das sich keinem der beiden Pole eindeutig zuordnen lassen würde, [bleibt] wenig Spielraum" (1998, S. 323). Kulturkontakt findet hier nur auf einer sehr privaten Ebene statt.

über uns selbst konstruieren (Hall 1994, S. 27). Damit ist auch die subjektive Empfindung der Kohärenz nichts anderes als eine Selbsttäuschung, denn wenn wir trotzdem „das Gefühl einer vereinten Identität von der Geburt bis zum Tode haben, dann lediglich deswegen, weil wir eine Trost spendende Geschichte oder eine ‚Narration des Selbst' [...] konstruieren", die dann als Fluchtpunkt fungiert (Hall 1992, S. 277). Sie wird durch Erinnerung, Phantasie, Erzählungen und Mythen konstruiert. Demnach sind kulturelle Identitäten „instabile Identifikationspunkte oder Nahtstellen, die innerhalb der Diskurse über Geschichte und Kultur gebildet werden. Kein Wesen, sondern eine *Positionierung*. Daher gibt es immer eine Identitätspolitik, eine Politik der Positionierung, für die es keine absolute Garantie eines unproblematischen, transzendentalen ‚Gesetzes des Ursprungs' gibt" (Hall 1994, S. 30. H.d.A.T.).

Heutige kulturelle Identitäten können also nicht nur im Verhältnis zu einem gelobten Heimatland gesichert werden, sondern sind aufgefordert, stetig neue Orte bzw. transnationale soziale (Pries) oder dritte Räume (Bhabha) zu entdecken, von denen aus sie sprechen und neue Zugehörigkeiten entwickeln können. Oder wie Pries es formuliert:

> „Die Zukunft menschlichen Zusammenlebens [...] wird entscheidend von der Fähigkeit Einzelner, sozialer Gruppen und größerer Vergesellschaftungsbezüge abhängen, sozial-kulturell vielfältige, pluri-lokale und widersprüchliche Gemengelagen und Spannungsverhältnisse auszuhalten und produktiv zu gestalten" (Pries 2001, S. 18).

Die kulturgeschichtlichen Beobachtungen der postkolonialen TheoretikerInnen und die Migrationsstudien zeigen, dass die großen kollektiven Zugehörigkeiten „Nation" und „Rasse" bzw. „Ethnizität" im Zuge der Globalisierung und Migrationsbewegungen für viele Menschen als übergreifende Bezugs- und Koordinatensysteme zunehmend ihre Bedeutung verlieren. Identität und Kultur ist nicht mehr an einen festen Ort gebunden. Vielmehr rücken sie Beziehungen zwischen den Kulturen – die Zwischenwelten – in den Mittelpunkt der Forschung. Dabei stellt sich der Raum, in dem sich die Identitäten bewegen und positionieren, nicht als ein machtfreier Ort dar, sondern die Subjekte sind aufgefordert, in Hinblick auf die lokale bzw. lebensweltliche Verteidigung des „Andersseins" bzw. die Aushandlung von Differenz ihren Platz zu finden und sich neu zu erzählen. Kohärenz erscheint in diesem Zusammenhang als eine konstruierte, tröstende Geschichte, die Einheit suggeriert, wo vielfältige Formen von Differenz herrschen. Die bisher im Zusammenhang mit Erkenntnissen der Diaspora- bzw. aktuellen Transmigrations-Erfahrung entwickelte Form der Identität verabschiedet sich damit auch von einem humanistischen Identitätsverständnis, das von einem autonomen und zentrierten Subjekt ausgeht und legt stattdessen den Entwurf einer *hybriden Identität* vor. Diese hybride Identität stellt damit jedoch nicht grundsätzlich die bessere Variante dar, aber da ein solches

Konzept nicht mehr von einem Einheitsprinzip und originär bestehenden Differenzen ausgeht, sondern den Prozess bzw. den Weg der Identitäts- und Differenzbildung und vor allem die Transformationsprozesse in den Blick nimmt, eröffnet es für die Subjekte neue Handlungs- und Identifikationsspielräume und bietet den Menschen zwischen verschiedenen Kulturen und Lebenswelten einen „dritten Stuhl“[38] an, auf dem sie selbstbewusst Platz nehmen können.

In den bisherigen Ausführungen wurde Identität/Identitätsarbeit als ein prozessuales Geschehen und eine performative und narrative Konstruktionsleistung definiert. Sowohl der Diskurs um die Geschlechts- als auch um die kulturelle Identität verweisen auf einen wesentlichen Punkt in der Identitätsdebatte: die Frage nach der kollektiven Zugehörigkeit – zu einem bestimmten Geschlecht, zu einer Nation bzw. einer spezifischen Kultur. Von besonderer Bedeutung für die Konstruktionsarbeit ist das gesellschaftliche (narrative) Formenpotential, das bestimmte Inszenierungen und Erzählungen ermöglicht, andere verbietet und ausschließt, da diese offenbar eine Bedrohung. Menschen, die nicht-heterosexuell begehren oder die aus diversen Gründen ihre „Heimat“ verlassen und versuchen, sich in neuen Kulturkreisen zurechtzufinden, werden nicht selbstverständlich mitgetragen und gestützt, sondern müssen ihre Identität(en) mühevoll aushandeln. Das zeigt, dass Identität nicht als etwas Vorgängiges oder zu einem spezifischen Zeitpunkt Erreichbares begriffen werden kann, sondern täglich hergestellt wird. Welche Leistungen im Rahmen alltäglicher Identitätsarbeit zu vollbringen sind, zeigt die sozialpsychologische und sozialwissenschaftlich orientierte Identitätsforschung.

5.3 Identität als permanente Verknüpfungsarbeit

Die Psychologie hat das bürgerliche Modernitätserbe ebenfalls verlassen und konstatiert, dass Identität „weder im Sinne ‚innerer Besitzstände‘ noch bereits vorab als ein immer kohärentes, zentralistisch gedachtes Ich konstruiert“ wird (Straus/Höfer 1997, S. 302). In der Auseinandersetzung mit Erik Erikson und James E. Marcia und vor dem Hintergrund soziologischer Gegenwartsdiagnosen – der „Risikogesellschaft“ und der „Postmoderne“ – hat sie sich von einer substantialistischen Vorstellung von Identität und den normativen Implikationen dieses Konzepts verabschiedet und die alltägliche Identitätsarbeit ins Zentrum gerückt, die unter den Bedingungen einer ausdifferenzierten Gesellschaft und einer wachsenden Enttraditionalisierung und Widersprüchlichkeit hohe Anforderungen an die Subjekte stellt

38 Tarek Badawia (2002) hat in ihrer Dissertation über bildungserfolgreiche Immigrantenjugendliche in Deutschland gezeigt, wie sich Jugendliche in der Doppelrolle als TeilnehmerInnen und BeobachterInnen eine neue Identitätsposition bzw. bikulturelle Identität zwischen der Herkunfts- und Ankunftskultur erschaffen, die nicht mehr „zwischen den Stühlen“, sondern vielmehr auf einem „dritten Stuhl“ Platz nimmt.

(vgl. Keupp u.a. 2002, S. 9). Es wird dabei von einem Prozessgeschehen ausgegangen, in dessen Rahmen die Identitäten vielfältige, häufig ambivalente und widersprüchliche Erfahrungsfragmente zu einem Zusammenhang verknüpfen. Für das Ergebnis dieser Verknüpfungsarbeit hat Heiner Keupp die Metapher der „Patchwork"-Identität geprägt. Dieses Patchwork begreift er nicht als ein geschlossenes Muster bzw. einen Gleichgewichtszustand zwischen verschiedenen Teilelementen, sondern als einen „Crazy Quilt", der durch kreative Eigenleistungen des Subjekts entsteht (vgl. Keupp 1997, S. 18). Identitätsarbeit bezeichnen er und seine MitautorInnen als Verknüpfungsarbeit bzw. „als permanente Passungsarbeit zwischen inneren und äußeren Welten" (Keupp u.a. 2002, S. 30).

5.3.1 Identitätsarbeit als Prozess

Im Rahmen der Identitätsarbeit hat das Subjekt laut Keupp u.a. vielfältige Koordinationsleistungen zu vollbringen. Es muss die Selbsterfahrungen unter einer zeitlichen Perspektive, unter lebensweltlichen Gesichtspunkten und auf der Ebene von Ähnlichkeiten und Unterschieden verknüpfen. Diese permanente Verknüpfungsarbeit findet aber nicht nur im Subjekt statt, sondern basiert auf einem Aushandlungsprozess des Subjekts mit der gesellschaftlichen Umwelt (vgl. Mead 1934/1968). In Hinblick auf die zeitliche Perspektive lässt sich der Identitätsprozess in einen retrospektiv-reflexiven und einen prospektivreflexiven Prozess untergliedern. Im Mittelpunkt des erst Genannten stehen situative Selbstthematisierungen, also Erfahrungen, die in Bezug auf das eigene Selbst gemacht wurden und die von Fragen „Wer bin ich heute?" und „Woher komme ich?" geleitet werden. Dieser Reflexionsprozess ist stark kulturell und narrativ geprägt (vgl. Keupp u.a. 2002, S. 192ff.). Identitätsarbeit als prospektivreflexiver Prozess richtet sich stattdessen auf die Zukunft aus. Die Frage lautet dann: Wer will ich sein? Wohin will ich mich entwickeln? Hier stehen das optionale Selbst und die (imaginären) Identitätsentwürfe (z.B. Träume) im Mittelpunkt. Sie dienen dem Subjekt als *diskursiver Referenzpunkt*, an dem es sich abarbeiten kann (vgl. ebd., S. 193 ff.). Die Einbeziehung der Zukunftsperspektive bzw. der Spannungszustand zwischem dem was man erreicht hat, und dem, was man noch erreichen möchte (vgl. ebd., S. 197) stellt sich für die AutorInnen als Quelle der Dynamik im Identitätsprozess dar. Wie der Aushandlungsprozess mit der Umwelt gestaltet wird, hängt dabei sehr stark von den Ressourcen ab, die ein Subjekt bei der Identitätsarbeit zu mobilisieren und zu nutzen vermag. Heiner Keupp u.a. beziehen sich hier vor allem auf die von Pierre Bourdieu als primäre Kapitalsorten bezeichneten Ressourcen (ökonomisches Kapital, soziales Kapital, kulturelles Kapital) (vgl. Bourdieu 1983). Dabei sind jedoch nicht nur die objektiv vorhandenen sondern vor allem auch die subjektiv wahrgenommen Ressourcen sowie die Übersetzungskompetenzen dafür verantwortlich, wie sich die Identitätsarbeit gestaltet. Grundsätzlich gestaltet sich die reflexive Verknüpfungsarbeit als Narrationsarbeit, d.h. „Identitätsbildung [wird] wesentlich mit dem Mittel der Selbstnarration erreicht“ (Keup u.a. 2002, S. 208). Heiner Keupp u.a. unterscheiden in Hinblick auf die Selbstnarrationen zwischen einer *einmaligen Selbstthematisierung* in einer konkreten Situation und *übersituativen Identitätskonstruktionen*, durch „die die vielen Facetten seines Tuns übersituative Konturen erhalten“ und mit deren Hilfe das Subjekt sich „erklärt, welche Lesart seiner Identitätsentwicklung die derzeit dominierende ist“ (ebd., S 232).

Wolfgang Kraus (1996) hat anhand des *narrativen Paradigmas* gezeigt, wie es dem Subjekt angesichts der Vielfalt lebensweltlicher Selbsterfahrungen und der Abnahme gesellschaftlich verfasster Kohärenzmodelle bzw. trotz unsicherer Ausgangslange und Zukunft auch heute noch gelingt, sich für gewisse Identitätsprojekte zu entscheiden und Kohärenz herzustellen. Ausgehend von einem, auf die Zukunft ausgerichteten, prozessualen Verständnis von Identität (Identität als Projekt) und der Grundüberlegung, dass das Subjekt sein Leben erzählend organisiert (Identität als Selbst-Narration), entwickelt er das Modell der *narrativen Konstruktion von Identität* bzw. des narrativen Selbst (vgl. ebd., S. 159ff.). Mit Hilfe von Selbst-Narrationen werden Identitätsprojekte zu *diskursiven Referenzpunkten*, zu denen sich das Selbst ständig neu positioniert, über die es aber auch mit anderen verhandelt, d.h. Sprache macht Erfahrungen sozial sichtbar. In diesem Sinne wird Identität zu einem relationalen Geschehen, zu einer „Art unabgeschlossener Raum [...] zwischen einer Reihe von Diskursen“ (Hall 1991, S. 10, zitiert in Kraus 1996, S. 169) – oder mit anderen Worten:

> „Narrationen werden nicht frei kreiert, sondern stellen ein gesellschaftlich vermitteltes Formenpotential dar, in das sich auf eine sehr fundamentale Weise Ideologeme und Machtstrukturen eingeschrieben haben.“ (Kraus 1996, S. 223)

Anhand einer explorativen Studie zeigt Wolfgang Kraus, wie gesellschaftliche Epochen einzelne Narrationstypen vorgeben und ermöglichen und damit Spielräume für Selbsterzählungen festsetzen. Bei den erzählten Identitätsprojekten handelt es sich also nicht um Eigenschöpfungen des Individuums, sondern um Selbstnarrationen, die stark kulturell geprägt, im sozialen Kontext verankert und von diesem beeinflusst sind. D.h. die Strukturen „präformieren die Art und Weise, in der eine Person sich erzählen kann, und damit auch ihr Verständnis von sich selbst“ (ebd., S. 160). Wie eine Selbst-Narration bewertet wird (z.B. als wahr, plausibel usw.) hängt davon ab, ob sie die sozialen Konventionen bzw. Erzählkonventionen einer spezifischen Kultur oder Subkultur narrativ berücksichtigt (vgl. ebd., S. 171).

5.3.2 Identitätsarbeit als Syntheseleistung

Für die Identitätsarbeit ist nicht nur die Bewältigung der individuellen und lebensweltlichen Aufgaben relevant, sondern es gibt laut Heiner Keupp u.a. auch übergreifende Aufgabenstellungen, die bei jeder Art von Identitätsarbeit angegangen werden müssen. Als drei der wichtigsten, unter den gegenwärtigen gesellschaftlichen Bedingungen zu erbringenden Syntheseleistungen bzw. Identitätszielen beschreiben sie:

- Herstellung von Kohärenz
- Aushandlung des Spannungsverhältnisses zwischen Anerkennung und Autonomie
- Herstellung von Authentizität

Kohärenz steht unter den gegenwärtigen gesellschaftlichen Bedingungen nicht mehr für eine innere Gleichheit und Kontinuität, sondern beschreibt das „Prozessgeschehen der ständigen Balancierung und Austarierung von Erfahrungen mit der eigenen Handlungswirksamkeit in einer Alltagswelt, die längst nicht immer den eigenen Erwartungen entspricht", sie ist ein „Grundprinzip unserer Innenweltorganisation", (Keupp u.a. 2002, S. 296). Diese Kohärenz, die fern eines fixen Koordinatensystems von Normen und Sinnorientierungen bzw. in der Überwindung von rigiden Normalitätsvorstellungen in einem kreativen Prozess von Selbstorganisation Form annimmt, wird von ihm – in Anlehnung an Horkheimer und Adorno in der „Dialektik der Aufklärung" (1969) – als „Kohärenz ohne Identitätszwang" bezeichnet (Keupp 1997, S. 18). Er plädiert damit weiterhin dafür, dass Bedürfnis nach Köhärenz bzw. die Frage danach, wer man ist, ernst zu nehmen, insbesondere deshalb, weil es in der Spätmoderne schwieriger geworden ist, Köhärenz herzustellen. Kohärenz setzt er aber nicht mit widerspruchsfreier Einheitlichkeit und Stabilität gleich, sondern geht dabei von einem Prozessgeschehen aus, das bei Individuen unterschiedlich ausgeprägt sein kann. Es ist das entwickelte Gefühl „eines trotz unterschiedlicher Entwicklungen zu mir passenden Prozesses" (Keupp u.a. 2002, S. 246). Und da dieses Gefühl sich in einem kulturellen und gesellschaftlichen Klima, auf der Basis dominanter und verdrängter Erzählungen und Diskurse entwickelt, ist die Herstellung von Kohärenz nicht mehr nur eine individuelle, sondern auch eine öffentliche Angelegenheit (vgl. Kraus 1996, S. 92). Daraus leitet Wolfgang Kraus den gesellschaftlichen Auftrag ab, den Individuen mehr Freiheitsgrade und Strategien der Selbstentwicklung aufzuzeigen und sie mit ausreichend kohärenten Mustern zu versorgen (vgl. ebd. 1999, S. 4). Außerdem seien die gelingenden Narrationen auch immer danach zu befragen, „was der Preis für ihr Gelingen ist und wer ihn bezahlt" (ebd, S. 238). Als zeitgemäße Formen von Kohärenz sehen die AutorInnen heute das Offenhalten von Optionen und die Verknüpfung widersprüchlicher Arrangements. „Entscheidend bleibt allein, dass die individuell hergestellte Verknüpfung für das Subjekt selbst eine authentische Gestalt hat [...]

und einen Kontext von Anerkennung, also in einem Beziehungsnetz von Menschen Wertschätzung und Unterstützung gefunden hat“ (Keupp u.a. 2002, S. 245). Anerkennung wird dabei aber nun nicht mehr allein über die Zugehörigkeit zu einem Milieu oder Status garantiert, vielmehr sind die Subjekte heute auf ihr Netzwerk und damit auf einzelne auszuhandelnde Beziehungen mit jeweils unterschiedlichen Anerkennungskulturen angewiesen (vgl. ebd., S. 260). Identitätsarbeit bedeutet damit, Anerkennung und Autonomie bzw. Identifizierung und Selbstbehauptung in ein für sich individuell akzeptables Spannungs- bzw. stimmiges Passungsverhältnis zu bringen, um darüber ein Gefühl für die eigene Identität und somit Köhärenz und Authentizität zu entwickeln.

Zusammenfassend kann festgehalten werden, dass laut empirischer Identitätsforschung Identität in einem lebenslangen und fortschreitenden Prozess entwickelt bzw. immer wieder neu konstruiert wird. Identitätsprozesse, die gekennzeichnet sind durch relationale Verknüpfungsarbeit, Konfliktaushandlung, Ressourcen- und Narrationsarbeit, werden dabei in ein ausbalanciertes Passungsverhältnis (Kohärenz) gebracht, das aus Sicht des Subjekts stimmig ist. Dabei nehmen die Subjekte Bezug auf die sozialen und lebensweltlichen Anforderungen (das Außen) sowie die individuellen Identitätsentwürfe (das Innen). Aufgabe des Subjekts ist es, die Differenzen in ein dynamisches Passungsverhältnis zu bringen und einen konfliktorientierten und lebbaren Spannungszustand herzustellen. Bei der Passungs- und Konstruktionsarbeit bedient sich das Subjekt der Selbsterzählung. Zukunftsentwürfe und situative Selbsterfahrungen werden reflexiv zu Selbstnarrationen verknüpft bzw. verdichtet. Diese Selbstnarrationen richtet das Subjekt nicht nur an sich selbst, sondern auch an andere Personen, die sich ebenfalls bemühen, ihre Identitäten mitzuteilen. Beide Seiten bemühen sich um soziale Anerkennung und Zugehörigkeit und begründen gemeinsam die Konstruktionsregeln und das Formenpotential an Narrationen, das für gewisse Identitätskonstruktionen Anknüpfungspunkte bietet, andere aber auch ausschließt. Die Identitätsfragen („Wer bin ich?“ und Wer will ich sein?“) werden damit zu einer öffentlichen Angelegenheit („Wer darf ich sein?“). Wenngleich der Erzählradius in der Spätmoderne offenkundig größer geworden ist, ist der Fundus an Geschichten weiterhin begrenzt. Beeinflusst werden die Selbsterzählungen von (u.a. auch medial vermittelten) kulturellen und gesellschaftlichen Erzählmustern und Machtstrukturen. Die Selbsterzählungen bedeuten also keinen Rückzug in die Innerlichkeit, sondern sind Aushandlungsarbeit; und diese Aushandlungsarbeit ist abhängig von den sozioökonomischen und kulturellen Rahmenbedingungen und dem vorhandenen sozialen, kulturellen und ökonomischen Kapital.

5.4 Zusammenfassung

In der empirischen deutschen Identitätsforschung und im Bereich der Gender Studies, Postcolonial Studies und Cultural Studies wird heute das Konzept einer diskursiven und narrativen Konstruktion von Identität favorisiert. Identität wird nicht mehr als etwas Vorgegebenes begriffen, sondern als etwas konzeptualisiert, das kontinuierlich hergestellt wird. Erst indem Subjekte sich performativ inszenieren, sich permanent durch Diskurse, Sprache und Praktiken herstellen, entsteht das, was als Identität bezeichnet wird. Im Zuge dieser neuen Theoretisierung von Identität hat sich der Forschungsfokus verschoben. Statt danach zu fragen, *was* Identität ist und wie sie bewahrt werden kann, interessiert nun, *wie* Identität als ein nie abzuschließendes Projekt stetig hergestellt und verändert wird. Es stehen also die Identitätsarbeit, die „doing identity"-Prozesse bzw. die narrativen und diskursiven Identitätskonstruktionen im Mittelpunkt der Forschung. Wie offen die Identitäten entworfen werden und wie lustvoll die Selbstkonstruktionen sich gestalten, hängt dabei von den sozialen und materiellen Ressourcen, aber auch vorherrschenden kulturellen Diskursen und Erzählungen ab. Sie markieren weiterhin den Spielraum für Selbsterzählungen und präformieren unser Verständnis von uns selbst. Insbesondere die postkolonialen und feministischen Arbeiten haben gezeigt, dass das kulturelle System der nationalen Identität sowie das der heteronormativen Zweigeschlechtlichkeit sehr eindeutige (Subjekt-) Positionen vorgeben und AbweichlerInnen mühevolle inter- und intrasubjektive Aushandlungsarbeiten aufnötigen. Sie haben auch gezeigt, dass jede Identitätsbildung immer mit der Verwerfung von anderen Identitäten bzw. Identitätsprojekten (Keupp u.a.) einhergeht. Denn indem die Subjekte vermeintlich kohärente Identitäten schaffen und anrufen (z.B. „echte Deutsche", „richtige Frau"), verwerfen sie andere (unintelligible) Subjektpositionen oder machen sie unsichtbar (z.B. die Lesbe). Damit legen sie die Lebensfähigkeit einer Subjektposition fest und markieren gleichzeitig bewohnbare und unbewohnbare Zonen. Die Identitätsbildung bzw. Subjektivation ist damit keine individuelle, sondern eine öffentliche und politische Angelegenheit. In diesem Zusammenhang erfährt auch der Begriff der Kohärenz eine zeitgeschichtliche Korrektur bzw. Weiterentwicklung. Er steht nicht mehr für Harmonie, Kontinuität oder eine geschlossene Erzählung, also wird weder rein inhaltlich (das kohärente Subjekt der Frau) noch formal gedacht (ich bin immer dieselbe), sondern steht für eine Trost spendende Geschichte. Es handelt sich dabei um einen temporären Balanceakt des Individuums zwischen zum Teil widersprüchlichen Anforderungen und Erfahrungen. Konstruiert wird Kohärenz über Geschichten bzw. Selbstnarrationen, d.h. die Subjekte versuchen ihre Erfahrungen für sich und Andere erzählend zu ordnen und zu begreifen. Die (übersituativen) Selbsterzählungen und performativen Inszenierungen dienen dabei als Referenzpunkte, zu denen wir uns ständig – in Verhandlung mit Anderen – positionieren. Sie begründen damit gleichzeitig auch das Formenpotential und die Konstruktionsregeln von Geschichten, auf die sich alle Subjekte beziehen (müssen). Wirkmächtig können die Subjekte damit nur *innerhalb* eines hegemonialen Diskurses und einer dominanten Kultur werden. Dass Verschiebungen möglich sind und dass Subjekte den Fundus an Geschichten jenseits dualistischer Positionen mit eigenen Selbsterzählungen und performativen Inszenierungen erweitern können, zeigen die queeren und hybriden Identitäten.

Identitätsarbeit stellt sich demnach als eine permanente Konstruktionsleistung bzw. Verknüpfungsarbeit dar, in deren Rahmen das Subjekt seine Erfahrungen narrativ zu Identitätskonstruktionen verdichtet (Wie bin ich geworden? Wer bin ich heute?) und anknüpfend daran optionale Identitäten bzw. Identitätsentwürfe entwickelt (Wer könnte ich sein?). Sie wird heute nicht mehr als eine harmonische Integration der verschiedenen Teil-Selbste in eine gefestigte und mit sich selbst identische bzw. authentische Identität verstanden, vielmehr entwirft sich das Subjekt stetig neu bzw. arbeitet kontinuierlich an der eigenen Selbst-Erzählung, präsentiert sich prozesshaft und unabgeschlossen – als eine Patchwork-Identität. Dabei helfen die Selbst-Narrationen Erfahrungen einzuordnen, zu bewerten und neu zu organisieren, sodass im Zuge dessen ein Ich-Gefühl und Wir-Gefühl bzw. eine Fiktion von einem Selbst und einem Wir entwickelt wird, das dem Subjekt bei der Bewältigung des Alltagslebens hilft.

Bühne, Werkzeug und Quelle für die Selbstnarrationen stellen die Medien dar. Sie liefern symbolisches Material für vielfältige individuelle Konstruktions- und soziale Vergemeinschaftungsprozesse.

6. Doing Space

Jugendliche wachsen heute in einer komplexen, stark mediatisierten und kommerzialisierten Welt auf. Die medial angereicherten Freizeit- und Konsumräume stellen ein weitreichendes Angebot zur Verfügung, das sich Jugendliche auf informelle Weise zu eigen machen. Medien stehen dabei allerdings nicht nur „als technische Installationen in einigen Räumen zu Verfügung, sondern durchdringen die Alltagswelt in Familie, Schule und Freizeit – in unterschiedlicher Bündelung und differenten Angeboten" (Baacke/Sander/Vollbrecht 1991, S. 12). Die Rede ist vom „Aufwachsen in Medienwelten".

Im Folgenden werde ich zunächst zeigen, wie die Sozialisation in diesen Medienwelten theoretisch konzeptualisiert wird und dabei insbesondere auf den Begriff der *Selbstsozialisation* eingehen. Große Bedeutung kommt in diesem Kontext nach wie vor der medienpädagogischen Leitkategorie „Medienkompetenz" zu. Die subjektive Medienkompetenz ist die Voraussetzung für einen reflektierten, sozial verantwortbaren, kritischen und kreativen Umgang mit Medien. Laut der Jugendmedienforschung wird sie vor allem in informellen Kontexten, im Rahmen von Peer-Group-Aktivitäten erworben. Ein Ansatz, der diese außerschulischen, informellen Lernprozesse neben der Schule berücksichtigt, ist der *Sozialökologische Ansatz* (Baacke 1980a). Sozialisation wird hier als ein Prozess begriffen, der aktiv vom Individuum mitgetragen und in einer Auseinandersetzung mit der symbolischen, sozialen und materiellen Umwelt und mit sich selbst erfolgt. Dieser Ansatz dient in der vorliegenden Arbeit als theoretisches Bezugsmodell. Er nähert sich den Medienaktivitäten der Kinder und Jugendlichen über den Bezug zur realen bzw. sozialräumlichen Umwelt. Da in der vorliegenden Arbeit jedoch auch die Angebotsseite und vor allem die Internetaktivitäten der Jugendlichen sowie die „virtuelle" Peer-Group berücksichtigt werden sollen, ziehe ich einen weiteren Ansatz hinzu. Dieser fokussiert im Vergleich zum Sozialökologischen Ansatz stärker die Angebotsseite, nimmt aber auch die sozialen Aneignungs- bzw. raumkonstituierenden Praktiken der NutzerInnen in den Blick. Medien werden hier als *Identitätsräume* konzeptualisiert (vgl. Hipfl 2004). Der Ansatz knüpft an den so genannten *spatial turn* in der Sozial- und Geisteswissenschaften an und macht die Kategorie *Raum* für die Kommunikations- und Medienwissenschaft nutzbar. Im Rahmen der Studie wird gezeigt, dass beide Ansätze sich sinnvoll ergänzen.

6.1 Sozialisation mit Medien

Auf die Bedeutung der Medien als Lernräume, die Gelegenheiten und Potentiale für informelle, kognitive, emotionale, motorische sowie ästhetische Lernprozesse bieten, hat das Deutsche Jugendinstitut (DJI) mit dem Projekt „Lebenswelten als Lernwelten" hingewiesen. Durch die aktive Rezeption von Medieninhalten sowie die Produktion medialer Erzeugnisse stellen Medien demnach ein eigenständiges Lernfeld dar, das für Kinder und Jugendliche zudem noch mit einem Autonomiegewinn einhergeht. Im Zuge der Nutzung und Produktion von Medien werden Kompetenzen entwickelt, die Einfluss nehmen auf Bildungsprozesse und Bildungsbiografie, sodass – so die Schlussfolgerung – es in einer medial geprägt Welt zunehmend wichtiger wird, Medienkompetenz zu entwickeln (vgl. Furtner-Kallmünzer u.a. 2002).

Den Medien wird seit den 1980er Jahren eine zunehmend größere Bedeutung im Rahmen des Sozialisationsprozesses zugeschrieben. Sie werden als „Instrumente der Sozialisation" (Schorb 1997c, S. 338), tertiäre Sozialisationsinstanz (neben Gleichaltrigen und Freizeitorganisationen) (vgl. Hurrelmann 2002) und „heimliche Miterzieher" (vgl. ebd. et al. 1996) oder Begleiter aller Situationen des Alltags von früher Kindheit an beschrieben (vgl. Süss 2004, S. 289). Sie begleiten „den Lebenszyklus von Heranwachsenden in allen Situationen als symbolisch über Zeichen und Zeichensysteme allgegenwärtige Sozialisationsagenturen." (Vollbrecht 2003, S. 13). Im Grunde handelt es sich dabei um einen Allgemeinplatz, wenngleich die Jugend- und Medienforschung im Prinzip „sehr wenig darüber [weiß], welche mittelbaren, welche mittelfristigen sowie auch biographischen Konsequenzen welche Arten der Mediennutzung für die Persönlichkeit eines Menschen haben" (Hoffmann 2006, S. 12). Einig ist sich die Forschung jedoch, dass nicht von einer einseitigen Wirkung ausgegangen werden kann, sondern das Medienhandeln ein aktives, sinnorientiertes und soziales Handeln ist, das in der Alltagswelt situiert ist und seine Bedeutung für das Subjekt in Auseinandersetzung mit dem Medienangebot, dem situativen und kulturellen Kontext, den individuellen Bedürfnissen und persönlichen Themen, gesellschaftlichen Handlungssaufgaben und der eigenen Identitätsentwicklung entfaltet. Um den *aktiven* Anteil der Subjekte bei der „Sozialisation mit Medien" (vgl. Theunert/Schorb 2004) zu unterstreichen, wird die Selbstsozialisation mit Medien gegenüber der „Fremdsozialisation" betont (vgl. z.B. Mansel 1997; Fromme et al. 1999; Müller 1999; Glogner 2000; Fritz/Sting/Vollbrecht 2004; Müller/Rhein/Glogner 2004). Der Impuls für diese Akzentverschiebung ging von der Sozialisationsforschung aus. So sollte mit der Verwendung des Begriffs der *Selbstsozialisation* der Eigenanteil einer Person an ihrer Sozialisation und infolge dessen die Effekte, die sich jenseits bewussten, planmäßigen pädagogischen und didaktischen Handelns unter dem Einfluss neuer Instanzen wie z.B. der Medien einstellen (vgl.

Zinnecker 2000, S. 275, 281) stärker in den Mittelpunkt des Forschungsinteresses gestellt werden:

> „Mit der Rede von Selbstsozialisation rücken wir ein zweites Mal weiter ab von der historisch überlieferten Gleichsetzung, nach der Prozesse des Aufwachsens und Prozesse der pädagogischen Lenkung dieser Prozesse lediglich zwei unterschiedliche Seiten der gleichen Medaille seien. Wenn wir von Sozialisation sprechen, sind die pädagogischen Einrichtungen mit einbegriffen [...] Sprechen wir aber von Selbstsozialisation, klammern wir pädagogisches Handeln und Wollen aus." (Zinnecker 2000, S. 275ff.)

Unklar bleibt in diesem Zusammenhang allerdings das Präfix „Selbst" im Begriff der Selbstsozialisation. Jürgen Zinnecker stellt in Anlehnung an Konzepte der Entwicklungspsychologie einen „substantiellen Selbstbegriff" zur Diskussion (ebd., S. 280), der von einem zentralen und aktiven Kern der Persönlichkeit bzw. von einem reflektierenden Subjekt als erlebende, planende und handelnde Instanz ausgeht (ebd., S. 282). Dieser Hinweis auf eine unterstellte Handlungsautonomie ist nun von verschiedener Seite kritisiert worden. Vorgeworfen wurde Zinnecker u.a. ein „strukturloser Subjektzentrismus", der die strukturellen Bedingungen des Aufwachsens vernachlässigt und von normativen Annahmen über die subjektive Handlungsautonomie des Heranwachsenden ausgeht (vgl. Bauer 2002, S. 123). Mit Hartmut Griese (2000) sieht Ullrich Bauer die Gefahr einer „Ökonomisierung der Pädagogik" heranziehen, die dem Subjekt die Schuld zuweist, wenn es den Anschluss an die Gesellschaft nicht schafft bzw. – mit anderen Worten – sich nicht selbst erfolgreich sozialisieren kann. Seiner Ansicht nach richtet sich das gegenwärtig dominierende Sozialisationsverständnis zu einseitig auf die Perspektive des Subjekts und vernachlässigt damit die Analyse der Strukturen der Sozialisationsbedingungen: die Kategorien Macht, Herrschaft, Ungleichheit und Gewalt (vgl. ebd., S. 130).[39]

Ein weiterer Kritikpunkt betrifft den positiven Bedeutungshof der Selbstsozialisation. So konstatiert Zinnecker im Zuge der sich wandelnden Gesellschaft eine zunehmende „Entpädagogisierung des Diskurses um Sozialisation" (2000, S. 276), im Zuge dessen die Pädagogik an Bedeutung verliert. In Anlehnung an die Empfehlungen des wissenschaftlichen Beirats für Familienfragen von 1998 zieht er daraus den vorläufigen Schluss, dass es nun darum gehe, die Heranwachsenden zur Selbstsozialisation zu befähigen und die „Chancen der Selbstsozialisation und Entwicklung der Kinder durch eine kindgerechte Gestaltung der vielfältigen Erfahrungswelten, in denen Kinder aufwachsen" zu verbessern (ebd., S. 286). Mit Bezug auf reformpädagogische Konzepte könne die Pädagogik dann „als Ermöglichung von

39 Ullrich Bauer schlägt vor, Bourdieus empirisches Subjektmodell für die Sozialisationsforschung fruchtbar zu machen, da hier eine subjekt- und strukturtheoretische Perspektive vereint sind.

Selbstsozialisation und Selbsterziehung“ gedacht und als Instanz der „Hilfe zu Selbsterziehung/Selbstbildung“ begriffen werden (ebd., S. 286). Ungeachtet dessen, dass das so formulierte Selbstverständnis der Pädagogik grundsätzlich zu unterstützen ist, weist Zinnecker dem Selbst-Pol hier eine sehr positive Bedeutung zu, betrachtet aber den Fremd-Pol weiterhin neutral. Das wird insbesondere dann deutlich, wenn statt der PädagogInnen noch andere Instanzen – Zinnecker selber spricht von Agenten – hinzugenommen und auf der Seite der Fremdsozialisation verortet werden, so z.B. die Medien.

Nun hat zwar die Medienforschung immer wieder dargelegt, dass Jugendliche Medien aktiv und vor allem fern von pädagogischer Einflussnahme nutzen, da die Eltern und pädagogischen Einrichtungen sich häufig sogar schwer damit tun, Medien in ihren Alltag einzubeziehen, die Heranwachsenden sich die Medien also selbsttätig aneignen – sich selbst sozialisieren. Daraus aber schlusszufolgern, dass das Angebot „neutral“ ist, greift zu kurz; allein die internationale Frauen- und Genderforschung hat im Anschluss an die Küchenhoff-Studie (1975) immer wieder darauf aufmerksam gemacht, dass Weiblichkeit in den Medien stereotypisiert und in ihrer Vielfalt ausgeblendet wird, in den Medien also nur ausgewählte Identitäten und Körper gezeigt werden (vgl. z.B. Weiderer 1993; Gallagher 2001; Klaus 2005). Und auch die Medienaneignung an sich kann nicht per se positiv bewertet werden, vielmehr ist es weiterhin sinnvoll Medienkompetenz zu fördern (siehe ausführlich 6.1.1). Eine (Medien-) Pädagogik, die ausschließlich auf eine „Ermöglichung von Selbstsozialisation“ setzt, greift hier zu kurz.

Nicht nur die Sozialisationsforschung (vgl. hier auch Geulen 2002), sondern auch die jugend- und medienpädagogische Forschung hat diese Akzentverschiebung nicht vorbehaltlos angenommen. Durchaus kritisch wird diskutiert, inwieweit damit nicht überflüssigerweise eine Dichotomie zwischen inneren und äußeren Faktoren und eine normative Annahme von einer erstarkten Autonomie und Wahlfreiheit der Individuen suggeriert und der soziale und kulturelle Kontext bzw. der Aspekt der sozialen Ungleichverteilung von Entwicklungs- und Lebenschancen somit vernachlässigt wird (vgl. Kübler 1997; Niesyto 2004; Theunert/Schorb 2004; Scherr 2004). Zur Diskussion steht außerdem, ob die explizite Verwendung des Terminus Selbstsozialisation nicht nur eine „rhetorische Innovation“ darstellt, da Sozialisation in allen gesellschaftlichen Kontexten, insbesondere unter den gegenwärtigen Bedingungen einer funktional differenzierten und polykontexturalen Gesellschaft als Selbstsozialisation zu denken ist (vgl. Scherr 2004, S. 225). Zumal es sich weiterhin so verhält, dass soziale Ereignisse bzw. Irritationen erst dann sozialisationsrelevant werden – so Albert Scherr –, wenn das Individuum mit ihnen konfrontiert wird bzw. wenn sie ihm vorenthalten werden (vgl. ebd.):

> „Sozialisation ist demnach zu fassen als die soziale Einschränkung des Möglichkeitsraums, in dem sich das individuelle Erleben und Denken, das Bewusstsein und das Unbewusste entwickeln." (Scherr 2004, S. 227)

Hieraus leitet Scherr eine Perspektive für eine genuin soziologische Sozialisationsforschung ab: „Diese hat zu untersuchen, welche individuellen Entwicklungsmöglichkeiten durch bestimmte soziale Kontexte erschlossen bzw. verschlossen werden" (ebd.). Damit wird die Perspektive auf den Untersuchungsgegenstand, die Zinnecker in Anlehnung an Baacke fordert, allerdings nicht hinfällig. Denn die Entwicklungspotentiale erschließen sich vor allem auf der subjektiven Ebene, sodass es zukünftig für die Forschung gilt,

> „[...] den Eigenanteil der Heranwachsenden als ein konstitutives Element der Integration und Individuation zu erfassen und die Interpretations- und Bewertungsmuster, den Prozess der Bedeutungszuschreibung, die Handlungslogik und die entwickelten Ziele und Handlungsmaximen [...] aus Sicht der Kinder [bzw. Heranwachsenden, A.T.] selbst zu entschlüsseln." (Baacke et al. 1997, S. 2, zitiert in Zinnecker 2000, S. 279)

Ich halte den Begriff der Selbstsozialisation also weiterhin für zulässig, wenn er ausschließlich die *selbstbestimmte, aktive und damit informelle Nutzung* ohne direktive pädagogische Anleitung beschreibt, denn ob diese sich positiv oder negativ auf die (Identitäts-) Entwicklung der Heranwachsenden (und Erwachsenen) auswirkt, besagt er nicht.[40] Nun hat Zinnecker vielleicht genau das mit der „Entpädagogisierung" gemeint, aus (medien) pädagogischer Sicht kann die Schlussfolgerung aber nicht lauten, dass alles was aktiv angeeignet wird, zwangsläufig positiv zu bewerten ist, gar positive Effekte zeigt. Vielmehr ist es die Aufgabe der (Medien-) Sozialisationsforschung bzw. Medienpädagogik, „die subjektive Medienaneignung und ihre sozialisatorische Bedeutung zu erfassen" (ebd., S. 217) und – so formulierte Heinz Bonfadelli bereits Anfang der 1980er Jahre – die Entwicklungsbedingungen auszuloten, unter denen sich das kommunikative Handeln des Einzelnen zu einem „sinnhaften und optimalen Gebrauch der Massenkommunikation und Entfaltung der Medien-Kompetenz" entwickeln kann (ebd. 1981, S. 377). Im Sinne des Uses and Gratification-Ansatzes wird Mediensozialisation dabei nicht nur als „Sozialisation durch Massenkommunikation", sondern auch als „Sozialisation zur Massenkommunikation" verstanden (ebd. 1983, S. 317):

> „Damit ist gemeint, dass Heranwachsende sich über Sozialisationsprozesse selbst die Medienkompetenz aneignen, die es ihnen ermöglicht, Medien für sich zu nutzen, den souveränen Umgang mit ihnen zu erlernen, eine ihnen angemessene Decodierungsfähigkeit zu entwickeln, sie

---

40 Zulässig ist sicherlich auch eine gruppenbezogene Betrachtung. Selbstsozialisation bedeutet dann Sozialisation *innerhalb* der Peer-Group oder Clique.

sinnvoll und kreativ in ihrem Alltag einzusetzen – mit der Gefahr zu scheitern und eine bloß konsumtive Rolle einzunehmen." (Vollbrecht 2001, S. 136)

Der Begriff der Medienkompetenz hat sich in den letzten 20 Jahren zu einem wesentlichen Konzept in der Medienpädagogik herauskristallisiert.

6.1.1 Das Konzept „Medienkompetenz"

Obwohl seit Mitte der 1990er Jahre ein deutlicher Anstieg der Auftrittshäufigkeit des Begriffs sowohl in der medienpädagogischen Fachliteratur als auch in den Massenmedien zu verzeichnen ist (vgl. Gapski 2001, S. 175),[41] ist nicht für alle gleichermaßen klar, was unter dem Begriff der Medienkompetenz zu verstehen ist. Die meisten Definitionen entstammen den Bereichen Bildung und Pädagogik und beziehen sich auf neue computerisierte und digitale Medien. Grundsätzlich gehen sie von einem Subjekt als Träger von Medienkompetenz aus, wobei einige AutorInnen diesen Subjektbezug auch noch um eine gesellschaftliche Komponente erweitern, um vorzubeugen, dass das Konzept nicht zu einer Verlegenheitsformel für PolitikerInnen und MedienmanagerInnen mutiert, „die immer dann gebraucht wird, wenn es um die Verlagerung der Verantwortung auf den Einzelnen geht" (vgl. Kübler 1998, S. 3). Medienkompetenz peilt daher auch ein Gestaltungsziel auf überindividueller, eher gesellschaftlicher Ebene an, „nämlich den Diskurs der Informationsgesellschaft" (Baacke 1996, S. 120). Ein solcher Diskurs bezieht alle wirtschaftlichen, technischen, sozialen, kulturellen und ästhetischen Probleme ein (vgl. ebd.).

Alle aus der Medienpädagogik stammenden Begriffsdifferenzierungen von Medienkompetenz stehen laut Harald Gapski in der Traditionslinie des Kompetenzbegriffs von Noam Chomsky über Jürgen Habermas bis Baacke und verstehen Medienkompetenz als „Spezialfall" (Mikos 1999, S. 23), als „Reduktion" (Schorb 1997b) bzw. auch als einen „im Grunde verzichtbaren Appendix" (Vollbrecht 2001, S. 57) eines anthropologisch fundierten Kompetenzbegriffs mit aufklärerisch-normativen Implikationen. In der Regel begleiten dabei „normative Setzungen wie ‚Mündigkeit' und ‚Solidarität' diese Differenzierungen als Zielwerte des Handelns (vgl. Gapski 2001, S. 184).[42]

41 Harald Gapski hat insgesamt 104 Definitionen oder definitoide Aussagen über Medienkompetenz aus dem Zeitraum 1996 bis 1999 analysiert. Als Auswertungseinheiten hat er etwa zur Hälfte Aufsätze oder Artikel in Fachzeitschriften und Publikationen hinzugezogen; außerdem Erklärungen, Programmschriften, Redebeiträge sowie Monographien und Beiträge in Tages- und Wochenzeitungen.

42 Harald Gapski bezieht sich hier u.a. auf Veröffentlichungen von Brigitte Hipfl (1994) und Stefan Aufenanger (1997).

Die Wurzeln der Begriffsbildung sind in der viel zitierten Habilitationsschrift „Kommunikation und Kompetenz“ (1973/1980b)[43] von Dieter Baacke zu finden. Baacke entwickelt hier zunächst nur den Begriff der „Kommunikativen Kompetenz“: eine Fähigkeit, mit der jeder Mensch von Geburt an ausgestattet ist. Im Rückgriff auf Chomskys linguistischem Kompetenzbegriff (1969), wonach die Menschen eine potentiell unbegrenzte Zahl von Sätzen und Aussagen hervorbringen, verstehen und über den Sinn und die Intention von Aussagen verfügen können (vgl. Baacke 1980b, S. 261) sowie in Anknüpfung an Habermas (1971) Theorieentwurf einer kommunikativen Kompetenz formuliert Baacke kommunikative Kompetenz als „Fähigkeit des Menschen, variable Verhaltensschemata zu produzieren“ (1980b, S. 286) und als Sprach- und Verhaltenskompetenz, die den Menschen zu einem kompetenten Lebewesen macht (vgl. ebd., S. 262). Dabei dehnt er den kommunikativen Handlungsspielraum – anders als Habermas[44] – aus, indem er Ausdrucksverhalten und Wahrnehmung in die Konzeption kommunikativer Kompetenz mit einbezieht:

> „Denn nicht die Annahme individueller Disposition, sondern nur die Annahme von allen Individuen gemeinsamen Dispositionen als Kompetenz kann erklären, warum allen Personen vielfältiges, variables, an den Aktualisierungen abzulesendes Ausdrucksverhalten zur Verfügung steht – und gegenseitig verstanden werden kann.“ (Baacke 1980b, S. 266)

Baacke macht neben der Variabilität allerdings auch auf die soziale und kulturelle Bedingtheit des Ausdrucks aufmerksam (ebd., S. 265). Abgesehen vom Ausdruck bescheinigt er auch der Wahrnehmung eine eigene Qualität. „Es sind Situationen denkbar, wo Wahrnehmen allein die notwendige Orientierung leistet und gar nicht in jedem Falle der Überführung in sprachliche Mittel bedarf“ (ebd., S. 280). Für ihn stellt die Kommunikative Kompetenz eine Aufgabe lebenslangen Lernens und die allgemeine Form dar, „in der Menschen das soziale und gesellschaftliche Miteinander leben lernen und ausagieren“ (ebd. 1998, S. 1). Es ist für ihn eben diese „Kompetenz, die den Menschen einerseits erziehungsbedürftig macht, aber auch erziehungsfähig. Unabhängig davon, welcher sozialen Klasse, welchem Geschlecht, welcher Rasse, welchem kulturellen Kontext ein Mensch seine Herkunft verdankt – er unterscheidet sich in Hinsicht auf seine kommunikative Grundausstattung nicht von anderen und muß entsprechend behandelt werden“ (ebd. 1996, S. 117). Diese Konzeption kommunikativer Kompetenz bescheinigt dem Menschen, ein kompetentes Lebewesen zu sein, das sich nicht nur der Sprache sondern auch der Medien bedienen kann, um sich ausdrücken, inszenieren, orientieren und am gesellschaftlichen Leben

43 Dieter Baacke hat seine Habilitationsschrift 1973 veröffentlicht. Die im Folgenden zitierte 3. Auflage stammt aus dem Jahr 1980.

44 Jürgen Habermas selber hat im Rahmen seiner Universalgrammatik „nicht-verbalisierte Handlungen und leibgebundene expressive Äußerungen“ bewusst vernachlässigt (1976, S. 353).

teilhaben zu können. Medienkompetenz – als Besonderung der Kommunikativen Kompetenz – stellt für Baacke die Fähigkeit dar „in die Welt aktiv aneignender Weise auch alle Arten von Medien für das Kommunikations- und Handlungsrepertoire einzusetzen“ (ebd. 1996, S. 119). Sie entfaltet sich in der „Lebenswelt“ oder „Alltagswelt“ von Menschen“ (ebd., S. 118), dort, wo mit Medien kommuniziert bzw. gehandelt wird, denn „Menschen lernen kommunizieren, weil sie miteinander handeln müssen, und insofern sind ‚Kommunikation‘ und ‚Handeln‘ nur unterschiedliche Modalitäten eines Grundzustandes des In-der-Welt-Seins“ (ebd., S. 118-119). Das für die kommunikative Kompetenz erforderliche Wissen erwirbt der Mensch im Umgang mit den Medien (und Menschen). Beobachtbar ist dieses Wissen bzw. sind die Umgangsweisen mit Medien auf der Ebene der *Performanz*, d.h. nur im konkreten Medienhandeln bzw. in Äußerungen über Medien wird Medienkompetenz sichtbar. Auffällig ist, dass in dieser Konzeption die normative Setzung relativ gering ist bzw. diese sich ausschließlich auf das Menschenbild bezieht. Es geht zunächst um eine elementare, allen Menschen gemeinsame Fähigkeit zur Kommunikation, die allerdings gefördert werden kann und soll. Wesentlich für Baacke ist die Unverfügbarkeit des Subjekts, das sich nach seinen „eigenen generativen Ausdrucksmustern entfaltet“ (ebd. 1996, S. 121), aber durchaus durch professionelle MedienerzieherInnen angeleitet werden kann. Statt eine zu erreichende kommunikative Norm zu formulieren, auf die hin Sozialisationsprozesse ablaufen sollten, gibt Baacke durch die Definition von Aufgabenfeldern (Medienkunde, Medienkritik, Mediennutzung und Mediengestaltung) Handlungsvorschläge für die pädagogische Arbeit vor.

Einen Aufgabenbereich sieht Baacke in der Förderung der *Medienkritik* (1), die ein Individuum befähigt, über Medienphänomene urteilen zu können (*analytisch, reflexiv und ethisch*); dann weiterhin in der *Medienkunde* (2), die das Wissen über heutige Medien und Mediensysteme und die Bedienung und Handhabung von Medien *einschließt* (informativ und instrumentell-qualifikatorisch). *Medienkritik* als auch *Medienkunde* umfassen die Dimension der *Vermittlung*, also didaktische Fragen. Die dritte Dimension ist die *Mediennutzung* (3). Dieser Teilbereich beinhaltet die Dimension der *rezeptiven* Anwendung von Medien als auch die Dimension der *interaktiven* Nutzung von Medienangeboten. Es geht hierbei um den Gebrauch von Medien und Mediensystemen entsprechend den eigenen Bedürfnissen. Als letzte Dimension benennt Baacke abschließend die *Mediengestaltung* (4). Hiermit ist vor allem ein spielerisch-ästhetischer und experimenteller Umgang mit Medien gemeint, der im Idealfall in eine eigene Medienproduktion mündet (z.B. ein Weblog, ein Hörspiel). Mediengestaltung ist sowohl *innovativ* als auch als *kreativ* zu verstehen. In die letztgenannten zwei Dimensionen geht auch die *Zielorientierung* mit ein (vgl. Baacke 1996). Andere AutorInnen haben ebenfalls eine Ausdifferenzierung des Medienkompetenzbegriffs vorgenommen. Die verschiedenen Dimensionen erlangen in den Konzepten eine jeweils unterschiedliche Bedeutung. Auffällig ist, dass die handlungsorientierten und kognitiven Dimensionen am häufigsten und die kreativ-gestalterischen, sozial-reflexiven und emotionalen Dimensionen deutlich seltener erwähnt werden (vgl. ausführlich Gapski 2001, S. 172ff.). In Hinblick auf informelle Lernprozesse zeigt sich allerdings, dass es vor allem lustvolle Erfahrungen sind, die Kinder und Jugendliche mit Medien verknüpfen. Sie nähern sich den Medien in der Freizeit (anders als in der Schule) nicht kognitiv, sondern vor allem *emotional*. Für sie stehen die subjektive Bedeutsamkeit, das Vergnügen und auch körperliche Erfahrungen im Vordergrund.

Medienkompetenz steht also für einen souveränen, reflektierten, sozial verantwortbaren, kritischen und kreativen Umgang mit Medien und macht eine gesellschaftliche und kulturelle Teilhabe möglich. Grundsätzlich wird dabei von einem Mediennutzer oder einer Mediennutzerin ausgegangen, die die Medien vor dem Hintergrund der lebensgeschichtlichen Situation und aufgrund von situativen Bedürfnissen und Befindlichkeiten sowie handlungsrelevanten Themen realisiert. Einer der populärsten Ansätze im deutschsprachigen Raum, der die Mediennutzung auf diese Weise in den Sozialisationskontext hineingedacht hat, ist der *Sozialökologische Ansatz*.

6.2 Sozialökologischer Ansatz

Die Sozialisationsperspektive ist in den 1980er Jahren in der Massenkommunikationsforschung“ eingefordert worden (vgl. Bonfadelli 1981, S. 376). In Abkehr zu einer individualistischen und vorwiegend psychologisch orientierten Sicht der Medienkommunikation (Stimulus-Response-Modell) und einer soziologisch orientierten Kommunikationsforschung, in der die Auffassung von einer Beeinflussung des „passiven Rezipienten“ im Sinne eines Einstellungswandels durch die Medien weiterhin unangetastet blieb (Two-Step-Flow)[45] als auch in kritischer Auseinandersetzung mit dem weiterhin funktionalistischen Theorieansätzen verpflichtet bleibenden „Uses-and-Gratifications-Approach“ änderte sich der Forschungsfokus grundlegend. Die neue Sichtweise wird mit dem Wandel von der medienzentrierten zur publikums- bzw. rezipientenzentrierten Perspektive umschrieben. Seither geht die Massenkommunikationsforschung von einem *aktiven* Publikum bzw. einer *aktiven* Rezipientin oder Nutzerin aus, die die Medien (bewusst als auch unbewusst) zur Bedürfnisbefriedigung nutzt. Nicht mehr die Medien bzw. KommunikatorInnen stehen im Mittelpunkt des Forschungsinte-

45 Paul Larzarsfeld u.a. entdeckten 1944 bei einer Wahlkampagne zur Präsidentschaftswahl in den USA die Rolle der zwischenmenschlichen Beziehungen im Wirkungsprozess der Medien und die Bedeutung der opinion-leaders. Demnach gelangen Ideen auf einer ersten Stufe von den Massenmedien zu den MeinungsführerInnen und von diesen dann zu den weniger aktiven Bevölkerungsmitgliedern (Two-Step-Flow).

resses, sondern die Ziele, Absichten, Bedeutungszuweisungen und habituellen Routinen der Individuen. Es wird davon ausgegangen, dass eigene Interessen und Handlungsthemen das Medienhandeln leiten. Im Zentrum steht der „Prozess der Herausbildung und Selbststeuerung des kommunikativen Umgangs mit der sozialen Umwelt“ (Bonfadelli 1981, S. 69) und „der Heranwachsende mit den ihm eigenen aktiven und sinnhaften Mustern der Medien-Interaktion“ (ebd., S. 378).

Für Dieter Baacke lässt sich das Erleben und Verhalten eines Individuums, also auch das Medienhandeln, nur vor dem sozialökologischen Hintergrund bzw. im Rahmen seiner Lebens- und Alltagswelt und bisherigen Sozialisation interpretieren. Damit knüpft er an Urie Bronfenbrenner an, der Mitte der 1970er Jahre mit seinem Programm zur Erforschung der Ökologie der menschlichen Entwicklung für ein Umdenken in der Sozialisationsforschung plädierte (vgl. 1976/2000, S. 88). Bronfenbrenners Kritik an der bisherigen Forschung bezog sich auf die grundsätzliche Ausklammerung der Wirkungen der alltäglichen Umwelt, in der Kinder leben bzw. leben können und damit auf eine reduktionistische Betrachtung der sozialwissenschaftlichen Forschung vom Individuum oder von der Umwelt aus. Statt weiterhin vorrangig danach zu suchen, wie ein Kind zu dem werden konnte, was es heute ist, sollte zukünftig stärker fokussiert werden, „wie das Kind zu dem werden kann, was es noch nicht ist“ (ebd., S. 88), es soll also die Bildbarkeit des kindlichen Organismus stärker berücksichtigt werden (ebd. 1981, S. 19).

Baacke geht nun ebenfalls von der Bildsamkeit des Individuums bzw. von einem handlungstheoretisch orientierten Menschenbild aus, das den Menschen grundsätzlich als kompetentes Wesen begreift (Baacke 1980b, S. 286), welches sich die Welt durch kognitiv-interpretierende Wahrnehmungsprozesse als auch durch praktisches Handeln aneignet (s.o). Auch sein Ansatz knüpft an die Biologie bzw. Ökologie als der „Wissenschaft von den Beziehungen des Organismus zur umgebenden Außenwelt“ an (Haeckel 1866, zit. in Baacke 2003, S. 70). Für Baacke ist das Verhältnis Mensch-Umwelt in den Sozialwissenschaften ähnlich angelegt wie das Verhältnis Organismus-Außenwelt in der Biologie, also so wie Menschen ihre Umwelt beeinflussen können, können sie eben auch von ihr beeinflusst werden. „Dies gilt nicht nur im Sinn eines ‚Entweder-Oder‘, sondern auch eines ‚Sowohl-Als-auch‘“ (ebd. 1989, S. 105). Um dieses komplexe Verhältnis – die Sozialökologie – zu erforschen, ist eine ganzheitliche Betrachtungsweise erforderlich, und zwar eine, die die Lebens- bzw. Alltagswelt der Subjekte, also den sozialräumlichen Kontext einbezieht. Es geht darum, die Erkenntnisse an das tatsächlich gelebte Leben anzubinden und *alltagstheoretisch* von den Handlungen und Erfahrungen, Routinen und Erwartungen auszugehen. Eine besondere Bedeutung schreibt Baacke den Medien zu, da sie unseren gesamten Alltag durchdringen, und zwar derart, dass sie „seine kulturelle Verfaßtheit mitbestimmen und nicht als zu betrachtendes

Gegenüber von ihm abzulösen sind“ (ebd., S. 89). Den Menschen betrachtet er als „autonom handelndes Subjekt mit der Möglichkeit, vorhandene Medien und Medienangebote zu transzendieren, zu verändern oder zu vernachlässigen“ (ebd., S. 88).

Der sozialökologische Ansatz stellt für Baacke ein Angebot dar, alle Umweltaspekte, also auch die Medien einzubeziehen. „Damit wird Medienforschung [...] zur *Kommunikationsforschung*: Weil eben nicht nur ‚Medien'-Wirkungen (welcher Art auch immer) zu beachten sind, sondern die Ganzheitlichkeit *kultureller* und sozialer Verfaßtheiten, in die die Medien ihre Zeichen eingebrannt haben“ (ebd., S. 89, H.i.O). Die Umwelt fasst er dabei nicht nur materiell-räumlich, sondern weist vor allem auch auf die sozialen und symbolischen Bedeutungshorizonte hin (vgl. ebd., S. 92). Für den sozialökologischen Blick sind „die tektonische Struktur, die objektiven Merkmale eines Raums ebenso wesentlich wie das Erleben der Umwelt durch die beteiligten Personen“ (ebd., S. 97), da die Menschen einerseits Räume gestalten, andererseits aber auch die Art und Weise der Raum-Tektonik menschliche Interaktionen beeinflussen kann.

Der Raum aus sozialökologischer Sicht ist also kein statisches Gebilde, sondern stellt vielmehr einen Kontext dar, in dem soziale Beziehungen eingelagert sind und komplexe soziale Interaktionen realisiert werden. Den Medien kommt dabei eine besondere Funktion zu, da sie Bestandteil der Umwelt sind – und zwar in doppelter Form: als Apparaturen und Geräte *sowie* als Programmangebot und symbolische Aussage. Als Träger symbolischer Botschaften können sie die Raumbindung sogar „transzendieren“, da sie in allen Settings (Familie, Schule, Betrieb, Konsumwelt usw.) allgegenwärtig sind (ebd., S. 98f.). Baacke macht aber auch deutlich, dass ihre Botschaften weiterhin der sozialökologischen Prämisse unterliegen, d.h. die jeweilige Ausstattung mit Geräten, das vorherrschende Klima, die (familiären) Verhaltensvorschriften, die Interaktionsformen usw. bestimmen weitgehend, „welche Botschaften *wie* angenommen werden (oder nicht!)“ (ebd., S. 99, H.i.O.). Der lebensweltliche Kontext ist also weiterhin wesentlich. Dieser bestimmt, ob die Aussage tatsächlich zum „stimulus“ wird oder aber wirkungslos „verdampft“ (ebd., S. 109, H.i.O). Wenn er vom lebensweltlichen Kontext spricht, hat Baacke vor allem die sozialen Netzwerke (das Insgesamt an Beziehungen zwischen Einzelnen, Familienmitgliedern, Freunden usw.) und deren Unterstützungsfunktion im Blick (vgl. ebd., S. 95).

> „Umwelt ist damit vorzustellen als ein Netzwerk sehr unterschiedlicher Teil-Umwelten, die als reale Objekte, als zwischenmenschliche Beziehungen, aber auch als symbolische Strukturen (Ideologien, Deutungsmuster) ein unterschiedlich dicht gewirktes Netzwerk darstellen, das den Jugendlichen trägt, aber auch ausstößt, fallen lässt.“ (ebd. 2003, S. 91)

Im Sozialisationsprozess sind nach Baacke unterschiedliche *lebensweltliche Kontexte* durch jeweils spezifische Problemsituationen gekennzeichnet und zu unterschiedlichen Zeiten zugänglich und relevant. Baacke unterscheidet in Anlehnung an Bronfenbrenner (1981) vier expandierende sozialökologische Zonen (vgl. Baacke 1999, S. 146 ff.):

- Ökologisches Zentrum: Die erste Zone ist der alltägliche und unmittelbarste Umraum, in den das Kind hineingeboren wurde. Meist handelt es sich um den Ort der Familie, um das „zu Hause". Kennzeichnend für diese Zone sind enge emotionale Bindungen, face-to-face-Kommunikation, starke Abhängigkeit insbesondere der Heranwachsenden von den Älteren. In Grundzügen wird der Medienumgang hier erfahren und erlernt.
- Ökologischer Nahraum: Die zweite Zone ist die unspezifizierte Umgebung von Zone 1, oft auch „Nachbarschaft" genannt. Im Stadtteil, dem Viertel oder der eigenen Wohngegend werden die ersten Außenkontakte aufgenommen. Als Treffpunkte dienen die Parkbank, Bushaltestellen, die Frittenbude, Diskothek usw. Je mehr Treffpunkte zur Verfügung stehen, desto näher kommt eine Gegend einem ökologischen Optimum.
- Ökologische Ausschnitte: Die dritte Zone wird definiert durch funktionsspezifische Beziehungen. Die Schule, der nahegelegene Betrieb und andere Orte gehören in diesen Bereich. Das Kind wird hier zum ersten Mal mit einer funktionalen Differenzierung konfrontiert, die ihm bestimmte Rollen (z.B. Schulkind) zuweist. An den Rändern der ökologischen Ausschnitte entwickeln die Älteren ihre Peer-Beziehungen.
- Ökologische Peripherie: Die vierte Zone ist die der gelegentlichen Kontakte. Dazu gehören z.B. der Bauernhof oder die Urlaubsinsel. Andere Beispiele sind ferner gelegene Freizeitangebote (z.B. ein Kino) oder ein Kaufhaus. Je vielfältiger und reichhaltiger die ökologische Peripherie ist, desto offener und erfahrener wird ein Heranwachsender, denn er erweitert nicht nur den Radius seines Handlungsraums, sondern erwirbt damit auch mehr Ausweichmöglichkeiten und Alternativen zu seiner unmittelbaren Umwelt.

Die vier sozialökologischen Zonen „bieten" den Kindern und Jugendlichen in Hinblick auf Abhängigkeiten, Beziehungsformen, typische Problemkonstellationen und Handlungsoptionen Unterschiedliches. Die zunächst sehr enge und abhängige Position des Kindes wird aufgelockert durch die Eroberung neuer Räume (Wohngebiet) und das Eingehen neuer Beziehungen. Im Rahmen funktionsspezifischer Beziehungen muss sich der Jugendliche dann mit neuerlichen Abhängigkeiten arrangieren (Schule, Betrieb), bekommt dafür aber mehr Möglichkeiten eingeräumt, um sich in der ökologischen Peripherie abzulenken, zu entspannen und vielfältig auszuprobieren. Die zunehmende räumliche Öffnung des Konzepts „in räumlich immer entferntere und offenere Soziotope mit wechselnd eingeschränkten oder offenen Zugängen, Anforderungen und Bedeutungszuschreibungen" – vom ökologischen Zentrum der realen Familie in die ökologische Peripherie – entspricht der „Sozialisation des Jugendlichen in immer weitere Räume subjektiver Selbstständigkeit“ (ebd. 1989, S. 111). Medien stellen für Baacke in diesem Zusammenhang „Symbolträger überörtlicher Präsenz dar“, die den Botschaften eine Präsenz geben, die oft eindrücklicher ist als das im Real-Raum Gegebene und dazu führen, dass die Raum-Differenz zwischen Akteur und Zuschauer im Bewusstsein verschwindet (vgl. ebd., S. 117ff.). Das zeigt er am Beispiel der parasozialen Interaktion, denn hier trifft die vermittelte Wirklichkeit des Fernsehens insofern nicht nur auf die Wirklichkeit des Nutzers, sondern geht in sie ein: „Die Medienakteure dringen sozusagen in den Erfahrungs-, ja Identitätshorizont der Zuschauer ein“ (ebd.).

Das Besondere des sozialökologischen Ansatzes besteht darin, dass er die Medien, die Theorien der Alltags- und Lebenswelt als auch sozialisationstheoretische Annahmen aufgenommen hat und damit die Wechselwirkung zwischen räumlichen, sozialen und kulturellen Kontexten betrachtet.

Kritisiert worden ist in den letzten Jahren allerdings vermehrt das von Baacke übernommene konzentrische Modell von Bronfenbrenner und die damit verknüpfte Vorstellung von einem sich stetig erweiternden Handlungsradius der Menschen. Zum einen würden hier die Globalisierungsprozesse bzw. Raum-Zeit-Verdichtungen zu wenig berücksichtigt, zum anderen werde auch von einem veralteten *Raum*-Begriff ausgegangen und damit „die Entwicklung eines einheitlichen Raumkonzeptes im Sinne des absolutistischen Denkens[46]“ gefördert (Löw 1997, S. 22; vgl. auch Hornstein 2001; Deinet 2003). In Abkehr davon erfahren Kinder den Raum nicht als einen sich kontinuierlich expandierenden „einheitlichen Lebensraum“, sondern als eine Relation zwischen verstreuten Kinderorten bzw. *Inseln*, zu denen sie von den Eltern transportiert werden (Zeiher/Zeiher 1994, S. 361f.; vgl. Nissen 1992; Rose 2003). Dies gilt offenbar insbesondere für Mädchen aus der Ober- und oberen Mittelschicht (vgl. Nissen 1992, S. 155). Überhaupt kann das „normale“ und anzustrebende expandierende räumliche Handeln bisher eher den Jungen als den Mädchen zugeschrieben werden (vgl. Löw 2001, 89ff.; vgl. Nissen 1992) (siehe 4.4.2). Im Zuge dessen fällt aus dem Blick, dass Mädchen die für ihre Selbstständigkeit erforderlichen Kompetenzen ebenfalls ausbilden, allerdings eher in privatnahen oder privaten Räumen und im Rahmen der Aktivitäten in stärker funktionsspezifischen Räumen (vgl. Nissen 1992, S. 162ff.). Eingewandt wird außerdem, dass der Lernort Straße nicht grundsätzlich positiv zu bewerten ist, sondern – in Hin-

46 Die Bezeichnung des absoluten Raumes geht auf Isaac Newton (1642-1727) zurück. Für ihn kann jede Bewegung (im relativen Raum) nur in einem übergeordneten Bezugssystem bestimmt werden. Diese Vorstellung von einem klar abgrenzbaren und statischen Raum, in dem etwas stattfindet, einem „Container“ oder „Behälterraum“, ist im Zuge der Säkularisierung, Technisierung (gemeint sind insbesondere die Entwicklungen im Informations- und Kommunikationsbereich) und Globalisierung kritisiert worden (vgl. Günzel 2005) (siehe Kap. 6.3).

blick auf migrierte Kinder – auch als Ausweichverhalten interpretiert werden kann, da diese seltener über *ein eigenes Zimmer* als abgrenzbare und weitestgehend selbst gestaltbare Privat- und Intimsphäre verfügen und demzufolge auf die Straße und den öffentlichen Raum angewiesen sind (Rose 2003, S. 261). Die Vorstellung von einer allmählichen Ausdehnung des Lebensraumes in *räumlich entferntere* und *offenere Soziotope* muss sich also an den Kategorien Geschlecht, Herkunft und Wohnortlage messen lassen.

Ein weiterer Kritikpunkt betrifft die im Zuge der Globalisierung angestoßenen kulturellen Entwicklungen, die zunächst vor allem in der Kulturgeographie, dann aber auch in anderen Wissenschaften zu einer Aufwertung des Raum-Begriffs führten (siehe 6.3). Die Raum-Zeit-Verdichtungen, so einige KritikerInnen, machen auch in der Erziehungswissenschaft eine kritische Reflexion und Überprüfung bisheriger Denkmodelle und Kategorien nötig (vgl. Scheupflug 2003; Deinet 2003; Hornstein 2001; Nissen 1992). Zum Beispiel würde sich Globalisierung durch eine Zunahme von Kommunikationsbeziehungen, als „eine gesteigerte, kommunikative Konnektivität" auszeichnen (Hepp 2002, S. 869), die unter anderem auch dazu führe, dass eine „natürliche" Beziehung von Kultur zu geografischen und sozialen Territorien verloren geht (vgl. García Canclini 1995, S. 229) und die Konturen der Gesellschaft nicht mehr identisch mit dem Nationalstaat gedacht würden (Scheunpflug 2003, S. 160). Diese Entwicklung berücksichtigend, erscheint das Modell, das auf der Vorstellung von konzentrisch sich erweiternden Lebensräumen im Ablauf der Lebensphasen beruht, historisch überholt (vgl. Hornstein 2001, S. 527). Bei genauerem Hinsehen wird aber auch deutlich, dass der lokale Bezug damit nicht grundsätzlich hinfällig ist, sondern es zu einer parallelen Bedeutungszunahme von globalen *und* lokalen Prozessen kommt. Roland Robertson hat in diesem Zusammenhang den Begriff der „Glokalisierung" geprägt (1998, S. 193). Sein Wortspiel weist darauf hin, dass das Globale und Lokale keine Gegenspieler sind, sondern sich gegenseitig bedingen, der Lokalität bzw. den kulturellen und regionalen Besonderheiten also weiterhin eine große Bedeutung zukommt. Die Vormachtstellung der Kulturindustrien der westlichen Gesellschaften sowie Japans sagt z.B. nichts darüber aus, ob und wie das globalisierte Angebot aufgegriffen und verarbeitet wird. Als Beispiel wird in diesem Zusammenhang gerne auf die Diskontinuitäten und Abwandlungen in den jeweiligen Musikstilen (z.B. der Pariser-Vorstadt-Rap oder der deutsche Rap) oder die lokale Adaption bzw. lebensweltliche Orientierung von globalen Fernsehformaten wie z.B. Big Brother in unterschiedlichen Kulturen hingewiesen (vgl. Mikos 2002). Das Lokale bzw. sozialräumliche Umfeld ist also weiterhin von Bedeutung (vgl. auch Hepp 1998; Mikos 1994; Morley 1997). Soziales Handeln geschieht damit weiterhin an konkreten Orten und unter bestimmten räumlichen Bedingungen.

Der sozialökologische Ansatz eignet sich damit weiterhin zur Erfassung der *medialen* Kommunikations- und Interaktionsbeziehungen, denn diese entfalten an unterschiedlichen Orten und in unterschiedlichen Teil-Umwelten ihre je eigene Bedeutung. Zu kritisieren ist aber die Grundüberlegung, derzufolge („männliches") expandierendes Raumverhalten grundsätzlich positiv zu bewerten ist. Zu differenzieren wäre hier hinsichtlich des Geschlechts, der sozialen und kulturellen Herkunft. Darüber hinaus werden auch die globalen, kulturübergreifenden Wandlungsprozesse und Kommunikationsbeziehungen zu wenig berücksichtigt.

In Hinblick auf die neuen Interaktions- und Partizipationsmöglichkeiten im Internet, insbesondere in Zeiten des Web 2.0, scheint es außerdem ratsam, die Aufmerksamkeit nun auch auf die Aktionen *im Medium* zu richten, denn dort bilden sich neue *Interaktions- und Kommunikationsräume* bzw. *Beziehungen und Netzwerke,* die sich mit dem sozial-ökologischen Ansatz nur begrenzt erfassen lassen. Um auch diese Räume in den Blick nehmen zu können, knüpfe ich im Folgenden an einen Diskurs an, der unter dem Begriff des *spatial turn* geführt wird und von Brigitte Hipfl (2004) für die Medienforschung nutzbar gemacht wurde.

6.3 Medien als „Identitätsräume"

Seit Mitte der 1980er Jahre wird von einer Renaissance des Raumbegriffs in den Kultur- und Sozialwissenschaften gesprochen. Insbesondere die Globalisierung bzw. das neue Spannungsverhältnis zwischen Auflösung (z.B. Entwurzelung, Transkulturalität) und Erstarkung des Raumes (z.B. Separatismus von Kulturen, Fundamentalismus) sorgte für eine Aufwertung der *Raum*-Kategorie. Dabei geht es den VertreterInnen des *spatial turn* nicht nur um eine bloße Diagnose gegenwärtiger Raumverhältnisse, sondern vielmehr um die Ausbildung eines kritischen prozessorientierten und relationalen Raumverständnisses. Raum wird demzufolge nicht mehr als etwas natürlich Gegebenes und Unveränderliches bzw. ein „Container" begriffen, in dem etwas stattfindet. Vielmehr wird der Begriff von einem offenen Raumbegriff abgelöst, der es erlaubt, die raumkonstituierenden Praktiken und den Raum durchwirkenden Herrschafts- und Machtverhältnisse zu betrachten. Viele der Arbeiten, die den spatial turn für sich fruchtbar machen, haben sich von Michel Foucaults Konzept der *Heterotopien* inspirieren lassen. Foucault plädiert dafür, Räume bzw. Platzierungen zu betrachten, die sich nicht eindeutig in die Epochen einfügen und sogenannte Heterotopologien bilden (z.B. Bordelle, psychiatrische Kliniken): „In sie steckt man die Individuen, deren Verhalten abweichend ist im Verhältnis zur Norm" (ebd. 1990, S. 40). Weiterhin von Bedeutung für die Entwicklung eines *spatial turns* ist der Raumbegriff von Henri Lefebvre. Dieser hebt die soziale Konstituierung des Räumlichen und die Rolle des Raumes für die Herstellung sozialer Beziehungen hervor und legt damit den Fokus sowohl auf die Praktiken der Raumkonstitution als auch auf die Ein- und Ausgrenzungen (vgl. Lefebvres 1974, 1991). Seine Konzeption des *gelebten Raumes*, in dem sich das Reale und Imaginäre, Dinge und Gedanken auf gleicher Ebene verbinden und auch räumliche Repräsentationen von Macht wieder finden, wird von Edward Soja (vgl. 1996) in dem Konzept des *Dritten Raumes* aufgegriffen. Ausgehend von einem postkolonialen Standpunkt übt er sowohl Kritik an einem binären Raumverständnis als auch an der eurozentristischen Geographie. Mit der Einführung der Perspektive *Thirding-as-Othering* durchbricht Soja die bisherige binäre Logik (materiell/mental, real/vorgestellt, objektiv/subjektiv, imaginär/real) und plädiert für ein sehr komplexes Bild von Raum, das bisherige Raumvorstellungen ablösen und zu neuen Gedankenspielen einladen soll:

> „Alles kommt im Dritt-Raum zusammen: Subjektivität und Objektivität, das Abstrakte und das Konkrete, das Reale und das Imaginäre, das Wißbare und das Nicht-Vorstellbare, das sich Wiederholende und das sich Unterscheidende, Struktur und Kraft, Geist und Körper, Bewußtsein und das Unbewußte, das Disziplinierte und das Transdisziplinäre, Alltagsleben und unabschließbare Geschichte." (Soja 2005, S. 96f.)

Von großer Bedeutung für Überlegungen zum spatial turn sind weiterhin die Arbeiten von der Doreen Massey. Sie plädiert für eine Offenlegung der Strukturen von Dominanz und Unterordnung als auch von ermöglichenden Potentialen und weist auf die Unterschiede zwischen Männern und Frauen hin, die sich in der Mobilität und im Zugang zu verschiedenen Räumen zeigen (siehe auch 4.4.2). Räume sind ihr zufolge nicht nur geschlechtlich konnotiert, es kommt ihnen auch eine zentrale Rolle dabei zu, wie Geschlecht konstruiert und verstanden wird (vgl. ebd. 1994, S. 179).

Gemein ist all diesen Arbeiten, dass sie Raum nicht mehr als etwas ursprünglich Gegebenes und Unveränderliches, sondern kulturell Konstituiertes begreifen, das aus politischen, ökonomischen, historischen und gesellschaftlichen Kontexten emergiert. Dementsprechend wir nicht mehr gefragt, *warum* der Raum ist oder *was* ihn ausmacht, sondern – hier zeigt sich eine Parallele zum aktuell verwendeten Identitätsbegriff – *wie* Raum stetig hergestellt und verändert wird und sich gesellschaftliche Machtverhältnisse in den Raum eingeschrieben haben (*doing space*).

Ein solcher Raumbegriff erlaubt es laut Brigitte Hipfl nun auch, *Medienräume*, also die *von Medien (-ProduzentInnen)* konstituierten oder aufgespannten Räume, in den Blick zu nehmen (vgl. Hipfl 2004)[47]. Ein Beispiel dafür, wie solche Medienräume konstituiert werden, geben David Morley und Kevin Robins. Am Beispiel der politischen Konstitution der Europäischen Gemeinschaft zeigen sie, wie mit Hilfe der Medien versucht wurde, eine symbolische europäische Heimat zu schaffen (z.B. durch die Verwen-

---

47 Brigitte Hipfl benennt in ihrem Artikel noch weitaus mehr Entwicklungen, die eine Tendenz zu einer stärker raumorientierten Bearbeitung von Medien erkennen lassen (vgl. ausführlich Hipfl 2004).

dung der Begriffe „wir“ und „unser“ in Informationssendungen). Dabei wurde deutlich, dass in erster Linie ethnisch weiße Identitäten und keine MigrantInnen angesprochen wurden (vgl. ebd. 1995). Auch anhand einer Studie über das Fernsehmagazin „Nationwide“ macht Morley deutlich, wie „die Konstruktion eines speziellen Typs von nationaler ethnischer Identität betrieben [wird], und zwar jenes der weißen, unteren Mittelschicht“ (zitiert aus Morley 2001; vgl. Morley 1992; Morley/Brundson 1999). Nun werden in den Medien allerdings nicht nur bestimmte Identitäten ausgeblendet oder unsichtbar gemacht, vielmehr tragen die Medien auch selber zur Konstitution von neuen, transkulturellen[48] Räumen bei. Kevin Robins (2004) zeigt z.B. in seiner Studie über die Nutzungspraktiken des Satellitenfernsehens durch türkische MigrantInnen in London, wie diese in der Lage sind „über Kulturen hinweg zu operieren, über unterschiedliche kulturelle Räume [türkische, britische, kurdische Räume; A.T.] hinaus zu denken und das Hin- und Herwandern zwischen ihnen zu genießen“ (Robins 2004, S. 128; vgl. außerdem Gillespie 1995, S. 208). Kai-Uwe Hugger (2006) und Jannis Androutsopoulos (2005) weisen außerdem auf die Potentiale von MigrantInnenportalen im Internet hin, die für TransmigrantInnen eine neue und wichtige Ressource für die Identitätsentwicklung darstellen können.

Auf der Grundlage bisheriger Erkenntnisse zum *spatial turn* hat Hipfl (2004) die Kategorie Raum nun auch für die Kommunikations- und Medienwissenschaft nutzbar gemacht. Am Beispiel der Produktion von Diskursen um Nation, Sexualität und Geschlecht zeigt sie verschiedene Ausprägungen und den politischen Bedeutungshof der Kategorie Raum auf und macht damit deutlich, „dass Raum nichts Unschuldiges, sondern etwas von Politik und Ideologie Durchtränktes ist, das sich als Praktiken der Kontrolle und der Ausschließung materialisiert“ (ebd., S. 33). Die Medien treten für sie als zentrale Bedeutungsproduzenten all dieser Diskurse auf:

> „Sie produzieren und reproduzieren sie, sie tragen zu ihrer Stabilität und ihrer wirkmächtigen Präsentation bei, aber sie produzieren und reflektieren auch die Veränderung von Räumen, die Verschiebung von Grenzen und den Wandel von Identitätskonzepten.“ (Hipfl 2004, S. 9ff.)

Medien sind demnach die *Konstrukteure von Identitätsräumen*, in die sich die Menschen (mental) einfinden, die sie aber auch ausschließen können, z.B. indem nur ausgewählte Körper, Identitäten und kulturelle Verhaltensweisen gezeigt werden und sie das Orientierungs- und Identifikationsangebot stark *begrenzen*. Hipfl geht davon aus, dass die drei Bereiche „Medien, Identität und Raum untrennbar miteinander verknüpft sind und sich gegen-

48 Der Begriff der Transkulturalität verweist darauf, dass Menschen sich heute „jenseits der klassischen Kulturverfassung befinden; und dass die neuen Kultur- bzw. Lebensformen durch diese alten Formationen wie selbstverständlich hindurchgehen“ (Welsch 1992, S. 5).

seitig konstituieren"; dies verdeutlicht sie an drei Schwerpunkten (vgl. ebd., S. 16ff., H.d A.T.):

- „Zum ersten konstruieren Medien durch die Art und Weise, wie sie über Vorgänge in der Welt berichten, *geopolitische Räume*, indem sie bestimmte Territorien mit bestimmten Verhaltensweisen, Menschen und kulturellen Praktiken in Verbindung bringen und sie damit als im Vergleich zu anderen Territorien unterschiedlich präsentieren. (...) Medienberichte dieser Art bilden die Basis einer imaginären Geographie, die voll ist mit Vorstellungen und Bildern von verschiedenen Räumen und den Menschen, die dort leben (…) Diese Vorstellungen spielen eine zentrale Rolle dabei, wie der eigene Standort und die eigene soziokulturelle Identität im Vergleich zu anderen eingeschätzt und bewertet werden.
- Zum Zweiten sind Medieninhalte selbst *semiotische Räume*, die daraufhin untersucht werden können, welche sozialen Identitäten und Körper darin vorkommen, wie diese agieren und wie sie sozial bewertet werden.
- Und zum Dritten sind Medien als *Zwischen-Räume* zu verstehen, die sich in den Prozessen der Medienrezeption und der Interaktion mit den Medien herausbilden. Das ‚Zwischen' soll verdeutlichen, dass in der Interaktion mit Medien mehr passiert als bloß ein Einstieg der RezipientInnen oder NutzerInnen in die von den Medien zur Verfügung gestellten mentalen Räume. Vielmehr entstehen dabei *neue Räume* (...) in denen Identitätspositionen eröffnet werden, die in den Medien selbst gar nicht vorhanden oder vorgesehen waren."

Für Hipfl stellen *Medienräume* präformierte *Identitätsräume* dar, die verschiedene Möglichkeiten und Perspektiven für die Verortung von Identität und die Erfahrung und Konstruktion von Zugehörigkeit eröffnen, die aber auch *Zwischenräume* für eigene Interpretationen und Fantasien lassen. Sie werden durch dominierende Inhalte und spezifische Interaktionsformen und Machtrelationen, Ein- und Ausschließungsprozesse sowie Partizipationsprozesse realisiert. Diese so benannten Identitätsräume begreift Hipfl als „Orte für die (Re-) Produktion und Repräsentation von Subjekten; sie sind Terrains, die durch Grenzziehungen abgesteckt sind" (ebd., S. 9). Bestimmte Subjektpositionen erlangen Bedeutung und dürfen eingenommen werden, andere werden systematisch durch bestimmte Praktiken ausgeschlossen. Gleichzeitig kann der Raum aber auch die Sphäre sein, „in der Vielfalt möglich ist; in der mehr als nur eine Stimme und eine Erzählung, sondern mehrere Geschichten nebeneinander existieren können" (ebd., S. 29).

Medien konstituieren also Räume, in denen Menschen sich „zu Hause" oder „fremd" fühlen können, sie markieren einen Identifikations- und Orientierungsspielraum, eröffnen aber auch Zwischenräume für eigene Interpretationen und Fantasien. Sie schaffen damit *Identitätsräume*, die von Menschen sehr unterschiedlich mit Bedeutung und Sinn versehen werden.

6.4 Zusammenfassung

Die Vorstellung von Medien als Identitätsräume lässt sich im Rahmen dieser Arbeit sinnvoll mit dem sozialökologischen Ansatz verknüpfen. Beide Ansätze gehen von MediennutzerInnen aus, die sich aktiv mit Medieninhalten auseinandersetzen – zeigen aber auch auf, dass es nicht nur in der Hand des Subjekts liegt, ob es die Medien konstruktiv und genussbringend für sich nutzen und z.B. Zwischenräume konstituieren kann. Sowohl die lebensweltliche Umwelt als auch die Medienräume selber präsentieren sich als ein je unterschiedlich dicht gewirktes Netzwerk an sozialen Beziehungen und Praktiken, symbolischen Strukturen und spezifischen Interaktionsformen, die die Mediennutzenden trägt, aber auch ausschließen kann. Während Baacke den Einfluss der sozialräumlichen Umwelt auf das (Medien-) Verhalten des Individuum und – im Sinne der Sozialisationsforschung – auf die Persönlichkeitsentwicklung fokussiert, interessieren Hipfl hingegen eher die regulativen Normen und Praktiken, die bei der Konstituierung von Räumen bzw. in Hinblick auf die Medien vor allem auf die Konstituierung von Medienräumen wirken. In beiden Ansätzen geht es nicht darum, nach Wirkungen zu schauen, sondern vielmehr die Bedingungen aufzudecken bzw. Spielräume auszuloten, unter denen die Entwicklung eines gesellschaftlich handlungsfähigen Subjekts bzw. vielfältige Identitätskonstruktionen gefördert oder behindert werden, einmal mit dem Fokus auf das sozialräumliche Umfeld und das andere Mal mit Blick auf die konstituierten Medieninhalte.

Dem Internet kommt in diesem Kontext eine besondere Rolle zu, da es neue *virtuelle* Räume schafft – den sogenannten *Cyberspace*. Bei diesem Raum, in dem Menschen mittels computervermittelter Kommunikation und *Social Software*[49] interagieren, handelt es sich zwar nicht um einen realen, sozialgeschichtlich beschreibbaren Ort (vgl. Vollbrecht 2007), aber doch um einen neuen Kulturraum (vgl. Kellner 1997), in dem Menschen sich begegnen, ausprobieren, vielfältig vernetzen und niederlassen. Insbesondere Jugendliche nutzen den Raum, um sich im Austausch mit anderen eigene Interaktionswelten (z.B. MUDs; vgl. Bruckman 1992) und neue Zugehörigkeiten zu schaffen (z.B. *Fansites*, vgl. Mutzl 2005). Sie basteln sich ein virtuelles Zuhause (z.B. persönliche Homepage, vgl. Tillmann 2006), pflegen einen regen Tauschhandel, testen dabei Grenzen aus (z.B. Musik-Download; vgl. Münch 2006), kommunizieren mit virtuellen StellvertreterInnen (z.B. Avataren; vgl. Suler 2002), probieren sich im Flirten aus (vgl. Fix 2001) und experimentieren mit neuen Verhaltensweisen (z.B. Tiny-Sex,

49 Der Begriff *Social Software* ist in den 1990er Jahren eingeführt worden und bezeichnet Anwendungen im Internet, die den aktiven Informationsaustausch, die soziale Vernetzung und die kollaborative Erstellung elektronischer Inhalte unterstützen (z.B. Blogs, Wikis, YouTube). Diese Anwendungen haben die Interaktion und Kommunikationsmöglichkeiten der UserInnen und Weiterentwicklung des Internet vom „Informations-“- zum „Mitmach-Netz“ (Web 2.0) gefördert.

vgl. Turkle 1995, 1999). Neben den Identifikations- und Orientierungsangeboten faszinieren also vor allem die sozialen Kommunikations- und Gestaltungsspielräume.

Im Rahmen der vorliegenden Arbeit gilt es nun, in Anknüpfung an den sozialökologischen Ansatz, die Einflüsse der sozialräumlichen Umwelt auf die Internet- und LizzyNet-Nutzung der Mädchen zu berücksichtigen, denn sie markieren den realen Gestaltungsspielraum, der den Mädchen für ihre (zunächst) virtuelle Identitätsarbeit zur Verfügung steht. Darüber hinaus werden im Zuge eines komplexeren Verständnisses des Räumlichen auch die virtuellen Medienräume und die raumkonstituierenden virtuellen Praktiken der Mädchen näher betrachtet. Nicht nur die sozialräumliche Umwelt, sondern auch die virtuellen Medienräume werden also danach befragt, welche Identifikations- und Handlungsspielräume bzw. *spaces of identity* sie den Mädchen zur Verfügung stellen, um dann zu schauen, wie die Mädchen die Handlungsspielräume ausgestalten.

7. Identitätsarbeit in einer virtuellen Gemeinschaft

Im Mittelpunkt der Studie steht ein nichtkommerzielles, redaktionell betreutes Internet-Angebot von Schulen ans Netz e.V., eine so genannte *virtuelle Gemeinschaft*, die sich ausschließlich an Mädchen im Alter von 12 bis 18 Jahren richtet. Für die Studie wurden insgesamt 31 Mädchen im Alter von 12- bis 21 Jahren interviewt. Die Mädchen wurden aufgefordert, etwas über sich, ihre Zukunftsvorstellungen, Freizeitaktivitäten, die Qualität und Funktion von On- und Offline-Kontakten bzw. -Freundschaften und ihr Verhältnis zu den Eltern zu erzählen. Darüber hinaus schilderten sie einen typischen Surftrip, interessante und ärgerliche Surferlebnisse im Internet/ auf LizzyNet, ihre Erfahrungen mit dem Internet in Schule, Elternhaus und Freundeskreis und ihren Umgang mit den Strukturmerkmalen der computervermittelten Kommunikation. Weiterhin wurden sie aufgefordert, sich zu ihrer Homepage zu äußern, also zu erzählen, warum (Motivation) und wie sie ihre Site angefertigt (Produktion) und welche Erfahrungen sie bislang gemacht haben (Nutzung). Als Erhebungsmethode wurde das problemzentrierte Interview gewählt (vgl. Witzel 1985, 2000).[50] Darüber hinaus ist eine quantitative Analyse der Gesamtstichprobe bis März 2006 durchgeführt und das Netzwerk kontinuierlich teilnehmend beobachtet worden. Im Einzelfall wurden auch Netzdokumente in die Analyse miteinbezogen. Zudem wurden die Foren den Handlungsthemen der Lebensphase (vgl. 4.2) zugeordnet.

Für das Interview anmelden konnten sich die Mädchen über ein Anmeldeformular, das auf der Startseite von LizzyNet mehrere Wochen verlinkt war. Darauf aufmerksam gemacht wurden sie über den Newsletter des Angebotes und einen mehrere Wochen auf der Startseite positionierten Aufruf.

Die Auswahl der Interviewpartnerinnen genügt den Ansprüchen des theoretischen Samplings. Unter den 31 Mädchen sind alle Bildungsschichten (Gymnasiastinnen: 61,3%; Hauptschülerinnen: 9,7%, Realschülerinnen: 19,3%, zusätzlich Hochschule: 9,7%) als auch alle Altersklassen innerhalb der anvisierten Zielgruppe (Durchschnittsalter 15,9 Jahre) vertreten. Außerdem befinden sich unter den Interviewten sowohl Mädchen aus dem Dorf (6), der Kleinstadt (9), mittelgroßen Stadt (8) und Großstadt (8) und sind

50 Im problemzentrierten Interview geht es darum, die individuellen Handlungen sowie subjektiven Wahrnehmungen und Verarbeitungsweisen gesellschaftlicher Realität möglichst unvoreingenommen zu erfassen. Ziel der Befragung ist es, die Befragten frei zu Wort kommen zu lassen (Prinzip: Offenheit). Es wird eine Vertrauenssituation zwischen Interviewer und Interviewten angestrebt.

intensive als auch weniger intensive Nutzerinnen in der Stichprobe berücksichtigt worden. Die Auswahl kann in gewisser Weise als typisch für das Netzwerk angesehen werden, da laut Anmeldestatistik aus dem Mai 2003 Gymnasiastinnen mit einem Anteil von 39,1% zu den häufigsten Nutzerinnen gehören (Realschülerinnen 18,8%, Hauptschülerinnen 8%) und das Durchschnittsalter bei 15,5 Jahren liegt.

Zu Beginn des Interviews wurde eine „egozentrierte Netzwerkkarte" eingesetzt.[51] Hierbei handelt es sich um ein methodisches Verfahren, bei dem die Mädchen aufgefordert werden, ihr persönliches Netzwerk an Off- und Online-Beziehungen aufzuzeichnen. Mit Hilfe einer konzentrischen Kreisdarstellung werden die sozialen Beziehungen der interviewten Person in einer Zeichnung festgehalten. Die Mädchen platzierten sich in die Mitte des Blattes und zeichnen Kreise um sich herum, die sich immer weiter vom zentrierten „Ich" entfernen. In diese Kreise vermerken sie dann für sie wichtige Personen. Je mehr Bedeutung sie den Personen in ihrem Leben zumessen, desto näher zeichnen sie die Person an sich heran. Der Prozess der Visualisierung wird durch narrative Impulse begleitet. Hierbei wird das Mädchen aufgefordert, sich zu der Geschichte und Qualität der Beziehung zu äußern und die Beziehungen zwischen den Personen im Netzwerk zu erläutern.

Die Forschungsfragen lauteten: Welche Bedeutung hast das Internet bzw. das Angebot LizzyNet für die Geschlechter- und Altersgruppe? Was motiviert die Mädchen zur Nutzung? Wie bewegen sie sich im virtuellen Raum bzw. im Angebot LizzyNet? Welche Faktoren wirken sich hemmend und welche unterstützend auf die Internetnutzung aus?

Diese Studie versteht sich als ein grundlegender Beitrag, um informelle Lernprozesse im Internet bzw. in einem medienpädagogisch betreuten sozialen Netzwerk zu konzeptionalisieren, um damit auf die bisher nicht ausreichend berücksichtigten Lernpotentiale bzw. sozialisatorischen Prozesse in virtuellen Welten bzw. im *Cyberspace* hinzuweisen.

Berücksichtigt wurden im Rahmen der face-to-face-Interviews sowohl der Einfluss der pädagogischen Betreuung des Angebots und anderer Sozialisationsinstanzen („reale" und „virtuelle" Peers, Eltern, Schule) als auch die geschlechtshomogene Ausrichtung des Angebotes.

Die Erhebung und Auswertung der Daten orientiert sich an der Methodologie der Grounded Theory. Diese begründet im Folgenden auch die Art der Ergebnisdarstellung.

---

[51] Seit dem erstmaligen Einsatz dieser Darstellungsform vermutlich in den 1940er Jahren finden sich in neueren Veröffentlichungen zu qualitativen Studien inzwischen viele Varianten des egozentrischen Kreismodells. Sie unterscheiden sich in Hinblick auf die gewählte Form der Visualisierung und Erhebung. In einigen Fällen wird die egozentrierte Netzwerkkarte z.B. noch in lebensweltliche Sektoren eingeteilt oder es wird eine eher freie Form der Darstellung gewählt, in der das Ego nicht im Mittelpunkt der Visualisierung steht (vgl. ausführlich Straus 2002, S. 193ff).

7.1 Grounded Theory

Ziel einer Grounded Theory Analyse ist die Entwicklung einer gegenstandsverankerten Theorie „mittlerer Reichweite". Gegenstandsverankert meint, dass sich die Theorie auf einen bestimmten Bereich der sozialen Wirklichkeit bezieht. Die Begründer der Methodologie Theory Barney G. Glaser und Anselm L. Strauss unterscheiden hier zwischen materieller Theorie („substantive theories", z.B. Jugenddelinquenz) und formaler Theorie („formal theories", z.B. Sozialisation). I.d.R. – so die Verfasser – entstehe zunächst eine auf den Untersuchungsbereich bezogene „substantive theory", weitere Erfahrungen erlauben dann eine Generalisierung verschiedener „substantive theories" zu einer allgemeineren „formal theory" (Glaser/ Strauss 1967, S. 214f.). Der Hinweis darauf, dass es sich um eine Theorie mittlerer Reichweite handelt, besagt, dass diese Form der Theorie „zwischen die kleinere ‚Arbeitshypothese' des Alltags und die ‚allumfassenden' großen Theorien fällt" (ebd. 1998, S. 42). Diese Heuristik soll eine enge(re) Verzahnung von Theorie und Empirie bzw. eine größere Realitätsnähe der Theorie gewähren. Es geht also nicht darum, „nach Fakten zu forschen und sie zu verifizieren", (ebd., S. 13), sondern neue Ideen für theoretische Konzepte und Hypothesen zu entwickeln. Glaser und Strauss verstehen die Generierung von Theorie als einen Prozess, der immer wieder an die Daten zurück gebunden werden muss, „ansonsten besteht die Gefahr, das Theorie und empirische Welt nicht zueinander finden" (ebd., S. 16). Dieser Prozesscharakter ist für die Grounded Theory sehr bedeutend, zum einen, um den Lesenden eine Idee des Ereignisflusses zu vermitteln, und zum anderen, um Veränderungen von Handlungs-/Interaktionssequenzen erklären zu können. Von großer Bedeutung ist das Konzept der „Theoretischen Sensibilität" („theoretical sensitivity"). Mit ihm bringt Strauss die eigene persönliche und professionelle Erfahrung im untersuchten Phänomenbereich als auch das vorausgehende Literaturstudium als zusätzliche bereichernde Erkenntnisquelle in den Forschungsprozess mit ein.[52] Im Fokus steht nun ein stetiger Wechsel zwischen Induktion und Deduktion. Im Rahmen der Induktion werden Hypothesen entwickelt, aus denen dann deduktiv Folgerungen abgeleitet werden, die sich wiederum anhand des Datenmaterials überprüfen lassen („Theorie-Empirie-Spirale"). Dabei ist die Datensammlung nicht zu Beginn des Forschungsprozesses abgeschlossen, sondern wird sukzessive fortgeführt. Wesentlich ist, dass die Orientierungsmarken für die gezielte Erhebung weiterer Daten aus der entwickelnden Theorie abgeleitet werden („Theoretical Sampling"). Zur Strukturierung und Verdichtung des Forschungsprozesses empfehlen die Autoren die Erstellung von Memos bzw.

52 Da ich das Angebot LizzyNet Anfang 2000 selbst konzipiert und die ersten Monate redaktionell betreut habe, haben mir meine Vorerfahrung und mein Kontextwissen den Einstieg in das Forschungsfeld enorm erleichtert. Dies zeigte sich z.B. auch in den Interviews; die Mädchen sahen in mir eine „Insiderin" und „Gleichgesinnte", der sie sich offen anvertrauten.

Feldnotizen. Sie dokumentieren den inneren Dialog und roten Faden der Forscherin auf der Suche nach empirisch gehaltvollen Kategorien. Tauchen im Forschungsprozess keine neuen Gesichtspunkte mehr auf, d.h. kommt die Datenerhebung und Interpretationsarbeit zum Ende, sprechen Glaser und Strauss von einer „theoretischen Sättigung". In allen Stadien des „abduktiven" Forschungsprozesses erfolgt also ein Pendeln zwischen Induktion und Deduktion, Datenerhebung und Dateninterpretation, mit dem Ziel der Herausbildung einer materialreichen, empirisch gehaltvollen Struktur bzw. datenverankerten (*grounded*) Theorie. Welche Phänomene aus dem Datenmaterial „emergieren", und welche Begriffe dafür verwendet werden, hängt dabei auch sehr stark von der Forscherin ab. Diese muss eine prekäre Balance halten „zwischen dem ‚Ertrinken' im Material und der Vervielfachung von Komplexität einerseits und dem Überstülpen theoretischer Kategorien nach dem Modell des deduktiven Kodierens andererseits" (Dausien 1996, S. 100). Dass es sich dabei um ein äußerst anspruchsvolles Unterfangen handelt, darauf weisen alle ForscherInnen, die mit der Grounded Theory arbeiten, immer wieder hin. Erleichterung verspricht hier zum einen die Erfahrung (mit der Methode), zum anderen schlagen Strauss und Corbin (1996) ein dreischrittiges methodisches *Kodierverfahren* vor, welches die Arbeit u.a. auch kontrollierbar macht (siehe Kasten). Ziel des Kodierverfahrens ist die Herausbildung einer *Kernkategorie*, die alle Schlüsselkategorien in ein dichtes und empirisch gehaltvolles Beziehungsnetzwerk bringt. Mit der Kernkategorie wird der Kern der entstehenden gegenstandsverankerten Theorie herausgearbeitet.

Im Folgenden werden zunächst die (ursächlichen) Bedingungen dargestellt, denn diese nehmen Einfluss auf die Internet- und LizzyNet-Nutzung und sind zu einem großen Teil für die Hervorbringung der Phänomene bzw. Schlüsselkategorien verantwortlich. Anschließend werden alle Schlüsselkategorien vorgestellt, verknüpft und in eine Kernkategorie integriert.

Kodierverfahren nach Strauss/Corbin (1996)

Offenes Kodieren

Ziel des ersten Kodiervorganges ist die Entdeckung von Kategorien, Eigenschaften (Attributen oder Charakteristika einer Kategorie) und deren Dimensionen. Ohne ein vorab definiertes Kodierschema, das sich z.B. am Leitfaden orientiert, werden die Daten anhand einer „line-by-line-Analyse" durchkämmt. Es gilt Phänomene zu benennen und zu kategorisieren. Hierzu werden die Daten in einzelne Teile aufgebrochen und auf Ähnlichkeiten und Unterschiede hin verglichen. Die sechs W-Fragen (Wer, Wann, Wo, Was, Wie viel, Warum) helfen dabei, die Aufmerksamkeit zu steuern und sich von den Daten zu distanzieren.

Wesentlich ist, dass die gefundenen Phänomene permanent systematisch verglichen werden („permanenter Vergleich“[53]).

Axiales Kodieren

Im nächsten Schritt geht es darum, die Beziehungen zwischen mehreren empirisch gehaltvollen Kategorien und ihren Eigenschaften herauszuarbeiten und die Kategorien zu verdichten. Mit Hilfe des „paradigmatischen Modells“ werden die Daten in ein Bedingungsgeflecht gebracht. Ein Phänomen wird hierzu in den Mittelpunkt der Analyse gestellt. Anhand der Daten wird untersucht, welche ursächlichen Bedingungen (Ereignisse, Vorfälle) (A) zum Auftreten des Phänomens (B) in einem bestimmten Kontext führen. Der Kontext stellt dabei einen spezifischen Satz von Eigenschaften (C) eines Phänomens dar. Dabei gilt es bestimmte (strukturelle) intervenierende Bedingungen (D) zu beachten, die sich fördernd oder hemmend auf die Handlungsstrategien bzw. interaktionalen Strategien auswirken können. Die Handlungs- und interaktionalen Strategien (E)[54], die dafür eingesetzt werden, ein Phänomen zu bewältigen, es auszuführen oder auf es zu reagieren, können dabei beabsichtigt oder unbeabsichtigt sein. Sie bewirken letztlich bestimmte Ergebnisse und/oder Konsequenzen (F). Diese Konsequenzen sind nicht immer vorhersagbar und beabsichtigt. Sie können außerdem zu einem anderen Zeitpunkt für weitere interaktionale Handlungsstrategien als intervenierende Bedingungen Einfluss nehmen.

Selektives Kodieren

In der Phase des selektiven Kodierens entscheidet sich die Forscherin für eine „Kernkategorie“. Das Datenmaterial wird mit Hilfe des paradigmatischen Modells in Hinblick auf die Kernkategorie erneut geordnet und weiter analysiert, bis die Integration möglichst aller Schlüsselkategorien erfolgt und der vorläufige Schlusspunkt der Sättigung erreicht ist.

---

53 Das Prinzip des *permanenten Vergleichs* ist von entscheidender Bedeutung. Es leitet den Forschungsprozess an beim theoretischen Sampling, bei der Kodierung und in der Konstruktion der Theorie (vgl. Glaser/Strauss 1979; Strauss 1991). Dabei kann es sich um reale oder theoretische Vergleichsdaten handeln. Bei der ersten Strategie des minimalen Vergleichs („minimale Kontrastierung“) werden Fälle/Daten herangezogen, die in theoretisch relevanten Dimensionen den Ausgangsfällen gleichen – ein homogenes Sample bilden. Bei der Strategie des maximalen Vergleichs („Maximale Kontrastierung“) werden Fälle/Daten herangezogen, die sich in theoretisch relevanten Dimensionen von den Ausgangsfällen unterscheiden – kontrastiv wirken.

54 In der vorliegenden Studie werden in Kapitel 7 bei der Beschreibung der Kategorien zuerst die „Handlungsstrategien“ und anschließend die „intervenierenden Bedingungen“ dargestellt.

7.2 Bedingungen der Internet- und LizzyNet-Nutzung

Im Rahmen der Interviews wurde deutlich, dass für Mädchen spezifische Aspekte bei der Internet- und insbesondere LizzyNet-Nutzung von Bedeutung sind. Diese Aspekte sind Voraussetzung dafür, dass die Mädchen auf LizzyNet – dies sei bereits vorweggenommen – neue Wege zur Auseinandersetzung mit sich und ihrer Umwelt suchen/finden sowie neue Partizipations- und Handlungsfelder für sich entdecken. Differenziert werden kann zwischen den angebotsunabhängigen und lizzynetspezifischen Bedingungen. Zur ersten Gruppe werden die Besonderheiten der *computervermittelten Kommunikation* (1) und die *Freiwilligkeit der Nutzung* (2) gezählt. Die lizzynetspezifischen Bedingungen beziehen sich im Unterschied dazu direkt auf das Angebot LizzyNet. Für die Mädchen ist wesentlich, dass es sich dabei um ein *mädchenspezifisches Angebot* (3) handelt, sie hier eine *geschützte Community* (4) vorfinden, die zudem noch *pädagogisch betreut* (5) wird und ihnen eine *anregende Lernumgebung* (6) zur Verfügung stellt.

7.2.1 Computervermittelte Kommunikation

Verschiedene kommunikationswissenschaftliche Modelle und Theorien liefern Hinweise in Hinblick auf die Herausforderungen und Besonderheiten der computervermittelten Kommunikation (CvK)[55]. Von besonderer Bedeutung ist die Social Context Cues Theory (SCCT), die auf die Reduzierung bzw. Nivellierung sozialer Hinweisreize im Internet wie z.B. das Alter, das Aussehen, den Status aufmerksam gemacht hat (vgl. Kiesler/Siegel/Mc Guire 1984). Die Theorie besagt im Wesentlichen, dass die Jugendlichen durch die Reduktion der Ich-Botschaften auf den Textkanal zunächst einmal eine größere Kontrolle darüber haben, welche Informationen sie in kommunikativen Kontexten über sich und ihren Lebenszusammenhang preisgeben.[56] In der Literatur werden diese neuen Freiheitsgrade auf der Selbstdarstellungsebene als „Kontrollgewinn" und auf der Empfängerinnenseite als „Kontrollverlust" diskutiert: Die Senderin wählt aus, wie sie sich darstellt, der Empfängerin ist es zunächst nur auf Basis der textlichen Äußerungen möglich, den „Wahrheitsgehalt" einer Aussage einzuschätzen. Da keine Körpersignale und sozialen Daten vermittelt werden können, wird die Aufmerksamkeit insgesamt stärker auf den Inhalt der Botschaft gelegt. Kein konkretes Gegenüber moderiert oder beeinflusst den persönlichen

---

55 Die computervermittelte Kommunikation wird allgemein als eine Kommunikationsform definiert, bei der die Kommunikation zwischen Individuen über das Internet erfolgt. Sie ist im Vergleich zur face-to-face-Kommunikation entkörperlicht, entzeitlicht, enträumlicht und digitalisiert. Differenziert wird zwischen der synchronen und asynchronen Kommunikation (vgl. ausführlich Döring 2003).

56 In dieser Theorie sind die neu entstehenden sozialen Netzwerke wie Vlogs (Videoblogs) oder Websites wie „MySpace" nicht berücksichtigt. Diese setzen insgesamt stärker auf multimediale Inhalte.

Auftritt, z.B. durch eine antizipierte Erwartungshaltung. Vielmehr gewinnt die Selbstaufmerksamkeit und Selbstdarstellung an Bedeutung. Die Jugendlichen entscheiden, welche Ich-Aspekte sie kundtun. Ihre textlichen Botschaften substituieren sie durch alternative Codes und Zeichen, wie z.B. Emoticons [:-)], Akronyme [lol – laugh out loud, cu – see you], Aktionswörter [*rotwerd*], Soundwörter [*grrr*], Iteration von Zeichen und Verwendung von Großbuchstaben [HALLO] usw. Diese Form der aktiven Kompensation der medialen Einschränkungen steht im Mittelpunkt der Theorie der sozialen Informationsverarbeitung. Menschen stimmen demnach ihr Kommunikationsverhalten auf die technischen Systemeigenschaften ab und entwickeln neue soziale Fertigkeiten bei der Textproduktion und Textinterpretation (vgl. Walther/Burgoon 1992, Walther 1996).

Ein weiterer Effekt der CvK, der sich ebenfalls in Folge der Reduzierung sozialer Hinweisreize einstellt, ist die stärkere Offenheit. Die Jugendlichen wissen, dass sie aufgrund der zunächst anonymen Begegnung ihr „Gesicht" nicht verlieren können. Sie geben sich in Folge unbedarfter. Dies kann eine Kontaktaufnahme beschleunigen, sie aber durch unflätige Beschimpfungen auch zu einem abrupten Ende führen.

Auch die Nutzerinnen von LizzyNet nutzen die verschiedenen Angebote wie z.B. Foren und Homepages, um auf ausgewählte Ich-Aspekte aufmerksam zu machen (siehe 7.3). Für sie präsentieren sich die neuen Freiheitsgrade ebenfalls als Kontrollgewinn. Insbesondere die zunächst anonyme Begegnung motiviert sie dazu, sich vorbehaltloser anzunähern und offener aufeinander zuzugehen. In den Interviews wird außerdem deutlich, dass die bedenkenlose Annäherung noch einmal dadurch verstärkt wird, dass LizzyNet sich ausschließlich an Mädchen wendet (siehe 7.2.3). Die Mädchen begrüßen den geschützten Austausch zu entwicklungsbezogenen, insbesondere mädchenspezifischen Themen (siehe 7.2.4). Fern von stereotypen Zuschreibungen, männlichen Blicken und Abwertungen treffen sie sich auf einer Ebene unter Gleichgesinnten:[57]

> „P: […] weil wenn man jetzt im forum irgendwie schreibt GERADE was mädchen irgendwie angeht, zum beispiel dass man probleme hat mit seinen tage oder irgend so was. man redet einfach viel leichter darüber wenn man weiß dass nur mädchen das lesen oder so. weil, ich will jetzt zum beispiel auch * wenn ich in einer klasse irgendwie bin, würde ich nicht zu einem typen hingehen und ihm von meinen regelproblemen erzählen." (Ticklishbee[58], 15 Jahre)

57 Im Folgenden werden einzelne Interviewpassagen illustrierend eingefügt. In der diesem Buch zugrunde liegenden Dissertation wurden Aussagen durch deutlich mehr Material belegt.

58 Alle im Folgenden verwendeten Nicknames bzw. Namen wurden anonymisiert.

Ohne Angst vor Zurückweisung dürfen sie laut eigener Aussagen So-Sein wie sie möchten. Negative Effekte der CvK (z.B. Flamings) erfahren die Mädchen oder testen sie nur außerhalb von LizzyNet aus, denn auf LizzyNet fühlen sie sich zu Hause und für das soziale Geschehen mit verantwortlich:

> „P: also ich weiß nicht, so von meinen eigenschaften her bin ich mal (AMÜSIERT) jemand anderes im netz. + aber bei lizzynet eher nicht, also ich weiß nicht, (LACHT) es ist einfach so eine seite die nur für mädchen ist, und die ist mir fast ein bisschen heilig. weil ich finde die seite einfach gut." (Holyhell, 14 Jahre)

Auffällig ist außerdem, dass sich die Mädchen auf LizzyNet ganz bewusst zu erkennen geben, um angemessen über relevante Handlungsthemen mit anderen verhandeln zu können. Sie ergänzen ihren Beitrag im Forum, der bei LizzyNet automatisch mit dem Nickname versehen wird, hierfür mit ihrem realen Vornamen. Das geschieht insbesondere dann, wenn sie sich Rückmeldungen auf belastende Probleme erhoffen. Sie geben bewusst ihre Anonymität preis, um die Seriosität ihrer Aussagen zu unterstreichen. Auf diese Weise stellen sie Verbindlichkeit und Vertrauen her. In einigen Fällen wird dann auch eine verbindlichere Kontaktaufnahme eingeleitet.

Die Reduzierung sozialer Hinweisreize hat nun aber auch zur Folge, dass die Mädchen häufiger zum Zielobjekt sexueller Belästigungen werden.[59] Von solcherart unangenehmen Begegnungen im Internet berichten nahezu alle interviewten Userinnen. In der Regel haben die Mädchen beim ersten Mal den Chat abrupt verlassen, sich im Laufe ihrer Internetnutzung aber dann zwei Handlungsstrategien zurechtgelegt. Entweder wählen sie einen männlich oder neutral klingenden Nickname oder sie suchen einen geschützten (z.B. LizzyNet) oder altersangemessenen Chat auf (z.B. Harry Potter Fanclub).

Insgesamt wird deutlich, dass die sozialen Effekte der CvK von den Mädchen durchaus reflektiert werden. Abhängig von ihren Kommunikationsabsichten, also ob sie eine kurzfristige Ablenkung, flüchtige Bekanntschaften oder dauerhafte Online-Beziehungen suchen und davon, ob sie bisher eher positive oder negative Erfahrungen im Netz gemacht haben, wird die Anonymität unterschiedlich bewertet. Hinweise auf die Rahmung der einzelnen Interaktionen (im Chat ist das „anonyme Spiel" offenbar eher erlaubt) und eine gewisse Sensibilität für die Situation, helfen den Mädchen dabei sich angemessen zu verhalten.

---

59 Mädchen sind im Internet nach wie vor häufiger Opfer von sexuellen Belästigungen als Jungen (57% : 44%) (vgl. JIM-Studie 2006).

7.2.2 Freiwillige Nutzung

Freiwilligkeit bedeutet, die Mädchen können sich mit *ihren* Themen einbringen und *ihre* Bedürfnissen ausleben. Das Internet erlaubt es ihnen, für eine gewisse Zeit aus dem strukturierten Alltag auszubrechen und eigenständig ein neues Handlungsfelder auszukundschaften oder sich einfach auch nur einmal abzulenken. Es ist vor allem der Spaß, die erhoffte Entspannung und Abwechslung, die das Internet für Mädchen interessant machen:

> „I: welche bedeutung hat das internet für dich?
> P: hm, kommunikation, information und spaß würde ich sagen. also freizeit, erholung.“ (Liquidgirl, 14 Jahre)

> „I: was macht das internet so reizvoll für jugendliche?
> P: ich denke mal es macht SPAß. also es ist einfach, dass man * jeder kann das machen, was er machen will.“ (Mate, 19 Jahre)

Wesentlich ist für die Mädchen dabei auch, dass *sie* entscheiden können, wann sie sich auf das Angebot einlassen, z.B. auch, um dort etwas zu lernen:

> „I: was gefällt dir am besten?
> P: (ZÖGERND) die html kurse (LACHT) oder so, ich weiß nicht. alles so was man so, alles was man so machen kann, wo man so einfach sagen kann, so, ich will das jetzt lernen oder ich mach jetzt das bildbearbeitungsprogramm und ich kann mir aussuchen wann und so. das ist cool, das mag ich.“ (Apfelrübe, 16 Jahre)

7.2.3 Mädchenspezifisches Angebot

Anhand der skizzierten Ergebnisse aus verschiedenen Jugendstudien wurde deutlich, dass sich die Handlungsaufgaben der Mädchen in Hinblick auf Risiken, Handlungsspielräume und die qualitative Ausgestaltung weiterhin noch etwas anders gestalten als bei Jungen (siehe 4.3). Dementsprechend setzen sie sich in ihrem Alltag auch mit anderen Themen und Problemen auseinander. Dies ist ihnen durchaus bewusst. Dementsprechend genießen sie es, sich auf LizzyNet unter Mädchen austauschen zu können:

> „P: dass es halt nur mädels sind finde ich ist ja auch der große vorteil. das ist genau so wie bei unserer mädchenschule. ich finde, das hat einfach, im gewissen sinne hat es vorteile, (I: welche vorteile?) also es ist jetzt nicht die * dass es halt wie gesagt privater ist, dass man mehr das gefühl hat die leute verstehen einen.“ (Mate, 19 Jahre)

Dabei weisen die Mädchen durchaus auch auf die Unterschiede innerhalb des Geschlechts hin – auf die individuelle Performanz:

„P: [...] das ist das schöne [an LizzyNet, A.T.], dass es irgendwie nicht so was typisches gibt.“ (Michi, 20 Jahre)

„I: was ist so dein eindruck worüber quatschen die lizzys am liebsten? gibt es da *

P: über alles und nix. also das ist breit gefächert. gott sei dank, sonst wäre es ja langweilig.“ (Karatekid, 16 Jahre)

Auf LizzyNet fühlen sich die Mädchen angesprochen und ernst genommen. Hier werden ihre Themen in Umfragen, Artikeln, Foren und Clubs aufgegriffen. Dabei fördert die mädchenspezifische Ausrichtung eine große Offenheit im Umgang miteinander. Die Mädchen erfahren hier keinerlei Zurückweisung und Abwertung und können ihren Netzaktivitäten ungestört nachgehen. Hierzu leisten sie ihren eigenen Beitrag:

„P: [...] und das ist schon so, dass sich jeder halt bemüht das bestmögliche zu machen. (...) dass halt alle auch, viele finde ich so diese anstandsregeln halt einhalten. es wird halt selten aus der rolle gefallen.“ (Mate, 19 Jahre)

7.2.4 Geschützte Community

Die im Rahmen des Netzwerks gewährte Offenheit und Akzeptanz sowie der praktizierte Austausch über „mädchenspezifische“ Themen sind nur möglich, weil bestimmte Bereiche des Angebots ausschließlich per Anmeldung zugänglich sind (Community, Knowhow). Die Redaktion versucht den schützenden Rahmen zu gewährleisten, indem sie i.d.R. bis 18.00 Uhr ansprechbar ist und zur Hilfe gerufen werden kann. Die Themen-Chats werden komplett moderiert (von der Redaktion und Expertinnen) und der allgemeine Chat sowie die Club-Chats mitgeloggt, sodass eine nachträgliche Kontrolle möglich ist:

„P: also ich würde einfach sagen dass es ein (RÄUSPERT SICH) ein super netzwerk für mädchen ist [...] wo man einfach ein bisschen unter sich ist und ein bisschen GESCHÜTZTER ist quasi.“ (Claerice1234, 18 Jahre)

Für einige, insbesondere jüngere Mädchen spielt es auch eine große Rolle, dass LizzyNet einen Raum bietet, in dem sie vor sexuellen Belästigungen sicher sind. Im Internet haben sie mehrmals unangenehme Erfahrungen gemacht und in Folge dessen den Chat oder das Angebot abrupt verlassen.

Nun sind die Mädchen nicht gänzlich vor verbaltextlichen Angriffen gefeit, es kann durchaus auch auf LizzyNet zu unangenehmen Begegnungen kommen. Allerdings sind die Eindringlinge i.d.R. schnell ausgemacht. Sie fallen, laut Aussagen der Mädchen, durch ihre Art des Schreibens, heftige Flamings oder schlüpfrige Fragen auf. Die Mädchen wenden sich dann an die Redakteurinnen oder solidarisieren sich gegen die Eindringlinge und fordern sie gemeinsam auf, das Netzwerk zu verlassen.

Die Mädchen schätzen den geschützten Raum weiterhin, weil sie sich hier mit ihrer Geschlechtsidentität auseinandersetzen können. Im Mittelpunkt steht dabei oftmals die Einübung heterosexueller Umgangsformen (siehe 4.4.1). Fern von stereotypen Bildern, männlichen Blicken und gesellschaftlichen Zuschreibungen diskutieren sie mit anderen „Leidensgenossinnen" ihre Probleme (ausführlich hierzu siehe 7.5):

> „I: was meinst du würde sich ändern, wenn jungs dabei sind?
> P: ja auf jeden fall die themen. und ich denke gerade auch in den chats wird es halt losgehen wie in so öffentlichen chatrooms, so jungs mädels sachen. und ja, vielleicht kann man auch nicht mehr so offen miteinander umgehen wie mädels untereinander." (Chilli, 16 Jahre)

Die Mädchen vermuten, dass die Jungen sie nicht ernst nehmen und sie durch deren Kommentare verunsichert würden:

> „P: [...] ich glaube wenn mädchen so probleme haben können jungen sie auch nicht so gut verstehen. ich kann mir auch vorstellen dass sich die jungen manchmal drüber lustig machen würden. so (NACHAHMEND) ha ha, was hast du denn für ein problem + und so. so wenn man zum beispiel regelschmerzen hat, dann würden sie darüber lachen oder so." (Anni, 16 Jahre)

Auf LizzyNet erfahren die Mädchen in der Regel keinerlei Zurückweisung:

> „P: [...] bei lizzynet ist es irgendwie auch gut dass jeder irgendwie er selber sein kann, finde ich auch schön. (Karatekid, 16 Jahre)

Die Mädchen schätzen den geschützten Raum auf LizzyNet aber auch, weil sie sich hier mit untypischen „weiblichen" Themen beschäftigen können, z.B. mit Internettechnologien und Programmiersprachen:

> „P: [...] ich finde es eigentlich schon gut dass man halt mal so ohne jungs miteinander quatschen kann, halt über so themen wo die oft meinen sie wüssten viel besser bescheid. dass man hier auch mal so leute findet, viele leute, die sich auch für programmieren und so interessieren, halt auch mädchen. bei uns in der schule, weiß ich nicht, da habe ich den eindruck, dass sich so die meisten mädchen nicht wirklich dafür interessieren. die gehen vielleicht mal ins internet, schreiben mal eine e-mail, aber mehr auch nicht." (Sprintgirl, 17 Jahre)

Der Computer und das Internet stellen in der Schule offenbar noch ein eher männliches Terrain dar, in dem die Mädchen sich ihren Platz erarbeiten bzw. erkämpfen müssen. Im Interview berichten die Mädchen z.B. noch von stereotypen Einstellungen der LehrerInnen, die die Mädchen (und Jungen) im Schulalltag weiterhin auf traditionelle Geschlechterrollen festlegen:

„P: [...] wir haben ja unsere mathelehrerin, die ist immer total rollendenken irgendwie. also das ist dann so, wir haben einen computer in unserer klasse, und irgendwie behauptet ein junge immer die festplatte wäre raus, und sie glaubt das dann, so ganz blind. und dann meint sie nur, (NACHAHMEND) ja die jungs können ja dann den computer irgendwie machen. + und die mädchen werden dann überhaupt nicht erwähnt und so. ich meine, ich habe jetzt noch nie einen computer installiert oder so, aber dass dann einfach immer so ganz fest die jungs, das finde ich dann schon * " (Moon, 12 Jahre)

7.2.5 Pädagogisch betreute Community

Eine weitere ursächliche Bedingung stellt die (medien-) pädagogische und redaktionelle Betreuung dar, die auch bestimmte soziale Effekte begünstigt. Besonders positiv wird der Kontakt zur Redaktion herausgestellt. Die Präsenz und kontinuierliche Erreichbarkeit, die Offenheit für fachliche und persönliche Fragen sowie das Engagement für die Mädchen wird äußerst positiv bewertet. Dabei geht der Kontakt für einige Mädchen auch über den professionellen Kontakt hinaus. Sie bezeichnen die Redakteurinnen dann als „Eltern" bzw. „Mamas" der Community:

„I: was meinst du, welche rolle spielen die redakteurinnen?
P: (LACHT) ja die sind einfach nur super, also (LACHEND) auf jeden fall. + tja weiß ich nicht, die sind eigentlich (PAUSE) ja weiß ich nicht, die sind halt da, und wenn irgendetwas ist, dann kann man die ansprechen und das ist halt voll schön. das sind irgendwie die (LACHEND) eltern in der großen familie.
I: meinst du lizzynet wäre anders, wenn sie nicht da wären?
P: (SCHNELL) ja, ich denke mal da gebe es mehr stress und mehr streit, und ja, das ist * ich weiß nicht, ich glaube das wäre halt nicht so schön." (Einhörnchen, 16 Jahre)

Die Redakteurinnen signalisieren den Mädchen weiterhin, dass sie sie ernst nehmen und in die Entwicklung der Community miteinbeziehen möchten:

„I: wie findest du die wettbewerbe?
P: also so zum beispiel war es mal ein sporträtsel irgendwie, und dann gedichte schreiben oder so. es ist halt, man merkt halt einfach dass sie sich um die seite kümmern, und dass es ihnen nicht egal ist, was da passiert und alles. und dass sie die mädchen mit einbeziehen wollen und so." (Ticklishbee, 15 Jahre)

„P: dass die halt nicht jetzt so irgendwelche alten tanten sind, die da irgendwie ihre artikel schreiben und sich gar nicht für uns interessieren. aber es ist halt schon so dass die gucken was uns interessiert und was mir machen wollen, und das halt auch so möglichst uns alles schmackhaft machen wollen, und das für alle lizzys so schreiben und versuchen möglichst viele zu beteiligen, und halt auch da sind wenn irgendwas ist oder so.“ (Woodstock, 17 Jahre)

Für die Mädchen liegt der Reiz des Angebots auch in der Auswahl der Themen und Qualität der redaktionellen Aufbereitung. Dabei handelt es sich nicht um typische „weibliche“ Themen, wie sie in kommerziellen Mädchenzeitschriften zu finden sind (z.B. romantische heterosexuelle Liebe, Mode, Kosmetik, Traumfigur, vgl. McRobbie 1991, 1996; Willemsen 1998). Werden auf LizzyNet kommerzielle Mainstream-Themen aufgegriffen (z.B. das Schönheitsideal), ist der Blickwinkel darauf differenziert und kritisch. Den Nutzerinnen fällt dieser Unterschied zu kommerziellen Angeboten auf. Sie schätzen an LizzyNet vor allem die Qualität und Vielfalt:

> „P: [...] die themen sind eben ja eben etwas ausgewählter würde ich mal sagen als auf so normalen communities, wo eben jeder machen kann was er will, und das dann auch macht. oder ja, wo eben versucht wird ein möglichst breites spektrum abzudecken. gut ich denke das will lizzynet auch, aber halt (ÜBERLEGT) ja weniger billig. + also nicht so alle fernsehserien reinhauen, könnte jemand interessieren, alle musikrichtungen, ja vielleicht schreibt jemand etwas dazu, sondern da steckt mehr überlegung dahinter.“ (Chilli, 16 Jahre)

> „P: also ich weiß nicht, ich habe jetzt wie gesagt die youngmiss und die (beedies?), und da ist halt * da geht es nur einfach um so mädchenthemen wie jungs, wie ich bin verliebt, wie wann schlafe ich zum ersten mal mit ihm, oder wie schminke ich mich, was ist mode und solche sachen so.
> I: das findest du doch auch auf lizzynet in den foren.
> P: ja gut, das ist aber nicht so das HAUPTthema. das, wo halt * sonst geht es nur darum.“ (Michi, 20 Jahre)

7.2.6 Anregende Lernumgebung

Aus den Aussagen der Mädchen wird deutlich, dass die Besonderheit von LizzyNet in der Kombination aus vielfältigen Interaktionsmöglichkeiten (Kommunikative Dienste, Homepage-Generator, E-Cards, Online-Spiele), auf die Zielgruppe abgestimmten Informationen (*Magazin*) und didaktisierten Anleitungen im *Knowhow*-Bereich liegt. All das schafft eine anregende Spiel- und Lernumgebung, die diverse Möglichkeiten bietet, sich auszuprobieren, einzubringen und darzustellen. Stellvertretend für viele andere fasst Woodstock die vielfältigen Anregungen zusammen:

> „P: okay, ich denke dass lizzynet schon ein großes angebot hat, also weil es einmal halt * da gibt es halt den bereich magazin, wo es halt, wo man auch selber mitschreiben kann, man kann halt * jeder kann mitschreiben, jeder der angemeldet ist. dann natürlich auch zum lesen auch, von den redakteurinnen, und da gibt es ja auch alle themen, alle bereiche. also ist

eigentlich immer für jeden was dabei. dann halt community, sind halt ja die kontakte. man kann mails schreiben, man kann quickmessages schreiben, foren, clubs, da gibt es eigentlich alles. also ich weiß nicht was es da noch geben könnte. dann bei community ist es ja auch noch so, dass man dann auch noch was LERNEN kann. also es werden eigentlich so alle bereiche * also nicht bei community, bei knowhow, dass man auch noch was lernen kann und so kurse oder so, html kurs, dass man da auch halt noch was von hat. und es werden ja auch die ganzen neuen medienberufe und so, also einige davon vorgestellt, mit interview und so." (Woodstock, 17 Jahre)

Viele Mädchen lassen verlauten, dass es genau diese Mischung zwischen Online-Community und Lernplattform ist, die sie an LizzyNet schätzen. Die Möglichkeit, persönliche Beziehungen unterschiedlicher Qualität aufbauen und gleichzeitig Information und Wissen austauschen und sich selbsttätig Wissen aneignen zu können, wird als eine *der* Besonderheit des Angebots herausgestellt:

„I: was gefällt dir am besten?
P: (ZÖGERND) die html kurse (LACHEND) oder so. ich weiß nicht. alles so was man so, alles was man so machen kann. wo man so einfach sagen kann so, ich will das jetzt lernen oder ich mache jetzt das bildbearbeitungsprogramm und ich kann mir aussuchen wann und so. das ist cool, das mag ich." (Apfelrübe, 16 Jahre)

7.2.7 Zusammenfassung

Der freiwillige, zunächst vor allem emotional erlebte Zugang zum Internet und der durch die CvK motivierte bedenkenlosere und offene Umgang miteinander eröffnet neue Freiheitsgrade, die die Mädchen auf LizzyNet vor allem dazu nutzen, um sich vorbehaltloser anzunähern, sich einen Einblick in die Lebenswelten anderer Mädchen zu verschaffen und sich intensiver mit den neuen technischen Möglichkeiten auseinanderzusetzen. Begrüßt wird vor allem der geschützte Austausch zu entwicklungsbedingten, insbesondere mädchenspezifischen Themen. Fern von stereotypen Zuschreibungen, männlichen Blicken und Abwertungen treffen sie sich auf einer Ebene unter Gleichgesinnten. Ohne Angst vor Zurückweisung dürfen sie So-Sein wie sie möchten. In dem geschützten Raum machen sie ihre ersten Surf-Erfahrungen, bekommen vielfältige inhaltliche Anregungen und finden ein reichhaltiges Angebot an sozio-technischen Partizipationsmöglichkeiten. Auffällig ist, dass die Mädchen im virtuellen Raum auch die negativen Seiten der CvK ausleben, auf LizzyNet jedoch ganz bewusst und freiwillig ihren Beitrag zur Etablierung eines freundlichen und offenen Kommunikationsklimas leisten.

Im Folgenden werden nur die einzelnen, miteinander verbundenen Schlüsselkategorien dargestellt. Sie liefern wesentliche Hinweise dafür, was Mädchen im Internet suchen und welche informellen Lernprozesse in einem virtuellen Mädchenraum stattfinden.

Kategorien	Einflussfaktoren	Konsequenzen
Selbstkonstruktion - mit/auf Websites - im Rahmen CvK - in der LizzyPress	*per Website* - Bildungshintergrund - Wissensdurst - Alter - Soziale Unterstützung *per CvK* - Wunsch nach Authentizität - Soziale Unterstützung *in der LizzyPress* - Soziale Unterstützung	- Erweiterung des sozialen Netzwerks - Soziale Zugehörigkeit - Medienkompetenz - Orientierung - Selbstvertrauen
Soziale Unterstützung - Informational Support - Tangible Aid - Emotional Support - Esteem Support - Social Network Support	- Bildungshintergrund - Alter - Unzufriedenheit mit dem realen Freundeskreis	- Erweiterung des sozialen Netzwerks - Soziale Zugehörigkeit - Medienkompetenz - Selbstvertrauen - Engagement - Orientierung
Orientierung - Zukunftsperspektive - Lebensstil - Geschlechtsidentität	- Alter - Bildungshintergrund - Soziale Unterstützung	- Erweiterung des sozialen Netzwerks - Medienkompetenz - Selbstvertrauen - Medienberufe entdecken
Soziale Zugehörigkeit - Formale Mitgliedschaft - Nutznießende Mitgliedschaft - Sozial-partizipatorische Mitgliedschaft	- Medienkompetenz - Soziale Unterstützung - Alter - Themen	- Wunsch nach Mitbestimmung - Übernahme von Verantwortung - Solidarität - Erweiterung des sozialen Netzwerks

Tab. 6: Schlüsselkategorien, Einflussfaktoren und Konsequenzen

Damit der Analysevorgang für die LeserInnen transparent bleibt, werden die wesentlichen Aspekte des Kodiervorganges dargestellt.

Eine Gesamtüberübersicht über die Schlüsselkategorien, Einflussfaktoren („intervenierenden Bedingungen“) und Konsequenzen gibt die Tabelle 6 auf der vorherigen Seite. Bei der ersten Kategorie werde ich das methodische Vorgehen ausführlich darstellen, sodass es transparent wird. Die nachfolgenden Kategorien werden etwas dichter präsentiert.

7.3 Selbstkonstruktion

Im Folgenden wird in Anlehnung an das paradigmatische Modell (siehe 7.1) dargestellt, welche Formen der Selbstkonstruktion und -darstellung auf LizzyNet auf welche Art und Weise realisiert werden („Handlungsstrategien“), welche Einflussfaktoren („intervenierende Bedingungen“) hierbei eine Rolle spielen und welchen Nutzen die Mädchen für sich daraus ziehen („Konsequenzen“). Im Mittelpunkt stehen die „doing identity“-Prozesse. Hinsichtlich der Selbstkonstruktion ist zu differenzieren zwischen:

- der Selbstdarstellung mit/auf Websites,
- der Selbstdarstellung per CvK,
- der Selbstdarstellung in der *LizzyPress*.

Sowohl bei dieser als auch bei den folgenden Kategorien werden zunächst die „Handlungs-“, im vorliegenden Fall die Selbstdarstellungstrategien, die „intervenierenden Bedingungen“ und daran anschließend die „Konsequenzen“ dargelegt.

7.3.1 Selbstdarstellung mit/auf Websites

Bei der Selbstdarstellung per Website greifen die Mädchen auf drei Dienste und Anwendungen zurück, die ihnen LizzyNet zur Verfügung stellt:

- die Firstpage,
- den Homepage-Baukasten,
- die Dateiverwaltung.

Die *Firstpage* ist ein niedrigschwelliges Angebot. Mit Hilfe dieser Funktionalität können sich die Nutzerinnen innerhalb von fünf Minuten eine Art Visitenkarte erstellen. Die Eingabemaske ist wie ein Formular aufgebaut, in das die Mädchen ihre Inhalte einfügen und ihre Bilder „hochladen“ können. Die Web-Präsenz umfasst ein Foto, einen Text und eine automatisch verlinkte E-Mail-Adresse[60]. Eine weitere Möglichkeit, sich eine etwas ausgefeiltere Web-Präsenz ohne HTML-Kenntnisse zuzulegen, stellt die so ge-

---

60 Diese Funktion wird heute durch einen „Steckbrief“ ersetzt, den sich die Mädchen im Community-Bereich ebenfalls mit Hilfe eines Formulars einrichten können.

nannte *Baukasten-Page* dar. Bei dieser Website-Variante können die Mädchen zwischen verschiedenen Formularen wählen und mehrere Fotos integrieren. Außerdem ist es möglich, Unterseiten anzulegen, die dann auf der Startseite automatisch verlinkt werden. Des Weiteren können sie ein Gästebuch einfügen. Im Unterschied zu den bisher vorgestellten Instant-Pages, ist diese dritte Möglichkeit zu einer Web-Präsenz zu kommen, eng mit dem auf LizzyNet angebotenen HTML-Kurs im *Knowhow*-Bereich verknüpft. In der so genannten *Dateiverwaltung* können die Mädchen ihre selbst erstellen Websites hochladen und verwalten.

Im Rahmen der Interviews wird deutlich, dass die *Firstpage* in erster Linie zur Kontaktaufnahme, zur unkomplizierten Selbstdarstellung und Partizipation an Wettbewerben genutzt wird. Als „richtige“ Website wird sie aber sowohl von engagierten HTML-Webmasterinnen als auch von weniger ambitionierten Mädchen nicht anerkannt. Um ernsthaft mitreden zu können, ist also zumindest eine *Baukasten-Page* erforderlich.

Der Reiz an einer eigenen Website-Präsentation liegt darin, sich *selbstbestimmt* präsentieren zu können. Die Mädchen legen fest, welche Informationen sie von sich preisgegeben. Ein Gegenüber wird zwar antizipiert und teils auch direkt adressiert, der erste Entwurf des „Ich“ findet jedoch zunächst ohne den kontrollierenden Blick eines Zuschauers statt. Das macht den Reiz aus:

> „P: [...] weil man selber die freiheit hat ganz eigene seiten zu machen, so wie ich das will. da kann mir keiner dazwischen reden. ich kann machen auf der seite was ich will, und alles. und vor allem, dass man sich selber vorstellen kann im internet, wer ich bin und so.“ (Ticklishbee, 15 Jahre)

> „P: [...] dass ich halt irgendwie schon so einen teil von meinem leben zeigen kann, aber genau kontrollieren kann wie viel das ist, und was ich zeigen möchte, und was ich lieber für mich behalte. ja.“ (Chilli, 16 Jahre)

Die Mädchen legen zwei Handlungsstrategien an den Tag legen, um sich darzustellen:

- Mädchen nutzen die Website, um sich *mit* der Site darzustellen
- Mädchen nutzen die Website, um sich *auf* der Site darzustellen

Im Rahmen der ersten Strategie erstellen die Mädchen unter Verwendung von HTML oder anderen Websprachen, ohne Zuhilfenahme von so genannten WYSIWYG-Editoren[61] persönliche Homepages, spezielle Themensites

61 WYSIWYG steht für „What you see is what you get“. Dies bedeutet, dass ein Dokument während der Bearbeitung am Bildschirm mit einem HTML-Editor genauso bzw. ähnlich angezeigt wird, wie es bei der Ausgabe über ein anderes Gerät (z.B. Browser) erscheint. Zur Erstellung einer Website mit WYSIWYG-Editoren sind keine Programmierkenntnisse erforderlich.

oder Fansites[62]. Im Mittelpunkt dieser Aktivität steht nicht die unmittelbare Darstellung der eigenen Person, sondern vielmehr die Darstellung der technischen und/oder kreativen Fähigkeiten. Die Mädchen präsentieren sich vor allem mittelbar über ihr *Können.* Im Unterschied dazu setzen die Mädchen die zweite Strategie ein, um die eigene Persönlichkeit darzustellen und ausgewählte Selbstaspekte zu präsentieren. Sie zeigen, wer sie sind – offenbaren sich. Im Unterschied zur ersten Kategorie stehen *die eigene Person* mit ihrer Gefühlswelt, ihren Problemen und spezifischen Themen im Vordergrund. Wenngleich sich beide Strategien nicht immer eindeutig voneinander trennen lassen, macht die Unterscheidung aber doch Sinn, insbesondere in Hinblick auf die noch darzustellenden intervenierenden Bedingungen.

7.3.1.1 Selbstdarstellung mit Websites

Einige Mädchen besitzen nicht nur eine Website, sondern haben sich im Laufe der Zeit mehrere Web-Präsenzen geschaffen. Sie arbeiten zum Zeitpunkt des Interviews an Fansites, Themen-Sites[63], Geburtstags-Pages für FreundInnen, übernehmen freiwillig die Gestaltung von Websites über bzw. für die Schule und beteiligen sich mit selbst gestalteten Websites an Wettbewerben – auch über LizzyNet hinaus. Offensichtlich reicht bei wachsenden Kenntnissen *eine* Website nicht mehr aus, um die eigene Person mit all ihren Interessen und Fähigkeiten abzubilden. Die Mädchen benötigen nun mehrere Websites bzw. ein größeres Betätigungsfeld, um ihr Können und ihre Selbstaspekte inhaltlich und gestalterisch auszudrücken. Auffällig ist, dass sie ihre Websites alle untereinander und über ihre persönliche Homepage[64] verlinken. Die Vielseitigkeit wird zum Markenzeichen. Sie steht für Kreativität und Expertentum. Dabei geht es nicht nur um Quantität, vielmehr wird die Arbeit an mehreren Web-Projekten zunehmend auch zur Stilfrage:

> „P: [...] also irgendwie glaube ich schon dass wenn man seiten baut sich alle irgendwie ähneln. aber ich kann jetzt nicht sagen DAS ist es. man hat einfach irgendwie so einen eigenen stil was design oder farbenwahl angeht, oder auch wie man texte schreibt, ja." (Karini, 17 Jahre)

An drei Beispielen (Woodstock, Moon, Chilli) wird verdeutlicht, wie sich Mädchen *mit* der Website, also vermittelt über ihre Internet-Kenntnisse darstellen. Dabei wird deutlich, dass es den Mädchen nicht um die *einmalige* Präsentation instrumenteller Fähigkeiten, sondern vor allem um die Weiterentwicklung ihrer Fähigkeiten bzw. Person geht.

---

62 Fansites sind speziell angefertigte Websites über Medienstars, Filme oder Bücher, die u.a. auch dazu dienen, sich mit anderen Fans zu vernetzen.

63 Unter Themensites sind Web-Projekte subsumiert, die sich mit einem spezifischen Thema beschäftigen. Hierzu zählen z.B. ein HTML-Einsteigerkurs von Moon, ein Flash-Kurs von Woodstock und die Website über ein Computerspiel von Krokety.

64 Den Begriff Homepage verwende ich, wenn auf der Website die Person im Vordergrund steht.

Woodstock (Gymnasium, 17 Jahre) hat den HTML-Kurs auf LizzyNet absolviert und in Folge mehrere Websites angefertigt, teilweise auch zusammen mit einer Freundin. Bis heute arbeitet sie ausschließlich mit einem Text-Editor[65]. Auf die Frage, warum sie sich eine Website zugelegt hat, antwortet sie:

> „P: ich wollte einfach was anderes machen, was eigenes machen, und auch weil ich das dann halt KONNTE ausprobieren [...] weil basteln spaß macht. also (I: was macht da spaß?) ich finde eigentlich, also wenn ich eine homepage mache dann habe ich mehr spaß am basteln, also die zu erstellen, als wenn sie dann letztendlich da ist. ich weiß nicht, meistens hat man ja auch nicht SO viel über sich selbst zu erzählen. also entweder macht man homepage über eine bestimmte sache, wie zum beispiel bioschokolade oder so was, oder man schreibt was über sich selbst, über seine hobbies oder so was. aber da macht halt das ERSTELLEN schon spaß, wenn man sich halt überlegt WIE soll sie aussehen und wie setze ich das dann um und so weiter." (Woodstock)

Zum Zeitpunkt der Interviewführung hat Woodstock vier Websites, auf die sie sehr stolz ist. Da für Woodstock insbesondere die Gestaltung und technischen Raffinessen im Vordergrund stehen, ist sie hoch motiviert, sich mit neuen Technologien und Werkzeugen auseinanderzusetzen:

> „P: also was ich auch im webdesign noch auf jeden fall machen möchte, ist halt programmieren, also php oder so was. das würde ich schon gerne machen. habe ich mir schon vorgenommen dass ich das demnächst mal irgendwie versuchen will mir ein bisschen beizubringen [...] photoshop habe ich mir mehr oder weniger selbst beigebracht. [...] und flash habe ich mal auch mit der karini zusammen einen kurs gemacht bei, ich weiß nicht wie das heißt, irgendwie so bei jugend und wirtschaft irgendwie so was." (Woodstock)

Anregungen holt sich Woodstock im Internet. Ihr geht es vor allem um das Design und die stetige Weiterentwicklung ihrer Websites. Neue Betätigungsfelder über LizzyNet hinaus hat sie in zwei Websites für die Schule, einer Website für einen Wettbewerb und einer über ihren selbstkreierten Flashkurs gefunden.

Moon (Gymnasium, 12 Jahre) hat sich gleich am ersten Tage ihrer Mitgliedschaft auf LizzyNet mit Hilfe des HTML-Kurses eine eigene Homepage gebaut. Über die Monate hat sie mehrere Designs ausprobiert und mit einigen anderen Mädchen zusammen einen Webring[66] gegründet, dem sich

65 Texteditoren werden beim Programmieren verwendet, um direkt im Quelltext zu arbeiten.

66 Webrings sind Unterstützungszirkel, in denen sich die Mitglieder über verlinkte Buttons (kleine Grafiken, Icons) auf ihren Websites vernetzen. Webrings werden allerdings nicht nur zur Vernetzung, sondern auch dazu genutzt, um auf persönlich be-

nur Mädchen anschließen dürfen, die ihre Sites mit einem Texteditor, also ohne komfortable Hilfsprogramme (z.B. WYSIWYG-Editoren), erstellt haben. Moon motiviert ihre Entscheidung zur Homepage folgendermaßen:

> „Einen richtigen Grund, warum ich meine Homepage gebaut habe, gibt es nicht. Ich habe Anfang 2002 LizzyNet entdeckt und da den HTML-Kurs. Irgendwie wollte ich so was können und außerdem war ich neugierig, ob das schwer ist. Deswegen fing ich dann auch mit dem Kurs an [...] und weil mir kein besonderes Thema einfiel, machte ich halt eine typische Private-Page über mich. Dann wollte ich mein Können auch der ganzen Welt präsentieren [...] Aus der heutigen Sicht war die Seite ziemlich primitiv, aber ich war richtig stolz darauf [...] immer wieder kamen neue Versionen meiner Homepage raus, manchmal nach 5 Tagen, manchmal erst nach 5 Monaten. Als mir das Wissen aus dem HTML-Kurs von LizzyNet nicht mehr reichte, surfte ich zu SelfHTML[67]. Außerdem suchte ich mir ein besseres Grafikprogramm, weil mir die Funktionen von Paint nicht mehr ausgereicht haben. So verbesserte sich mein Design (Grafiken an sich, aber auch die Zusammenstellung) und die HTML-Technik." (Moon, Homepage)[68]

Moon arbeitet stetig an ihrer Website. Es sind die Erfolgserlebnisse, die sie antreiben weiterzumachen und immer mehr dazu zu lernen:

> „I: was ist überhaupt das spannende an homepages?
> P: dass man es selber macht, und dann hat man auch immer wieder ein erfolgserlebnis, das finde ich schön. man kann auch immer besser werden." (Moon)

Eine Äußerung auf einer älteren Version der Homepage – Moon hat ihre Websites archiviert – deutet an, dass die gestalterischen Aktivitäten auch Folgen haben. Die HTML-Kenntnisse machen Moon zu einer Expertin, die auf LizzyNet viel Anerkennung genießt und deren Rat für andere Mädchen äußerst wichtig ist:

> „Meine Homepage ist mir total wichtig. Zu wichtig vielleicht. Keine Ahnung. Ohne sie wüsste ich gar nicht, was ich am Wochenende machen sollte *scherz* :-). Nee, ich finde es total genial mich hier mehr oder weniger kreativ austoben und schreiben zu können wie und was ich will [...] ich find es auch immer sehr cool, wenn man um Hilfe gefragt wird. Klar, manchmal nervt es, aber in der Regel freu ich mich dann immer, wenn

---

bedeutsame Themen aufmerksam zu machen. So haben einige Mädchen auf ihren Websites z.B. auch einen Button zum „Webring gegen Fremdenfeindlichkeit" platziert.

67 Dabei handelt es sich um ein im Netz frei zugängliches Lehrbuch über HTML (http://de.selfhtml.org/).

68 Wenn im Folgenden nach einem Zitat der Begriff „Homepage" hinter dem Namen eines Mädchens angeführt wird, weist dies darauf hin, dass der Text der Website des Mädchens entnommen wurde.

ich wem helfen kann. Außerdem wird man auch immer sehr nett belohnt; man darf das Design als erste sehen, wird ganz oben gegrüßt und so. Und lernt immer nette Leute kennen *zu 'nen paar lizzys schiel*. Das Nervige ist, dass ich ständig als wandelnde SelfHTML Such- und Erklärmaschine missbraucht werde (*grins* sehe da grad ein paar ganz klein werden – zu eurer Beruhigung: ihr seid auszuhalten, sonst würde ich das nicht machen – aber lernt endlich mal zu LESEN)." (Moon, Homepage)

Sowohl Woodstock als auch Moon machen deutlich, dass Selbstdarstellung per Website nicht gleichzusetzen ist mit einer akribischen oder detaillierten Darstellung der eigenen Person oder Selbstoffenbarung. Den Mädchen mit HTML-Kenntnissen geht es eher darum, ihre eigenen Fertigkeiten, ihre Kreativität und damit wichtige Selbstaspekte zu präsentieren, die Teil ihrer Identität sind. Dies macht auch die Aussage von Danny8 deutlich. Sie antwortet auf die zu Beginn des Interviews gestellte Frage: Was macht dich aus? Was macht dich besonders?

„P: [...] dass ich mit computern umgehen kann, das finde ich ganz toll. und meine freundinnen haben gestern noch mal gesagt, also drei mädchen, dass ich * dass das so umwerfend wäre dass ich wüsste wie man mit einem computer umgehen könnte. und das fand ich so, so wirklich toll. und ich versuche auch dann immer wieder aufzumuntern html zu lernen, weil ich finde das sollten die können. und ich versuche immer jungen auszuwischen wenn sie mit computern nicht umgehen können, denn ich finde das so richtig scheiße wenn die jungen so richtig arrogant sind, ich meine (IRONISCH) ja jungs, die sind doch immer computerexperten." (Danny8, 13 Jahre)

Eine weitere Möglichkeit, sich *mit* der Website darzustellen, bietet die Selbstpräsentation als *Fan*. In diesem Punkt ist in Hinblick auf die vorliegenden Studie zwischen Fansites, Fanlisting[69], Fanfiktion[70] und Hinweisen auf Websites zum eigenen Fantum zu unterscheiden. Die Mädchen konstruieren sich als Fan, indem sie sich zu Stars oder populärkulturellen Werken (z.B. Harry Potter) bekennen und ihnen auf ihrer Website einen Platz einräumen. Manche Mädchen widmen ihren MedienakteurInnen auch eine gesamte Website. Sie nutzen die Medientexte hierbei als eine Ressource, die es ihnen ermöglicht, eigene kulturelle Praktiken zu entwickeln. Dabei steht nicht mehr allein die Verehrung des populären Medientextes im Vor-

69 Beim Fanlisting nutzen Fans die Möglichkeit, Sites zu Stars, bevorzugten Serien, Filmen oder Büchern auf einer Website per Link oder verlinktem Button zu sammeln. Damit positionieren sie sich und eröffnen anderen Fans die Möglichkeit anzuknüpfen.

70 Fanfiktion stellt eine Form des Fantums dar, bei dem die Fans die bevorzugten Serien, Filme oder Bücher zusätzlich zum eigentlichen Plot in schriftlicher Form weiterentwickeln. Sie nutzen dabei die Möglichkeit, Handlungsstränge wie auch Charaktere nach Belieben auszubauen und eigene Erfahrungen einfließen zu lassen und zu verarbeiten.

dergrund, vielmehr liefern die Medien das Rohmaterial für eigene kulturelle Produktionen und die soziale Interaktion mit Gleichgesinnten. Darauf haben bereits einige ethnographische Untersuchungen im Feld der Cultural Studies hingewiesen (vgl. Eckert et al. 1991a; Eckert et al. 1991b; Vogelgesang 1991; Winter 1991; Fiske 1992; Jenkins 1992; Winter 1995). Fantum wird demnach für die eigene Identitätsbildung genutzt, indem es neue kulturelle Räume für jugendliche Gemeinschaftserfahrung schafft. Neben der aktiven Teilnahme an einer spezialisierten Sozialwelt und einer somit (in)direkten Abgrenzung von der Erwachsenenwelt bzw. Erwachsenenkultur, spielt die gefühlsmäßige Involviertheit eine große Rolle. Das Fantum erlaubt z.B. den Mädchen aus einer sicheren Distanz heraus leidenschaftlich zu begehren, ohne reale Konsequenzen fürchten zu müssen (vgl. Barkawitz 1997). Ihre Schwärmereien für Boygroups zeigen, dass die Fankultur unlösbar verknüpft ist mit intimen Mädchen-Beziehungen: Fan wird frau gemeinsam mit und in starker Orientierung an anderen Mädchen (vgl. Fritzsche 2003, S. 255). Fankultur dient also auch der Konstitution distinkter Gruppen. Insbesondere die Pop-Fan-Kultur wird von Mädchen als eindeutig weibliche Kultur wahrgenommen; Jungen werden nur schwer als seriöse Teilnehmer der eigenen Kultur akzeptiert.[71] Es sind allerdings auch Distinktionsbewegungen nach innen auszumachen. Insgesamt, so Bettina Fritzsche, überwiegt bei den Pop-Fans jedoch die Suche nach konjunktiven Beziehungen, die in einer gemeinsam erlebten Praxis verankert sind (Sammeln, Tauschen, verbaler Austausch usw.) und auch unbekannte Fans einschließen können (ebd., S. 256). Das Internet bietet in diesem Zusammenhang neue Formen der zunächst virtuellen bzw. imaginierten, dann aber auch real praktizierten Vergemeinschaftung. Neben Hinweisen auf die Zugehörigkeit zu Fanlistings (über Buttons) kreieren Mädchen auch Websites, auf denen sie sich ausschließlich ihren „Schwärmereien“ und „Fernsehlieblingen“ widmen. Sie nutzen die populären Medientexte, um – hiervon ausgehend – eigene kulturelle Praktiken zu entwickeln. In diesem Fall geht es aber auch wiederum eher darum zu zeigen, was frau kann, als zu demonstrieren, wer frau ist. Dies wird auch am Beispiel von Chilli deutlich, bei der die Website allerdings eine weitere Funktion erfüllt.

Chilli (Gymnasium, 16 Jahre) hat eine Fansite zu ihrem Lieblingsmoderator des Musiksenders MTV erstellt. Diese Website entwickelte sich zum Anlaufpunkt für viele Fans und wurde schließlich – in Absprache mit Chilli – vom Manager des Moderators zur offiziellen Fansite erklärt. Die anfängliche schwärmerische Aktivität hat sich bei Chilli also im Laufe der Zeit zu einem professionellen Kontakt ausgewachsen. Zudem hat Chilli im Rahmen ihres Fantums einige Reisen nach München unternommen und dort andere

71 Die Charakterisierung der Pop-Fankultur als Mädchenkultur führt offenbar auch dazu, dass Jungen ihr Interesse für Boygroups für sich behalten, weil sie Angst haben, von ihren Freunden als schwul bezeichnet zu werden (vgl. Fritzsche 2003, S. 257; Hauk 1999).

Fans auf Fan-Treffen kennen gelernt. Daraus hat sich eine intensive Freundschaft zu einem Mädchen entwickelt, mit dem sich Chilli auch heute noch kontinuierlich austauscht und regelmäßig trifft. Chilli nutzt das Fantum allerdings nicht nur zur Selbstprofilierung und Kontaktsuche, sondern auch zur Abgrenzung von ihren Eltern:

> „P: die kriegen auch nicht so wahnsinnig viel mit. sie wissen dass ich das mache. so bei sven[72] kommt dann * na gut, in letzter zeit nicht mehr so oft, aber es kamen oft auch kommentare, so (NACHAHMEND) ach der nutzt dich doch nur aus. warte mal ein paar monate dann will der gar nichts mehr von dir wissen. und der sollte dir dafür was zahlen + und so. okay sie sind vom gegenteil überzeugt worden. (LACHT) bei den privaten seiten, also ich weiß nicht, sie * ich denke sie wissen nicht so ganz was es für mich bedeutet. und sie sehen auch nicht so was dahinter steckt, wie viel arbeit das doch macht, und dass das eigentlich * also für mich ist das irgendwie doch kunst auf eine gewisse weise. das sehen sie halt nicht. deshalb, ich rede da halt auch nicht so wahnsinnig viel darüber, und zeige es ihnen auch nicht unbedingt. ja." (Chilli)

Nun widmen nicht alle Mädchen ihren Stars und Idolen eine gesamte Website. Vielmehr finden sich auf vielen persönlichen Homepages auch vereinzelte Hinweise auf die Lieblingsschauspielerin (Ira 15 Jahre), den Lieblingsschauspieler (Einhörnchen, 16 Jahre), die Lieblings-Band (Moon, 12 Jahre) oder die Lieblingsserie (Swappy, 14 Jahre). Nicht immer liefern die Medientexte also das Rohmaterial für eigene kulturelle Praktiken, sondern in vielen Fällen bieten sie in erster Linie Anknüpfungspunkte. Dass Mädchen auch Fans mit und in starker Orientierung an anderen Fans sind, darauf wurde bereits aufmerksam gemacht (vgl. Fritsche 2003, S. 255). In diesem Fall weist das Fantum den Weg zu neuen affektiv besetzten Allianzen, in denen die Mädchen intensive Gefühle teilen bzw. gemeinsam zelebrieren können.

7.3.1.2 Selbstdarstellung auf Websites

Selbstdarstellung wird nicht nur *mittelbar* über die Präsentation der eigenen Interessen, Fähigkeiten oder Kreativität betrieben. Einige Mädchen stellen auf ihrer Website auch ganz *unmittelbar* und explizit ihre Person bzw. ausgewählte Selbstaspekte dar. Sie nutzen die Homepage, um sich selbst zu beschreiben, sich anderen zu offenbaren und ihre Themen, Gedanken, Eigenarten, Vorlieben oder – wie es ein Mädchen ausdrückt – ihre „Leidenschaften" (Ticklishbee, 15 Jahre) zu offenbaren. Sie richten sich dabei gezielt an ein Publikum: an reale Freunde, Bekannte, die Familie oder auch unbekannte Jugendliche ihren Alters. Dies möchte ich an den zwei Websites von Einhörnchen und Frozen verdeutlichen.

---

72 Sven ist der (anonymisierte) Name des MTV-Moderators.

Einhörnchen (Hauptschule, 16 Jahre) hat zwei Homepages über sich angefertigt. Eine adressiert sie an die breite Internetöffentlichkeit, die andere, gehostet auf dem Server von LizzyNet, ist nur für die Nutzerinnen von LizzyNet gedacht. Beide Homepages machen schnell deutlich, dass es sich um eine unmittelbare Form der Selbstdarstellung handelt. Anders als bei den bisher vorgestellten Websites, dreht sich bei Einhörnchen alles ausschließlich um die eigene Person, um das, was sie mag, hört, liebt, träumt, fühlt usw. Dementsprechend überschreibt sie ihre Homepage mit „Ich " und betitelt ihre Rubriken:

> „Ich bin.. Ich mag.. Ich liebe.. Ich lache über.. Ich weine.. Ich höre.. Ich träume von.. Ich danke.. Ich bin gerne bei.. Ich fühle.. Ich liebe DICH..." (Einhörnchen, Homepage)

Einhörnchen ist fasziniert von Einhörnern.[73] Seit sie als Kind den Film „Das letzte Einhorn" gesehen hat, lässt sie die das Fabelwesen nicht mehr los:

> „P: [...] einhörner finde ich irgendwie schon immer total hammer. und ich weiß nicht, einhörner sind irgendwie unerreichbar, und ja, das bin ich irgendwie auch, weil ich mich halt nicht öffne." (Einhörnchen)

Einhörner haben für Einhörnchen eine große symbolische Bedeutung. Ein Auszug aus der Homepage zeigt, wie sehr sie sich mit dem Fabelwesen identifiziert:

> „Hm, ob es nun Einhörner gibt oder nicht, darüber kann man sich wirklich streiten. Ich glaube an sie. Und somit glaube ich an das Reine und Gute. Vor allem aber glaube ich an die Hoffnung... (So... jetzt schreibt mir bitte keine Mails, oder sagt mir sonst irgenwie das ich spinne... Das ist MEINE Meinung, mein Glaube und meine Hoffnung. Und die lasse ich mir sicher von nichts und niemandem nehmen....!) Denn Einhoerner sind ein Zeichen der Hoffnung.
> Zu ihrem Aussehen:
> Es ist ein wildes, einhoerniges Tier in Pferdegestallt. Es ist reinweiss, steht darum fuer die Unschuld. Einhörner sind friedliche Wesen. Jedoch haben sie Angst vor Menschen. Nur Menschen, mit einem ganz reinen Herzen koennen das Glueck haben, eines zu sehen. Das Horn ist das Magische...Die Menschen glauben, dass Horn des Einhornes sei in sich gedreht. Wenn es sich bedroht fuehlt, kommt aus dem Horn ein Lichtstrahl. Das ist sein Schutz. Aber nicht nur darum, ist gerade das Horn das magi-

73 Der Nickname ist nicht ihr eigentlicher Nickname, er wurde anonymisiert. Da ich bei der Wahl der Pseudonyme versucht habe, mich von der Bedeutung her möglichst nah an dem richtigen Nickname zu orientieren und der ursprüngliche Nick auch an eine Märchenfigur angelehnt war, sie außerdem tatsächlich für Einhörner schwärmt, fiel in diesem Falle die Wahl auf „Einhörnchen". Im Internet tritt das betreffende Mädchen nicht unter dem Namen ihres Lieblingsfabelwesens auf.

sche an einem Einhorn. Der Aberglaube sagt, dass die Menschen die Einhoerner verfolgten, um ihnen das Horn abzunehmen. Denn, es heisst, dass das Horn Krankheiten heilen koennte. Ich bin jedoch der Ansicht, dass das Horn nur heilen kann, wenn es das will. Und sobald das Horn nicht mehr bei seinem Besitzer ist, hat es all seine Magie verloren. Denn die Magie kommt aus dem reinen Herzen des Einhorns. Sollte irgendein Mensch das Glueck haben, einem Einhorn zu begegnen und das Einhorn ihn so nah an sich heranlaesst, dass er es streicheln kann, sollte man sein Horn berühren. Denn das bringt Glueck und unheimlich viel Kraft." (Einhörnchen, Homepage)

Einhörner stehen für Einhörnchen für Unerreichbarkeit und Zurückgezogenheit, zwei Eigenschaften, die Einhörnchen sich auch selber zuschreibt. Auf der Homepage antwortet sie z.B. im Steckbrief auf die Frage: „Wer steht dir nahe?":

„Niemand steht mir nah. so bin ich halt :)" (Einhörnchen, Homepage)

Im Interview stellt sie heraus, dass sie gerne allein ist:

„P: ich mag das eigentlich, weil ich weiß nicht, ich bin gerne allein." (Einhörnchen)

Das Märchen vom Einhorn zeigt aber auch, dass sie sich danach sehnt, „gefunden" zu werden. Da sie sich auf den ersten Blick sehr verschlossen gibt, sie an anderer Stelle im Interview selber von sich behauptet „komisch" im Sinne von merkwürdig zu sein, hofft sie auf einen „Prinzen" bzw. eine „Prinzessin", die es vermögen, durch die „dichte Dornenhecke", so könnte man das Bild symbolisch erweitern, zu ihr durchzudringen. Dabei möchte Einhörnchen nicht gerettet, sondern vielmehr angenommen werden, mit all ihren Ängsten und Eigenarten.

Die Homepage stellt für Einhörnchen eine Möglichkeit dar, Selbstaspekte zu offenbaren, über die sie im realen Leben nicht reden kann. Hier findet sie den Mut, sich zu öffnen.

Ein weiteres Beispiel dafür, wie die Mädchen die Website zur Selbstkonstruktion (Selbstdarstellung und Selbstreflexion) nutzen, liefert Frozen.

Frozen (Realschule, 16 Jahre) präsentiert sich der Netzöffentlichkeit bzw. den Nutzerinnen von LizzyNet auf einer *Baukasten-Page*. Sie, die sich selbst als „Freak" bezeichnet, nutzt die Page u.a. um persönliche Unsicherheiten und Ängste mitzuteilen und ungelebte Facetten ihres Ichs darzustellen. Gleich auf der ersten Seite ihrer Homepage wird deutlich, dass Frozen die Website zur Selbstkonstruktion nutzt:

„Humtidumtiduuuu, schön dass du da bist, schön dass ihr alle da seid. Ihr befindet euch auf einem kleinen Stück von mir selbst, schaut euch einfach mal um! Wenns böse wird, Nase zuhalten und Augen schließen und

> bis 10 zählen!!! Hey, so schlimm kann eine Homepage alleine doch gar nicht sein =) Alles was uns nicht umbringt macht uns nur noch viel härter! Frozen." (Frozen, Homepage)

Sie leitet ihre Site mit einem etwas umgewandelten Nina Hagen-Zitat ein „that's why the lady is a freak" und erwähnt, dass es sich dabei um eine kleine Hommage an Nina Hagens Autobiographie „That's why the Lady is a Punk" handelt. Sie hat das Zitat ausgewählt, weil sie Nina Hagen bewundert. Die ist ihrer Ansicht nach einfach „geil", weil sie „rausfällt". Man könnte ergänzen: genauso wie Frozen, die sich heute als Freak bezeichnet:

> „Warum nun das Wort Freak?! Naja, dazu gehört eine kleine Geschichte ... Ich kannte da mal so einen fürchterlich ekeligen, doofen Typen mit dem ich mich gezofft habe. Er hielt sich auf jeden Fall für ganz cool und weil er nicht mit Argumenten diskutieren konnte brach er das Gespräch einfach mit „ey, komm du bist'n FREAK" ab. Das hatte gesessen, aber so richtig! Obwohl dieser Idiot wirklich dumm war hat es mich verletzt. Aber um so mehr ich nachgedacht habe um so lieber wurde ich Freak. Eigentlich benutzen die Leute Freak, als sehr sehr negatives Wort. Ein Freak, das ist wer der anders ist, den man deswegen nicht mag, weil er nicht so wie man selbst ist. Aber wenn jetzt dieser Kerl Freak zu mir sagt ist es ein Kompliment. Ja, ich bin nicht so wie er, ich bin nicht so wie viele dieser prolligen Assos. Ich bin ANDERS!!!!!! Ich lebe MEIN Leben so wie ich das will und so wie ich es für richtig halte und will nie so werden wie die Leute die das nicht akzeptieren. Ich freake mich durchs Leben!!!!" (Frozen, Homepage)

Dieses Anderssein drückt sie auf der Homepage z.B. durch eine ungewöhnliche Typographie aus – dem Wechsel zwischen Groß- und Kleinschreibung in den Überschriften.

Auf einer der Unterseiten gewährt uns Frozen Einblicke in ihre, wie sie es sagt, „wirre Gedankenwelt". Gleich zu Beginn weist sie darauf hin, dass sie viel über die Welt nachdenkt. Sie überschreibt ihre Rubrik mit:

> „Wie ich so mein Leben sehe – Mein ganz persönliches Gefängnis!
> Gefangen im eigenen Körper? Gefangen im eigenen Geist? Gefangen in einer Rolle, die einem gegeben wurde? Werden wir eingesperrt? Lassen wir uns einsperren? Bin ich an meiner eigenen Gefangenschaft Schuld?" (Frozen, Homepage)

Im Folgenden stellt sich Frozen dann eher als unzulänglich dar, als angepasst und willensschwach:

> „Ich will als Individuum gesehen werden, aber kann mich nicht so geben wie ich das gerne würde." (Frozen, Homepage)

Diese „Verstellung" ihres Selbst, diese ungelebten Teile ihrer Persönlichkeit führen dazu, dass sie sich einsam fühlt:

> „Wie soll jemand, der mich nicht kennt einen Eindruck von mir gewinnen, welcher der Wahrheit entspricht, wenn ich 24 Stunden am Tag versuche, jemand anders zu sein?“ (Frozen, Homepage)

Die Homepage hilft ihr, die eigenen Erfahrungen zu ordnen und zu reflektieren. So fragt sie sich selber auf der Homepage:

> „Woher weiß ich eigentlich, dass mich alle falsch einschätzen? Missverstehen? Bin ich wirklich ein Freak? Alle versuchen sich eine Meinung über mich zu bilden. Sie denken, die könnten das. Sie kennen mich nicht, vielleicht wollen sie mich gar nicht kennen lernen, aber das wäre OK, aber sie bewerten mich von Tag zu Tag. Aber sie haben keine Ahnung! Wissen nicht, dass die Angst zu versagen, die Angst vor dem Spott der Menschen Druck erzeugt. Und schon versuche ich mich wieder zu verstecken, nicht aufzufallen. Ich weiß, dass ich nicht so bin wie die anderen, aber ich versuche so zu tun und eigentlich klappt das ganz gut.“ (Frozen, Homepage)

In den anderen Rubriken positioniert sich Frozen zum Tierschutz, sie bezeichnet sich als „aktive Tierschützerin“ und verortet sich in der Antifa („Gib Nazis keine Chance“). Außerdem stellt sie sich als „absoluten Fernsehfan“ dar und präsentiert, sehr typisch für eine Mädchen-Site, ihre beste Freundin. In anderen Rubriken geht es um Literatur. Frozen verweist hier auf zwei Bücher, wobei sie für eines auch schon eine Rezension auf Lizzy-Net geschrieben hat, diese verlinkt sie. Weiterhin hat sie eine Rubrik zu „Philosophie“ und eine zu Gebeten – unter dem Stichwort „LIL’Prayer“ – angelegt.

Deutlich wird, dass Frozen ihre Website zur Selbstreflexion und Ich-Konstruktion nutzt. Auf der Homepage findet sie eine Möglichkeit, über ihre Ängste und widersprüchlichen Selbstaspekte zu reden. Sie offenbart auf ihrer Site, dass sie noch kein angemessenes Verhalten für sich gefunden hat. Ihre Unsicherheit und Angst vor der Übertretung der Normen und die daraus resultierende freiwillige Selbsteinschränkung wird in ihren „wirren Gedanken“ sehr deutlich. In diesem Sinne stellt die Homepage eine experimentelle Selbstinszenierung dar, die zwar offenkundig noch sehr brüchig ist, aber durchaus performative Möglichkeiten zur Neustrukturierung der Persönlichkeit bietet. Dabei fällt auch, dass Frozen ihr Gegenüber direkt anspricht und durch ihre Site führt. Sie nutzt die Homepage also auch, um ihre „leibliche“ Fassade zu durchbrechen, sucht den Austausch über das Gästebuch und die E-Mail. Ihre Homepage ist damit ein Ausdruck von Einsamkeit und zugleich aber auch als ein erster Schritt aus dieser Einsamkeit heraus. Sie eröffnet die Möglichkeit, über den offenbar als eingeschränkt erlebten sozialen Horizont hinaus, andere Mädchen kennen zu lernen, die ähnlich denken und die ähnliche Sorgen und Selbstzweifel plagen.

Sowohl die Website von Einhörnchen als auch die von Frozen sind Beispiele dafür, wie Mädchen das Internet zur Selbstreflexion und Selbstoffenbarung – also unmittelbaren Selbstrepräsentation nutzen.

7.3.2 Selbstdarstellung per CvK

Weitere Selbstkonstruktionen nehmen die Mädchen im Rahmen der CvK vor. Auch hierzu bietet ihnen LizzyNet verschiedene Möglichkeiten:

- Foren
- Clubs
- Quickmessage (Instant-Messaging-System)
- E-Mail-Account

Grundsätzlich geben die Mädchen ihre Themen selber vor. Nur in Ausnahmefällen setzt die Redaktion ein Thema ins Forum oder mischt sich in aktuelle Diskussionen ein, so z.B. zur Entschärfung problematischer Situationen oder um bei sensiblen Themen informative Anregungen zu geben.

Um sich in die Community bzw. in die Foren einbringen zu können, müssen sich die Mädchen zunächst eine *virtuelle Repräsentantin* schaffen. Bereits bei der Anmeldung legen sich die Mädchen hierzu einen Nickname zu. Deutlich wird, dass die Wahl des Pseudonyms bzw. die nachträgliche Korrektur oder reflektierte Auseinandersetzung mit dem Nickname eine Form aktiver Identitätsarbeit darstellt:

> „P: bei lizzynet spricht man sich so mit dem nickname an, und wenn ich gewusst hätte, wenn ich gewusst hätte dass das irgendwann sich so entwickelt, ich glaube dann hätte ich einen anderen nicknamen genommen, so den, wie mich auch meine freunde nennen." (Riverball, 19 Jahre)

Drei Mädchen (Einhörnchen, Holyhell, Mymelody) haben ihren Nickname nachträglich korrigiert. Alle drei fühlen sich LizzyNet zum Zeitpunkt des Interviews sehr verbunden und möchten mit ihrem neuen, bedeutungsschwangeren Pseudonym die Distanz zwischen ihrer On- und Offline-Identität verringern – sich im Rahmen der Online-Community authentischer inszenieren.

Die Identitätskonstruktion per CvK wird in einem ersten Schritt über den Nickname, dann weiterhin über die Art und Weise der Partizipation realisiert. Die Partizipation kann so gestaltet sein, dass die Mädchen sich eher situativ präsentieren, indem sie ihre Einstellungen zu einem aktuell diskutierten Thema preisgeben – sich positionieren. Viele suchen aber auch den kontinuierlichen Kontakt über einen stetigen Austausch in diversen Foren – partizipieren also dauerhaft.

Unterschieden wird demzufolge in:

- Mädchen, die sich einmalig positionieren
- Mädchen, die kontinuierlich partizipieren

Wenn von der Selbstpositionierung die Rede ist, sind damit Mädchen gemeint, die ihre Meinung gerne zu verschiedenen Themen abgeben. I.d.R. äußern sie sich zu Themen, die sie interessieren, mit denen sie sich schon mal auseinandergesetzt haben. Es geht ihnen darum, ihre *Werte und Haltung* zu den Dingen darzulegen. Sie fühlen sich z.B. moralisch verpflichtet, eine Diskussion in die richtige Bahn zu lenken. Dabei geht es nicht darum, andere Mädchen kennen zu lernen oder kontinuierliche Kontakte aufzubauen, vielmehr steht die *Diskussion* im Vordergrund.

Mädchen, die sich im Unterschied dazu kontinuierlich einbringen, versuchen ein möglichst *ganzheitliches Bild* von sich zu vermitteln. Dementsprechend greifen sie auch auf die verschiedenen, parallel angebotenen Kommunikationsdienste Foren, Chat und Quickmessage zurück.

7.3.2.1 Sich per CvK positionieren

Die Mädchen mischen sich in Foren und Clubs in Diskussionen ein, um sich mit diversen Themen auseinanderzusetzen. Insbesondere gesellschaftlich aufgeladene Themen bieten sich für Selbstpositionierungen an:

> „P: [...] bei rassismus[74] ist auch ziemlich viel, da gehe ich auch meistens hin weil (I: stimmt, das ist ja dein thema, antifa.) ja genau. aber echt, manche schreiben sich da echt so einen müll zusammen, irgendwie so von wegen (NACHAHMEND) ja ich kann das verstehen wenn du was gegen ausländer hast. der ist mal von einem türken geschlagen worden + so, hm. ACH NA DANN, super. ich bin mal von einem deutschen verkloppt worden, OCH jetzt mag ich dich nicht mehr. [...] also wenn dann schreibe ich dann da irgendetwas, wenn mich da irgendetwas total ärgert oder so.“ (Apfelrübe, 16 Jahre)

Dabei geht es den Posterinnen[75] weniger darum, andere Mädchen kennen zu lernen, sondern sich mit Emotion und Information für die „richtige Sache“ einzusetzen und sich in einigen Fällen gleichzeitig auch als Ältere und Erfahrene zu positionieren:

> „P: [...] ich bin ein mensch, ich lasse mich * ich schreibe dann zwar schon viel information, aber auch viel mit HERZ und EMOTION. und es kommt dann halt öfter vor wenn ich komplett gegensätzlicher meinung bin und ich dann vielleicht auch mal sage (NACHAHMEND) hör mal, hast du überhaupt mal nachgedacht bevor du geschrieben hast? + da kommen dann so sachen, manchmal kommen blöde sachen zurück so (NACHAHMEND) äh ja? + so sachen wie (NACHAHMEND) wer bist

74 Das Mädchen spricht das Forum „Rassismus“ an.
75 UserInnen, die einen Beitrag ins Forum schreiben, nennt man PosterInnen.

du eigentlich, dass du so was sagst. + manchmal kommen aber so, ja irgendwie (NACHAHMEND) stimmt das echt? da habe ich nicht darüber nachgedacht." (Clearice1234, 18 Jahre)

7.3.2.2 Per CvK kontinuierlich partizipieren

Eine zweite Möglichkeit, sich online eine Identität zu konstruieren, eröffnet die kontinuierliche Partizipation. Hierüber erarbeiten sich die Mädchen ein konsistentes Profil. Ihre Meinungsäußerungen zu verschiedenen Themen steigern die Widererkennbarkeit und bieten Möglichkeiten der Anknüpfung:

> „P: [...] ja es ist eigentlich jetzt nicht nur mit einhörnchen so, mit der ich mich gut verstehe, sondern man braucht einfach irgendwie so einen gewissen draht irgendwie, zum beispiel wenn man irgendetwas schreibt und, was weiß ich, die eine schreibt über britney spears oder so, dann schreibe ich, ach die finde ich voll scheiße, und dann schreibt mymelody zum beispiel rein (NACHAHMEND) ja ich finde die auch voll blöd. + und da denkt man sich, ah das ist so * das ist was, was man gemeinsam hat. oder wenn man irgendwie reinschreibt ich finde fc bayern gut, und dann schreibt die andere (NACHAHMEND) oh, finde ich auch + und so, und dann denkt man sich gleich, ah, der schreibst du gleich eine e-mail. so irgendwie so was. man braucht da einfach einen draht zueinander, so irgendwie so einen punkt auf dem man erst mal anfangen kann, und dann schreibt man. weil es war bei mir zum beispiel auch schon ein paar mal so dass ich ein paar mädels kennen gelernt habe, weil die im forum dieselbe meinung hatten wie ich irgendwie, und dann irgendwie haben die einfach anderes zeug geschrieben, was mich eigentlich nicht so interessiert hat. dann hat sich das auch wieder so auseinander, weil das kennt man dann schon, weil wenn zum beispiel die e-mails immer so kurz sind dann kann das nichts werden. aber so was einhörnchen mir zum beispiel manchmal schreibt für e-mails, die was weiß ich sooo lang sind oder so, ja." (Ticklishbee, 15 Jahre)

Die kontinuierliche Partizipation ermöglicht es den Mädchen auch, sich als „Aktive" im Netzwerk zu positionieren. Im Interview kokettieren sie z.B. mit ihrer Aktivität und grenzen sich von den Lurkerinnen[76] oder weniger aktiven Nutzerinnen ab. Es existieren aber offensichtlich unterschiedliche Auffassungen darüber, was Aktiv-Sein bedeutet. Sich öffentlich einzumischen, Verantwortung für die Community zu übernehmen (z.B. als Club-Moderatorin) ist angesehener, als im Hintergrund Kontakte zu knüpfen und zu pflegen.

76 Ein/e Lurker/in liest die Beiträge anderer, bringt sich aber nicht selber ein.

7.3.3 Beteiligung an der LizzyPress

Neben den Websites und der CvK bietet LizzyNet den Mädchen mit der *LizzyPress* eine weitere Möglichkeit, sich als Person mit eigenen Vorlieben und Meinungen zu präsentieren. In selbstgeschriebenen Artikeln können die Mädchen auf sich und ihre Themen, ihren Musikgeschmack[77] und ihre Einstellungen aufmerksam machen. Dabei nutzen sie die *LizzyPress* sowohl für aktuelle als auch für optionale Ich-Entwürfe. Besonders positiv bewerten sie dabei die Veröffentlichung der eigenen Texte.

Über die Auswahl von *eigenen Themen* und die öffentlich präsentierten Vorlieben für bestimmte Musikrichtungen oder Kinofilme im Rahmen der *Schreib-Mit-Aktion*[78] positionieren sich die Mädchen z.B. als Filmfan, als Fan einer Musikgruppe oder als „Leseratte". Sowohl durch eindeutige Codes als auch durch verschlüsselte Botschaften geben die Autorinnen den anderen Mädhen Hinweise auf die eigenen Interessen und Leidenschaften. Riverball z.B. hat in all ihren veröffentlichten Artikeln ihre damalige Lieblingsband eingebaut:

> „P: […] ja wenn man so meine artikel durchliest, ich glaube es fällt schon auf, dass ich bloodhoundgang fan bin, weil (LACHEND) in jedem artikel baue ich das irgendwie ein. meistens. na ja, was kann ich dafür wenn die leute immer aus pennsylvania kommen oder (AMÜSIERT) aus philadelphia. + das philadelphia das macht sich da immer so gut, so nach dem motto (NACHAHMEND) ja der kommt aus der gleichen stadt wie bloodhoundgang. und schon konnte ich das wieder einbauen. (BEIDE LACHEN) das ist immer ganz praktisch so, das immer einzubauen. weil es gibt doch diese suchfunktion, und dann gebe ich immer nur bloodhoundgang ein und finde alle meine artikel. ja okay, oder mehr oder weniger alle." (Riverball, 19 Jahre)

Einige Mädchen schreiben über besuchte Konzerte, ihren Musikgeschmack, ihre Vorliebe für Literatur oder Filme:

> „P: es gibt innerhalb von lizzypress schon festgelegte themen, so irgendwie kulturschock (SICH SELBST FRAGEND) was gibt es noch? + ich weiß nicht, jedenfalls so rubriken, und wenn mir da zu einer was einfällt, und wenn ich zum beispiel für kulturschock einen film gesehen habe der mich total beeindruckt hat, dann schreibe ich da auch gern was drüber. aber es ist nicht so dass ich mir denke, hm, was könnte ich denn dazu

---

77 Ihre Vorlieben für bestimmte Musikrichtungen können die Mädchen z.B. im Rahmen der Schreib-Mit-Aktion zeigen, indem sie ihre favorisierten Musik-CDs rezensieren.

78 Im Rahmen der Schreib-mit-Aktion werden die Mädchen zu Besprechungen von Büchern, CDs und Kinofilmen angeregt. Hierfür werden ihnen kontinuierlich Bücher und CDs zur Verfügung gestellt und das ein oder andere Mal auch der Eintritt zu einer Kinopremiere ermöglicht. Im Gegenzug müssen die Mädchen einen Artikel abliefern.

jetzt schreiben, zu der rubrik? und dass ich mich da sehr anstrenge, also es kommt einfach so." (Karini, 17 Jahre)

Die Sprache bzw. Wortwahl dient den Mädchen dabei zum Transport von Ich-Botschaften:

„P: [...] man merkt schon meinen stil, den ich da auch so von charlotte[79] ein bisschen, die auch manchmal merkwürdige sachen erzählt, so mit ihrer * bei ihren moderationen, doch das ist * das hat auch abgefärbt." (Riverball, 19 Jahre)

„P: [...] man hat einfach irgendwie so einen eigenen, eigenen stil [...] wie man texte schreibt, ja." (Karini, 17 Jahre)

Die Artikel in der *LizzyPress* sind für die Mädchen also zunächst ein Mittel, um sich mit eigenen Themen, Vorlieben und einem eigenen Sprachstil zu präsentieren. Sie dienen darüber hinaus dazu, sich in optionale Identitäten einzufühlen. Clearice1234 schreibt z.B. kontinuierlich für die *LizzyPress*, weil sie Journalistin werden und Erfahrungen sammeln möchte. Die Tätigkeit bei der *LizzyPress* ermöglicht es ihr, sich bereits ein wenig in die berufliche Identität einer Online-Redakteurin einzufühlen:

„P: [...] das würde ich auch noch zu den sachen (zählen), die mir wichtig sind, dass ich da mich mit daran beteiligen kann. und ist auch so für mich, GANZ für mich speziell würde ich sagen, weil ich halt auf jeden fall jounalistin werden möchte ist es für mich auch natürlich rein (SCHMUNZELT) aus egoistischen motiven super dass ich mich da einbringen kann." (Clearice1234, 18 Jahre)

Die in der *LizzyPress* veröffentlichten Artikel dienen somit nicht nur der privaten Selbstverständigung, sondern werden von den Mädchen geschrieben, um sich zu positionieren, einen eigenen Schreibstil zu entwickeln, sich in optionale Identitäten einzufühlen und Kontakte zu Gleichgesinnten und den Redakteurinnen zu knüpfen.

7.3.4 Einflussfaktoren auf die Selbstkonstruktion

Einen wesentlichen Einfluss auf die Art und Form der *Selbstdarstellung* hat das *Alter*. Mädchen unter 15 Jahren verfügen in der Regel über keine ausgefeilte Web-Präsenz. Wenn sie sich online präsentieren, tun sie dies in der Regel in sehr rudimentärer Form (z.B. Steckbrief) und nutzen hierfür die Instant-Pages. Nur in Ausnahmefällen präsentieren sich jüngere Gymnasiastinnen mit ihren HTML-Sites als Web-Expertin. Erst die älteren Mädchen ab 15 Jahre setzen sich dann verstärkt – unmittelbar („persönliche Homepage") oder mittelbar („Fanpage") – mit sich, ihren Themen und Leiden-

79 Riverball bezieht sich hier auf Charlotte Roche, eine beliebte Viva-Moderatorin, deren Sendung inzwischen abgesetzt wurde.

schaften auseinander. Deutlich wird, dass ab ungefähr dem 15ten Lebensjahr *ihre* Themen und die Anerkennung ihrer Person unter Gleichaltrigen, also die Suche nach Zugehörigkeit, an Bedeutung gewinnt (siehe 4.2; 4.4). Dabei fällt auf, dass Gymnasiastinnen eher die mittelbare Selbstdarstellung wählen, hingegen die älteren Haupt- und Realschülerinnen weiterhin die unmittelbare Selbstdarstellung favorisieren. Insbesondere in Hinblick auf die Fanpages wird deutlich, dass bei Gymnasiastinnen die populären Medientexte das Rohmaterial für eigene kulturelle Praktiken liefern; bei Haupt- und Realschülerinnen dienen die „Schwärmereien" eher dazu, Gefühle zu teilen und gemeinsam zu zelebrieren.

Weiterhin Einfluss auf die Selbstdarstellung per Website und die dadurch ermöglichten Selbstkonstruktionen hat der Bildungshintergrund. Mädchen mit HTML-Wissen, in der Regel sind dies Gymnasiastinnen, können sich sowohl in Hinblick auf die Wahl der Werkzeuge als auch hinsichtlich der konkreten Ausgestaltung der Website vielseitiger in Szene setzen als Instant-Page-Nutzerinnen. Ihr Wissensvorsprung und der Wettbewerb um die attraktivste Website ermuntern sie dazu, einen distinkten Nutzungsstil zu entwickeln und sich als Expertin zu positionieren. Sie haben sich häufig selbsttätig mit den Kursen auf LizzyNet auseinander gesetzt und im Anschluss daran weitere Internettechnologien angeeignet. Die Haupt- und Realschülerinnen geben sich hingegen schneller mit den gegebenen Selbstinszenierungsmöglichkeiten zufrieden. Sie verpassen ihren Websites durch die Themenzusammenstellung, Farbauswahl und integrierten Effekte eine individuelle Note.

Eng verknüpft mit der intervenierenden Bedingung *Bildungshintergrund* ist der Aspekt *Wissensdurst*. So ist zu beobachten, dass Gymnasiastinnen größere Ansprüche an sich stellen und durch selbstorganisierte und kooperative Lernprozesse ihre Kenntnisse erweitern. Haupt- und Realschülerinnen greifen im Unterschied dazu eher auf Instant-Pages zurück. Bei ihren Versuchen einen Kurs zu absolvieren, zeigen sie insgesamt ein geringeres Durchhaltevermögen.

Einen weiteren wesentlichen Einfluss darauf, dass Websites erstellt und weiterentwickelt werden, nimmt außerdem die *soziale Unterstützung*. Diese stellt selbst eine Schlüsselkategorie dar und wird im nachfolgenden Kapitel ausführlich dargestellt (siehe 7.4). In Anlehnung an das Analysemodell von Cutrona und Suhr wird zwischen fünf verschiedenen Unterstützungsdimensionen unterschieden (siehe 4.5.2). In Hinblick auf die *Selbstdarstellung per Website* wirken sich vor allem Formen der Anerkennung und Aufmerksamkeit (Esteem Support), sowie Ausdrücke von Liebe, Zuneigung und Ermutigung in Form von Instant-Messages, E-Mails und Gästebucheinträgen aus (Emotional Support). Aber auch die Vernetzung mit anderen Website-Gestalterinnen (Social Network Support) motiviert. Darüber hinaus beraten sich die Mädchen auch ganz konkret, testen die Funktionalitäten von Websites anderer Userinnen und entwickeln Online-Tutorials füreinander (Tangible Aid). Daneben wirkt sich weiterhin der fachliche Informational Support und Tangible Aid durch die Redakteurinnen positiv aus, z.B. in dem diese Kurse bereitstellen und Hilfestellung leisten. Grundsätzlich differenzieren lässt sich zwischen sozialer Unterstützung innerhalb der Community und Peer-Group und sozialer Unterstützung durch LehrerInnen und Eltern. Die Rückmeldungen und der Rat innerhalb der Community sowie anerkennende Kommentare aus der Peer-Group bestärken die Mädchen in ihrem Tun. Rückmeldungen der Eltern schmeicheln im Einzelfall, nehmen insgesamt aber wenig Einfluss. Allerdings *könnten* die Eltern und Schulen stärker fördern, indem sie z.B. einen besseren Zugang verschaffen. Diesbezüglich kann in Hinblick auf den nicht geleisteten Tangible Aid sogar von einer eher hemmenden Wirkung ausgegangen werden. Die Bereitstellung eines Rechners, die Einrichtung einer Flatrate oder einer eigenen Domain und eine weniger starke Reglementierung wird von einigen Mädchen gewünscht, um sich intensiver mit den Möglichkeiten des Netzes auseinandersetzen zu können.

Grundsätzlich kann an dieser Stelle bereits festgehalten werden, dass sich die Mädchen offenbar lieber informell, also ohne pädagogische Anleitung oder Einwirkung betätigen.

In Hinblick auf die Selbstdarstellung per CvK wird ebenfalls deutlich, dass die Inszenierung der eigenen Person in der Regel mit der Hoffnung auf Anerkennung durch andere einhergeht. Negativ auf die weitere Partizipation wirken sich daher ausbleibende wertschätzende Kommentare (Esteem Support) und emotionale Rückmeldungen (Emotional Support) durch Mädchen und Redakteurinnen, als auch ein erschwerter Zugang durch Eltern und Schule aus (Tangible Aid).

Ähnliches gilt für die *Selbstdarstellung über die LizzyPress*. Fördernd wirkt sich für alle Bildungstypen aus, wenn die Mädchen beim Schreiben Allianzen mit anderen Mädchen eingehen und durch die Redakteurinnen zur Produktion eigener Artikel ermuntert werden. Es zeigt sich allerdings auch, dass die Schriftform nur für einige Mädchen ein angemessenes Repräsentationsmedium ist. Ob es sich dabei um einen Bildungseffekt handelt, lässt sich nicht abschließend klären.

7.3.5 Konsequenzen

Auffällig ist, dass die Mädchen durch ihre Selbstrepräsentationen selbsttätig und kontinuierlich immer neue Möglichkeiten der Rückmeldung schaffen und darüber langfristig ihr *soziales Netzwerk erweitern*. In Hinblick auf die Website-Gestaltung wird dies sehr deutlich. Die Mädchen integrieren Gästebücher oder Seiten-Abrufzähler in ihre Websites, beteiligen sich an

Awards[80] bzw. kreieren eigene Wettbewerbe, werden Mitglied in ausgewählten Webrings, legen eigene Kriterien für den Button-Tausch fest und verweisen in eigens dafür vorgesehenen Rubriken auf die Website anderer Webmasterinnen. In Hinblick auf die Artikel zeigen sie durch das Hinzufügen der E-Mail-Adresse und ihre anknüpfenden Beiträge im Rahmen der CvK, dass sie andere Userinnen zu Rückmeldungen auf ihre Person einladen. Die vielfältigen Rückmeldungsoptionen auf die eigenen Inszenierungen eröffnen den Mädchen einen Zugang zu neuen sozialen Netzen und die Möglichkeit zur Erweiterung des eigenen Netzwerks (siehe auch 5.4.8).

> „P: [...] moon zum beispiel hat sich bei mir ins gästebuch eingetragen, und dann habe ich sie irgendwann mal online gesehen und dann habe ich auch auf ihrer homepage geguckt, und so hat sich allmählich der kontakt aufgebaut." (Karini, 17 Jahre)

Neben der Homepage und Beiträgen im Rahmen der CvK motivieren auch die selbstverfassten Artikel in der *LizzyPress* einige Mädchen zu Rückmeldungen, woraus dann kurz- und langfristige Beziehungen resultieren können:

> „P: bei lizzynet gibt es zum beispiel ein mädchen, mit der hatte ich auch * die hat sich ungefähr zur gleichen zeit angemeldet wie ich, also schon vor zwei jahren oder so, wo lizzynet noch nicht so lange da war. und dann hatte ich irgendwie meine buchbeschreibung geschrieben, ganz am anfang, und dann hat sie mir direkt da geantwortet dass sie das total gut findet und dass sie das buch auch gelesen hat, dass es ihr auch gefallen hat und so. dann hat sich halt so ein kontakt ergeben zwischen uns, und dann haben wir uns halt auch mal getroffen und so." (Woodstock, 17 Jahre)

Grundsätzlich gilt, dass mit zunehmendem persönlichen Informational Support (siehe 7.4.1) und Emotional Support (siehe 7.4.3) die Wahrscheinlichkeit zunimmt, dass die Beziehung auch im leibhaftigen Leben fortgesetzt wird.

Deutlich wurde, dass die Selbstdarstellung der Selbstbestätigung (in Form von Rückmeldungen) und Kontaktaufnahme dient. Anders als beim Fantum, geht es den Mädchen dabei jedoch weniger um das Zelebrieren von Gemeinschaft („wir sind alle Lizzys"), denn dafür – so sagen sie selbst – sind die Mädchen untereinander zu verschieden. Vielmehr genießen sie es, einen virtuellen „Ort" zu haben, an dem sie (als Mädchen) wahrgenommen und ernstgenommen werden, sich aktiv beteiligen und vielerlei Kontakte knüpfen, sich also in gewisser Weise „zu Hause" fühlen können:

---

80 Bei den sogenannten Awards handelt es sich um Homepage-Wettbewerbe, bei denen kleine, mit einem Bildbearbeitungsprogramm erstellte Buttons im Gif-Format als Preis vergeben und per E-Mail versandt werden. Diese Buttons fügt die Webmasterin dann in ihre Website ein.

„P: [...] ich fand lizzynet eigentlich sofort supertoll, weil ich habe halt gemerkt dass, dass * weiß nicht, dass man da irgendwie dazu gehört so. (RÄUSPERN) also nicht so wie auf den üblichen seiten wo man erst mal zwei monate da sein muss und immer mal was schreiben kann und so, also da war ich halt so direkt ange * angebunden." (Einhörnchen, 16 Jahre)

Durch die Partizipation und positiven Rückmeldungen auf ihre (virtuelle) Identität stellt sich bei den Mädchen ein Gefühl von *sozialer Zugehörigkeit* ein, das – ähnlich wie beim Fantum – ein emotionales Engagement und eine große Vertrautheit mit den medialen Texten bzw. hier der medialen Umgebung voraussetzt. Die Mädchen reden über LizzyNet, tauschen Insider-Informationen über das Netzwerk aus, beteiligen sich an Diskussionen zur zukünftigen Gestaltung und reden bzw. „klatschen" und „tratschen" über Userinnen in der Community. Durch die thematische Zuordnung zu bestimmten Clubs und die dort stattfindenden Diskussionen ergeben sich neue Kontakte und Netzwerke, die die emotionale Bindung an das Angebot weiterhin verstärken (siehe 7.6).

Der Ansporn, mit etwas Eigenem im Internet vertreten bzw. präsent zu sein, motiviert die Mädchen weiterhin, sich selbststätig mit neuen Diensten und Seitenbeschreibungssprachen wie z.B. HTML auseinanderzusetzen, neue Präsentationstechniken auszuprobieren und sich mit dem Internetrecht vertraut zu machen (z.B. Copyright). Insbesondere die aktiven Mädchen weisen darauf hin, dass die Möglichkeit der Mitgestaltung einer Community sie dazu ermuntert hat, sich neuen Herausforderungen zu stellen – *Medienkompetenz* zu entwickeln. Hier zeigen sich die Gymnasiastinnen allerdings deutlich engagierter. Um sich angemessen und damit in gewisser Hinsicht auch professionell darzustellen zu können, eignen sie sich ganz gezielt neue Internettechnologien an (z.B. HTML, Flash, PHP), setzten sich in ihrer Freizeit mit Programmiersprachen auseinander, halten sich im Internet auf dem Laufenden, schauen nach, was „en vogue" ist (z.B. Awards, Button-Tausch, Weblogs usw.), recherchieren nach neuen Features, kreieren eigene Lernmaterialien und testen ihr Wissen in Wettbewerben. Ein weiterer Bereich, in dem die Mädchen ihre Medienkompetenz zum Ausdruck bringen können, ist außerdem die CvK. Aufgrund ihres sozio-technischen Erfahrungswissens ist es ihnen inzwischen möglich, sich spielerisch und virtuos an der Chat- und Forenkommunikation zu beteiligen und sich darüber – auf rein sprachlicher Ebene – eine virtuelle Repräsentantin zu kreieren. Diese Fähigkeiten, so zeigen die Interviews, eignen sich die Mädchen zielstrebig und mit viel Ausdauer an. Für die Teilnahme an einer Chat-Kommunikation ist es z.B. erforderlich, schnell tippen, reagieren und mithilfe der Verwendung von Aktionswörtern [*scherz*], Emoticons [:-)] und Akronymen [„rofl"] Aussagen über die eigene Gefühlslage treffen und auf diese Weise Mimik und Gestik einer face-to-face-Kommunikation substituieren zu können:

„P: ja man lernt das schnell, also man sieht ja dann, was die anderen so schreiben und so. oder, oder manche kommen dann irgendwie rein und sagen (NACHAHMEND) hi + und keiner reagiert und dann, dann wenn man irgendwie direkt irgendetwas tolles am anfang sagt oder so, oder direkt von einem angesprochen wird oder irgendjemand anderes anspricht dann kommt man dann schnell ins gespräch irgendwie und unterhält sich mit irgendjemanden, aber, weiß nicht. ja und die ganzen smilies und so, das kriegt man irgendwie alles mit so wenn man ein paar mal was gemacht hat." (Apfelrübe, 16 Jahre)

Zur „Chat-Lektion" gehört auch, dass die Mädchen lernen, sich einen angemessenen Nickname zuzulegen und Störenfriede oder lästige MitchatterInnen zu ignorieren. Die ersten Chat-Erfahrungen lehren ihnen außerdem, dass die flüchtige und kontextarme Kommunikation wenig Handlungsspielraum für „authentische" Selbstdarstellungen lässt, sondern eher zu fiktiven Selbstinszenierungen einlädt.

Zusammenfassend kann also festgehalten werden, dass die Mädchen im Rahmen ihrer Nutzung gelernt haben, sich souverän im Netz zu bewegen. Außerdem haben Sie im Umgang mit der neuen Technologie und Technik ihre Unsicherheit verloren und dabei – ganz nebenbei – ein vormals männlich besetztes Aktionsfeld erfolgreich okkupiert:

„P: [...] ich schraube auch manchmal so einen computer auf oder so. also jetzt nicht * einfach nur so zum spaß. also letztens zum beispiel, da war irgendwas, und dann dachte ich halt das läge an der soundkarte. da habe ich halt geguckt ob man die da irgendwie rausholen kann, und dann, das ging aber nicht oder (BEIDE SCHMUNZELN) ich habe schon mal * der scanner ging letztens nicht, da habe ich den scanner aufgeschraubt und da habe ich so geguckt. ich habe halt * ich wusste dann woran es lag, und dann habe ich es halt so gemacht, und danach ging der wieder. und dann irgendwann ging der dann wieder nicht und dann war mein vater zu hause und ich so, papa ich schraube den jetzt auf. der so (NACHAHMEND) was? + ich so, ja, ich mach den jetzt mal auf und dann gucke ich mal. der so (ÄNGSTLICH) mein scanner + und ich so, ich habe das letztens schon mal gemacht, der so (ZWEIFELND) äh. (BEIDE LACHEN) und danach ging der aber wieder. (DEN VATER NACHAHMEND) mach was du willst + so nach dem motto." (Woodstock, 17 Jahre)

Die Erfahrungen, die die Mädchen auf LizzyNet machen, haben auch Auswirkungen auf persönlichkeitsbezogene Einstellungen und Praktiken sowie optionale zukünftige Identitätsentwürfe – ihre Orientierung (siehe ausführlich 7.5). Der Austausch über *eigene* Selbstaspekte, Fähigkeiten oder Themen hilft den Mädchen, ihre aktuellen Handlungsmuster und Zukunftsvorstellungen abzusichern und selbst*bewusst* eigene Ich- und Zukunftsvorstellungen zu entwickeln. Die virtuellen Identitätskonstruktionen haben einige Mädchen (Apfelrübe, Danny8, Haras, Karini, Moon, Riverball, Woodstock) außerdem dazu ermuntert, sich ihre berufliche Zukunft in einem bisher unbekannten Berufsfeld – dem Medienbereich – vorzustellen.

Die Partizipationsmöglichkeiten auf LizzyNet und im virtuellen Raum eröffnen den Mädchen darüber hinaus neue faszinierende Handlungsfelder, in denen sie sich ausprobieren und in deren Rahmen sie sich neue Kompetenzen aneignen können. Sie erfahren sich hier – auch in Abgrenzung von Erwachsenen – als Expertinnen, sowohl in Hinblick auf die Website-Gestaltung als auch in Bezug auf die Internetkenntnisse allgemein. Das steigert ihr Selbstwertgefühl und ermuntert sie, sich weiteren Herausforderungen zu stellen:

> „P: [...] ich habe den homepage wettbewerb dieses jahr gewonnen. na ja, ansonsten finde ich die [Wettbewerbe auf LizzyNet, A.T.] schon sehr gut, ja einfach weil sie * weil man da eigentlich praktisch anwenden kann was man bei dem htmlkurs gelernt hat, das heißt man kann sich quasi voll so ein bisschen beweisen, man darf kreativ sein." (Karini, 17 Jahre)

> „P: [...] ich habe vor ein paar wochen eine anfrage gekriegt von einem redakteur der über weblogs einen artikel geschrieben hat, ja ob ich ihm dazu was schreiben könnte, und er würde es dann mit veröffentlichen, in diesem artikel, auch mit screenshot von meiner homepage. das fand ich dann eine ganz schöne bestätigung weil ich da wirklich viel zeit rein stecke, und ich denke da kann es nicht so schlecht sein wenn er das halt bringen will. (LACHT)" (Chilli, 16 Jahre)

7.3.6 Zusammenfassung

Am Beispiel der Kategorie *Selbstkonstruktion* wird deutlich, dass die Identitätsarbeit im Spannungsfeld zwischen einer ich-bezogenen privaten Selbstverständigung und öffentlichen Selbstdarstellung stattfindet. Die Dienste und Anwendungen, die LizzyNet den Mädchen zur Verfügung stellt, eröffnen diverse Möglichkeiten, sich performativ in Szene zu setzen. Zu differenzieren ist zwischen der Selbstkonstruktion auf Websites, der Selbstpositionierungen im Rahmen der CvK und der Selbstpräsentation über die eigenen Artikel in der *LizzyPress*.

In Hinblick auf die Selbstkonstruktion per Website werden sowohl die Instant-Page als auch die HTML-Page von den Mädchen für die *mittelbare* (z.B. Fansite) als auch *unmittelbare* Selbstdarstellung (Egosite) genutzt. Mittelbar bedeutet, dass einige Mädchen nicht die eigene Person, sondern ausgewählte Selbstaspekte wie das eigene Können und die eigene Kreativität – ihr Expertentum in den Mittelpunkt der Selbstdarstellung stellen. Andere wiederum nutzen die Homepage, um sich selbst zu offenbaren, sich mit den persönlichen Themen, Eigenarten, Vorlieben und Leidenschaften *unmittelbar* darzustellen. Grundsätzlich lassen sich zwei Typen der Selbstdarstellung per Website ausmachen: die Präsentation *mit der Website* und die Präsentation *auf der Website.* Beide Strategien lassen sich nicht immer eindeutig voneinander trennen, in Verknüpfung mit den intervenierenden Bedingungen macht die Unterscheidung aber Sinn, da hier deutlich wird, dass der Bildungshintergrund Einfluss auf die Wahl der Selbstdarstellungsstrategie hat. Haupt- und Realschülerinnen wählen eher die unmittelbare Selbstdarstellung auf persönlichen Homepages bzw. nutzen Formulare bzw. Instant-Pages, um mit der Website ihre kreativen Fähigkeiten zu präsentieren. Unter den Expertinnen, die ihre Websites mit HTML erstellt haben, sind sie jedoch nicht anzutreffen. Hier findet man nur Gymnasiastinnen, die sich *mittelbar* mit ihrem Können sowohl auf persönlichen Homepages als auch auf ausgefeilten Fansites präsentieren. Beide Gruppen schätzen den virtuellen Freiraum, der ihnen eine zunächst relativ selbstbestimmte Inszenierung, Selbsterkundung und neue Beziehungs- und Gemeinschaftsbildungen ermöglicht.

Neben der Möglichkeit der Selbstpräsentation per Website sind über die *kommunikativen Dienste* (CvK) noch weitere, stärker diskursiv bestimmte Arten der Selbstkonstruktion möglich. Hier stellt der Nickname eine erste Form der Repräsentation dar. Auffällig ist, dass Mädchen, die sich der Community zugehörig fühlen, sich insgesamt auch stärker mit ihrem Nickname identifizieren.

In Hinblick auf die Selbstkonstruktion per CvK kann zwischen einer eher öffentlichen (Foren, Clubs, Chats) und einer eher privaten (Quickmessage, E-Mail) Inszenierung unterschieden werden. Beide Formen erlauben es den Mädchen, sich *situativ* und einmalig durch die eigene Meinung, als auch *dauerhaft* und im stetigen Austausch mit anderen als Person zu präsentieren. Dabei stellt die soziale Positionierung als „aktive Nutzerin" einen besonderen Reiz dar.

Eine weitere Möglichkeit der Selbstkonstruktion erfolgt im Rahmen der selbstverfassten Artikel. Hierüber können die Mädchen ihre Themen publik machen, ihre Einstellungen vermitteln, ihre Vorliebe für bestimmte Musikrichtungen präsentieren sowie ihren eigenen Schreibstil formen. Darüber hinaus nutzen sie die Tätigkeit als Online-Redakteurin für optionale Selbstentwürfe, also dafür, sich praktisch und emotional in eine zukünftige berufliche Identität einzufühlen.

Welche Ich-Aspekte herausgestellt und im Austausch mit anderen verhandelt werden, hängt von vielfältigen Faktoren ab. Je nach Nutzungsstil wird entweder eine stärker visuelle oder verbale Inszenierung bevorzugt bzw. z.T. werden diese auch nebeneinander betrieben. Dabei zeigt sich, dass das *Alter*, der *Bildungshintergrund* und individuelle *Wissensdurst* sowie die *soziale Unterstützung* durch die Community, Peers, LehrerInnen oder Eltern Einfluss auf die Intensität und gewählte Form der Ich-Repräsentation haben. So verfügen ausschließlich Gymnasiastinnen über HTML-Wissen und können sich auf diese Weise auf performativer Ebene vielseitiger in Szene setzen. Sie begreifen ihre medienkundliche als auch gestalterische Kompetenz als ein distinktes Mittel, mit dem sie sich absetzen und als Expertin positionieren können. Darüber hinaus zeigen sich Gymnasiastinnen auch in Hinblick auf die weitere Aneignung von Internetwissen engagierter als andere Schülerinnen. Gründe für Haupt- und Realschülerinnen sich nicht mit HTML auseinanderzusetzen, sind in einem Mangel an Geduld und einem, im Vergleich zu den interviewten Gymnasiastinnen, geringeren Durchhaltevermögen zu finden. Einen weiteren Einfluss hat das *Alter.* So kann in der Regel davon ausgegangen werden, dass Mädchen unter 15 Jahren weniger Interesse an persönlichen Homepages haben bzw. diese dazu nutzen, ihr Wissen und Können zu präsentieren. Mit zunehmendem Alter gewinnen dann *ihre* Themen und auch die Anerkennung ihrer Person unter Gleichaltrigen, also die Suche nach neuen Zugehörigkeiten, an Bedeutung. Einen weiteren wesentlichen Einfluss auf das eigene Streben nach einer virtuellen Repräsentation haben die *sozialen Unterstützungsformen.* Insbesondere Formen der Anerkennung und Aufmerksamkeit (Esteem Support) sowie Ausdrücke von Liebe, Zuneigung und Ermutigung (Emotional Support), aber auch Momente des Informational Support motivieren die Mädchen zur Selbstdarstellung per Website. Dabei beeinflusst die soziale Unterstützung innerhalb der Community stärker als das – zudem nur in seltenen Fällen vorhandene – Feedback von LehrerInnen und Eltern. Fördernd tätig werden kann die ältere Generation allerdings, indem sie den Mädchen den Zugang zu Rechnern erleichtert oder ihnen z.B. eine Flatrate einrichtet (Tangible Aid). Deutlich wurde aber auch, dass Mädchen sich mit zunehmendem Alter und fortgeschrittener Medienkompetenz der Beurteilung durch Erwachsene immer mehr entziehen und ihre eigenen Wege gehen. Dies rührt allerdings auch daher, dass Eltern und LehrerInnen den Mädchen oftmals nicht mehr folgen können. In Hinblick auf die Selbstkonstruktionen über die redaktionelle Tätigkeit wird deutlich, dass die Mädchen über Allianzen mit anderen Mädchen und durch die Unterstützung der Redaktion Mut zur (kontinuierlichen) Produktion eigener Artikel, zu eigenen Positionierungen und zur Entwicklung eines Selbstentwurfes als Online-Redakteurin fassen.

Alle Selbstdarstellungspraktiken machen deutlich, dass mit jeder Form von Selbstkonstruktion immer auch soziale Absichten einhergehen. Die Inszenierung der eigenen Person und eigenen Fähigkeiten ist immer geknüpft an die Hoffnung auf Anerkennung. Um diese zu erreichen, lassen sich die Mädchen immer wieder etwas Neues einfallen (Gästebuch, Button-Tausch usw.). Die Rückmeldungen dienen dabei nicht nur der Selbstbestätigung sondern auch zur Kontaktaufnahme und Integration in ein neues Netzwerk. Darüber hinaus eröffnen die Interaktions- und Partizipationsmöglichkeiten den Mädchen neue faszinierende Handlungsfelder, in denen sie sich ausprobieren und Medienkompetenz entwickeln können. Das erfüllt sie mit Stolz, u.a. auch, weil es ihnen dadurch möglich wird, ein vormals männliches und

– häufig eng damit verknüpft – gesellschaftlich positiv besetztes Aktionsfeld erfolgreich zu besetzen. Die Erfahrungen, die sie im Rahmen ihrer Tätigkeiten als Webdesignerin oder Online-Redakteurin machen, sind dabei nicht nur für die Gegenwart relevant, einige Gymnasiastinnen nutzen die Erfahrungen auch, um sich beruflich zu orientieren. Die Entdeckung neuer Fähigkeiten ermuntert sie dazu, den Medienbereich als zukünftiges berufliches Aktionsfeld für sich in Betracht zu ziehen.

7.4 Soziale Unterstützung

Die Analyse der Daten anhand der Grounded Theory hat ergeben, dass verschiedene Formen der sozialen Unterstützung eine wesentliche Rolle für die Akzeptanz des Angebotes und die Bindung der Mädchen an die Online-Community spielen (siehe 7.6). Daher wurde das Netzwerkkonzept als theoretischer Bezugsrahmen gewählt (siehe 4.5). Um den möglichen Ressourcengewinn durch ein Online-Netzwerk bzw. Online-Beziehungen einschätzen zu können, ist zu Beginn des Interviews die egozentrierte Netzwerkkarte eingesetzt worden; außerdem wurden Forendiskussionen berücksichtigt.

Der besondere Reiz von LizzyNet besteht für viele Mädchen offenkundig darin, dass sie sich dort jederzeit Rat holen und austauschen können:

> „I: [...] was ist der reiz von lizzynet?
> P: [...] dass es halt nur mädels sind, dass man halt gleichgesinnte findet, dass es halt wie gesagt in einer gewissen altersspanne ist, dass man halt immer jemanden findet mit dem man über liebeskummer mit dem freund den man gerade hat reden kann, oder über, ja keine ahnung, das was einen halt so interessiert (NACHAHMEND) und ich bin sitzen geblieben, geht jetzt die welt unter? oder so. und dass man dann immer halt auch oft * da halt leute sind die halt sagen (NACHAHMEND) nein. oder ist halt nicht. oder mach jetzt doch mal dieses, mach mal jenes. dass man sich immer auch rat von vielen seiten holen kann." (Mate, 19 Jahre)

Die Mädchen nutzen hierfür alle Formen der CvK und führen in einigen Fällen auch einen Medienwechsel durch, greifen also z.B. zum Telefon oder arrangieren ein Treffen „in real life".

Differenziert werden kann zwischen Formen passiver, konsumptiver und aktiver Unterstützung: Unterstützungsleistungen werden angeboten, in Anspruch genommen und gezielt gesucht. Zwei Arten der Interaktion sind zu beobachten, einmal zwischen Redakteurinnen und Mädchen und zum anderen zwischen den Mädchen, wobei die Redakteurinnen in erster Linie Unterstützung leisten und die Mädchen sich sowohl auf der Seite der Gebenden als auch der Nehmenden befinden. Die Redakteurinnen weisen allerdings darauf hin, dass sie sich bei der Ausgestaltung des Angebots stark an den Themenwünschen und Interessen der Mädchen orientieren und dementsprechend auch auf deren Unterstützung angewiesen sind.

Bei der Dimensionierung von sozialer Unterstützung habe ich mich an die Differenzierung von Cutrona und Suhr (1992) angelehnt (siehe 4.5.2) und unterscheide zwischen dem

- Informational Support,
- Tangible Aid,
- Emotional Support,
- Esteem Support und
- Social Network Support.

Im Folgenden werden zunächst die Support-Leistungen der Mädchen, im Anschluss daran die Unterstützungsleistungen der Redakteurinnen dargestellt.

7.4.1 Informational Support

Informational Support wird im Rahmen von LizzyNet in Hinblick auf die konkrete Community als auch die allgemeine Internet-Nutzung, beim Erlernen der Internettechnologien sowie bei persönlichen Fragen geleistet. Differenziert wird im Folgenden zwischen dem *fachlichen Informational Support* und dem *persönlichen Informational Support.* Diese Unterteilung macht Sinn, weil die Gruppe der Hilfeleistenden bzw. -suchenden sich relativ deutlich hinsichtlich ihres Bildungshintergrundes und Nutzungsverhaltens unterscheidet.

I.d.R. verstehen die Mädchen unter virtueller Hilfeleistung in erster Linie Unterstützungsleistungen, die mit dem Computer, Internet oder LizzyNet zusammenhängen, assoziieren also den *fachlichen Informational Support.* Dies verblüfft umso mehr, da Unterstützungsleistungen zu persönlichen Themen und Fragen eindeutig häufiger nachgefragt und gewährt werden. Offensichtlich erfolgt die Unterstützung bzw. der persönliche Informational Support in Foren, Clubs und per Instant-Message in vielen Fällen untendiert, wird also meist nicht als explizite Unterstützungsleistung oder besondere Hilfeleistung wahrgenommen.

Der Bereich, in dem die Mädchen am häufigsten und bereitwilligsten fachliche Informationen und konkrete Anweisungen geben, ist der Computer- und Internetbereich. Insbesondere die „Expertinnen", also die Nutzerinnen, die sich intensiver mit der Internettechnologie und den Internetsprachen auseinandersetzen, haben hier ein Aktionsfeld für sich entdeckt (Karini, Krokety, Moon, Woodstock, Danny8). Sie geben bereitwillig Rat und unterstützen die anderen Nutzerinnen bei der Gestaltung ihrer Websites. Ihre Unterstützungsleistungen lassen sich eher als *passiv* klassifizieren; sie beraten also in erster Linie und nehmen die Hilfe anderer selten in Anspruch.

Die Rückmeldungen der anderen Nutzerinnen vermitteln ihnen das Gefühl, gebraucht zu werden und „Expertin“ zu sein.

Darüber hinaus unterstützen sich die Mädchen aber auch in Zukunftsfragen (siehe auch 7.5.2), z.B. in Hinblick auf die Schule:

> „P: [...] ich habe mal in einem lizzynet forum jemandem geholfen, der eine interpretation für die schule machen musste, von gedichten, und der ihre lehrerin war so inkompetent dass die denen nicht mal ein blatt ausgeteilt hat das irgendwie hinweise gegeben hat was sie von ihnen erwartet. und da habe ich so alles was in meinem gedächtnis war zu dem thema zusammengekratzt und mal in post gepackt.“ (Claire, 22 Jahre)

Nicht alle Teilnehmerinnen bringen sich selbstlos ein und geben sich altruistisch. Für einige ist wesentlich, dass die Bilanz zwischen Geben und Nehmen ausgeglichen ist. Diese Nutzerinnen pflegen eher *uniplexe Beziehungen* zu anderen, auch haben deren Beziehungen wenig emotionale Anteile. Kroktey gilt z.B. auf LizzyNet als Programmierexpertin, die sich nicht nur mit HTML sondern auch mit „echten“ Programmiersprachen auskennt, z.B. Scriptsprachen und C++. Sie hat sich bis zu dem Zeitpunkt des Interviews sehr engagiert in den Club „Programmierung“ eingebracht. Anders als die oben genannten Expertinnen pflegt sie allerdings nur einen kontinuierlichen Kontakt zu der vier Jahre jüngeren Moon. Mit ihr unterhält sie sich vor allem über Programmiersprachen und Webseitengestaltung. Bei Krokety wird deutlich, dass es sich bei reinen Online-Kontakten in der Regel um *schwache Bindungen* handelt. Sie lernt andere Mädchen als Computer- oder Internetinteressierte kennen und fungiert für diese als Ansprechpartnerin in Sachen Programmierung:

> „P: [...] ja, es gab ja auch mal eine zeit wo ich auch öfters halt immer ins lizzynet gegangen bin, aber das habe ich irgendwie in letzter zeit ein bisschen vergessen, weil irgendwie war das nicht so * na egal. kommen wir später noch mal drauf, oder?
> I: kannst du ruhig schon erzählen. (BEIDE SCHMUNZELN)
> P: ja, nein, es hat irgendwie keiner mehr so wirklich da was geschrieben oder so, oder halt so wenig, und da hat man es irgendwie nach einer zeit vergessen.“ (Krokety, 16 Jahre)

Fachlicher Informational Support wird in Hinblick auf die Programmierung, das Internet allgemein, Zukunfts- und Schulfragen geleistet. Das Homophilie-Prinzip ist in Bezug auf den Austausch zu Internet- und Computerthemen nicht wesentlich. Wenn die Beziehungen uniplex gestaltet sind, ist allerdings entscheidend, dass die Reziprozität gewährleistet bleibt, ansonsten reißt der Kontakt und damit die Unterstützungsleistung ab. Grundsätzlich lassen sich die im Rahmen derartiger Unterstützungskommunikation entstandenen Kontakte als schwache Bindungen (*weak ties*) charakterisieren, da sie wenig emotional und wenig intim sind und sich daher relativ leicht aufkündigen lassen.

Stärker noch als die fachliche Unterstützung gewähren sich die Mädchen auf LizzyNet Hilfestellungen zu persönlichen Themen. Dabei dienen Fragen zur Online-Community häufig als erster Aufhänger, um mit anderen Mädchen in Kontakt zu kommen, die Anonymität zu durchbrechen und Anschluss zu finden. Einigen Mädchen fällt es online leichter über bestimmte Themen zu reden als „in real life", insbesondere dann, wenn die Krise im engeren persönlichen Netzwerk angesiedelt ist (z.B. Ärger mit der besten Freundin oder den Eltern).

Der Informational Support unter Mädchen wird sowohl im Forum als auch per E-Mail und Quickmessage geleistet. Möchten die Mädchen allerdings vielfältige Informationen einholen, nicht nur ihre Offline- und engeren Online-Freundinnen befragen, veröffentlichen sie ihr Anliegen im Forum. Hier erhoffen sie sich einen differenzierteren Austausch, der möglicherweise neue Perspektiven auf das Thema wirft. Werden die Themen und die Kommunikation allerdings persönlicher, greifen sie auf bidirektionale Kommunikationskanäle zurück (E-Mail, Quickmessage).

Grundsätzlich ist davon auszugehen, dass informative Unterstützungsleistungen bereitwilliger geleistet werden, wenn Sympathie im Spiel ist und die Nutzerinnen sich bereits kennen. An dieser Stelle wird bereits deutlich, dass Unterstützungsformen in der Praxis nicht immer strikt zu trennen sind. Wenn ich einer Online-Freundin sage, dass die Hintergrundfarbe der Homepage unglücklich gewählt ist, gebe ich ihr zwar auf den ersten Blick einen Rat (z.B. die Schrift ist schlecht zu lesen), möchte ihr aber möglicherweise vor allem signalisieren, dass ich mich für sie und ihre Homepage interessiere und sie sympathisch finde.

7.4.1.1 Redaktioneller Informational Support

Die Redakteurinnen leisten ebenfalls fachlichen und persönlichen Informational Support. Sie beraten die Mädchen in aktuellen Problemsituationen, versorgen sie mit Informationen und beantworten sowohl Anfragen zur Funktionsweise der angebotenen Dienste als auch zum Computer (siehe auch 7.2.5):

> „I: also du hast schon kontakt zur redaktion gehabt? (P: ja) wie hat sich das ergeben? also wie ist es dazu gekommen?
> P: weiß ich nicht, ich habe die irgendwann mal in die contacts aufgenommen und weiß nicht, also meistens dann mit redaktion2, dass ich sie irgendwas frage wenn ich irgendwie probleme habe, entweder zu lizzynet oder so, oder wenn es mir irgendwie superschlecht geht oder so, dass

ich sie mal frage, weil erwachsene sehen das immer ein bisschen anders als jugendliche. oder halt jungenalarm[81] (LACHT).“ (Holyhell, 16 Jahre)

In der Regel geht einem emotionalen Rat ein erster Kontakt über eine fachliche Frage zur Community bzw. zum konkreten Angebot oder zur Handhabung der Dienste voraus, dann entwickelt sich über ein Gespräch oder eine Rückmeldung von Seiten der Redaktion ein fortlaufender Kontakt, in dem auch persönliche Themen angesprochen werden.

7.4.2 Tangible Aid

Tangible Aid ist eine Form der sozialen Unterstützung, die darauf abzielt, konkrete Probleme durch materielle Hilfe, Dienstleistungen, Aufgabenentlastungen oder vermittelte Entlastungsgefühle zu beheben. Bisher wurde davon ausgegangen, dass eine solche Form der Unterstützung computervermittelt nicht geleistet werden kann (vgl. Walther/Boyd 2002, S. 5). In dem Netzwerk LizzyNet sind solcherart Hilfeleistungen meiner Beobachtung und Interpretation nach aber durchaus zu finden. Hierbei handelt es sich zwar weiterhin um immaterielle, im Sinne der Informatik aber wesentliche Hilfestellungen, die entlasten bzw. – in Hinblick auf einen eher präventiv gerichteten Tangible Aid – für ein positives Wohlgefühl sorgen. Die Bereitstellung von Online-Tutorials, das Testen von selbstprogrammierten Websites und die Entwicklung von Internet-Features für (Online-) Freundinnen gelten als Formen einer solchen Unterstützung. Woodstock z.B. hat für die Community einen Flashkurs geschrieben:

> „P: [...] auf den flashkurs habe ich halt viele reaktionen bekommen, das fand ich auch total gut. also einmal dass sich halt viele die cd schon mal bestellt haben und die irgendwas machen wollten. dann, dass halt auch welche geschrieben haben dass sie ihn halt gut finden oder so. und dann halt auch ganz viele anfragen, ob ich ihnen helfen könnte und so was. da schreibe ich dann auch immer direkt zurück und versuche noch zu helfen. und wenn es dann nicht klappt, mit dem beschreiben, dann sage ich die sollen mir mal die datei schicken und ich gucke mal, und dann schreibe ich ihnen zurück und so.“ (Woodstock, 17 Jahre)

7.4.2.1 Redaktioneller Tangible Aid

Nicht nur die Mädchen, sondern auch die Redakteurinnen gewähren Tangible Aid. Ähnlich wie bei den Mädchen, handelt es sich hierbei um Unterstützungsleistungen, die sich auf den konkreten Umgang mit den neuen Technologien beziehen. Die Redakteurinnen stellen hierzu Online-Kurse und immer neue Features (z.B. Comic-Software) zur Verfügung. Dabei orientieren sie sich stark an den Interessen und Wünschen der Mädchen.

---

81 „Jungenalarm“ bedeutet, Jungen sind in der Community ausfindig gemacht worden.

7.4.3 Emotional Support

Den Emotional Support nehmen die Mädchen – neben dem persönlichen Informational Support – am häufigsten in Anspruch bzw. stellen diesen von sich aus auch am bereitwilligsten zur Verfügung. Der Emotional Support umfasst alle Ausdrücke von Sorge, Empathie und Sympathie. Die Mädchen spenden sich Trost, ermutigen sich in ihrem Handeln, zeigen Verständnis füreinander, beraten sich und signalisieren Zuneigung.

Emotional Support und persönlicher Informational Support werden oftmals gleichzeitig geleistet oder abgerufen. Es wird z.B. Verständnis für die Situation gezeigt, getröstet und im Laufe der Unterhaltung dann aber auch beraten (siehe Thread im Kasten).

Betreff: „Ich fühle mich so unsichtbar"

Thread aus dem Club „Kummer & Trost" (29.10.2003 - 6.11.2003)

Ich kann nicht mehr!! Seit anfang September hab ich mich mit meinem besten Freund sooo doll verstritten dass es noch bis heute anhält! Ich hab ihm gesagt ich will keinen streit mehr mit ihm! Er meinte: „Es ist ja nicht meine Schuld!" Wir beiden wurden oft als Liebespaar dargestellt! Dann kamen die Gerüchte über ihn und mich! Es war (und ist immer noch) so schlimm!!! Er will mir nicht glauben, dass ich nicht diese Gerüchte verbreite!!!! Bitte helft mir, ich weiß einfach nicht mehr weiter!!! Ich bin jedesmal alleine auf dem Pausenhof. ich hab keinen. jeder benutzt mich nur wie Luft!! Ob ich unsichtbar wäre!! Sogar die Lehrer machen mich fertig, zwar nicht so schlimm wie die Schüler, aber es ist kaum auszuhalten. ich will es nicht meinen Eltern sagen, ich habe zu große angst das sie mich für „verrückt" halten und das ich nur noch fantasiere!! Was soll ich tun?? Ich hab sogar schon Selbstmordgedanken!! Bitte helft mir!!! Gruß Natalie
von Meru

Selbstmord is eine Selbststrafe, die man nie machen sollte! Versuch eine Lösung zu finden. Höre musik! Ich hab auch einen besten freund. Er is mir total wichtig und ich weiß wie es ist mit dem besten freund zerstritten zu sein. Du musst ihm sagen, dass er für dich sehr wichtig is und du wirklich kein gerücht verbreitet hast. Auch wenn er dir nicht glaubt, du hast den 1. Schritt getan und vorwerfen kann er dir echt nix, weil du echt kein gerücht verbreitet hast. Und finde heraus ob es das wert is ... Liebe Grüße
von darkness.girl

Also ich kann darkness.girl nur zustimmen. den Selbstmord würde ich mir gleich aus dem Kopf schlagen. überleg mal... deine Eltern Deine Verwandtschaft und (da bin ich mir sicher) auch dein Freund wären total traurig!! Und, wegen der Gerüchte, bleib doch mal ein paar Tage daheim (Wärmflasche auf die Stirn hilft immer) wenn die Gerüchte dann nicht aufhören, dann wird dein Freund schon merken dass du das nicht bist. Und mit den Eltern reden hilft auch! Ich bin auch schonmal schlimm (nicht so schlimm wie bei dir) gemobbt (mobbing) worden hab mit meinen Eltern darüber geredet, die sind dann zur Schule gegangen, haben mit dem Lehrer darüber geredet und dann ist das besser geworden (Wenn die Lehrer auch gegen dich sind, weiß ich aber auch nicht weiter. Ich hoffe ich konnte dir helfen. Julia
von Scheherasade

Naja, es ist nicht so einfach, leider.... Ich hab ihm erklärt wie wichtig er mir ist!! Ich hab mit ihm alles durchgemacht!! Früher war alle soo schön, nur jetzt ist alles kaputt! Wir reden manchmal miteinander...Aber dann nur flüchtig! Er provoziert mich immer, wisst ihr ob das eine Bedeutung hat?? Hat das vielleicht was gutes zu heißen? oder denkt ihr, er will mir die hölle heiß machen?
von Meru

Probier vielleicht mal ihn alleine zu erwischen und mal unter 4 Augen mit deinem Freund zu reden! Weil wenn andere dabei sind reagieren männliche Wesen moistens ziemlich dumm....aber irgendwann sind sie doch einsichtig ;-) Was die Lehrer betrifft die was gegen dich haben, vielleicht mal zum Vertrauenslehrer gehen oder mit der SV (schülervetretung, wenn ihr so was habt) reden! Die können da helfen. Und wenn das nicht klappt lass deine Eltern Termine ausmachen mit den Lehrern wo du dabei sein darfst und einfach mal sagen kannst was du denkst und wo du fragen kannst warum sie dich mies behandeln. Mobbing von den Mitschülern ist natürlich mies! Machst du vielleicht Sport im Verein oder so? dann könntest du dir nämlich nen komplett neuen Freundeskreis suchen, und wenn du weißt dass Leute hinter dir stehen, dann können dir deine dummen Mitschüler egal sein! Wahrscheinlich sidn die eh nur neidisch!!!! cu
von janina.ressel

jaja wenn die lehrer gegen dich sind hasse arschkarte. Hatte ich auch. Nur weil ich ein punk bin und meine deutschlehrerin anscheinen rechts war hab ich immer ne 5 geschrieben, immer wieder. dann hab ich schule gewechselt, dann stand ich 2!!
von alreadyDEAD

...außerdem befreit dich selbstmord von keinen Problemen deine eltern haben noch mehr probleme, leute die dir noch wichtig sind oder denen du wichtig bist, sind zutiefst verletzt wenn du dich selbst umbringst. ich habs schon mal versucht, aber hat nich so ganz geklappt!! Na ja, ab da hab ichs gelassen..... Mit freundlichen Grüßen Alica
von alreadyDEAD

EIN GROßES DANKESCHÖN AN EUCH!!
Ihr seid echt die besten!!!! Ich hab doch den Beitrag „Ich fühl mich so unsichtbar!" geschrieben. Es ist nun (fast) alles besser geworden!! Ich hab mich wieder mit meinem Kumpel vertragen!!! Seit Dienstag sind wir wieder Freunde!!! Darüber bin ich echt happy!! Gut, das mich jeder wie luft behandelt ist nur wirklich wenig zurück gegangen, leider... Aber wenigstens etwas!! Ihr habt mir echt geholfen, dafür bin ich euch sehr dankbar!!
von Meru

Hey! Freut mich!
von darkness.girl Da freue ich mich aber für dich!
Bei mir ist es in der Klasse auch ein bisschen besser geworden. Ich habe einfach die Tipps der anderen auch befolgt. Also von mir auch ein dickes dankeschön an euch!!!!
von Leseratte1990

Der Thread zeigt, beispielhaft, wie die Mädchen die CvK nutzen, um sich über belastende und kritische Lebenssituationen zu verständigen. Themen sind neben dem Ärger mit der besten Freundin/dem besten Freund, das Mobbing in der Schule, die körperbezogenen Einstellungen und Praktiken und das Verhältnis zum anderen Geschlecht. Gemeinsamer Bezugspunkt der Unterstützungskommunikation ist der eigene Erfahrungshorizont. Die geteilten Erfahrungen signalisieren den Mädchen, dass sie mit ihren Problemen nicht allein klar kommen müssen und generieren ihnen unter Umständen neue Handlungsoptionen.[82]

Neben den vor allem in Foren und per Chat und E-Mail gewährten emotionalen Hilfeleistungen, signalisieren die Mädchen auch noch auf andere Art und Weise ihre Liebe und Zuneigung. Sie bauen z.B. ihren Online-Freundinnen eine Geburtstagshomepage, vergeben Freundschafts-Awards, schicken sich E-Cards, richten sich über Dritte (Liebes-) Grüße aus oder planen gemeinsam eine Hochzeit auf LizzyNet.

---

82 Nicht immer ist der geleistete Support unproblematisch, denn der eigene beschränkte Erfahrungshorizont muss nicht notwendigerweise angemessene Lösungswege aufzeigen können. Die begrenzte Reichweite ist insbesondere für professionelle sozialpädagogische Beratungszusammenhänge interessant (vgl. Klein 2005, S. 18ff.).

7.4.3.1 Redaktioneller Emotional Support

Die Redaktion stellt für die Mädchen ebenfalls eine kontinuierlich verfügbare (pädagogische) Unterstützungsinstanz dar, über die sie sich emotionale Zuwendungen holen:

> „I: was meinst du, welche rolle spielen da die redakteurinnen?
> P: (LACHT) ja die sind einfach nur super, also (LACHEND) auf jeden fall. tja weiß ich nicht, die sind eigentlich (PAUSE) ja weiß ich nicht, die sind halt da, und wenn irgendetwas ist dann kann man die ansprechen und das ist halt voll schön. das sind irgendwie die (LACHEND) eltern in der großen familie." (Einhörnchen, 16 Jahre)

> „I: [...] was denkst du welche bedeutung hat die redaktion für lizzynet?
> P: eigentlich sind das so die lizzynetmamas, also leute an die man sich mit allen möglichen problemen wenden kann wenn im forum keine hilfe da ist." (Germanium, 21 Jahre)

Angefragt werden die Redakteurinnen sowohl in kritischen Lebenssituationen als auch bei Alltagsproblemen jeglicher Art.

7.4.4 Esteem Support

Der Begriff Esteem Support fokussiert Formen der Wertschätzung. Hiermit ist sowohl die Anerkennung und Würdigung von Leistungen und Einstellungen *durch Andere* als auch die bewusste Orientierung *an Anderen* gemeint. In Hinblick auf den ersten Aspekt zeigt sich, dass eine ehrliche, aufrichtige und kritische Meinungsäußerung den Mädchen oftmals mehr hilft als ein Standard-Lob, d.h. die kritischen Anmerkungen zu Kommentaren oder Einstellungen schrecken die Mädchen nicht ab, sondern sind häufig Aufhänger für einen dauerhaften Kontakt und konstitutiver Bestandteil von (Online-) Freundschaften. Wertschätzende Kommentare äußern die Mädchen vor allem in ihren Rückmeldungen auf Artikel und Websites. Grundsätzlich positive Rückmeldungen auf Forenäußerungen zählen ebenfalls dazu. Hier zeigt sich bereits, dass der Esteem-Support sowohl für das Gemeinschaftsleben als auch die Ich-Konstruktion von Bedeutung ist. Darüber hinaus legen die Mädchen auch viel Wert auf eine anerkennende Rückmeldung von Seiten der Redaktion. Sie fordern diese nicht ein, messen ihr jedoch – vielleicht aus eben diesem Grund – sehr viel Wert bei.

In Hinblick auf die eigene Website haben sich vielfältige direkte und indirekte Handlungsstrategien etabliert, um ganz konkrete textuelle und grafische Rückmeldungen zu bekommen. Die Mädchen integrieren einen Seitenabruf-Zähler, vollziehen einen Button-Tausch, präsentieren sich mit zahlreichen anerkennenden Gästebucheinträgen und Awards und versuchen über Mitmach-Aktionen NutzerInnen an die Website zu binden. Zum Ende der Studie erfreuten sich auch Weblogs einer immer größeren Beliebtheit.

Insbesondere das Gästebuch, darauf weisen nahezu alle Mädchen hin, sollte auf keiner Website fehlen. Es gilt als eine Art ungeschriebenes Gesetz, dass beim erstmaligen Besuch einer Website oder bei Änderungen eine Rückmeldung gegeben werden muss.

Eine weitere Strategie, die im Rahmen der Interviews, insbesondere bei den Haupt- und Realschülerinnen aufgefallen ist, ist die Vergabe von Awards:

> „P: ein award, das ist so was wie ein preis, einfach so wie ein preis. wenn du etwas gutes gemacht hast kriegst du einen preis dafür." (Ira, 15 Jahre)

Um einen Award zu erhalten, müssen bestimmte, von den Mädchen selber erstellte Bewertungskriterien erfüllt werden. Zur Beurteilung stehen dann, je nachdem welche Schwerpunkte die Webmasterin setzt, der strukturelle Aufbau, das Webdesign, die Inhalte und/oder die Anzahl der Gästebucheinträge. Einen Award darf jedeR verleihen und gewinnen, dementsprechend werden die Kommunikations- und Feedbackwege vielseitig ausgestaltet. Awards stellen zum einen ein Zeichen von Anerkennung dar, eröffnen darüber hinaus aber auch Möglichkeit aktiv am Internetgeschehen teilzunehmen und die Kulturpraktiken mitzubestimmen. Ira z.B. belässt es nicht dabei, entdeckt zu werden, sondern begibt sich gezielt auf die Suche nach neuen Ausschreibungen (Award-Contests) und kreiert eigene Wettbewerbe, für die sie selber die Regeln formuliert.

> „P: [...] ich habe zum beispiel mir dort gemacht ein paar awards, ein guter, ein anfänger, ein guter und ein profiaward, und dann habe ich gesagt wenn man so und so viele, so viele besucher hat, so und so viele links und so viele, so viele gästebucheinträge, wenn man das hat dann kriegt man diesen award. also man kann auch anforderungen stellen." (Ira, 15 Jahre)

Das Feedback durch einen oder mehrere Award/s ist kein privates Vergnügen, sondern eine öffentliche Angelegenheit.

Auffällig ist, dass die Mädchen nicht nur auf Feedback warten, sondern ganz gezielt Strategien entwickeln, um andere auf ihre Sites aufmerksam zu machen. Dabei handelt es sich nicht immer nur um eine direkte Form der Anerkennung, sondern auch um die Teilnahme an einem informellen Wettbewerb, in dem es darum geht, möglichst viele BesucherInnen anzulocken.

7.4.4.1 Redaktioneller Esteem Support

Auch die wertschätzenden Rückmeldungen der Redakteurinnen bestärken die Mädchen in ihrem Handeln und motivieren sie, sich weiterhin einzubringen. In diesem Zusammenhang wird insbesondere die *LizzyPress* genannt:

„P: [...] ich habe mit redaktion2 und so erzählt und sie meinte (NACHAHMEND) hey, schreib doch was darüber. schreiben? was schreiben? (NACHAHMEND) ja einen text für lizzypress. okay. (KICHERT) und so ging das dann los. dann habe ich irgendwann mal das erste mal eine cd bekommen und sollte was darüber schreiben. (PAUSE) ja, und so geht das dann jetzt schon einige zeit. ja, ist ganz lustig, und ich mag es. [...] redaktion2 meinte auch dass sie meine art texte zu schreiben ziemlich gut findet, und so musikkritiken, dass sie es gut findet dass ich nicht so irgendwie kryptische texte schreibe, mit irgendwelchen fachbegriffen und irgendwelche * wie man in irgendwelchen musikzeitungen lesen kann. was ich eigentlich ein bisschen anders finde weil na ja, ich schreibe dann immer eben das was mir einfällt, wie ich das finde.“ (Riverball, 19 Jahre)

7.4.5 Social Network Support

Unter Social Network Support werden Hilfeleistungen gefasst, die Zugang zu neuen sozialen Ressourcen vermitteln. Cutrona und Suhr denken hier mit Blick auf Selbsthilfegruppen vor allem an „Leidensgenossinnen“. Ich möchte den Begriff an dieser Stelle neutraler fassen, da über die Weitervermittlung an andere Personen mit ähnlichen Interessen bzw. gleichen Vorlieben und Leidenschaften ebenfalls ein Zugang zu neuen sozialen Ressourcen hergestellt werden kann.

Ein Beispiel für den Social Network Support stellen die so genannten Webrings dar. Dabei handelt es sich – zur Erinnerung – um von Mädchen selbst gegründete Unterstützungszirkel, in denen sie sich über Buttons, die auf ihren Websites platziert sind, mit anderen NutzerInnen vernetzen. Einige Mädchen von Lizzy-Net haben sich z.B. eine Website kreiert, mit der sie Mädchen motivieren möchten, sich gegenseitig bei der Erstellung einer Website, „die ausschließlich mit einem ‚Nur-Text'-Editor per Hand geschrieben wurde“ (girls4notepad.de), zu unterstützen. Alle Mitglieder dieses Webrings haben einen verlinkten Button zu „girls4notepad.de“ in ihre Website eingebaut.

Eine weitere Möglichkeit der Vernetzung stellen die Fansites dar. Per E-Mail werden Mädchen bzw. Fans aufgefordert, sich um einen Platz auf der Fansite zu bewerben. Sie mailen hierzu eine Link mit ihrer eigenen Website und einen kleinen selbstangefertigten Button im Gif-Format, der dann –sollte die Webmasterin die Verlinkung gutheißen – in die Rubrik „Fanlisting“ eingefügt wird:

„P: [...] es gibt natürlich ein paar regeln aber ich bin da ziemlich großzügig. und die werden dann dort verlinkt und müssen dann aber auch so einen button einbauen bei sich, damit ich natürlich auch neue leute kriege. (LACHT) ja.“ (Chilli, 16 Jahre)

Auf eine weitere Form des Networking bzw. der Vermittlung an andere Personen und Gruppen mit ähnlichen Erfahrungen und/oder Fachkenntnissen macht Krokety aufmerksam. Sie hat unabhängig von LizzyNet eine eigene Online-Community mit aufgebaut, in der sich Mädchen und jungen Frauen mit einem besonderen Interesse an Programmiersprachen austauschen. Darüber erhoffte sie sich weitere Mädchen kennen zu lernen:

> „P: [...] es ist halt nur irgendwie schwer weitere mitglieder zu finden irgendwie finde ich, weil es gibt wie gesagt nicht so viele mädels die programmieren wollen. eigentlich war das ja so dass sie da * um halt mit mädels halt so zusammenzukommen und welche da zu treffen." (Krokety, 16 Jahre)

Ein Mädchen, das erfolgreich von Krokety angeworben wurde, ist Moon. Sie ist in der neuen Community seither für das Thema „Webdesign" zuständig:

> „P: [...] also da hat die krokety so gefragt ob es auch irgendwie noch frauen oder mädchen gibt die sich so für programmieren interessieren und so. und dann hat sich, hat dann, hat irgendwie so ein admin da gefragt ob wir nicht so eine unterwebseite und ich irgendwie dann admin sein will da [...] und da gibt es halt auch so ein webdesignbereich, den habe ich halt * da bin ich dafür verantwortlich. das finde ich ganz lustig. (KICHERT) [...] also da bin ich halt in den foren und gucke was die schreiben, probiere dann eine antwort halt zu finden für die probleme und so, die die da haben und so." (Moon, 12 Jahre)

Nicht nur über LizzyNet hinaus, sondern auch innerhalb der Community kristallisieren sich unter den Mädchen schwache, multidirektionale Beziehungsnetze heraus. Sie entstehen, weil die Mädchen sich untereinander bekannt machen. Mymelody hat Ticklishbee z.B. über Einhörnchen kennen gelernt:

> „P: [...] die Ticklishbee, die kenne ich halt * habe ich erst kennen gelernt durch einhörnchen. und das war, da hat die einhörnchen gesagt wenn ich * ticklishbee war dann auf klassenfahrt oder irgendwas, und dann ist einhörnchen weg gefahren auf klassenfahrt und da sollte ich der ticklishbee sagen, von wegen dass sie die einhörnchen mal anrufen soll, und dass sie sie total lieb hat, und das habe ich dann der ticklishbee gesagt. (AMÜSIERT) aber ich KANNTE die ja gar nicht und habe die dann einfach mal angeschrieben, + ja und meinte, ja hör mal, ich soll dir dies und das und jenes sagen. + (NACHAHMEND) ja danke schön, von wem denn? ja ja, von einhörnchen. ja und dann habe ich mich dann angefangen mit ihr zu unterhalten, und das war dann halt witzig und dann, seitdem hat sie mich dann immer angeschrieben und seitdem habe ich mich halt mit ihr angefreundet." (Mymelody, 16 Jahre)

Die Mädchen richten sich Grüße aus, reden mit- und übereinander und erweitern ihr soziales (Unterstützungs-) Netzwerk auf diese Weise kontinuierlich. Einige Netzwerkmitglieder haben dabei eine Brückenfunktion inne, sorgen für den internen Kommunikationsfluss zwischen den Teilnetzwerken:

> „I: kennen die [Online-Bekannten, A.T.] sich untereinander? weißt du das?
> P: moon, ellipirelli, einhörnchen, (SICH SELBST FRAGEND) wen haben wir noch? die nennt sich da mymelody, die heißt in echt katharina. und dann lime, ich und halt noch ein paar andere, das sind halt so die aktivsten mit da und die kennen sich ja eigentlich auch alle untereinander. das sind so die aktivsten, die kenne * die kennt so ziemlich jeder. und dann hat halt jeder noch seine speziellen die halt da hin kommen, ihre e-mails schreiben, sich vielleicht aus dem dateiaustausch da was holen und dann wieder gehen, oder selbst was ablegen und dann ist gut.“ (Liquidgirl, 14 Jahre)

7.4.5.1 Redaktioneller Social Network Support

Die Mädchen vernetzen sich nicht nur untereinander, sondern auch die Redaktion eröffnet den Mädchen neue Handlungsoptionen. Nach der Durchführung eines Berufsfindungsworkshop wurde z.B. einer Mädchenklasse die Möglichkeit geboten, sich als Online-Redakteurinnen auf der FEMINALE[83] zu beteiligen. Insgesamt vier Teams wurden mit bis zu vier Personen gebildet, die ein Wochenende lang von Filmen berichteten und Interviews mit Regisseurinnen und verantwortlichen Organisatorinnen führten:

> „P: [...] dann haben wir halt uns da so angemeldet, haben uns da mit der redaktion1 getroffen, die hat uns halt dann alles erklärt und so. dann sind wir halt nachher da hingegangen zur feminale, haben uns die filme angeguckt und interviews gemacht mit regisseurinnen und besucherinnen und macherinnen von der feminale. ja das war eigentlich so das erste was ich überhaupt gemacht habe im bereich medien auch. und darüber sind wir dann halt auch an lizzynet rangekommen. als das dann alles vorbei war dann haben wir auch, also wir drei waren das dann, katja, sunni und ich, gefragt (BELUSTIGT) ob wir noch WEITER machen können für lizzynet + was zu schreiben und so, weil uns das total spaß gemacht hat. wir haben halt die ganzen tage darüber berichtet und wir hatten dann halt noch lust das weiter zu machen und so. und die exredaktion1 meinte dann, ja klar könnt ihr das machen. und dann haben wir irgendwann ein foto gemacht und alle steckbriefe bekommen, wurden halt als lizzyre-

---

83 Die FEMINALE ist ein Internationales FrauenFilmFestival in Köln, das 1983 von Studentinnen der Filmwissenschaft an der Kölner Universität gegründet wurde. Seit 1984 werden hier Film- und Videoproduktionen präsentiert, die unter der Regie von Frauen entstanden sind.

porterinnen vorgestellt. da waren dann halt auch noch zwei andere teams oder ein anderes team, die clearice1234 und die karini haben das auch gemacht. ja dann, seitdem haben wir halt immer so für lizzypress was geschrieben, und waren dann halt auch schon mal so unterwegs, irgendwelche veranstaltungen, aktionen, wo wir dann halt drüber berichtet haben oder so." (Woodstock, 17 Jahre)

Bis heute bekommen die Mädchen durch die Redakteurinnen Informationen und Kontakte vermittelt, die ihnen den Zugang zu neuen Handlungsfeldern eröffnen.

Eine weitere Form des Social Network Support realisieren die Redakteurinnen durch den Girls' Day[84]. Im Zuge dessen offerieren sie den Mädchen in Kooperation mit diversen AnbieterInnen Praktikumsplätze oder bieten ihnen auch ein Praktikum in der LizzyNet-Redaktion an.

7.4.6 Privatisierung der Kommunikation und Medienwechsel

Eine weitere Handlungsstrategie, die die Mädchen im Rahmen der Unterstützungskommunikation einsetzen, ist die Intensivierung bzw. Intimisierung der Kontakte. Hierfür nutzen die Mädchen alle synchronen und asynchronen Formen der CvK, streben in einigen Fällen auch einen Medienwechsel an und treffen sich „in real life". Ob eher der öffentliche bzw. diskursive Meinungsaustausch im Forum oder die persönliche Verständigung per E-Mail und Quickmessage gewählt wird, hängt vom Intimitätsgrad der Frage ab. Handelt es sich um ein Thema von allgemeinem Interesse, wird i.d.R. im Forum unverbindlich und öffentlich um eine Stellungnahme gebeten. Wird eine Antwort als besonders hilfreich angesehen oder eine Meinungsübereinstimmung festgestellt, folgen dann ein Kommunikationsangebot per E-Mail und ein Eintrag in die Freundinnenliste (Contacts), sodass anschließend per Quickmessage kommuniziert werden kann. Wächst das Interesse am Austausch weiterhin, greifen die Mädchen auf Briefe zurück, schicken sich Kurzmitteilungen per Handy (SMS), tauschen Fotos und treffen sich persönlich. Diese Abfolge variiert, in Übereinstimmung mit anderen Studien kristallisieren sich aber typische Beziehungsverläufe heraus, die sich durch eine zunehmend stärkere Privatisierung und schrittweise immer reichhaltigere Mediatisierung der Kommunikation bis hin zu einem Medienwechsel bzw. realen Treffen beschreiben lassen (vgl. Parks/Floyd 1996, Parks/Roberts 1997; Herlyn 2001). Der Weg führt über öffentliche Foren zu persönlichen Textbotschaften in E-Mails, Instant-Messages und Handy-Kurzmitteilungen zum ersten Telefongespräch und letztlich dann Treffen

84 Beim Girls' Day handelt es sich um einen bundesweiten Berufsorientierungstag für Mädchen zwischen 10 und 15 Jahren. Erklärtes Ziel ist es, Mädchen Einblicke in „mädchenuntypische" Berufsfelder zu ermöglichen. In erster Linie bieten technische Unternehmen und Abteilungen sowie Hochschulen, Forschungszentren und ähnliche Einrichtungen am Girls' Day Veranstaltungen für Mädchen an.

„in real life“. Nun muss ein Medienwechsel allerdings nicht zwangsläufig zu einer Intensivierung der Beziehung führen. Er kann allerdings einen ersten Hinweis darauf geben, ob es sich lohnt, eine angefangene Online-Beziehung aufrechtzuerhalten. Ein reales Treffen kann außerdem auch zum Abbruch einer Beziehung führen.

Der Medienwechsel, ob von der E-Mail zum Telefongespräch oder vom Telefongespräch zum persönlichen Treffen, ist ein Schritt, den die Mädchen sich gut überlegen. Es ist den Mädchen bewusst, dass sie dadurch eine andere Beziehungsebene einnehmen. Durch die zunehmend sinnlichere Präsenz (Stimme, Aussehen, Habitus usw.), die Ergänzung der virtuellen Identität durch weitere Selbstaspekte, wird die Person transparenter. Bestimmte Ich-Aspekte können nun nicht mehr lange überlegt oder immer wieder neu formuliert und korrigiert werden (wie z.B. in der E-Mail- und Forenkommunikation), d.h. die Freiheitsgrade in der Selbstinszenierung nehmen ab. Eine Zurückweisung erfährt infolge dessen eine größere Bedeutung:

> „I: ist das dann aufregend wenn man so das erste mal telefoniert?
> P: ja irgendwie schon, weil das ist ja * also man kennt, kennt halt also denjenigen der schreibt, und dann kennt man auch noch seine stimme, und weiß ich nicht, ja.
> I: ist schreiben und sprechen noch mal was ganz anderes?
> P: (RÄUSPERN) ja klar, weil also was man * was man schreibt das kann man auch wieder verbessern, und das kann man sich vorher durchlesen bevor man es wegschickt oder so. und so spricht man das halt sofort aus.“ (Einhörnchen, 16 Jahre)

So positiv die Freiheitsgrade der CvK i.d.R. von den Mädchen bewertet werden, so einschränkend empfinden sie den rein textuellen Austausch bzw. die kommunikationstechnischen Einschränkungen in einigen Fällen dann doch (z.B. die räumlich-geographische Distanz, körperliche Distanz). Diese stören sie insbesondere dann, wenn sie Gefühle zeigen und emotionale Unterstützung leisten möchten:

> „P: [...] da gab es wirklich schon situationen, da war auch glaube ich, nein sunshine87 war es, die war wirklich super fix und fertig, und die WOLLTE nicht mehr, keine lust, nichts. und da habe ich dann gesagt, so, jetzt wünsche ich mir ich könnte bei dir sein, dich mal in den arm nehmen und ein bisschen trösten und so. und da, da sind es schon so sachen, da würde ich dann wirklich schon gerne, schon mal bei den leuten sein.“ (Mymelody, 16 Jahre)

Abschließend kann festgestellt werden, dass sich letztlich das einstellt, was KulturpessimistInnen in Hinblick auf das Internet gerne im Vorfeld ausgeschlossen haben: Die Mädchen suchen nach einer Weile intensiver Kommunikation persönlichere Interaktionswege. Es handelt sich also nicht ausschließlich um kurzweilige Kontakte, sondern der realweltliche Austausch wird – wenn eine Beziehung für die Nutzerin wertvoll erscheint – gezielt gesucht. Dabei geht ein höherer Grad an Verbindlichkeit i.d.R. mit einem Wechsel von der zunächst öffentlichen, eher multidirektionalen Forenpartizipation zur privaten, bidirektionalen E-Mail und Chat- bzw. Quickmessage-Kommunikation einher. Der Medienwechsel bzw. die Fortsetzung der Beziehung außerhalb des Internet ist für die Mädchen also längst eine nahezu selbstverständliche Option, der oftmals nur die geographische Distanz Grenzen setzt.

7.4.7 Einflussfaktoren auf Support-Leistungen

Die im Folgenden aufgeführten intervenierenden Bedingungen haben Einfluss auf die Handlungsstrategien, müssen aber ähnlich wie auch in anderen Wirkungsmodellen zwangsläufig unvollständig bleiben (vgl. Nestmann 1991, S. 50; Röhrle 1994, S.77).[85] Einfluss auf geleistete oder abgerufene Unterstützungsleistungen nehmen der *Bildungshintergrund*, das *Alter* und die *Unzufriedenheit mit dem realen Freundeskreis.*

Bei der Berücksichtigung des *Bildungshintergrundes* zeigt sich, dass die Haupt- und Realschülerinnen, die in erster Linie am Austausch mit anderen interessiert sind, vor allem Emotional Support, Esteem Support und persönlichen Informational Support leisten. Sie gewähren sich Anerkennung in Hinblick auf ihre Einstellungen zu diskutierten Themen im Forum. Die Gymnasiastinnen sind im Unterschied dazu vornehmlich an der „Selbstverwirklichung" interessiert, z.B. über die Website-Gestaltung und Produktion von Artikeln. Dementsprechend fragen sie eher informativ-fachliche Unterstützungsleistungen nach und bieten ihr Wissen in Clubs an. Darüber hinaus entwickeln sie für andere Nutzerinnen aber auch eigene Online-Tutorials (z.B. für Flash und HTML), kreieren ihren Online-Freundinnen Internet-Features und testen deren Websites (Tangible Aid). Die Anerkennung ihrer Fähigkeiten (Esteem Support) ist für sie ebenfalls wichtig, sie wählen hierfür allerdings andere Belohnungssysteme als die Haupt- und Realschülerinnen, bevorzugen eher offizielle Wettbewerbe als informelle Awards. Darüber hinaus bieten sie Social Network Support an, indem sie mittels Webrings, Fanlistings und Fansites neue Unterstützungszirkel gründen oder sich als Admin an andere Communities weiter vermitteln. Im Austausch (und im Wettbewerb) mit anderen können sie auf diese Weise ihre eigenen Stärken weiterentwickeln und sich so neue soziale Ressourcen schaffen.

---

85 Auch in der Netzwerkforschung wird inzwischen davon ausgegangen, dass es kein unterstützendes Verhalten per se gibt und konsistente Befunde zur Wirkung sozialer Unterstützung bzw. vergleichende Schlussfolgerungen kaum möglich sind (vgl. Röhrle 1994, S. 147). Grundsätzlich wird allerdings darauf hingewiesen, dass verschiedene, miteinander korrespondierende Formen sozialer Unterstützung (Wertschätzung, Liebe, Trost, Fürsorge, informative und materielle Hilfe usw.) zu einer effektiveren Stressbewältigung beitragen und eine gesundheitserhaltende bzw. -herstellende Wirkung haben (vgl. Nestmann 1991, S. 50f.).

Aus den Interviewaussagen wird weiterhin deutlich, dass das *Alter* Einfluss nimmt; ab ca. dem 14ten Lebensjahr streben die Jugendlichen nach größerer Selbstständigkeit. Infolgedessen verändert sich auch die Beziehung zu den Eltern bzw. zu dem Elternteil und die Peer-Group gewinnt als Unterstützungsinstanz an Bedeutung (siehe 4.4):

> „I: (PAUSE) redest du mit deinen eltern so über persönliche dinge?
> P: nein. also über schule eher nicht, möchte ich nicht so gerne. wie es mir geht manchmal schon, ja. aber nicht mehr so häufig wie früher. ich denke das gehört auch dazu dass man sich ein bisschen abkapselt, weil man eben sein eigenes leben hat." (Holyhell, 16 Jahre)

In Hinblick auf die Themen, die die Mädchen lieber mit ihren FreundInnen bereden, kristallisieren sich in den Interviews die Themenfelder Sexualität, Liebesbeziehung, Probleme mit Eltern heraus.

Ein weiterer Einflussfaktor, der dazu führt, dass Mädchen Halt in Online-Beziehungen suchen, ist *die Unzufriedenheit mit dem realen Freundeskreis*. LizzyNet ist für einige Mädchen von großer Bedeutung, weil sie hier jederzeit Ansprechpartnerinnen und langfristig auch Online-Freundinnen finden, mit denen sie über aktuelle Probleme und kritische Lebenssituationen reden können – so auch Talkytiny und Einhörnchen.

Talkytiny (Gymnasium, 14 Jahre) ist ca. ein Jahr bevor das Interview geführt wurde, aus einem Dorf in eine Stadt gezogen. Die Umstellung fiel ihr nicht leicht, da sie zunächst keine Freundinnen fand. Auch aus der Jugendforschung ist bekannt, dass ein Umzug bzw. ein Ortswechsel und der jähe Abbruch der Gruppenzugehörigkeit sich für Jugendliche oftmals dramatisch gestaltet, da in der neuen Lebens- bzw. Problemsituation die Ansprechpartnerinnen wegfallen (vgl. Barthelmes/Sander 2001, S. 256). Talkytiny hat zum Zeitpunkt des Umzugs von ihrer Mutter die Adresse von LizzyNet an die Hand bekommen. Seither chattet sie dort intensiv:

> „I: [...] worüber habt ihr dann so geredet?
> P: ja über irgendwelche beziehungen oder irgendwelche schulprobleme oder so. weil es ist halt so einfach so, man kennt die leute nicht, man kann ihnen eigentlich alles erzählen, und wenn die dann auch noch zurück schreiben und nett sind und so, dann ist das einfach total gut." (Talkytiny, 14 Jahre)

In der Übergangsphase hat Talkytiny vor allem auf LizzyNet Halt gefunden. Wenngleich sie dann später im Rahmen eines Real-Life-Treffens auch enttäuschende Erfahrungen gemacht hat, stellt LizzyNet aber weiterhin eine wesentliche soziale Ressource für sie dar:

> „P: dann haben wir uns halt getroffen. war halt ein bisschen komisch weil, was ich halt schon gesagt hatte, man kann so übers internet so mit

denen über alles reden aber wenn man die dann so trifft ist es eher ein bisschen peinlich. (SCHMUNZELT)
I: ach so, dann ist man nicht so offen?
P: (VERNEINT) weiß man nicht so was man sagen soll und so.
I: und habt ihr jetzt regelmäßig kontakt oder?
P: (PAUSE) ja, also wir hatten uns dann halt auch immer hallo gesagt und so, jetzt aber eigentlich nicht mehr." (Talkytiny, 14 Jahre)

Inzwischen hat sich Talkytiny auch in ihrem neuen sozialräumlichen Umfeld eingelebt und dort einen neuen Freundeskreis aufgebaut.

Einhörnchen (Hauptschule, 16 Jahre) befindet sich, was die Zufriedenheit mit ihrem Freundeskreis angeht, in einer ähnlichen Situation wie Talkytiny zu Beginn des Umzugs. Auch sie berichtet im Interview, dass sie mit ihrem realen Freundeskreis unzufrieden ist. Erschwerend kommt hinzu, dass ihre beste Freundin in Frankreich lebt, also nur über Telefon und Briefkontakt verfügbar ist. Im Laufe ihrer Mitgliedschaft bei LizzyNet hat Einhörnchen sich ein beständiges virtuelles Unterstützungsnetz aufgebaut, mit dem sie sehr zufrieden ist. Sie verbringt mit ihren Online-Freundinnen viel Zeit, kommuniziert kontinuierlich per E-Mail, Quickmessage, ICQ, SMS und Telefon und plant und realisiert reale Treffen. Mit ihren realen FreundInnen trifft sie sich im Vergleich dazu deutlich seltener, meist nur am Wochenende in der Disko. Einhörnchen selber sagt, dass das Internet es ihr erleichtert, sich mitzuteilen und ihr „Inneres" zu kommunizieren:

„I: meinst du dass man sich im internet näher sein kann als normal?
P: denke ich auf jeden fall, weil, weil man da * da ist man halt nicht so oberflächlich. also man lernt sich halt kennen, aber man lernt halt mehr das innere eines menschen kennen, nicht so das äußere." (Einhörnchen, 16 Jahre)

Von besonderer Bedeutung ist für sie die Beziehung zu Ticklishbee, die diese Bindung im Interview ebenfalls bestätigt:

„P: das ist voll die feste bindung [...] wenn ich mal irgendwie [auf LizzyNet, A.T.] komme und mal schlecht gelaunt bin oder so, dann schreibe ich drei sätze und dann kommt gleich die frage (NACHAHMEND) hey, was ist denn los mit dir? oder so. und na ja, und ich weiß halt auch bei ihr dass wenn ich probleme habe dass ich zu ihr kommen kann und dass sie das auch keinem weiter erzählt und so, also ich kann ihr einfach vertrauen." (Ticklishbee, 15 Jahre)

Im Rahmen praktizierter Online-Freundschaften lernen die Mädchen allerdings nicht nur die positiven Effekte der CvK kennen. So finden es einige Mädchen im Nachhinein durchaus problematisch, dass sie sich geöffnet haben, dies zeigt auch der folgende Exkurs.

Exkurs: Soziale Kontrolle auf LizzyNet

Riverball (Gymnasium, 19 Jahre) ist auf LizzyNet durch ihre kontinuierliche Partizipation (passive Unterstützungsleistung, Engagement bei der LizzyPress) inzwischen relativ bekannt und hat – so ihr Wortlaut –„befreundete Gleichgesinnte" gefunden. Eine Folge der Integration in das Netzwerk ist aber auch, dass Online-Freundinnen nun Erwartungen an sie formulieren:

> „I: schreibst du auch über deine probleme?
> P: das habe ich einmal gemacht und garantiert nie wieder. (I: ehrlich?) ja. (I: warum? willst du es mir erzählen?) ja das ist * das war * (PAUSE) danach kam zum beispiel die e-mail von einhörnchen, von wegen dass sie angst hätte, und na ja, ich fand das dann * ich glaube das hätte keiner erwartet, deswegen. so noch die moon (NACHAHMEND) gott, das hätten wir gar nicht gedacht von dir. und so was kann (ich erst mal gar nicht leiden?) so was wie (NACHAHMEND) das hätten wir gar nicht erwartet und * nein, also so sachen erzähle ich lieber meiner schwester. (I: das heißt, die sind dann alle nicht wirklich auf dich eingegangen, sondern alle waren mehr so ein bisschen geschockt?) ja. ach das ist (BANDFEHLER) ich glaube das muss auch nicht sein. so á la talkshow der ganzen welt seine probleme * so kleine sachen vielleicht aber (ZÖGERT) nein, ich glaube das ist nicht so die tolle idee." (Riverball)

Nicht nur in dieser Situation hat Riverball einen starken sozialen Druck empfunden, auch in anderen, harmloseren Situationen wird sie mit der Erwartungshaltung der Anderen konfrontiert:

> „P: [...] ich habe das auch schon mal ausprobiert, so ganz einfache beiträge, so was zieht ihr euch zum konzert an? und da kamen so beiträge, (NACHAHMEND) also das hätte ich ja nicht von dir gedacht dass du so was fragst." (Riverball)

Das Beispiel zeigt, dass das sozialintegrative Klima auf LizzyNet auf der einen Seite die offene Auseinandersetzung begünstigt, auf der anderen Seite führt diese Einbuße an Anonymität gleichzeitig aber auch zu einer Zunahme an sozialer Kontrolle. So betrachtet, „bezahlt" Riverball die zunehmende Integration in die Gemeinschaft mit einer sozialen Kategorisierung und einem gewissen Verlust an Authentizität.[86] Den Umgang mit diesen Ambivalenzen lösen die Mädchen für sich individuell im Rahmen einer Kosten-Nutzen-Rechnung. Ist die Option auf Unterstützungsleistungen nach wie vor gegeben und wirkt sich die Unterstützungskommunikation weiterhin positiv auf das eigene Wohlbefinden aus, bringen sich die Mädchen – trotz teilweise ambivalenter oder negativer Erfahrungen – weiterhin ein, wenn-

86 Ähnliches kann Riverball auch „in real life" passieren, d.h. diese Erfahrung machen Menschen nicht nur im Rahmen der CvK.

gleich auch nicht mehr, und das ist durchaus positiv zu bewerten, ganz so unbedarft.

7.4.8 Konsequenzen

Im Rahmen der Hilfeleistungen und Unterstützungsgesuche knüpfen die Mädchen in den Chats, Foren und über ihre Websites vielfältige soziale Kontakte, die sich zu Online-Freundschaften verfestigen und zur *Erweiterung ihres sozialen Netzwerks* beitragen. In der Regel handelt es sich bei den Netzwerkbeziehungen größtenteils um schwache Bindungen (weak ties), die einem Vergleich mit realen Beziehungen nicht standhalten:

> „P: [...] ich weiß nicht, das ist bei mir halt ein bisschen komisch, ich * das ist INTERNET und das internet, das halt ich irgendwie immer genau von denen * von dem echten freundes, also echt * den-man-anfassen-kann-freundeskreis fern. ich weiß nicht, also wenn, wenn moon jetzt potthässlich ist oder ellipirelli in wirklichkeit nur ein bein hat, das ist mir so was von egal. und ich weiß nicht, das interessiert mich eigentlich nicht wie die aussehen." (Liquidgirl, 14 Jahre)

In Folge eines dauerhaften Kontaktes und Medienwechsels können diese schwachen Bindungen an Komplexität gewinnen und eine große Bedeutung erlangen:

> „I: [...] wie würdest du den kontakt zu denen bezeichnen? sind das freunde? sind das bekannte?
> P: einhörnchen? ja doch, die würde ich wirklich als freundin, obwohl ich sie * ich habe auch noch nie mit ihr telefoniert. ich habe jetzt seit kurzem mal ein bild gesehen im internet und davor auch nicht. doch, weil wir uns auch super verstehen und auch über ziemlich alles quatschen, ja.
> I: und die anderen?
> P: bekannte. (I: bekannte?) ja, bekannte.
> I: wie wichtig ist dir der kontakt, also welche bedeutung haben diese leute jetzt für dich, die du aus dem internet kennst?
> P: ja einhörnchen ist doch * und paddy sind sehr sehr wichtig. (Hollyhell, 16 Jahre)

Zunächst als Beraterinnen fungierend, entwickeln sich Mädchen zu Freundinnen, mit denen das alltägliche Leben, angefangen von Schulproblemen über Liebeskummer bis hin zu Zukunftsträumen, geteilt wird. Der Kontakt wird zunehmend intimer, sodass die Beziehungen immer mehr den Charakter von starken Bindungen annehmen (strong ties). Eine wesentliche Rolle spielt dabei das Homophilie-Prinzip. Bei den Mädchen, die eine solche starke Bindung eingegangen sind, fällt auf, dass sie den gleichen Bildungshintergrund, das Alter und oftmals eine ähnliche Lebenssituation teilen. Viele Mädchen treten über Hilferufe, Hilfsangebote oder informative, eher fachliche Unterstützungsleistungen sowie wertschätzende Kommentare zu den eigenen Produkten in Kontakt zueinander. In einem geschützten, zunächst anonymen Raum bilden sie eigene Unterstützungsnetze, die vorhandene „reale" soziale Ressourcen durchaus ergänzen können. Die Beziehungen entsprechen in einigen Fällen, insbesondere wenn sie im Zuge fachlicher Ratschläge zu Stande kamen, eher schwachen Bindungen. Werden jedoch emotionale Rückmeldungen oder ein persönlicher Rat gegeben, gestalten sich die Beziehungen schon bald multiplexer. Immer mehr Interessen und Probleme werden geteilt, die Interaktion wird intensiviert und der Wunsch nach einem realen Treffen steigt. In einigen Fällen wird auch ein Besuch in den Ferien realisiert. Es entsteht ein dichteres Beziehungsgefüge, das sich durch emotionale Nähe, Reziprozität der Beziehung, eine hohe Kontakthäufigkeit und Kontaktdauer auszeichnet. Einige Mädchen bezeichnen ihren Internet-Freundeskreis auch als „Clique", also als ein relativ geschlossenes Gebilde. Es können allerdings auch schwache Beziehungen, die nur dem reinen Wissensaustausch dienen, von Dauer sein. Moon und Karini z.B., beide engagierte Website-Gestalterinnen, pflegen seit einigen Monaten den Kontakt zueinander. Obwohl beide ihre Beziehung nicht als besonders intensiv charakterisieren, verbindet sie doch ihr besonderes Interesse am Webdesign.

Für die Mädchen sind also sowohl starke als auch schwache Bindungen von Bedeutung. Je emotionaler die Bindung ist – unabhängig davon, ob es sich dabei um eine Beziehung zu einer einzelnen Person, einer Gruppe oder zur Online-Community handelt –, desto größer ist die Bereitschaft zu geben. Dann nimmt auch die Wahrscheinlichkeit zu, dass der Kontakt intensiviert und ein Medienwechsel realisiert wird. Das reale soziale Netzwerk wird in diesem Fall nicht mehr nur durch virtuelle Beziehungen ergänzt, sondern durch hybride Beziehungen erweitert. Werden stattdessen nur einseitig Unterstützungsleistungen in Anspruch genommen, ist also die soziale Beziehung eher egozentriert und erhält die Unterstützerin nicht kontinuierlich ein Feedback, nimmt die Bereitschaft zu Geben rapide ab. Die Mädchen ziehen sich zurück. In Hinblick auf LizzyNet tragen insbesondere der persönliche Informational Support und der Emotional Support dazu bei, dass virtuelle Kontakte den Charakter starker Bindungen annehmen und zum Ausgangspunkt für Real-Life-Beziehungen werden. Fachlicher Informational Support, Tangible Aid und Social Network Support werden eher im Rahmen schwacher Bindungen realisiert. Insbesondere hier zeigt sich aber die Stärke derartiger Bindungen. Wenngleich sie nicht real fortgeführt werden, eröffnen solcherart Kontakte jedoch Zugänge zu neuen sozialen Ressourcen und Handlungsfeldern.

In Folge der Unterstützungsleistungen, die die Mädchen auf LizzyNet suchen und geben, stellt sich – so eine weitere Konsequenz – ein Gefühl von *sozialer Zugehörigkeit* ein (siehe ausführlich 7.6). Indem die Mädchen sich gegenseitig zuhören und ernst nehmen, sich tatkräftig unterstützen und Mut machen, eigene Interessensgemeinschaften bzw. Clubs gründen und vernetzen, schaffen sie sich ein virtuelles zu Hause, in dem sie akzeptiert werden und sich wohl fühlen. Diese soziale Ressource ist sowohl für diejenigen Mädchen relevant, die im sozialräumlichen Umfeld (zeitweilig) keine Unterstützung erhalten, als auch für solche, die auf einen funktionierenden Freundeskreis vor Ort zurückgreifen können.

Eine weitere Konsequenz, die sich im Kontext sozialer Unterstützungsleistungen einstellt, ist *Medienkompetenz*. Das Angebot LizzyNet und die in diesem Kontext erfahrene Unterstützung motivieren die Mädchen, sich das Internet und die vielfältigen Dienste selbsttätig anzueignen. Es gibt keine Konkurrenzsituation zum anderen Geschlecht, auch müssen sie nicht befürchten, die Gunst der Jungen zu verlieren, sondern können nach eigenem Gusto kommunizieren und lernen. Neben der redaktionellen Unterstützung motiviert die Mädchen vor allem der Kontakt untereinander. Oftmals haben die virtuellen Bekanntschaften, die Aussicht auf virtuelle Kontakte oder die Fortführung von Beziehungen den Ausschlag für die Anfertigung einer Website gegeben. Das soziale Klima auf LizzyNet schafft für die Mädchen einen Raum, in dem sie sich spielerisch, engagiert aber auch diszipliniert mit den neuen Technologien auseinander setzen können. Besonders diszipliniert zeigen sich die Gymnasiastinnen. Sie helfen sich gegenseitig gezielt bei der Weiterentwicklung der Websites, kreieren eigene Kurse (z.B. HTML, Flash), entwickeln Features (z.B. ein Online-Quiz) und stacheln sich gegenseitig zu „höheren" Leistungen an. Sie sind weniger am intimen und emotionalen Austausch über persönliche Themen, sondern vielmehr an der Fortentwicklung ihrer Fähigkeiten interessiert. Die Beziehungen der Mädchen untereinander sind schwach, d.h. weniger emotional und vor allem temporär. Für die Mädchen sind sie aber nichtsdestotrotz äußerst bedeutungsvoll. Aber nicht nur die Gymnasiastinnen gewinnen Einblicke in die technischen Funktionsweisen und Kulturpraktiken des Internet, auch die vor allem am kommunikativen Austausch interessierten Haupt- und Realschülerinnen lernen die informellen Regeln kennen und sich selbstverständlich im Internet zu bewegen. Wenngleich bei ihnen die instrumentell-qualifikatorische Medienkompetenz weniger stark ausbildet ist, finden aber auch sie ihren eigenen Zugang zur neuen Technologie. Durch die Entwicklung eigener Belohnungssysteme (z.B. Awards) und Gründung netzwerkinterner Unterstützungszirkel (z.B. Clubs), heben sie bisherige Begrenzungen auf, loten für sich neue Handlungsspielräume aus und entwickeln eigene Interaktionsformen. Sich der Unterstützung der anderen „Lizzys" gewiss, eignen sie sich damit ebenfalls Medienkompetenz an. Insgesamt ermuntert das soziale Klima auf LizzyNet die Mädchen also, in der Öffentlichkeit ihre eigenen Produkte zu präsentieren, sich mitzuteilen, ihre Einstellungen und Meinungen auszudiskutieren und sich als Webmasterin, Online-Redakteurin oder Flash- bzw. HTML-Expertin auszuprobieren, mit anderen Worten: Medien bzw. das Internet für sich persönlich und zur Artikulation ihrer Interessen in der Öffentlichkeit zu nutzen – also Medienkompetenz zu entwickeln.

Unabhängig davon, ob die Mädchen sich nun eher mit ihren persönlichen Themen oder ihren Programmierkenntnissen einbringen, in beiden Fällen können sie sich sowohl als Helfende als auch Hilfesuchende erfahren und *Selbstvertrauen entwickeln*. Indem sie sich gemeinsam an Deutungen und Interpretationen versuchen, sich darin bestärken, belastende Situationen auszuhalten, Einfühlung und Trost vermitteln oder andere dazu anhalten, externe Hilfen aufzusuchen, erleben sie sich als unterstützend und kompetent aufgrund ihrer eigenen Erfahrungen. Aber auch die Anerkennung und Bestätigung des eigenen Könnens und der eigenen Fähigkeiten durch Andere hilft dabei, sich gut zu fühlen und Vertrauen in die eigene Person zu entwickeln. Die Redakteurinnen tragen ebenalls ihren Beitrag hierzu bei, indem sie den Mädchen glaubhaft vermitteln, dass sie ihre Sorgen und Ängste ernst nehmen, ihnen mit Trost und Verständnis zur Seite stehen und ihre Leistungen wertschätzen.

Die anerkennenden und das bisherige Engagement würdigenden Worte, die die Mädchen im Rahmen ihrer LizzyNet-Nutzung zu Gehör bekommen, stärken aber nicht nur das Selbstvertrauen der Mädchen, sondern motivieren sie auch zu weiterem *Engagement*. Sie bringen sich in Folge dessen intensiver in die Community und das Internet ein. Sie schreiben z.B. kontinuierlich Artikel, kreieren neue Kurse, vermitteln anderen Mädchen Internetkenntnisse, engagieren sich bei Wettbewerben, entwerfen eigene Awards, gründen Webrings und übernehmen Verantwortung für eigene Clubs.

Eine letzte und weitere Konsequenz steht quasi am Ende der kollektiven Aushandlungsprozesse. Deutlich wurde bereits, dass die Mädchen sich austauschen, um das eigene Handeln ethisch und moralisch abzusichern – sich zu orientieren (siehe ausführlich 7.5). Sie leisten hierzu – in Hinblick auf die per CvK verhandelten Sorgen und Problemen – sowohl Informational und Emotional Support, probieren auf individueller Ebene neue Aktionsfelder aus und greifen dann insbesondere auf den Informational Support, den Tangible Aid und Esteem Support der Redaktion zurück. Orientierung finden sie in Folge dessen z.B. im beruflichen Bereich:

> „P: [...] also ich bin über lizzynet ja auch so in den medienbereich eigentlich eingestiegen, wo ich ja danach auch so andere sachen gemacht habe, auch mit webdesign und so was. und ich bin auch über lizzynet an die junge presse rangekommen und über lizzynet letztendlich auch * ich schreibe ja auch für die jugendseite vom stadtanzeiger, und das ist eigentlich * letztendlich läuft das alles, die kontakte immer über lizzynet oder * also nicht direkt über lizzynet aber um irgendwelche ecken.“ (Woodstock, 17 Jahre)

Das Zitat verdeutlicht, dass die Mädchen (insbesondere Gymnasiastinnen) während ihrer LizzyNet-Nutzung die Potentiale sozialer Netzwerke und die Bedeutung von schwachen Bindungen kennen lernen. Sie erfahren, dass Kontakte ein soziales Kapital darstellen, über das neue Horizonte eröffnet und eigene Ziele besser erreicht werden können bzw. das berufliche Kontakte sich aufgrund von Partizipation und Engagement häufig auch als Nebenprodukt anderer Aktivitäten ergeben (vgl. Coleman 1988, S. 11).[87]

7.4.9 Zusammenfassung

Im Rahmen von LizzyNet werden verschiedene Unterstützungsleistungen angeboten und in Anspruch genommen. Der geschützte, zunächst anonyme Rahmen, ermöglicht es den Mädchen sich zu öffnen, die eigenen Themen, Ängste und Probleme mitzuteilen, sich in kollektiven und diskursiven Aushandlungsprozessen der eigenen Geschlechtsidentität zu vergewissern und sich darüber hinaus in neuen Handlungsfeldern als Webmasterin bzw. -designerin, Online-Redakteurin, Club-Moderatorin und als Mitglied eines selbstgegründeten Netzwerks auszuprobieren (z.B. Webrings, Fanfiktion, Fansites). Wird die Anonymität zur Beziehungsanbahnung zunächst allseits begrüßt, sorgen aber bald schon die zunehmende Emotionalisierung der Online-Beziehung und der kontinuierliche (auch fachliche) Austausch dafür, dass eine neue soziale Ressource geschaffen wird; und selbst wenn durch Beziehungsabbrüche nach einem persönlichen Treffen Unterstützungsquellen versiegen, wird in Folge einer individuellen Kosten-Nutzen-Rechnung zugunsten potentieller Unterstützungsleistungen weiterhin partizipiert. Grundsätzlich können Online-Beziehungen einige Funktionen von Offline-Beziehungen übernehmen und auch Missverhältnisse kompensieren. Das Risiko, dass darüber reale Freunde vernachlässigt werden, ist als relativ gering einzuschätzen. Vielmehr betonen die Mädchen weiterhin die Bedeutung der sinnlichen Präsenz und weisen darauf hin, dass „richtige" Freundschaften einer physischen Begegnung bedürfen. In diesem Sinne eröffnen Online-Communities weniger Risiken als vielmehr neue Möglichkeiten auch in einer ressourcenarmen Umwelt Unterstützungsleistungen abrufen zu können.

87 Da es sich bei den Mädchen, die LizzyNet zur Erweiterung ihres beruflichen Horizontes nutzen, ausnahmslos um Gymnasiastinnen handelt, wird aber auch deutlich, dass soziales Kapital nicht nur eine persönliche, private Ressource darstellt und also nicht unabhängig von anderen Personen erworben oder genutzt werden kann. Vielmehr spielt die Zugehörigkeit zu familiären und milieu- bzw. klassenabhängigen sozialen Netzen sowie zum sozialen Geschlecht weiterhin eine wesentliche Rolle. Darauf hat insbesondere Pierre Bourdieu (1992) mit seinem Begriff des „sozialen Kapitals" aufmerksam gemacht.

Im Rahmen von LizzyNet fragen die Mädchen folgende fünf Unterstützungsleistungen ab bzw. bieten entsprechende Hilfeleistungen an[88]:

- (fachlicher und persönlicher) Informational Support
- Tangible Aid
- Emotional Support
- Esteem Support
- Social Network Support

Sie beraten sich sowohl in fachlichen als auch in persönlichen Angelegenheiten (Informational Support), stellen für die anderen Mädchen eigene Online-Tutorials, Features und ihr Expertinnenwissen zur Verfügung (Tangible Aid), spenden Trost, zeigen Empathie und Zuneigung (Emotional Support), erkennen ihre Einstellungen und Fähigkeiten an (Esteem Support) und bilden eigene Unterstützungsnetze, die z.T. auch nicht vorhandene reale Ressourcen ergänzen können (Social Network Support). Die Online-Community und die dort geknüpften Beziehungen fungieren damit als eine soziale Ressource, auf die die Nutzerinnen jederzeit zugreifen können. Auffällig ist, dass die Bereitschaft zu Geben in Hinblick auf den persönlichen Informational Support und Emotional Support sehr groß ist und in Folge derartiger Unterstützungsleistungen häufig temporäre Online-Beziehungen entstehen (weak ties), die durchaus auch den Charakter starker Bindungen (strong ties) annehmen können. Sie zeichnen sich dann durch ein hohes Maß an Intimität und eine intensive, dauerhafte Interaktion sowie Multiplexität hinsichtlich geteilter Interessen aus. Ein Medienwechsel wird angestrebt und trotz widriger Umstände, z.B. einer großen geographischen Distanz, realisiert. Solche starken Bindungen sind aber eher die Seltenheit, vielmehr lassen sich die Beziehungen, die online zustanden kommen, eher als schwache Bindungen (weak ties) charakterisieren.[89] Die Unterstützungsleistungen sind geringer, das Vertrauen in die Beziehung nicht allzu groß, trotzdem können die Kontakte von Dauer und relativ stabil sein. Die Mädchen differenzieren hier zwar deutlich zwischen realen und virtuellen Freundschaften, messen ihren Online-Kontakten aber trotzdem Bedeutung zu. Auch im Rahmen dieser Kontakte wird neben dem Emotional Support Esteem Support, fachlicher Informational Support, Social Network Support und Tangible Aid geleistet, d.h. die Mädchen zollen sich gegenseitig Anerkennung, setzen sich ehrlich mit den Meinungen und Leistungen der ande-

---

88 Deutlich wurde auch, dass die Unterstützungskommunikation in Bezug auf die Foren-Kommunikation nicht immer eindeutig definiert und die analytische Einteilung von Cutrona und Suhr (1992) in der Praxis nicht strikt eingehalten werden kann. Auf LizzyNet wird z.B. häufig gleichzeitig Emotional Support und Informational Support gesucht und gewährleistet.

89 Auch in der bisherigen Forschung über Selbsthilfegruppen wird davon ausgegangen, dass es sich in computervermittelten Unterstützungsgruppen um „weak tie networks“ handelt (vgl. Wright/Bell 2003, S. 41). Deren Besonderheit ist: „they are usually better connected to other, more diverse social circles, and hence apt to be sources of new information“ (Wellmann 1997, S. 191; vgl. auch Wright 2000).

ren auseinander, beraten sich, machen sich gegenseitig auf andere Netzwerke aufmerksam, vernetzen sich untereinander, stellen anderen ihr Wissen und Können in Form von Online-Tutorials zur Verfügung und entwickeln neue Features füreinander. Auf informelle Weise schaffen sie sich damit (in einem pädagogischen Setting) eigene Unterstützungsbezüge.

Auffällig ist, dass die Mädchen sich in Foren, Clubs und per Instant-Message oft untendiert unterstützen, sie die Unterstützungsleistung nicht als besondere Hilfeleistung ansehen. Frank Nestmann hat darauf hingewiesen, dass diese Form der Hilfeleistung mit großer Wahrscheinlichkeit die effektivste soziale Unterstützung darstellt (vgl. 1988, S. 306). In diesem Sinne kann eine Online-Community wie Lizzy-Net einen Beitrag zur Gesunderhaltung bzw. zum eigenen Wohlbefinden und damit zur Ich-Stärkung der Mädchen leisten.[90] Die Artikel der Redaktion, aber vor allem auch die Beiträge der Mädchen, bieten zahlreiche Verarbeitungshilfen für die Bewältigung von Alltagsproblemen und alters- und lebensphasetypischen Handlungsaufgaben an. Sie eröffnen damit neue Ressourcen für die Etablierung alternativer, niedrigschwelliger Unterstützungssysteme. Den Redakteurinnen kommt dabei die Aufgabe zu, den Prozess fördernd zu begleiten.

Abschließend kann festgehalten werden, dass Online-Bekanntschaften Beziehungen im bestehenden „realen" Netzwerk nicht verdrängen oder ersetzen, sondern virtuelle Beziehungen das soziale Netzwerk ergänzen und als zusätzliche Unterstützungsressource hinzukommen. Einfluss auf die Art der nachgefragten Unterstützungsleistungen nimmt der Bildungshintergrund der Akteurinnen. Die Haupt- und Realschülerinnen fragen vor allem Emotional Support, Informational Support zu persönlichen Themen und Problemen und Esteem Support in Hinblick auf eigene Selbstinszenierungen und Einstellungen ab. Die Gymnasiastinnen sind vornehmlich an der „Selbstverwirklichung" interessiert. Sie legen größeren Wert auf den informativen Austausch zu Computerthemen oder ganz speziellen Interessen und bemühen sich vor allem um Rückmeldungen auf ihre Fähigkeiten und die Anknüpfung an andere soziale Netzwerke, auch über LizzyNet hinaus. In Hinblick auf den Tangible Aid fällt auf, dass nur Gymnasiastinnen diese Form der Unterstützung leisten, sie die Dienstleistung aber nicht nur „Ihresgleichen", sondern allen Mädchen (Online-Tutorials) oder guten Online-Freundinnen (Features für die Website basteln, Websites testen) zur Verfügung stellen. Online-Tutorials werden allerdings wiederum vornehmlich von Gymnasiastinnen genutzt, sodass diese Unterstützungsleistungen letztlich doch vor allem höher gebildeten Mädchen zu Gute kommt. Je nach Bildungshintergrund ist damit ein unterschiedliches Unterstützungsbedürfnis auszumachen.

90 Dass soziale Beziehungen i.d.R. nicht eingegangen werden, um Probleme zu vermeiden, sondern weil sie ein Gefühl von Zugehörigkeit und Geborgenheit vermitteln, darauf hat bereits Gerald Caplan verwiesen (vgl. 1974).

7.5 Orientierung

Die Mädchen nutzen die Community bzw. Peer-Kontexte nicht nur als Raum für ihre Selbstthematisierungen und Identitätskonstruktionen oder als neue Unterstützungsinstanz und Bewältigungsressource, sondern auch für die Ausbildung persönlichkeitsbezogener Einstellungen und Praktiken und die Entwicklung einer Zukunftsperspektive – zur *Orientierung*. Die Themen, mit denen die Mädchen sich auseinander setzen, sind typisch für die Jugendphase (siehe 4.2; 4.3). Die Handlungsstrategien der Mädchen lassen sich den folgenden drei Handlungsthemen zuordnen:

- Suche nach einer Zukunftsperspektive (Schule, Beruf)
- Suche nach einem Lebensstil (Werte- und Normensystem)
- Suche nach einer Geschlechtsidentität (Einübung in heterosexuelle Umgangsformen, Akzeptanz des eigenen Körpers)

Um sich zu orientieren, lesen die Mädchen *die Artikel von den Redakteurinnen und Mädchen* (LizzyPress), bringen sich aber auch mit *eigenen Artikeln* ein. Sie probieren *neue Handlungs- und potentielle Berufsfelder* aus, indem sie z.B. über LizzyNet vermittelte *Praktika absolvieren*. Weiterhin verfolgen sie *Diskussionen zu persönlich bedeutsamen Themen* innerhalb der Community und regen eigene Diskussionen an. Sie tauschen sich ganz bewusst *mit älteren Nutzerinnen und Redakteurinnen* aus und versuchen gezielt *von anderen Mädchen zu lernen*. Darüber hinaus besuchen sie außerdem *persönliche Homepages,* um sich über das Leben und Einstellungen anderer Mädchen zu informieren. An dieser Stelle wird bereits deutlich, dass die Kategorie *Orientierung* eng mit der Kategorie *Soziale Unterstützung* verknüpft ist. Um Redundanzen zu vermeiden, wird daher auch auf das vorherige Kapitel verwiesen.

7.5.1 Artikel im Magazin lesen (Redaktion, LizzyPress)

Die Artikel und täglich wechselnden News der Redaktion sowie die Artikel der Mädchen werden nahezu von allen interviewten Nutzerinnen gelesen. Für viele Mädchen liegt die Besonderheit in der Themenauswahl (siehe ausführlich 7.2.5):

> „P: [...] ohne die redaktion wäre das eine ziemlich langweilige seite. ich glaube ohne die * diese schlagzeilen auf der ersten zeile, äh ersten seite meine ich, wäre schon ziemlich viel uninteressanter, denn da sind immer total interessante sachen, total interessante sachen finde ich. (I: mhm. die liest du auch?) die lese ich immer." (Danny8, 13 Jahre)

> „P: [...] ich lese halt nicht so irgendwie in artikeln, so etwas mache ich eigentlich nicht. höchstens auf lizzynet, na klar, aber irgendwie nicht irgendwie (ZITIERT) spiegel de + oder so.

I: liest du die artikel auf lizzynet wirklich? oder ab und zu mal? oder ganz selten?
P: ja doch, eigentlich schon. also nicht alle, aber die news, also die kommen ja täglich, die lese ich eigentlich immer, die * also wenn es was interessantes ist. also manchmal ist es halt nicht unbedingt * das interessiert mich halt nicht. das ist mir halt egal. (RÄUSPERN) aber sonst? und auch diese, diese, also am liebsten mag ich halt diese lizzypress, wo halt die mädchen selbst schreiben, das finde ich gut.“ (Einhörnchen, 16 Jahre)

Einige Beispielthemen in der Tabelle 7 zeigen Übereinstimmungen von Themen aus Magazin und LizzyPress mit den handlungsleitenden Themen der Jugendphase (siehe 4.2).

Es handelt sich bei der Zuordnung zu den Handlungsthemen allerdings nicht um eine streng analytische Trennung, vielmehr wird ein erster, wenngleich auch etwas oberflächlicher Einblick in die inhaltliche Themensetzung gewährt.[91]

Handlungsthemen	Themen im Magazin	Themen in der LizzyPress
Schule und Beruf	Im Auslandssemester Girls' Day bei LizzyNet Wettbewerb für Handwerkerinnen Naturwissenschaften sind spannend Game-Entwicklerinnen-Wettbewerb Natur- und Technik-Special Nanotechnologie	Arbeit mit Behinderten Der einfache Weg zur besseren Note Gewalt an Schulen Stress durch Schule Schülerinnendasein hat bald ein Ende Bericht einer Außenseiterin Wie werde ich was in den Medien?

91 Aus Platzgründen wurde an dieser Stelle auf eine Tabelle, in der *alle* Artikelinhalte von Januar 2005 bis Mai 2006 den Handlungsaufgaben zugeordnet wurden, verzichtet. Zudem wurden in der vorliegenden Tabelle die Artikelüberschriften abgekürzt; die Überschriften weisen jedoch auf die in den Artikeln behandelten Themen hin. Weiterhin sei darauf hingewiesen, dass die aufgeführten Artikel nicht das inhaltliche Themenspektrum zum Zeitpunkt der Interviewführung wiedergeben. Diese Artikel standen leider nicht mehr zur Verfügung. Die jahrelange Beobachtung und die Aussagen der Mädchen weisen jedoch darauf hin, dass sich die inhaltliche Ausrichtung nicht wesentlich geändert hat. Grundsätzlich kann davon ausgegangen werden, dass die Themensetzung durch Inhalte beeinflusst wird, die in der Öffentlichkeit bzw. in den Medien intensiv diskutiert werden. Ein Beispiel hierfür stellt das Thema „Musliminnen in Deutschland“ dar.

Lebensstil	Jugendszenen-Special Ernährungsspecial Piercing Alkohol/Alkopops Konsum-Special „Rechtsextremismus" Illegale in Deutschland Faires Shopping Zivilcourage Junge Musliminnen in Dt. Solarenergie	Bedeutung der Firmung? Rauchverbot an Schulen? Tiertransporte Fluchen für den Frieden Musik ist eine Lebenseinstellung Atomenergie = sauber? Bürgerkrieg - man kann helfen! Leben zwischen zwei Heimatländern
Geschlechtsidentität	Die Barbie-Puppe wird 45 Schönheitswahn Schönheits-OPs im TV Warum Männer am Grill? Sexspecial Verliebt in einen Star? Wie viel Pflege für Haut Sport-Special Ernährungsspecial Beauty-Special Selbstverteidigung Sexuelle Belästigung im Internet	Freche Mädchen - freche Bücher? Schönheitsideale und Selbstwertgefühl Klettern: Nervenkitzel pur Skispringen in Willingen Rope Skipping (Seilspringen) Trend: Playboy-Hase BMX fahren nur so wenig Mädchen Heidi Klum – Everybody's Darling

Tab. 7: Auswahl an Themen in der LizzyPress und dem Magazin, nach Handlungsaufgaben geordnet (Januar 2005 bis Mai 2006)

In den Artikeln werden der stressige Schulalltag thematisiert, neue und z.T. sehr exotische Berufssparten vorgestellt und sich über die Bedeutung von Jugendszenen, die Einstellung zu „Illegalen" in Deutschland und das eigene (un-)faire Shoppingverhalten ausgelassen. Die Normen- und Wertediskussion wird also auf breiter Ebene geführt. Darüber hinaus wird angemessenes „weibliches" Verhalten zur Diskussion gestellt, z.B. durch die Präsentation von Mädchen in eher „männlichen" Sportarten, ein Beauty- und Sex-Special und kritische Stimmen zum Schönheitswahn und Schönheitsoperationen im Fernsehen.

7.5.2 Einblick verschaffen in potentielle Berufsfelder

Über die Partizipation an der LizzyPress oder die Anfertigung einer eigenen Website ohne Hilfsprogramm verschaffen sich die Mädchen Einblicke in neue Handlungs- und damit auch potentielle Berufsfelder:

> „P: [...] ich möchte auch irgendwas in medien machen, bloß ich weiß noch nicht was. aber ja, jetzt mit schreiben für lizzynet, oder webdesign

oder, ja das kommt mir schon irgendwie so, ich * das problem ist ich weiß noch nicht was ich machen möchte. aber ich möchte irgendwas machen wo man abwechslungsreiche sachen machen kann, wo man vieles verschiedenes möglichst machen kann, und deshalb. ich weiß nicht, vielleicht mache ich auch später mal webdesign oder so was. ich weiß noch nicht ob eine sache alleine mir zu langweilig wäre. nur wenn man irgendwie sich vorstellt man hätte so, weiß nicht, so selbständig so, (BELUSTIGT) weiß ich nicht, jetzt so eine eigene webdesign, keine ahnung, firma, keine ahnung, also das ist bestimmt auch nicht so langweilig + wenn man verschiedene aufträge hat, aber ja ich weiß noch nicht. aber ich denke schon auf jeden fall dass mir das vorteile bringt." (Woodstock, 17 Jahre)[92]

Das Bedürfnis der Mädchen nach einer beruflichen Orientierung wird von den Redakteurinnen aufgegriffen, in dem sie ihnen Informationsmaterial zur Verfügung stellen. Die Mädchen informieren sich mit Hilfe dieses Materials über Anforderungen und Ausbildungswege:

„P: ich habe in lizzynet gelesen über den job als webdesignerin, und dass man in so teams arbeitet, und ich kann mir das überhaupt nicht vorstellen weil ich an meiner homepage meine eigene vorstellung habe und die auch selber umsetze und da * ich (…) habe ich meinen eigenen programmierstil sozusagen. und wenn ich andere da ranlassen würde dann, weiß nicht." (Danny8, 13 Jahre)

Sie informieren sich aber nicht nur im Magazin über Berufsbilder, sondern tauschen sich auch in Clubs über ihre berufliche Zukunft aus. Hier bieten dann die älteren Nutzerinnen ihre Hilfe an und berichten über ihre Erfahrung:

„P: als es darum ging ja wir wollen lizzynet neu aufbauen und wir wollen dann so clubs machen, da kam bei uns, hey, wir machen den rentnerclub auf, nur für leute über 20. und daraus hat sich dann die idee entwickelt einen hochschulclub aufzumachen. es war dann auch ziemlich positive dass einige sehr viel jüngere leute mit dabei waren. beispielsweise habe ich in der beziehung ziemlichen kontakt zu woodstock gehabt. mit der habe ich mich viel über hochschule unterhalten. und es waren auch so 16jährige mit dabei die so (NACHAHMEND) ja was studiert ihr denn, und wie ist ein studium, und kriegt ihr geld? und so, also die allgemeinen fragen. ich habe * im dateiaustausch lagen von mir ein paar beiträge aus dem unispiegel, also nicht irgendwelcher krempel sondern wirklich so nette informationen am rande die man sich mal durchlesen kann." (Germanium, 21 Jahre)

92 Woodstock hat heute einen Bachelorabschluss in „Medienproduktion".

7.5.3 Praktika absolvieren

In Einzelfällen macht es die Redaktion auch möglich, praktische Erfahrungen durch ein Praktikum bei LizzyNet oder die Teilnahme am Girls' Day zu sammeln. Das Angebot wird von einigen Mädchen, insbesondere Gymnasiastinnen, gern angenommen.

7.5.4 Diskussionen zu persönlich bedeutsamen Themen

Die Mädchen nutzen auch die CvK, um sich im Austausch mit anderen Mädchen über ihre Schulprobleme und berufliche Zukunft, ihren Lebensstil und ihre Geschlechtsidentität auszutauschen. Auf diese Weise sichern sie sich ihre Handlungsorientierung bzw. das eigene Handeln ab. Dazu posten sie eigene Fragen und Positionen, reagieren auf die Beiträge und Reaktionen anderer Mädchen in Foren, Clubs und Chats oder lesen einfach nur mit (siehe 7.4.3):

> „I: was schätzt du am internet am meisten?
> P: [...] also halt die leute die man kennt, oder die man halt *. oder jetzt, wenn jetzt zum beispiel was in den foren steht, oder halt dass man mal hört was die anderen so für probleme haben. weil ich weiß wenn * nehmen wir jetzt mal an ich habe irgendwelche probleme mit meinem freund oder so und ich schreibe das ins forum rein, dann kommt entweder zurück (NACHAHMEND) ja das problem hatte ich auch schon mal, bei mir war das so und so, + aber wenn man sich das allgemein mal durchliest, da sieht man mal, ACH guck mal, die haben ja die selben probleme wie ich, dass ich nicht die ein * dass man merkt ich bin nicht die einzige die solche probleme hat.“ (Mymelody, 16 Jahre)

Um einen Eindruck davon zu bekommen, welche Themen auf LizzyNet diskutiert werden, sind in Tabelle 8 die Foren und Clubs den für diese Phase typischen Handlungsthemen zugeordnet worden (siehe 4.2; 4.3). Es handelt sich hierbei um eine Auswahl von Foren- und Club-Themen, die die Mädchen selbst gewählt haben. Die angeführten Postings (Beitragsveröffentlichungen) beziehen sich auf eine quantitative und qualitative *Foren*analyse, die Anja Lötzsch (vgl. 2005) von Juli bis Oktober 2005 durchgeführt hat. Die Unterscheidungen sind allerdings nicht trennscharf, da einige Themen zwei Handlungsthemen gleichzeitig zugeordnet werden können. So kann z.B. die Frage danach, wie ich mit meinem Körper umgehe, direkt mit der Suche nach einer weiblichen Geschlechtsidentität verknüpft, gleichzeitig aber auch eine Frage des Lebenstils sein. Unabhängig vom tatsächlichen Engagement in den jeweiligen Foren und Clubs lassen sich die Themen jedoch den folgenden Handlungsthemen zuordnen:

- Schule und Beruf
- Lebensstil
- Geschlechtsidentität

Handlungs-themen	Foren-Themen	Club-Themen	P[93]
Schule und Beruf	Schule & Hausaufgaben Job & Ausbildung Girl's Day	Schule Studium & Hochschule Modedesign	69
Lebensstil	*Fantum & Jugend-kulturen*[94] Forum für Fans Musik & Medien Mangas & Comics *Interessen:* Mode & Kosmetik Handy & SMS Tiere & Natur Umwelt „Rassismus"	*Fantum & Jugend-kulturen:* MusikClubs No Angels Soaps & Serien *Interessen:* Fußball Pferde Film Städte & Länder Haustiere	789
	Wissen & Internet: LizzyHomepages Computer & Netz	*Wissen & Internet:* Webdesign PC-Spiele	47
Geschlechts-identität *Peers & Partnerschaft*[95]	E-Mail-Freundschaften Liebe & Freundschaft Kummerkasten[96]	In Sachen Liebe Kummer & Trost Andersrum, Außen vor Dreams & Love	528
Entwicklungs-belastungen	Drogen & Sucht Gesundheit & Sport Kummerkasten	Kummer & Trost	112
Familie	Kummerkasten	Kummer & Trost	28
Körper	Gesundheit & Sport Mode & Kosmetik Liebe & Freundschaft Kummerkasten	Kummer & Trost	135

Tab. 8: Zuordnung der allgemeinen Foren und Clubs zu Handlungsthemen der Lebensphase (April 2005) und Anzahl der Postings in Foren (Juli 2005-Oktober 2005)

93 Das „P" steht für Postings: Veröffentliche Beiträge zum Thema

94 Die Themen *Fantum & Jugendkulturen*, *Interessen* und *Wissen & Internet* sind dem Oberthema *Lebensstil* zugeordnet worden. Anja Lötzsch hat eine feinteiligere Unterteilung vorgenommen – zu erkennen an den kursiv gesetzten Teil-Überschriften.

95 *Peers & Partnerschaft* wird der Geschlechtsidentität zugeordnet, da in den Beiträgen das Thema Partnerschaft im Vordergrund steht und dieses eng mit der Suche nach einer Geschlechtsidentität verknüpft ist („Zwangsheterosexualität", siehe 5.1)

96 Im Forum „Kummerkasten" und im Club „Kummer & Trost" werden unterschiedliche Themen verhandelt; diese liegen daher quer zu den Oberrubriken.

In der genannten Diplomarbeit konnte Lötzsch nachweisen, dass die über einen Zeitraum von drei Monaten untersuchten 26 Foren sich „ohne Schwierigkeiten den Entwicklungsaufgaben zuordnen“ lassen (2005, S. 57). Dabei hat sie explizit nach den in den einzelnen Postings behandelten Themen geschaut.[97] Die meisten Postings finden sich in der Studie von Lötzsch eindeutig in den Bereichen *Interessen & Fantum* und *Peers & Partnerschaft*. Diese Themen lassen sich meiner Ansicht nach auch den übergeordneten Handlungsthemen *Suche nach einer Geschlechtsidentität* (803 Postings) und *Suche nach einem angemessenen Lebensstil* (836 Postings) zuordnen (siehe Tab. 8).

In Hinblick auf das Antwortverhalten zeigt Lötzsch, dass die Beiträge über heterosexuelle Beziehungen und den ersten sexuellen Kontakt die meisten Reaktionen zur Folge hatten. Die Bedeutung dieser Themen spiegelt sich auch in den eigenen Beobachtungen der Mädchen wieder:

> „P: ich würde sagen am meisten geht es wirklich um liebe und freundschaften so, und so um jungs und so was.“ (Mymelody 16 Jahre)
> „P: [...] ich glaube knutsch und knatsch ist auch total viel so, (NACHAHMEND) OH ich bin verliebt, soll ich ihm das sagen + oder so was. so ein bisschen so wie in der bravo. (SCHMUNZELT) ja aber das interessiert ja auch irgendwie jede.“ (Apfelrübe, 16 Jahre)

In den Foren verhandeln die Mädchen gemeinsam, welche Handlungsstrategie die richtige oder die vernünftige ist. Dabei dient der Austausch auch dazu, Probleme zu *entdramatisieren* und zu *normalisieren* (siehe auch vorherigen Thread):

> „P: [...] man sieht eben dass man nicht nur alleine probleme hat, das ist * dass es eben mehr oder weniger normal ist.“ (Riverball, 19 Jahre)

Der folgende Thread (siehe Kasten) thematisiert *eine* der wesentlichen Handlungsaufgaben der Mädchen: die Entwicklung der Geschlechtsidentität. Eng damit verknüpft sind die Akzeptanz des eigenen bzw. „weiblichen“ Körpers und die erwähnte Einübung in heterosexuelle Umgangsweisen (siehe 4.3.4; 4.4.1). Mädchen stellen sich in dieser Phase die Frage, wie sie für Jungen körperlich attraktiv und begehrenswert werden. Das Thread-Beispiel zeigt, wie verunsichert die Mädchen sind und wie stark sie sich in ihrem Denken und Handeln mit (vorgestellten) „männlichen“ Bedürfnissen auseinandersetzen. Sie sichern sich untereinander ab, wie sie sich dem männlichen Geschlecht gegenüber richtig zu verhalten haben – wollen begehrenswert sein.

---

97 Zum besseren Verständnis: Von z.B. insgesamt 40 Postings, die im betreffenden Untersuchungszeitraum im Forum *Gesundheit & Sport* eingegangen sind, wird sich in 31 Beiträgen mit dem eigenen *Körper*, in vier mit der eigenen *Geschlechtsidentität* und in fünf mit *Interessen, Fantum & Jugendkulturen* sowie *Entwicklungsbelastungen* auseinandergesetzt.

Betreff: „Rasieren"

Thread aus dem Forum „Mode & Kosmetik"(5.11.2003 - 10.11.2003)

Ich hab da mal ne Frage: Wenn man mit einem Jungen schläft, ist es dann besser rasiert oder unrasiert „da unten" zu sein?? Und bitte kommt mir nicht damit: dass musst du allein entscheiden! Was würdet ihr sagen???
von Flirtgirl824

Keine Ahnung- ich denk, dass es relativ egal ist und es auf den Jungen ankommt, auf was er steht! Wie alt bist du? Naja ich bin froh, dass ich mir die frage denk mal net so schnell stellen muss ;-) gruß
von nadine

Au Backe! Aber sonst hast du keine Fragen?
von hoehli

jeder kann doch sei fragen stellen, wens dich net interessiert dann lass es!
von bettina

Also: Erstens solltest du das ihn fragen, was er lieber hat.
Zweitens solltest du daran denken, daß regelmäßig nachrasieren angesagt ist, weil ich mir vorstellen könnte, daß es ziemlich juckt, wenn die Stoppelchen nachwachsen... Drittens: Vorsicht mit dem Rasierapparat. Wenn schon so, dann bitte auf qualitativ hochwertige Klingen achten, das kann dir jeder Kerl bestätigen, der sich öfters rasiert. Wegwerfapparate reizen die Haut zu sehr, das problem hatte ich zum Beispiel bei meinen Beinen (früher). Viel Spaß dabei.
von hellos

Ich empfehle ja immer wieder Enthaarungscremes :)
von einhörnchen

mhm...also ich rasier mich unten imma.ich weiß ja nich,ob jungs das besser finden. aba wenn ich mit einem jungen schlafen würde (!),bin ja noch jungfrau hehe dann würde ich mich so glaub ich wohler fühlen.
von suessessoennchen

also ich rasier mich unten und ich denk auch die meisten jungs stehen da mehr drauf! Aba was besser ist wenn du mit ihm schläfst kann ich dir net sagn hab ich noch net ausprobiert aba ich find vom aussehen is rasieren besser? was denkstn du?
von bettina

Wie verunsichert Mädchen in der Entwicklungsphase sind, hat auch Kerrie Michelle Smyres (1999) im Vorfeld zur Untersuchung einer amerikanischen Online-Community ausschließlich für Mädchen (www.gURL.org) herausgefunden. In den 14 von ihr besuchten Online-Communities und Foren wurde der weibliche Körper als einer der wesentlichsten Gesprächsthemen gehandelt. Ihre virtuelle Stippvisite als auch ihre eigene Untersuchung über die Beziehung junger Mädchen zu ihrem Körper und den Austausch mit ihren Peers zeigen, wie bedeutsam das Thema *Schönheitsideal* und wie eng der Zusammenhang zwischen der Unzufriedenheit der Mädchen mit ihrem Körper und dem zwanghaften Wunsch von Jungen beachtet werden zu wollen, ist. Dabei wird der Gewichtsverlust oftmals als eine Form gelungener (heterosexueller) Problemlösung gesehen.

Die Mädchen tauschen sich also auf LizzyNet aus, um *andere Meinungen kennen zu lernen* und *sich eine eigene Meinung zu bilden.* Einige Mädchen gehen inzwischen sogar davon aus, dass sie in Foren besser, da überlegter und elaborierter, diskutieren können als „in real life“:

> „P: [um irgendwelche themen zu diskutieren] bietet sich natürlich auch im internet ein forum an, weil man da ja von sehr vielen verschiedenen leuten unter umständen feedback bekommt.“ (Karini, 17 Jahre)

> „P: [...] da sind die meinungen breiter gefächert“ (Karatkid, 16 Jahre)

> „P: diskutieren kann man eigentlich sehr gut in internetforen, außer man will halt unbedingt ein bestimmtes thema mit jemandem diskutieren den man kennt, dann auch wieder face to face.“ (Claire, 22 Jahre)

Das Internet ermöglicht die Auseinandersetzung mit diversen Meinungen, sodass offenbar Themenbegrenzungen und Homogenitätserwartungen der „realen“ Peer-Group aufgehoben werden können.

7.5.5 Austausch mit Älteren (Redaktion, Lizzys)

Um sich über ihre eigenen Einstellungen und Handlungen zu versichern, suchen einige Mädchen auch den Austausch mit den Redakteurinnen und älteren, erfahrenen Nutzerinnen. Für einige Mädchen schaffen die Redakteurinnen für einen begrenzten Zeitraum sogar so etwas wie eine Art „Ersatzfamilie“ (vgl. Suler 1998) (siehe 7.2.5; 7.4.3.1). Aber nicht nur die Redakteurinnen, sondern auch die älteren Nutzerinnen dienen den jüngeren Mitgliedern als Ansprechpartnerinnen (siehe 7.4.1):

> „P: [...] mich hat mal einer angeschrieben, also fancy, die ich vorhin erwähnt habe, die hat mich irgendwo gesehen in lizzycontacts, dass ich eben gerade online bin und hat mich dann angeschrieben weil ich ja älter bin dass ich * ob ich ihr bei einem persönlichen problem helfen könnte.“ (Danny8, 13 Jahre)

Im Jugendalter ist ein Altersunterschied von wenigen Jahren sehr bedeutsam. Das macht auch die Aussage einer älteren Nutzerin deutlich, die nach einer gemeinsamen Zugfahrt mit einem relativ jungen Mitglied zu einem LizzyNet-Treffen im Frühjahr 2005 folgende E-Mail schrieb:

> „Wenn ich bedenke, dass ich auch mit 15 bei Lizzy angefangen habe... aber ob ich da so klein war ist ja noch ne andere Sache hihi :) Auf jeden Fall war die total süß und nachdem wir uns kurz beschnuppert hatten, hat sie mir ganz viel erzählt und dann musste ich mit ihr Stadt-Land-Fluss spielen (was ich natürlich schon Ewigkeiten nicht mehr gemacht hatte) und habe natürlich verloren...*hihi* :) Auf jeden Fall ist sie das ganze Wochenende immer irgendwo in meiner Nähe geblieben, weil sie wusste dass ich ein bisschen auf sie aufpasse.... Die anderen (wenn auch nicht viel älter) waren alle schon groß genug, um auf sich selber aufzupassen :) Die Arbeit hat auch voll Spaß gemacht. Ich habe fast die ganze Zeit mit einer tollen mittelgroßen Kamera gefilmt (meine neue Leidenschaft *grins*) während Sonja die Interviews gemacht hat. Und ich muss echt sagen, das Mädchen hatte echt was aufm Kasten! Hat viel Spaß gemacht mit ihr zu arbeiten und da kann man echt sagen DAS ist der Lizzy-Nachwuchs. :) Echt cool :)“ (Woodstock, 20 Jahre)

7.5.6 Gezielt von Anderen lernen

Im Rahmen der Interviews wird ebenfalls deutlich, dass die Mädchen andere Nutzerinnen, insbesondere Karini, Moon, Woodstock und Krokety für ihre Fähigkeiten und ihr Engagement bewundern. Sie charakterisieren sie als „Meisterin“, als „ziemlich talentiert“ und möchten von ihnen lernen (siehe 7.4.4):

> „P: [...] also was ich schon für mich so super finde ist halt den kontakt den ich halt mit karini habe, also der ihr wissen übers internet, der ihr können, also das finde ich ist unglaublich. also das ist für mich so die meisterin schlechthin, also mit jetzt ja auch 18 jahren, 17 jahre, noch 17 noch nicht mal 18 jahren, also das ist echt der hammer finde ich. ich meine die beschäftigt sich da auch viel mit und macht so * und das sind so wie gesagt * da gehe ich zum beispiel, da gehe ich auf ihre homepage und gucke mir an was hat sie neues und so. sie hilft mir auch wenn ich halt teilweise über homepages so, ich für meine halt irgendetwas * weil meine ist bei weitem * ist dagegen überhaupt nichts und so. oder diesen austausch darüber.“ (Mate, 19 Jahre)

„I: mhm. wie wichtig sind dir die internetfreunde?
P: hm, eigentlich nicht besonders wichtig. die spielen bloß eine sekundäre rolle, mit denen * weiß nicht, die könnte ich auch entbehren. würde ich jetzt internetverbot kriegen würde ich die nicht besonders groß vermissen. allerdings finde ich meinen e-mail kontakt mit ihr jedenfalls (I: krokety) krokety ja, eigentlich schon recht interessant weil sie eben auch so programmiert. also sie kann wirklich programmieren, das finde ich ganz toll. und darum will ich auch von ihr lernen. und sie macht auch ein praktikum für webdesing in einer firma und das will ich auch machen." (Danny8, 13 Jahre)

Die Mädchen sind nicht nur von den Kenntnisse anderer Mädchen über die Gestaltung einer Website fasziniert, Riverball berichtet auch von einem Mädchen, deren Engagement und Schreibstil sie begeistert und motiviert:

„P: bei woodstock [schätze ich, A.T.] zum beispiel, dass sie ziemlich talentiert ist. die texte die sie schreibt sind wirklich total toll. und sie ist auch ziemlich engagiert, und wirklich bewundernswert. und bei ihr * ja sie ist auch ziemlich auch in clubs jetzt ziemlich drin." (Riverball, 19 Jahre)

7.5.7 Anfertigung und Besuch persönlicher Websites

Einige Mädchen nutzen neben den Artikeln und den Foren auch die Websites, um sich über das Leben und die Einstellungen anderer Mädchen zu informieren und individuelle Positionierungen auszutesten (siehe hierzu auch das Beispiel von Frozen, 7.3.1.2). Die Mädchen begrüßen es, dass sie *unbemerkt in anderen Lebensentwürfen stöbern* und aufgrund der unbekümmerten Offenheit der Webmasterinnen *mehr über Menschen erfahren* können:

„I: [...] was ist das spannende an homepages (LACHT)?
P: also am selber machen oder am angucken von anderen?
I: beides. beide seiten.
„P: also anschauen, so jungshomepages sage ich gleich mal gucke ich mir gar nicht oft an, die finde ich einfach langweilig. so bei mädelshomepages ist eben dass man so voll viel * also dass man einen einblick in das leben von den anderen leuten kriegt den man so nicht kriegen würde." (Chilli, 16 Jahre)

Die Mädchen haben teil an den Themen, Problemen und Einstellungen anderer Nutzerinnen, positionieren sich dazu, suchen nach einer Bestätigung für den eigenen Lebensstil und lassen sich inspirieren. Die Websites liefern ihnen Anschauungsmaterial für eigene Identitätsentwürfe:

„P: [...] ich bin mal auf eine homepage gestoßen (ZITIERT) undwirleben de, + das ist auch irgend so ein mädel aus, ich weiß nicht, aus

> irgend so einem kaff irgendwo in deutschland, und die ist auch so * ich weiß nicht, und die schreibt alles mögliche was ihr in den kopf kommt, auch so was sie jetzt von den sachen halt die im moment so passieren und von irgendwelcher musik die sie gerne mag und weiß nicht so, alles mögliche irgendwie. und die homepage die ist total * die ist schon cool. die programmiert auch voll gerne und hat auch irgendwie ganz viele links, was sie alles gebastelt hat und so. also ich weiß nicht, die homepage mag ich irgendwie, weil da kann man immer drauf gehen und sich das so anhören und kann sich ihre meinung ansehen und kann ihr dann eine e-mail schreiben oder kann sich die fotos von ihr angucken, das eigentlich jetzt irgendwie * ist die so ähnlich wie, ja wie meine homepage." (Apfelrübe, 16 Jahre)

Die Grenze zwischen Interesse und Voyeurismus ist allerdings sehr dünn und wird sicherlich auch oftmals überschritten:

> „I: was interessiert dich an den homepages von anderen leuten? guckst du dir auch gerne von fremden leuten homepages an?
> P: ja, total gerne.
> I: was interessiert dich da?
> P: wie die das gemacht haben und so. und manchmal sind die leute ja auch schon ziemlich offen und so, da finde ich schon immer schon spannend was die dann da so schreiben und so." (Moon, 12 Jahre)

7.5.8 Einflussfaktoren bei der Orientierungssuche

Welche Handlungsthemen im Vordergrund stehen bzw. welche Handlungsorientierung auf welche Weise gesucht wird, darauf haben das *Alter*, der *Bildungshintergrund* und die *gewährte soziale Unterstützung* innerhalb der Community Einfluss.

In Hinblick auf das Alter zeigt sich, dass die jüngeren Mädchen sich zunächst einmal in die für sie neue virtuelle Spielumgebung einfinden müssen. Zudem beginnen sie erst langsam, sich sozialräumlich zu öffnen und den Kontakt zu Peers zu suchen. Dementsprechend greifen sie im Rahmen der CvK gern auf Standardfloskeln zurück (z.B. auf die Frage nach dem Alter, Wohnort, der Schulart):

> „I: wie findest du das überhaupt dass alle menschen im netz erst mal anonym sind? Dass man erst mal gar nicht weiß mit wem man es richtig zu tun hat?
> P: also das finde ich eigentlich ganz gut, weil man kennt die ja gar nicht und man muss ja nicht sofort wissen woher die kommen oder so. das kann sich dann ja besser selbst erzählen, da hat man ja auch was zu erzählen." (Elfe, 12 Jahre)

Zudem stellt die Gesprächsorganisation im Chat hohe Anforderungen an die Tipp- und Konzentrationsfähigkeit der TeilnehmerInnen und erfordert Reaktionsschnelligkeit. Die jüngeren Mädchen sind da manchmal anfangs noch überfordert.

Die älteren, über 15-jährigen Nutzerinnen bewegen sich bereits sehr virtuos im Chat. Sie beschäftigen sich auch stärker mit den für diese Altersphase typischen Themen, lassen also auch inhaltlich die Grenzen des sozialräumlichen Nahraums hinter sich. Sie diskutieren über Peers und Partnerschaft, Aussehen, ihre berufliche Zukunft und ihren Lebensstil und sichern sich ihre Einstellungen und ihr Handeln in kollektiven Aushandlungsprozessen ab.

Großen Zuspruch findet das Thema Liebe. Vieles deutet darauf hin, dass die Mädchen sich weiterhin mit einem *romantischen heterosexuellen Liebesideal* auseinandersetzen und sich stark an den Themen *weibliche Attraktivität* und *männliches Begehren* abarbeiten (siehe 4.3.4; 4.4.1; 5.1). Mit zunehmendem Alter, ab ca. dem 17ten Lebensjahr, rücken aber auch andere Themen in den Vordergrund. Die Mädchen – in der vorliegenden Studie die Gymnasiastinnen – bilden spezialisiertere Interessen aus, über die sie sich dann nicht nur auf LizzyNet, sondern verstärkt auch in anderen Communities mit Gleichgesinnten austauschen (siehe 7.6.9).

Die älteren, 16- bis 19-jährigen Mädchen sind auch diejenigen, die sich intensiver mit ihrer beruflichen Zukunft auseinandersetzen. Allerdings zeigen ein paar jüngere Mädchen (Danny8, Moon, Swappy) ebenfalls Interesse an dem Thema und artikulieren konkrete Berufswünsche. Sie haben sich gemeinsam mit den älteren Mädchen (Apfelrübe, Clearice1234, Haras, Karini, Krokety, Mate Sprintgirl, Riverball, Woodstock) über die Artikel und/oder ihre partizipierende Tätigkeit im Netzwerk anregen lassen, sich konkretere Gedanken zu ihrem beruflichen Werdegang zu machen.

Weiterhin Einfluss auf die Berufsorientierung hat der *Bildungshintergrund*. Während es Gymnasiastinnen nicht schwer fällt, sich ihre berufliche Zukunft im Medienbereich vorzustellen, sind die beruflichen Entwürfe der Real- und Hautschülerinnen eher bescheiden. Sich des geringeren gesellschaftlichen Stellenwertes ihres Schulabschlusses bewusst, malen sie sich wenige Chancen im Medienbereich aus und zeigen sich dementsprechend nicht interessiert an den neuen Handlungs- und potentiellen Berufsfeldern (z.B. Webdesignerin, Informatikerin). Auch fällt auf, dass nur die Gymnasiastinnen (Clearice1234, Danny8, Mate, Riverball, Woodstock) erzählen, dass sie sich an Leistungen anderer orientieren und ganz gezielt von anderen Mädchen lernen möchten. Haupt- und Realschülerinnen sind stärker an einem Austausch über ihren Alltag und ihre persönlichen Probleme interessiert (siehe 7.4.7).

Ob die Mädchen die Themen und den Austausch auf LizzyNet für die eigene Orientierungssuche nutzen, darauf hat die *gewährte soziale Unterstützung* ebenfalls Einfluss. Fühlen sich die Mädchen von anderen Mädchen oder den Redakteurinnen gut beraten (Informational Support), durch anregende Materialien ermutigt (Tangible Aid), werden ihre Leistungen und Einstellungen außerdem anerkannt und wertgeschätzt (Esteem Support) und wird für ihre Situation Verständnis gezeigt (Emotional Support), nutzen sie die Community engagiert, um sich in Hinblick auf Zukunftsfragen, ihren Lebensstil und Unsicherheiten mit der eigenen Geschlechtsidentität abzusichern und neue Handlungsfelder auszuprobieren (siehe 7.4.1 bis 7.4.5).

7.5.9 Konsequenzen

Durch die Auseinandersetzung mit eigenen Themen in der LizzyPress und die Arbeit an ihren Websites erweitern die Mädchen ihr Wissen über die mediale Kommunikation und erreichen eine bessere Performanz – entwickeln *Medienkompetenz*. Sie teilen sich mit, präsentieren und diskutieren eigene Einstellungen und Meinungen und probieren sich als Webmasterin, Online-Redakteurin oder Flash- bzw. HTML-Expertin aus. Auf diese Weise gewinnen sie Einblicke in die technischen Funktionsweisen und Kulturpraktiken des Internet und lernen, das Internet für eigene Bedürfnisse und persönliche Ziele zu nutzen.

Indem sich die Mädchen online ihrer persönlichen Haltungen und Fähigkeiten vergewissern, arbeiten sie gleichzeitig an ihrem Selbstgefühl und *Selbstvertrauen*. Die Erfahrung, dass die eigenen Bedürfnisse, Werthaltungen und Fähigkeiten bemerkt, ernst genommen und ihre Themen in Foren und Artikeln der Redaktion aufgegriffen werden, sie mit ihren Ansichten nicht alleine stehen und als Ratgebende bei der Orientierungssuche behilflich sein können, schafft Selbstsicherheit. Das Vertrauen in sich und das eigene Wissen und Können nimmt zu.

Über LizzyNet haben einige Mädchen außerdem ein *neuartiges Berufsfeld für sich entdeckt*. Sie informieren sich und probieren sich aus durch ihre partizipative Tätigkeit als Webdesignerin, Programmiererin und Online-Redakteurin.

7.5.10 Zusammenfassung

Die Mädchen nutzen die Informations-, Interaktions- und Partizipationsmöglichkeiten auf LizzyNet, um sich zu informieren und in der Auseinandersetzung mit Gleichaltrigen, älteren Nutzerinnen und Redakteurinnen Erfahrungen, Einstellungen, Praktiken und Zukunftsfragen auszudiskutieren. Hierzu greifen sie auf die Artikel der Redaktion und der Mädchen im Magazin zurück und probieren sich als Online-Reporterin oder Webdesignerin aus. Auf diese Weise lernen sie potentielle Berufsfelder kennen und konkretisieren ihr Interesse in einigen Fällen durch Praktika.

Orientierung suchen die Mädchen außerdem in Diskussionen zu entwicklungsrelevanten Themen. Laut der inhaltlichen Schwerpunktsetzung bei der Foren- und Club-Wahl sowie den Aussagen der Userinnen beschäftigen sich die Mädchen im Rahmen der CvK vor allem mit ihrer weiblichen Geschlechtsidentität (Verständigung über angemessene heterosexuelle Umgangsformen und einen angemessenen Umgang mit dem eigenen Körper) und der Suche nach einem angemessenen Lebensstil (Entwicklung eines Normen- und Wertesystems). Die berufliche Orientierung ist ebenfalls ein Thema. Da hier aber vor allem die optionalen Selbstentwürfe im Mittelpunkt stehen und die Mädchen bisher kaum Erfahrungen in diesem Bereich gemacht haben (über die sie berichten können), nutzen sie hierfür in erster Linie das Informationsangebot oder fühlen sich durch eine praktische Tätigkeit in ein potentielles Berufsfeld ein.

Bei der Suche nach einer „weiblichen“ Geschlechtsidentität deutet vieles darauf hin, dass sich die Mädchen weiterhin mit einem romantischen heterosexuellen Liebesideal auseinandersetzen und der Umgang mit dem eigenen Körper vor allem von dem Wunsch geleitet wird, von Jungen beachtet und begehrt zu werden. Orientierung suchen sie damit weiterhin in (zwangs-) heterosexuellen Umgangsformen. Der Wunsch, den gesellschaftlichen und kulturellen Erwartungen entsprechen zu wollen, wiegt offenbar (noch) schwerer als die lustvolle Erforschung eigener Bedürfnisse und Wünsche. Hier kann das Gespräch mit älteren Nutzerinnen und den Redakteurinnen, die z.T. andere Perspektiven einnehmen und alternative Handlungsmuster aufzeigen können, in Einzelfällen *vielleicht* korrigierend wirken.

Eine weitere Möglichkeit, Einstellungen anderer Mädchen in Erfahrung zu bringen und individuelle Positionierungen auszutesten, stellt die Website dar. Dort erfahren die Mädchen etwas über anderer Mädchen Lebensstile und Lebensentwürfe, finden Bestätigung und können sich anhand von Rückmeldungen absichern.

Einfluss auf die Orientierungssuche nehmen das Alter, der Bildungshintergrund und die gewährte soziale Unterstützung innerhalb der Community. So sind es in erster Linie die älteren, 16- bis 19-jährigen Mädchen, die sich durch Artikel und/oder die partizipierende Tätigkeit im Netzwerk konkretere Gedanken zu ihrem beruflichen Werdegang machen und mit Blick auf eine baldige Entscheidung aktiv partizipieren (wenngleich auch jüngere Gymnasiastinnen einen ersten optionalen Selbstentwurf formulieren). Einfluss auf die Ausgestaltung der Berufsfindung hat darüber hinaus auch der Bildungshintergrund; die Haupt- und Realschülerinnen zeigen sich auf partizipatorischer Ebene weniger an den neuen Handlungs- und potentiellen zukünftigen Berufsfeldern interessiert. Weiterhin Einfluss nimmt das Alter;

die jüngeren Mädchen signalisieren deutlich weniger Interesse an den typischen Themen der Jugendphase. Sie fühlen sich erst langsam in die neuen Kommunikationswelten ein. Die älteren, über 15-jährigen Nutzerinnen beschäftigen sich aber bereits intensiv mit sich und den für diese Altersphase typischen Themen. Sie bilden mit zunehmendem Alter dann allerdings auch spezialisiertere Interessen aus, über die sie sich in anderen Communities mit Gleichgesinnten austauschen. Von besonderer Bedeutung ist außerdem die gewährte soziale Unterstützung. Sie hilft den Mädchen Handlungssicherheit herzustellen. Im Rahmen der CvK wirken sich hier vor allem der persönliche Informational Support und Emotional Support, in Hinblick auf die berufliche Orientierung der fachliche Informational Support, Tangible Aid und Esteem Support positiv aus.

Eine positive Begleiterscheinung und Konsequenz der engagierten Orientierungssuche ist Medienkompetenz. Im Zuge ihrer vielfältigen Aktivitäten lernen die Mädchen die verschiedenen Interaktions- und Partizipationsmöglichkeiten des Internet kennen. Sie eignen sich notwendige Kenntnisse und Fähigkeiten an und lernen, den neuen Kulturraum für eigene Bedürfnisse und persönliche Ziele zu nutzen. Die Erfahrung, dass die eigenen Themen, Probleme und Werthaltungen (in der Community) aufgegriffen und ernsthaft diskutiert und sie vielfältig unterstützt werden, gibt den Mädchen ein Gefühl der (Selbst-) Sicherheit. Aber auch die Suche nach neuen Handlungsfeldern und deren erfolgreiche „Kultivierung" helfen ihnen, Vertrauen in sich und das eigene Wissen und Können zu entwickeln. Dabei entdecken einige Mädchen auch ein optionales Berufsfeld, das – so in zwei Fällen bekannt – den weiteren Berufsfindungsprozess maßgeblich beeinflusst hat.

7.6 Soziale Zugehörigkeit

Der Begriff „Soziale Zugehörigkeit" wird in der Sozialwissenschaft verwendet, um eine mehr oder weniger emotionale Bindung zu einer Menschengruppe oder einem (soziokulturellen) symbolischen System zu definieren. Ein Mensch fühlt sich anderen Menschen (-gruppen) verbunden, weil er in demselben Land geboren ist, mit ihnen eine (Mutter-) Sprache oder eine Weltanschauung teilt, für bestimmte gesellschaftliche Ideale eintritt, gemeinsame Aktivitäten unternimmt usw. Zugehörigkeiten können Menschen den Zutritt zu einer Gruppe und Kultur erleichtern, (Handlungs-) Sicherheiten gewähren und ein psychisches Wohlbefinden begünstigen; sie können auf der anderen Seite aber auch ausgrenzend sein. Die Möglichkeit Zugehörigkeit herzustellen ist nicht jedem oder jeder gleich gegeben; oftmals entscheiden äußere Umstände. So können z.B. nicht per Gesetzt festgelegte und körperunabhängige Formen der Vergemeinschaftung (z.B. Fantum) an vielen Orten hergestellt und auch leicht wieder aufgekündigt werden. Auch der Zugang zu den Symbolen der Medienwelt ist relativ offen, der eigene Gestaltungsfreiraum im Rahmen des soziokulturellen symbolischen Systems groß und die Anforderungen und Verbindlichkeiten sind gering, sodass Zugehörigkeit flexibel gelebt werden kann. Lebensstile und Lebenshaltungen zeichnen sich also durch eine relativ große Gestaltbarkeit aus. Andere Zugehörigkeiten, wie z.B. der Pass, das Alter, die Hautfarbe, die körperliche Behinderung und das Geschlecht lassen sich hingegen nur schwer oder gar nicht ändern. Gemeinsam ist allen Formen der realen und imaginären, bewussten und unbewussten Vergemeinschaftung, dass die symbolhafte Positionierung immer auch ein Zeichen der Abgrenzung ist: Wenn ich signalisiere, zu wem ich gehöre, zeige ich auch, zu wem ich nicht gehören möchte oder von wem ich mich abgrenze.

In den Interviews wird deutlich, dass die Mädchen auf LizzyNet eine Art Zugehörigkeits- bzw. Wir-Gefühl empfinden. Die Verbundenheit beruht entweder auf

- einer formalen Mitgliedschaft (@lizzynet.de),
- einer nutznießenden Teilnahme oder
- einer sozial-partizipatorischen Mitgliedschaft.

Die *formale Mitgliedschaft* stellt die niedrigschwelligste Form einer Mitgliedschaft dar. Sie stellt sich bereits mit der Anmeldung ein und beruht allein auf der kollektiven Identität „Mädchen“ sowie äußeren, symbolischen Insignien wie z.B. einer gemeinsamen E-Mail-Adresse (@lizzynet.de) und der gemeinsamen Ansprache durch die Redaktion. Die Mitgliedschaft kann jederzeit ohne Überwindung durch einfaches Fernbleiben aufgekündigt werden. Da die emotionale Bindung noch gering ist, stellt sich kein intensives Gefühl von Zugehörigkeit ein:

> „I: was hältst du vom namen lizzynet?
> P: den finde ich toll weil, weiß ich nicht. weil ich weiß nicht wo das herkommt (LACHT) ich weiß echt nicht wie der entstanden ist, aber wenn das anders heißen würde dann wären wir halt nicht die lizzys, und wir sind halt lizzys. wir sind nicht irgendwelche userinnen oder so, wir sind halt lizzys.“ (Einhörnchen, 16 Jahre) [98]

Durch die kontinuierliche Nutzung des Angebots festigt sich bei einigen Mädchen das emotionale Band. Die (Gestaltungs-) Räume der Community gewinnen für sie an Konturen. Dabei engagieren sich die Mädchen allerdings weiterhin nur begrenzt – sie *be*-nutzen das Angebot vor allem (*nutznießende Teilnahme)*. Dementsprechend fühlen sie sich auch nur bedingt zugehörig. Erst im Zuge einer engagierten Teilnahme und intensiver Kontakte zu Mitgliedern und/oder Redakteurinnen stellt sich eine intensive emotionale Bindung ein. Die Mädchen begreifen sich in Folge dessen dann

98 Die Ansprache als „Lizzys“ kann als ein performativer Akt angesehen werden (siehe 5.1). Mädchen fühlen sich demnach als Lizzys, weil sie stetig als solche angesprochen werden.

auch als einen Teil des Netzwerks (*sozial-partizipatorischen Mitgliedschaft*).

Um ein Gemeinschaftsgefühl und subjektives Gefühl von Zugehörigkeit zu entwickeln, legen die Mädchen verschiedene Handlungsstrategien an den Tag. Sie *partizipieren aktiv* und *kontinuierlich über eine längere Dauer*, entwickeln dabei Routinen, *investieren Zeit und Geld* und *knüpfen Online-Bekanntschaften*. Weiterhin halten sich über das Netzwerk auf dem Laufenden und diskutieren mit anderen Mitgliedern Neuigkeiten und Änderungen (*LizzyNet als Gesprächsgegenstand und -anlass*). Einige entwickeln auch ein *Expertentum*.

7.6.1 Aktive Partizipation

Mädchen partizipieren aktiv, um sich als Teil der Community fühlen und ein positives Gefühl entwickeln zu können. Sie bringen sich vielfältig und unterschiedlich ein:

> „I: würdest du dich als lizzy bezeichnen?
> P: ja.
> I: was macht eine lizzy aus?
> P: ja dass man auf lizzynet angemeldet ist, dass man sich dort am leben sozusagen beteiligt irgendwie. also nicht dass man zweimal was reingeschrieben hat im forum sondern dass man einfach oft dabei ist, e-mail schreibt, auch freunde hat, in den foren schreibt, im chat auch ab und zu mal ist, und in ein paar clubs und so was. also dass man sich einfach daran beteiligt." (Ticklishbee, 15 Jahre)

Indem sie aktiv werden und ihre Ideen und Themen einbringen, z.B. für andere Mädchen Rätsel und Kurse kreieren, besondere Features entwickeln oder an Wettbewerben der Redaktion und Clubs teilnehmen, tun sie sowohl etwas für sich als auch gleichzeitig etwas für das Netzwerk.

7.6.2 Kontinuierliche und ritualisierte Teilnahme

Um sich zugehörig zu fühlen, bringen sich die Mädchen nicht nur aktiv, sondern seit einigen Monaten auch kontinuierlich ein. Auf diese Weise sind sie informiert über das, was im Netzwerk passiert. Die dauerhafte Partizipation verschafft ihnen den Status einer „echten Lizzy":

> „I: also du würdest dich als lizzy bezeichnen?
> P: ja. ich bin ja auch, bin wirklich auch lange schon da. und ich bin da wirklich jeden tag drin. ich habe mir sogar * als ich im urlaub war da habe ich (SICH SELBST FRAGEND) wem habe ich, wem habe ich da mein passwort gegeben? ich glaube der liese habe ich mein passwort gegeben, die sollte mir mal bitte die e-mails mal irgendwie am telefon mal

vorlesen. okay passwort habe ich wieder geändert, ist klar, aber halt lies mir mal eben die e-mails vor." (Mymelody, 16 Jahre)

Viele Mädchen haben die LizzyNet-Nutzung ritualisiert. Sie rufen zunächst ihre E-Mails vom Server, suchen die Freundinnenliste nach Bekanntschaften ab, die online sind und begeben sich anschließend in die Foren und Clubs.

7.6.3 Investition Zeit und Geld

Um bei LizzyNet aktiv sein zu können, investieren die Mädchen Zeit und in Hinblick auf die Online-Kosten auch Geld. Da die Nutzungsdauer über die Selbsteinschätzungen der Mädchen in den Interviews nicht erfassbar war und sich die Mädchen bezüglich der eigenen Angaben unsicher zeigten, wurden die in der Datenbank festgehaltenen Login-Zeiten ausgewertet. Deutlich wurde, dass die sich selbst als „aktiv" bezeichnenden Mädchen das Netzwerk durchschnittlich mindestens 30 (Liquidgirl, Annaswantje), i.d.R. eher 40 Minuten (Holyhell, Riverball, Ticklishbee) oder bis zu zwei Stunden am Tag nutzen (Woodstock, Moon).[99] Die anderen Nutzerinnen, die sich nicht zugehörig fühlen bzw. sich als „halbe Lizzys" bezeichnen, verbringen, sofern ihre Nutzungszeiten nicht von den Eltern reglementiert werden, bis zu 10 Minuten am Tag auf LizzyNet. Die tatsächlich verbrachte Online-Zeit sagt allerdings nicht unbedingt etwas darüber aus, wie *intensiv* sich die Mädchen einbringen. Denn selbst wenn die Mädchen nur 10 oder maximal 17 Minuten am Tag auf LizzyNet verweilen (dürfen) (siehe 7.3.4), fühlen sie sich in besonderem Maße zugehörig und charakterisieren sich selbst als Aktive. Grundsätzlich kann jedoch davon ausgegangen werden, dass Mädchen, die sich besonders intensiv einbringen – Woodstock schätzt ihre eigene Online-Zeit z.B. auf sieben Stunden am Tag[100] – sich dem Netzwerk auch emotional stark verbunden fühlen.

Die Mädchen investieren aber nicht nur Zeit, sondern auch Geld, um partizipieren zu können. Chilli z.B. hat sich einen eigenen Rechner gekauft, um nicht mehr von ihren Eltern abhängig zu sein. Sie investiert außerdem ihr Taschengeld, um selber bestimmen zu können, wann und wie lange sie online geht:

„I: was meinst du, wie viel stunden bist du online in der woche? oder jeden tag?
P: kommt natürlich auch darauf an ob ferien sind ob schule ist. ich würde mal sagen schule, ein zwei stunden (AMÜSIERT) also zu viel. (I: meinst

---

99 Die Nutzungsdauer eines Mädchens wurde vom ersten Login bis Ende Mai 2003 abgefragt. Die durchschnittliche Nutzungsdauer betrug im Mai 2003 31 Minuten.

100 Die tatsächliche Online-Zeit ist jedoch nicht mit der aktiven Nutzungszeit gleichzusetzen. Woodstock weist z.B. darauf hin, dass der Rechner bei ihr oft nebenher läuft.

du?) erstens mal von der rechnung her, na gut von der zeit kriege ich es eigentlich schon hin, sonst würde ich nicht so viel online gehen.
I: wer zahlt? und murrt? (LACHT)
P: (LACHT) murren, meine eltern auf jeden fall. grundsätzlich zahlt mein vater. wenn es arg übertrieben war muss ich mal was dazulegen, aber da gibt es keine feste regelung. ich sage dann also öfter auch, na ja wenn sie mir auf die nerven gehen (NACHAHMEND) jetzt hört auf zu motzen, ich zahle halt was + und dann habe ich meine ruhe.“ (Chilli, 16 Jahre)

7.6.4 Online-Bekanntschaften knüpfen

Eine emotionale Bindung zum Netzwerk stellt sich bei den Mädchen vor allem über die *Kontakte zu anderen Mädchen* und über *Kontakte zur Redaktion* ein. Auf LizzyNet wird Gemeinschaft also ebenfalls durch die Beziehungen zwischen den Mitgliedern konstituiert. Ohne Kontakte kann sich ein Gefühl von Zugehörigkeit nicht entwickeln. Das zeigen auch die Beispiele von Mädchen, die sich nur selten kommunikativ einbringen. Grundsätzlich weisen die Beziehungen auf LizzyNet unterschiedliche Qualitäten auf. Differenzieren lässt sich zwischen:

- flüchtigen Begegnungen,
- Kontakten zu Gleichgesinnten, die auf gemeinsamen Interessen beruhen und
- intensiven Freundschaftsbeziehungen.

Die so betitelten *intensiven Freundschaftsbeziehungen* werden von den Mädchen mit realen Freundschaften verglichen:

„I: [...] was ist für dich das besondere am internet? was schätzt du besonders?
P: ich weiß nicht (...) ich finde das toll, ich weiß nicht, das halt auch * das ist halt so bei lizzynet, bei anderen communities ist es oft nicht so, aber man hat halt auch seinen festen freundeskreis da und ich weiß nicht. ja es ist eigentlich * ich weiß nicht, ich mag das wirklich. (SCHNELL) nein das ist wie im wirklichen leben, ich weiß nicht.“ (Liquidgirl, 14 Jahre)

Wie bei der Kategorie der sozialen Unterstützung bereits dargestellt wurde, geht ein höherer Grad an Verbindlichkeit i.d.R. mit *einem Medienwechsel* einher, zunächst von der öffentlichen, eher multidirektionalen Forenpartizipation zur privaten, bidirektionalen E-Mail bzw. Chat- (Quickmessage-) Kommunikation. In einigen Fällen wird auch ein Briefkontakt hergestellt und persönliches Treffen arrangiert (siehe ausführlich 7.4.6).

Eine weitere Strategie, die die Mädchen praktizieren, um sich „heimisch“ zu fühlen, ist die *Kontaktaufnahme oder -pflege zur Redaktion*. Einige Mädchen suchen ganz gezielt den direkten Online-Kontakt, in einigen Fällen auch den persönlichen Kontakt bzw. äußern den Wunsch nach einem persönlichen Treffen mit den Redakteurinnen. Die Häufigkeit des Kontaktes ist sehr unterschiedlich. Entweder halten die Mädchen zu den Redakteurinnen einen kontinuierlichen Kontakt oder melden sich nur dann, wenn sie etwas auf dem Herzen oder ein spezifisches Anliegen haben. Für ein paar der Nutzerinnen gehört es zum täglichen Ritual, nachzuschauen, ob die Redaktion online ist. Insbesondere Mädchen mit einem sehr engen Kontakt zu den Redakteurinnen entwickeln ein starkes Zugehörigkeitsgefühl zum Netzwerk. LizzyNet stellt für sie in gewisser Weise ein virtuelles zu Hause dar (siehe 7.4.3.1).

7.6.5 Abgrenzung von anderen Mitgliedern

Ein Gefühl der Zugehörigkeit stellt sich nicht nur über die Aufnahme und Pflege von Kontakten, sondern auch über die Abgrenzung von Anderen ein. Die Zugehörigkeit zu einer Clique oder einem inneren Kreis gibt den Mädchen das Gefühl, eine besondere Position im Netzwerk inne zu haben. Sie setzen sich durch ihr Engagement von anderen ab oder versuchen einen besonderen Kontakt zur Redaktion herzustellen. Auffällig ist, dass die Distinktionsprozesse i.d.R. nur subjektiv erlebt bzw. von anderen Userinnen nicht bemerkt werden.

7.6.6 Vertrautheit mit dem Medienangebot herstellen

Um sich zugehörig fühlen zu können, ist es auch wichtig, das Angebot genau zu kennen. Die Mädchen halten sich auf dem Laufenden und verständigen sich über Neuigkeiten, die die Community und das konkrete Angebot betreffen:

> „I: wie findest du heraus was es auf lizzynet neues gibt?
> P: also hm, meistens kriege ich das direkt um die ohren gehauen, so falls es da irgendwas neues gibt. meistens von fräulein einhörnchen oder von fräulein moon, also die hauen mir das direkt (NACHAHMEND) hör mal dies und das und jenes. mhm, wunderbar, prima. worum geht es da? also brauche ich nichts lesen, da brauche ich nur fragen einhörnchen gibt es was neues? (NACHAHMEND) ja hier und da und da." (Mymelody, 16 Jahre)

Die Mädchen suchen den Kontakt zu anderen Nutzerinnen, finden aber auch in den Redakteurinnen wichtige Ansprechpartnerinnen. Darüber hinaus informieren sie sich über die LizzyNet-Startseite, die Startseite der Rubrik Community oder die des Knowhow-Bereichs.

7.6.7 LizzyNet als Gesprächsgegenstand und -anlass

Um sich als Teil der Gemeinschaft zu fühlen, reden die Mädchen nicht nur innerhalb der Community über ihre Themen, sondern auch *über* die Community und das Angebot. Ihr virtuelles zu Hause ist zugleich Gesprächsanlass (z.B. Gespräche über LizzyNet bei persönlichen Treffen) als auch Gesprächsgegenstand (z.B. Gespräche über Neuigkeiten, „Klatsch" in der Community). Als Gesprächsgegenstand dient LizzyNet vor allem dann, wenn die Mitglieder versuchen, sich zu einer besonderen Neuerung oder einem besonderen Ereignis zu positionieren und eine gemeinsame Haltung zu entwickeln. Ein Beispiel stellt in diesem Zusammenhang der demonstrative Austritt von Germanium dar. Sie hat sich aus dem Netzwerk verabschiedet, nachdem zwei der von ihr über viele Monate gedeckten männlichen Freunde entlarvt und von der Redaktion gesperrt wurden. Das nahmen einige Mädchen zum Anlass, um über ihre Einstellung zu Jungen im Netzwerk zu diskutieren:

> „P: [...] ich weiß nicht ob du da drüber bescheid weißt, germanium mit den jungs im internet, mit den jungs in * wo die jungs in lizzynet waren? (I: ich habe es ein bisschen mitgekriegt, ja.) ich bin ganz ehrlich, ich würde mich auch abmelden wenn ich, wenn ich * ich weiß dass die jungs aus meiner klasse, dass da noch welche drin sind. wenn ich wirklich hundertprozentig wissen würde die redaktion schmeißt die raus würde ich mich auch abmelden, und das habe ich einhörnchen und den anderen auch gesagt. okay, die habe ich dann * durfte ich mir direkt eine standpauke anhören, aber ich würde es genau * würde es genau so machen." (Mymelody, 16 Jahre)

Darüber hinaus liefert LizzyNet auch den Anstoß zu besonderen Aktivitäten. Einen besonderen Anlass stellte z.B. der Relaunch des Angebots im Jahr 2002 dar. Um live bei der Freischaltung bzw. der Geburtsstunde von LizzyNet im neuen Gewand dabei sein zu dürfen, haben sich einige Mädchen die Erlaubnis der Eltern für eine nächtliche Chatsitzung eingeholt.[101] Diese Erfahrung verbuchen sie später als eines ihrer schönsten Internet-Erlebnisse:

> „I: bist du manchmal länger online als du eigentlich wolltest, wenn du jetzt ins netz gehst?
> P: ja also das war als lizzynet das neue design gekriegt hat war das einmal so, da durfte ich nämlich nachts wach bleiben und warten bis was kommt. (I: echt?) (STOLZ) ja, da habe ich ganz lange gebettelt und dann durfte ich. (LACHT) ja das war ganz lustig. also einhörnchen und ich, wir haben, einhörnchen und noch ein paar wir haben uns in meiner homepage im chat getroffen weil lizzynet dann ja bald irgendwie weg

101 Ein Relaunch wird in der Regel zu einem Zeitpunkt durchgeführt, wenn kaum Mitglieder online sind, bei LizzyNet also in den frühen Morgenstunden.

war, und dann waren wir ganz ganz lange noch bei lizzynet bis wir da rausgeworfen worden sind. (LACHT) und dann haben wir da noch so lange rum gechattet, haben noch was ins forum geschrieben und so, das war dann ganz lustig. und dann, ja dann sind wir halt nur noch in meinem chat gewesen und haben die ganze nacht über halt immer geguckt wann ist es denn endlich wieder da. dann irgendwie, ich glaube so um viertel nach vier oder so habe ich dann entdeckt dass es jetzt online ist. das war ganz lustig. und dann war ich noch so lange * dann war ich so k o (AMÜSIERT) ich glaube ich war bis halb sieben + das war ja in den sommerferien und (AMÜSIERT) dann war ich so müde, dann bin ich umgekippt, dann konnte ich nicht mehr.“ (Moon, 12 Jahre)

„I: [...] was hat dich am meisten gefreut, begeistert?
P: ich glaube das war diese, diese nacht vor, also bevor es das neue lizzynet gab. ich glaube das fand ich irgendwie am schönsten.“ (Einhörnchen, 16 Jahre)

7.6.8 Entwicklung von Expertentum

Um nicht als eine unter vielen unterzugehen, bringen sich die Mädchen intensiv, engagiert und kontinuierlich in die LizzyPress und den Knowhow-Bereich ein. Über die subjektive Erfahrung von Kommunikations- bzw. Handlungsfähigkeit, die Anerkennung als HTML-, Flash-, Film-Expertin oder Online-Redakteurin, können sie Wünsche nach persönlicher Bedeutung und Wirksamkeit stillen. Sie sind nicht mehr irgendwer, sondern *die* Lizzy, an die frau sich wenden kann, wenn sie etwas zu einem speziellen Thema wissen will. Als *Aktive* oder *Expertin* haben sie sich im Netzwerk einen besonderen Status erarbeitet, werden wieder erkannt und geschätzt (siehe 7.4.1; 7.4.2).

7.6.9 Einflussfaktoren auf die soziale Integration

Die Mädchen legen vielfältige Strategien an den Tag, um ein Gefühl emotionaler Verbundenheit herzustellen und sich zugehörig zu fühlen. Der Grad der sozialen Integration hängt dabei von der persönlichen *Medienkompetenz*, der erfahrenen und/oder ausbleibenden *sozialen Unterstützung*, dem *Alter* und – eng damit verknüpft – den *gemeinsamen Themen* ab.

Um ein Gefühl der Zugehörigkeit entwickeln zu können, müssen die Mädchen sich mit eigenen Beiträgen einbringen oder aber an die Beiträge anderer anknüpfen. In beiden Fällen wirkt es sich positiv aus, wenn sie auf gewisse Erfahrungen zurückgreifen können, also nicht nur reagieren, sondern agieren können (siehe 7.3.5). Dabei lassen sich Kontakte besser und schneller knüpfen, wenn ein Mädchen gut tippen, die eigene Gefühlslage gekonnt mit Aktionswörtern, Emoticons und Akronymen substituieren und sich authentisch ausdrücken und inszenieren kann. Die eigene *Medienkompetenz* erleichtert die soziale Integration in das Netzwerk immens.

Ob und wie intensiv die Mädchen ein Gefühl von sozialer Zugehörigkeit entwickeln, hängt aber auch von der *erfahrenen sozialen Unterstützung* ab. Wenn Mädchen die Erfahrung gemacht haben, dass sie unterstützt werden, sowohl von anderen Nutzerinnen als auch von der Redaktion, entwickeln sie eine stärkere emotionale Bindung an das Netzwerk. Sie fühlen sich gut beraten, zu neuen Taten ermutigt, finden Trost über die multi- als auch bidirektionale Kommunikation und zollen sich gegenseitig Anerkennung (siehe 7.4).

Weiterhin Einfluss auf die Entwicklung sozialer Zugehörigkeit hat das *Alter*. Während sich die jüngeren Mädchen vor allem mit populären Themen auseinandersetzen, wenden sich die älteren eher individuelleren Themen und Vorlieben bzw. weniger „mainstreamigen" Themen zu. Insbesondere Mädchen ab 16 Jahren suchen neben LizzyNet zusätzliche Communities auf, z.B. eine Film-, Skater- und Fanfiktion-Community:

> „I: was ist eigentlich an der seite [skatercommunity, A.T.] so spannend für dich? warum gehst du da hin?
> P: angefangen hat es damit dass ich irgendwas erst mal bestellt habe, und da habe ich gemerkt da kann man ja auch in die * also mit anderen leuten reden, und dann, ja erst mal das thema skateboarding hat mich dann interessiert, und die musik. also über musik kann man sich auch immer mit den leuten unterhalten wenn * ja und überhaupt dass dann so überhaupt die, na die älteren, na ja die älteren also nicht nur elfjährige und nicht nur mädchen, das ist dann mal so das gegenstück dazu. der ausgleich." (Riverball, 17 Jahre)

Einfluss darauf, ob überhaupt und in welcher Art und Weise die Mädchen partizipieren, haben außerdem die Themen bzw. die „Themenauswahl" und „Themenbreite" (siehe 7.2.5). Damit sind sowohl die redaktionellen als auch die inhaltlichen Beiträge der Mädchen in der LizzyPress, in den öffentlichen Foren und Clubs gemeint. Es werden allerdings nicht *alle* Mädchen angesprochen. In Anlehnung an Butler gilt es hier, das Augenmerk auf diejenigen zu richten, die auch innerhalb der Gruppe der Mädchen nicht sichtbar sind (siehe 5.1). Laut Anmeldestatistik vom März 2003 finden auf LizzyNet in erster Linie die höhergebildeten Mädchen Anknüpfungspunkte für sich (siehe Tab. 9).

Dieses Bild hat sich zwar aufgrund expliziter Maßnahmen von Schulen ans Netz e.V.[102] etwas gewandelt, sodass inzwischen 9,6% Hautschülerinnen angemeldet sind, dabei handelt es sich aber offenbar weiterhin vorwiegend

102 Im Rahmen eines Modellversuchs sind ganz gezielt Hauptschülerinnen an LizzyNet herangeführt worden.

um deutschstämmige Mädchen. Zwar ist der Anteil an Migrantinnen der Anmeldestatistik nicht zu entnehmen[103], die teilnehmende Beobachtung legt jedoch nahe, dass kaum Mädchen mit Migrationshintergrund auf LizzyNet angemeldet sind bzw. wenn sie es sind, sie dann doch weitestgehend unsichtbar bleiben.[104]

Schulform	März 2003	März 2004	März 2005	März 2006
Gymnasium	38,9	39,5	39,4	39,2
Realschule	18,9	18,1	18,7	18,8
Hauptschule	8,0	9,3	9,5	9,6
sonstige Schule	12,3	11,0	10,4	10,6
Gesamtschule	8,8	8,1	8,3	8,4
Berufsschule	3,5	4,1	4,0	4,0
Grundschule	3,8	3,9	3,7	3,6
Sonderschule	2,5	2,4	2,5	2,6
Hochschule	1,9	1,9	1,8	1,7
Kolleg	1,3	1,7	1,7	1,8

Tab. 9: Verteilung der Mädchen auf Schulformen in Prozent

Eine weitere Gruppe von Mädchen, die auf LizzyNet nur bedingt angesprochen wird, ist die der homo- und bisexuellen Mädchen. So gibt es zwar unter der Oberrubrik „Rat und Tat" einen Club namens „Andersherum", in den allgemeinen Foren oder im Club „In Sachen Liebe" sind Mädchen, die nicht oder nicht ausschließlich heterosexuell begehren nicht vertreten. Ebenfalls kaum sichtbar sind Mädchen mit Behinderungen.

7.6.10 Konsequenzen

Eine Folge der sozialen Integration ist, dass die Mädchen nun *mitentscheiden möchten*, wohin sich das Angebot weiter entwickelt. Sie bringen daher *ihre* Themen in Clubs, Foren und Artikel ein, legen Themen für Themen-Chats und Umfragen fest, kreieren eigene Beiträge (z.B. ein Manga und Fußballrätsel) und diskutieren über Neuerungen im Netzwerk. Sie übernehmen *Verantwortung für die Community*. Dies zeigt sich darin, dass sie sich z.B. an der Netiquette orientieren oder aber zurückstecken, damit andere Mädchen in den Genuss der Schreib-mit-Aktion kommen.

---

103 Bei der Anmeldung wird abgefragt, aus welchem Bundesland die Mädchen stammen oder ob sie sich aus dem „Ausland" anmelden (im März 2006: 4.413 bzw. 7,3%). Die kulturelle Herkunft der hier lebenden Migrantinnen bleibt offen.

104 Zum Interview hatte sich ebenfalls nur ein Mädchen angemeldet, das seine ersten vier Lebensjahre in Kasachstan verbracht hat.

Verantwortung übernehmen die Mädchen außerdem, wenn sie andere Mädchen zum Mitmachen motivieren und Verbesserungsvorschläge formulieren. In beiden Fällen geht es ihnen um den Erhalt des Netzwerks:

> „P: [...] manchmal muss man den kleinen faulen lizzys schon mal auf die füße treten damit sie was machen. genau wie redaktion1 mich da angequickt hat sozusagen, von wegen (NACHAHMEND) willst du nicht weiter schreiben? also man sollte die leute schon direkt ansprechen damit sie was machen, weil sonst passiert da nichts. sonst denken sie (NACHAHMEND) ach, ich fühle mich nicht angesprochen, ach." (Riverball, 19 Jahre)

> „P: [...] wenn ich gerade zu tun habe und irgendwelche quicken mich an und nerven mich auch und fragen, (NACHAHMEND) was machst du? dann sage ich immer (BELUSTIGT) standardantwort, ich lese gerade was in lizzypress. weil dann * also ich will eigentlich auch die dazu bekommen dass sie auch mal da lesen, weil da gibt es wirklich gute sachen, dass sie auch einfach mal so gucken, vielleicht wollen die auch mal was schreiben oder so." (Woodstock, 17 Jahre)

Eine weitere Konsequenz ist eng mit der ursächlichen Bedingungen „Mädchenspezifisches Angebot" (siehe 7.2.3) und „Geschützte Community" (siehe 7.2.4) verknüpft: *solidarisches Verhalten*. Es zeichnet sich durch eine gemeinsame Perspektive, ein gegenseitiges Einfühlungsvermögen, wechselseitige Anerkennung und gemeinsame Anteilnahme aus und entspringt i.d.R. einem subjektiven Empfinden der Zusammengehörigkeit. Auf LizzyNet solidarisieren sich die Mädchen, weil sie das Gefühl haben, sie müssten etwas Wertvolles verteidigen:

> „I: [...] denkst du das es so eine art zusammengehörigkeitsgefühl gibt, unter den lizzys?
> P: ja durchaus. also das gefühl das revier sozusagen verteidigen zu müssen das gibt es durchaus. beispielsweise habe ich das mal erlebt in einem chat, da kam irgendjemand rein und pöbelte nur rum, egal ob männchen oder weibchen, war nicht so klar ersichtlich und hat eigentlich nur blödsinn geschrieben, so von wegen (NACHAHMEND) ihr dummen schlampen + und bla bla bla und dann reihenweise irgendwelche blöden buchstabenkombinationen, und da regte sich schon wirklich sämtliche chatbesatzung auf. also da haben sich wirklich alle kollektiv (NACHAHMEND) ja mache dich raus hier und hätätä + also da gab es ganz schön streit, also die, die verteidigen da auch mit klauen und zähnen ihr revier wenn jemand böses will." (Germanium, 21 Jahre)

Erfolgt die Anmeldung zu LizzyNet zunächst zufällig oder situativ, schließen sich die Mädchen nach einer Weile bald schon internen Gruppierungen an. Spezifische Interessen und Vorlieben, z.B. für alte Kinofilme oder

Dollz[105], führen zu einer internen Binnendifferenzierung in Clubs und Cliquen. Einige der Kontakte werden nach einer Weile intensiviert, die Mädchen tauschen sich kontinuierlich aus, vertrauen sich zunehmend private Probleme an und setzen die Beziehung in einigen Fällen im leibhaftigen Leben fort – *erweitern ihr soziales Netzwerk* (siehe auch 7.4.8).

7.6.11 Zusammenfassung

Zugehörigkeit in Hinblick auf die Online-Community äußert sich zunächst über die formale Mitgliedschaft und damit über die Zugehörigkeit zum weiblichen Geschlecht. Weil sie ein Mädchen sind, können die Nutzerinnen partizipieren. Die Bindung ist allerdings noch relativ fragil. Infolge einer dauerhaften und intensiven Teilnahme und Beschäftigung mit dem Angebot werden die Mädchen dann zu aktiven Mitgliedern. Es ergeben sich Kontakte zu anderen Mädchen und zur Redaktion, die weiter intensiviert werden. Ausgetauscht wird sich zu persönlichen Themen, zu Club-Themen und über LizzyNet. Die Nutzerinnen verstehen sich nun nicht mehr nur als Mädchen, sondern als ein Mädchen mit bestimmten oder besonderen Interessen und Fähigkeiten. Die Vertrautheit mit der Online-Community, der Kontakt zu anderen Mädchen und zur Redaktion und das eigene Expertentum binden die Mädchen an das Angebot. Sie fühlen sich auf LizzyNet zu Hause, d.h. sie kennen sich aus, sind mit den sozialen Gepflogenheiten vertraut, haben Gleichgesinnte gefunden, mit denen sie sich über ihre Themen (fachkundig) austauschen können, gehören zu den Aktiven und können Neulinge einweisen. Sie erfahren das Angebot als einen Ort, der von *ihnen* (mit-) gestaltet werden kann. Dementsprechend reden sie über die Community, informieren sich über Neuerungen, testen neue Angebote und unterbreiten den Redakteurinnen Änderungswünsche. Durch ihr Engagement fühlen sie sich der Community verpflichtet und bringen sich kontinuierlich ein.

Zu differenzieren ist grundsätzlich zwischen Nutzerinnen, die LizzyNet vordergründig für sich, ihr persönliches Weiterkommen nutzen (siehe 7.4.7). Sie fühlen sich zu Hause, da LizzyNet ihnen Erfahrungs- und Gestaltungsspielräume zur Verfügung stellt, in denen sie sich neue Fähigkeiten aneignen können. Auch für sie ist die Kommunikation mit der Redaktion und anderen Mitgliedern von Bedeutung, die Selbstverwirklichung steht allerdings an erster Stelle. Solange die Mädchen Anknüpfungspunkte und neue Herausforderungen finden, fühlen sie sich dem Angebot verbunden. Nehmen die Gestaltungsspielräume aber ab, sind wenig verbindliche Kontakte geknüpft worden und bleibt die Anerkennung durch andere aus, zie-

105 Dollz oder Pixel Dolls sind kleine, nur wenige Pixel große und meist weibliche Figuren, die als Avatare, E-Mail-Signatur oder zur Illustration der persönlichen Homepage benutzt werden. Sie lassen sich auf verschiedene Weise gestalten und bekleiden. Das Phänomen *Dolling* ist inzwischen relativ weit verbreitetet, im Internet findet man hierzu diverse Websites, Communities und andere Beiträge.

hen sie sich aus dem Netzwerk zurück. Eine weitere Gruppe an Mädchen partizipiert hingegen eher, um sich über sich und die eigenen Themen auszutauschen sowie Kontakte zu anderen Mädchen zu knüpfen. Sie interessieren sich zwar auch für die Angebote im Netzwerk (z.B. Homepage-Generator, Wettbewerbe), ihr vordergründiges Nutzungsmotiv ist aber die Kommunikation. Ein Wir-Gefühl bzw. ein Gefühl von sozialer Zugehörigkeit stellt sich für sie erst über vielfältige und persönlich bedeutsame Kontakte ein. Wie emotional bindend (und verpflichtend) die soziale Zugehörigkeit empfunden wird, hängt weiterhin vom Grad der erhaltenen sozialen Unterstützung ab. Haben die Mädchen das Gefühl, dass sie in ein Beziehungsnetz eingebunden sind, andere Mitglieder sie ernst nehmen, verstehen und wertschätzen, fühlen sie sich dem Netzwerk verbundener. Die Mitgliedschaft fungiert dabei aber durchaus auch als Distinktionsmittel. Nach außen und innen werden hierzu konkrete Ausweiskriterien angelegt. Die Erfahrung der Differenz – Nicht-Junge zu sein – erzeugt eine erste lockere Gemeinsamkeit. Da die Gruppe der Mädchen aber zu groß ist, diese Bedeutung von zu vielen geteilt wird, erfolgt dann bald schon eine Binnendifferenzierung in „aktive" gegenüber „weniger aktiven" Lizzys bzw. in Clubs und Cliquen. Die Abgrenzung erfolgt über die besondere Kenntnis des Angebots, die Themen, die eigene Aktivität und das Kommunikations- und Integrationsverhalten. Ein bewusst ausgrenzendes Verhalten gegenüber Neulingen, jüngeren Mädchen oder z.B. Nutzerinnen mit Mainstream-Interessen wird von den Mädchen nicht geschildert. Das eigentliche Band wird vielmehr über die kollektive Identität „Mädchen" bzw. kollektive Differenz zu den Jungen konstruiert (siehe 5.1; 5.2). Es bleiben jedoch trotzdem einige Mädchen außen vor bzw. unsichtbar. Der Blick in die Anmeldestatistik, Foren und Clubs zeigt, dass nicht *alle* Mädchen mit ihren Themen im Angebot repräsentiert sind. Hauptschülerinnen, Migrantinnen und homo- und bisexuelle Mädchen haben offenbar Schwierigkeiten, Anknüpfungspunkte zu finden und sich einzubringen.

Insgesamt wird deutlich, dass Mädchen über ihre formale, nutznießerische oder sozial-partizipatorische Mitgliedschaft auf LizzyNet neue Erfahrungsräume und neue Bindungen austesten und ihr soziales Netz um (zunächst) virtuelle Kontakte erweitern. Verschiedenen Formen der sozialen Zugehörigkeit mit entsprechenden binnen-distinktiven Subjektpositionierungen sind möglich und weisen auf den transitorischen Charakter virtueller Gemeinschaften hin. Grundsätzlich kann davon ausgegangen werden, dass Mädchen sich in Folge einer engen emotionalen Bindung zur Community solidarisieren. Diese Solidarität äußert sich zum einen darin, dass sie sehr offen aufeinander zugehen und innerhalb der Community und in ihren Clubs Verantwortung übernehmen. Sie zeigt sich weiterhin darin, dass sich die Userinnen gegenüber Menschen abgrenzen, von denen sie annehmen, dass diese das soziale Klima stören.

8. Identitätsspielräume

In diesem Kapitel werden die beschriebenen Schlüsselkategorien in einen Zusammenhang gebracht und in Hinblick auf die Kernkategorie miteinander verknüpft. Es wird also der *Kern* der entstehenden gegenstandsverankerten Theorie herausgearbeitet.

8.1 Theoretischer Rahmen

Ein theoretisches Konzept, das Einfluss auf die Grounded Theory Analyse genommen und sie mit strukturiert hat, ist „Identität". In Anknüpfung an die sozialwissenschaftliche Identitätsforschung, insbesondere die Gender Studies, Cultural Studies und Postcolonial Studies, wird Identität innerhalb kultureller Kontexte und Repräsentationen, über Anknüpfung an bestehende (heteronormative) Diskurse, Differenzen und Zugehörigkeiten auf der Basis verfügbarer Ressourcen durch performative Praktiken und narrative und reflexive Konstruktionsarbeit kontinuierlich hergestellt (siehe 5). Greifbar ist Identität nur, indem wir uns selbst erzählen oder inszenieren – also auf performativer Ebene agieren (*doing identity*). Um Identität herzustellen und damit das eigene Erleben zu ordnen, zu bearbeiten und letztlich auch zu begreifen, suchen die Jugendlichen die Nähe zu Ihresgleichen. In der *Gruppe der Gleichaltrigen* ertragen und diskutieren sie die vielfältigen und widersprüchlichen Anforderungen, die die individualisierte und globalisierte Welt an sie heranträgt (siehe 4.1). In der Solidargemeinschaft der (gleichgeschlechtlichen) Peers (siehe 4.4.1; 4.4.2) tauschen sie sich relativ ungehemmt über entwicklungsbedingte biologische Reifungsprozesse, Ablösungsschwierigkeiten von Eltern, individuelle Vorlieben und Eigenarten sowie gesellchaftliche Normen und Werte aus. Unter „Ihresgleichen" arbeiten sie sich auf informeller Ebene an den gesellschaftlichen Herausforderungen und Handlungsaufgaben ab (siehe 4.4). In der Peer-Group finden sie Aufmerksamkeit, Empathie und Zuneigung. Dort werden ihre eigenwilligen Identitätsentwürfe wertgeschätzt und sie zu neuen Experimenten ermutigt. In ihrem beständigen Bemühen, einzigartig aber doch auch emotional mit anderen verbunden zu sein, bedienen sich die Jugendlichen immer häufiger auch der Medientexte. Die Auseinandersetzung mit Medienstars und populären Mediengeschichten ermöglicht es ihnen, sich sowohl *individuell* als auch *gemeinschaftlich* in der Welt zu verorten. In Anknüpfung an diese Medientexte, im Rahmen eigenwilliger Neukompositionen oder in Abkehr davon entwickeln sie ihre Persönlichkeit (siehe 6.1).

Die Identitätsarbeit findet nicht nur im sozialräumlichen Umfeld und damit „realen“ Peer-Kontext, sondern auch in virtuellen Sozialräumen statt. Diese sind mal mehr und mal weniger intensiv mit dem realweltlichen Umfeld bzw. der Lebenswelt verknüpft. Um auch diese neuen Interaktionswelten in den Blick nehmen zu können, reicht es nicht mehr, sich den Medienwelten der Jugendlichen über den Bezug zur realen Umwelt zu nähern (siehe 6.2), wenngleich diese weiterhin den realen Gestaltungsspielraum markiert, der den Heranwachsenden für ihre (zunächst) virtuellen Identitätskonstruktionen zur Verfügung steht. Vielmehr lohnt es nun auch, die de-territorialisierten Räume des Cyberspace in den Blick zu nehmen. Hier suchen und finden die Jugendlichen/Mädchen im Austausch mit Gleichgesinnten neue Wege zur Auseinandersetzung mit sich und ihrer Umwelt. Um auch diese virtuellen Sozialräume und die dort stattfindenden Identitätsexperimente zu erfassen, ist in dieser Arbeit ein Ansatz aufgegriffen worden, in dem Medien als „Medienräume“ konzeptualisiert werden (siehe 6.3). Ziel des Ansatzes ist es, die medialen Räume bzw. in diesem Fall die Online-Community auf ihre Verfasstheit, auf die verschiedenen Möglichkeiten und Perspektiven für die Verortung von Identität zu untersuchen und die Möglichkeiten der Erfahrung und Konstruktion von Zugehörigkeit zu erfassen. Ein solcher Ansatz sensibilisiert die ForscherInnen für die raumkonstituierenden Praktiken der AnbieterInnen *und* NutzerInnen (*doing space*). Insgesamt geht es also darum, das sozialräumliche Umfeld als auch die Medienräume selber danach zu befragen, welche „Identitätsspielräume“ sie den Userinnen zur Verfügung stellen. Damit ist die Kernkategorie benannt.

8.2 Kernkategorie „Identitätsspielräume“

Die Kategorie *Identitätsspielräume* verknüpft die Angebotsseite (siehe 7.2), die Medienaktivitäten der Userinnen sowie die lebensweltlichen Einflussfaktoren (siehe 7.3, 7.4, 7.5, 7.6) und verweist darauf, dass in den neuen Sozialräumen verschiedene Formen alltäglicher Identitätsarbeit geleistet werden: Die Mädchen stellen sich vielfältig dar, suchen und gewähren sich unterschiedliche Formen sozialer Unterstützung, verschaffen sich Orientierung und stellen auf vielfältige Art und Weise Zugehörigkeit her.

Welche Form der Identitätsarbeit praktiziert wird, also wozu die Identitätsspielräume genutzt werden, hängt dabei von dimensionsspezifischen intervenierenden Bedingungen ab. In Tabelle 10 sind alle Schlüsselkategorien aufgeführt und in einen Strukturzusammenhang gebracht worden.

Die Beziehungen zwischen den einzelnen Aspekten (Bedingungen, Eigenschaften, Einflussfaktoren, Konsequenzen) werden im nachfolgenden Kapitel in Hinblick auf die Kernkategorie zusammenfassend dargestellt. Dabei hilft es laut Strauss und Corbin einen klaren roten Faden der Geschichte zu erstellen und diesen in eine analytische Geschichte zu übersetzen:

Der rote Faden der Geschichte „Identitätsspielräume"

Die Mädchen werden in der Online-Community aufgrund der anfangs genannten ursächlichen Bedingungen zu vielfältigen Ich-Erzählungen und Identitätskonstruktionen angeregt. Sie sind dabei immer auch auf der Suche nach sozialer Anerkennung und neuen Bekanntschaften und schaffen sich vielfältige neuartige Unterstützungsformen und -bezüge. Diese neuartigen Unterstützungsressourcen werden von den Mädchen insbesondere dann geschätzt, wenn Probleme oder Krisen im engeren realen persönlichen Netzwerk angesiedelt sind (z.B. Ärger mit der besten Freundin, den Eltern oder der Tod eines nahe stehenden Menschen). Solche Situationen werden als besonders belastend empfunden, da sich zusätzlich zur bedrückenden Situation zugleich eine Vielzahl an potentiellen Hilfsressourcen reduzieren. Die Mädchen nutzen die Online-Beziehungen und -Netze aber auch, um sich mit gesellschaftlichen Weiblichkeitsvorstellungen und heterosexuellen Umgangsformen auseinanderzusetzen, ihre Handlungsorientierung abzusichern und für sich wichtige Lebensstil- und Zukunftsfragen zu klären – mit anderen Worten: sich zu orientieren. Die beratenden, tröstenden, wertschätzenden und emotionalen Rückmeldungen sowie konkreten Hilfeleistungen, also verschiedenen Formen sozialer Unterstützung, motivieren die Mädchen dann auch, sich engagiert einzubringen und eine große Vertrautheit mit der medialen Umgebung und eine emotionale Verbundenheit mit dem Angebot herzustellen. Es entwickeln sich individuelle Kontakte und über die Zeit auch komplexe Beziehungsnetze, über die LizzyNet dann letztlich zu so etwas wie einem virtuellem zu Hause wird. Die Mädchen fühlen sich in diesem neuartigen Anerkennungskontext wohl – zugehörig. Sie entwickeln im Zuge dessen Medienkompetenz und Selbstvertrauen, übernehmen Verantwortung, zeigen deutliches Interesse daran, die Inhalte und Ausrichtung des Angebots mitzubestimmen und verteidigen das Angebot in Solidarität mit anderen Mädchen und den Redakteurinnen vor unerwünschten Eindringlingen.[106]

Die Voraussetzungen dafür, dass die Identitätsspielräume von den Mädchen wahrgenommen und später dann auch angeeignet und selbsttätig erweitert werden, finden sich in den ursächlichen Bedingungen.

106 Diese positive Geschichte lässt sich natürlich nicht für alle Mädchen so rekonstruieren. So zeigt sich, dass sich die *Spielräume* für Gymnasiastinnen anders präsentieren als für Mädchen aus bildungsfernen Schichten und Migrantinnen. Darauf wird später noch eingegangen.

Identitätsspielräume	
Eigenschaften	Selbstkonstruktion (SK) Soziale Unterstützung (SU) Orientierung (O) Soziale Zugehörigkeit (SZ)
Strategien	siehe Beschreibung der Kategorien in Kapitel 7
Einflussfaktoren	Bildungshintergrund (SK, SU, O) Alter (SK, SU, O, SZ) Unzufriedenheit mit dem realen Freundeskreis (SU) Wissensdurst (SK) Wunsch nach Authentizität (SK) Soziale Unterstützung (SK, O, SZ)
Konsequenzen	Erweiterung soziales Netzwerk (SK, SU, SZ, O) Medienkompetenz (SK, SU, O) Selbstvertrauen (SK, SU, O) Orientierung (SK, SU) Engagement (SU) Soziale Zugehörigkeit (SK, SU) Wunsch nach Mitbestimmung (SZ) Übernahme von Verantwortung (SZ) Solidarität (SZ) Medienberufe entdecken (O)

Tab. 10: Kernkategorie „Identitätsspielräume“: Eigenschaften, Strategien, Einflussfaktoren, Konsequenzen

8.3 Bedingungen der Internet- und LizzyNet-Nutzung

Bei der Darstellung der ursächlichen Bedingungen wurde zwischen den angebotsunabhängigen und lizzynetspezifischen Bedingungen unterschieden. Durch die angebotsunabhängigen Bedingungen, also die CvK und den freiwilligen Zugang, wird den Mädchen vor allem Spaß und Unterhaltung in Aussicht gestellt. Dass LizzyNet darüber hinaus aber auch eine identitätsstiftende Bedeutung erhält, hängt insbesondere von den LizzyNet-spezifischen Bedingungen ab, die thematische Anknüpfungspunkte an die Lebenswelt der Mädchen und Identifikationsangebote jenseits stereotyper Rollenbilder offerieren sowie einen Schutz vor stereotypen Zuschreibungen, sexuellen Belästigungen, männlichen Blicken und Abwertungen versprechen. In dieser besonderen Lernatmosphäre, in der männliche Technikdiskurse und heteronormative Interaktionsregeln außer Kraft gesetzt sind[107], werden die Mädchen motiviert, sich anderen anzuvertrauen, mit anderen ihre spezifischen Vorlieben oder Leidenschaften zu teilen, Unsicherheiten preiszugeben und sich in bisher unbekannten und mädchenuntypischen Aktionsfeldern auszuprobieren. Hierfür wird ihnen eine Lernumgebung mit vielfältigen Informations-, Interaktions- und Partizipationsfeldern zur Verfügung gestellt, die sie in dieser Form bisher – auch im Rahmen der Schule – nicht angeboten bekommen haben. Diese Lernumgebung wird pädagogisch betreut und ist teilnehmerinnenorientiert gestaltet. Eine festangestellte Redaktion ist immer ansprechbar und erreichbar, garantiert Sicherheit in Hinblick auf Struktur, Inhalte und Qualität. Die Redakteurinnen sind jederzeit offen für persönliche und fachliche Fragen und beziehen die Meinung der Mädchen mit ein, sodass sich die Mädchen insgesamt sehr wohl, ernst genommen und gut aufgehoben fühlen.

Diese spezifische Konstellation von Bedingungen, also die informellen Interaktions- und Partizipationsmöglichkeiten in einem sicheren und die Mädchen in ihrer Vielfalt akzeptierenden sozialen Setting sowie die von Seiten der Redaktion vorgegebenen inhaltlichen Anregungen und alternativen Orientierungsmodelle, *schaffen* für die Mädchen neuartige Orientierungs-, Identifikations- und Handlungsspielräume, die sie für die (alltägliche) Identitätsarbeit nutzen.

8.4 Eigenschaften und Dimensionen „virtueller" Identitätsarbeit

Die Mädchen greifen diese vorgefundenen Möglichkeiten bzw. *geschaffenen* Identitätsspielräume auf, indem sie partizipieren, darüber hinaus entwickeln sie aber auch neue Projekte, be-*nutzen* die Identitätsspielräume also nicht nur, sondern erweitern bzw. *transzendieren* diese auch. Welche Strategien sie dabei an den Tag legen, wurde bereits ausführlich dargestellt. Im Folgenden soll nun die Kernkategorie mit ihren verschiedenen Eigenschaften und Dimensionen herausgearbeitet werden. Es wird gezeigt, wie die Mädchen das Angebot nutzen und wo theoretische Anknüpfungspunkte zur Jugend- und Mädchen-, Identitäts- und Netzwerkforschung gegeben sind.

107 Wenngleich das heterosexuelle System der Zweigeschlechtlichkeit weiterhin das gesellschaftliche Raster vorgibt, in dem die eigenen Handlungen eingeordnet und bewertet werden, heteronormative Geschichten also weiterhin erzählt werden (z.B. in Foren oder Zweiergesprächen), ist in einem geschlechtshomogenen Raum aber doch eine andere, nämlich offene und reflektierte Auseinandersetzung mit der eigenen Geschlechtsidentität möglich, da hier auch Unsicherheiten und Ängste artikuliert werden können.

8.4.1 Selbstkonstruktion

Identität wird heute als ein Patchwork betrachtet, das stetig modifiziert bzw. hergestellt und verändert wird. Greifbar ist Identität nur, indem wir uns selbst erzählen oder inszenieren – also auf performativer Ebene agieren. Auf LizzyNet nutzen die Mädchen die Websites, die computervermittelte Kommunikation und andere Partizipationsmöglichkeiten wie z.B. die *Lizzy-Press*, um sich sowohl situativ und dauerhaft als auch visuell und verbal zu inszenieren. Die Selbstthematisierungen und Inszenierungen als – so die Mädchen im Interview – HTML- und Webdesign-Expertin, Computer-Professorin, Filmspezialistin, Aktive, angehende kritische Online-Redakteurin, LizzyNet-Darling, Gothic oder Frau Professorin Oberklug zeigen, dass die Mädchen Subjektpositionen oder Teil-Identitäten konstruieren, die ihnen neben vielfältigen Kontakten auch ein Gefühl der Zugehörigkeit (zur Community) bescheren. Insbesondere die Konstituierung einer neuen eher untypischen Teilidentität wie z.B. die der HTML-Expertin oder Gothic-Frau ist ihnen dabei nur möglich, da das Angebot LizzyNet in wesentlichen Teilen nicht öffentlich zugänglich ist. Als Teilöffentlichkeit wird das Netzwerk von einigen Mädchen dazu genutzt, um sich in den eigenen virtuellen *vier Wänden* (*bedroom culture*) – in diesem Falle auf LizzyNet und der eigenen Website – und nicht gleich vor der gesamten Internetöffentlichkeit zu präsentieren, zu engagieren und ihr Mädchensein auszuhandeln. Anders als in den eigenen realen vier Wänden ermöglicht LizzyNet den Mädchen dabei einen Schritt aus der häuslichen Sphäre hinaus, ihre Interessen und Gefühle werden öffentlich sichtbar.[108]

8.4.2 Soziale Unterstützung

Im Rahmen der Nutzung von LizzyNet bilden sich vielfältige virtuelle Beziehungsnetze, die bisherige Beziehungen nicht ersetzen, sondern ergänzen. Die neuen Online-Beziehungen stellen für die Mädchen allerdings eine soziale Ressource dar, auf die sie in vielen Lebenssituationen zurückgreifen können. Zustande kommen diese Beziehungen vor allem durch Unterstützungsleistungen. Differenziert wird zwischen fünf Formen sozialer Unterstützung: dem (persönlichen und fachlichen) Informational Support, dem Emotional Support, dem Esteem Support, dem Social Network Support und dem Tangible Aid. Die Bereitschaft der Mädchen Trost zu spenden, Empathie und Zuneigung zu zeigen (Emotional Support) sowie persönliche Fraugen zu beantworten (persönlicher Informational Support), ist sehr groß und stellt den üblichen Ausgangspunkt für temporäre Online-Beziehungen dar,

---

108 Inzwischen sind einige Mädchen auch dazu übergegangen, sich – und dies ist aus pädagogischer Sicht sicherlich zu begrüßen – einen persönlichen Bereich auf der Website einzurichten, der nur per Passwort zugänglich ist. Damit stellen sie sicher, dass nur ausgewählte Personen Zugang zu ihren persönlichen und intimen Gedanken haben.

die durchaus auch den Charakter starker Bindungen annehmen können. Im Zuge dessen wird dann allerdings i.d.R. auch ein Medienwechsel „in real life" realisiert. Aber auch andere Unterstützungsformen werden abgerufen und gewährt: die Mädchen setzen sich mit den Leistungen und Meinungen anderer auseinander, zollen sich Anerkennung (Esteem Support), beraten sich fachlich (fachlicher Informational Support), stellen Online-Tutorials und ihre besonderen Fähigkeiten zur Verfügung (Tangible Aid) und machen sich auf andere Unterstützungsnetze aufmerksam (Social Support). An dieser Stelle wird bereits das besondere Potential des Netzwerks deutlich. Die Unterstützungsforschung hat gezeigt, das schwache Bindungen (weak ties) eine wesentliche Brücke zur Erschließung neuer sozialer Beziehungen über die gesicherte Netzwerkeinbindung (strong ties) hinaus darstellen und damit laut Nestmann (1989, S. 111) „das aktive Sich-Schaffen" von mehr, weiteren und differenzierteren Netzwerken erleichtern. Darüber hinaus erfahren die Mädchen sich aber auch selber als Helfende, indem sie sich gemeinsam an Deutungen und Interpretationen versuchen, sich darin bestärken, belastende Situationen auszuhalten, externe Hilfen aufzusuchen und Trost spenden. Das hat positive Rückwirkungen auf das eigene Selbstwertgefühl, denn Helfen zu können wirkt sich ebenfalls positiv auf das eigene psychische Wohlbefinden aus (vgl. ebd. 1987, S. 288). Es zeigt sich also, dass auf LizzyNet neue Unterstützungsformen und -bezüge realisiert werden, die über das traditionelle System informeller Hilfeleistungen hinausgehen. Dass LizzyNet von den Mädchen angenommen wird, hängt wesentlich damit zusammen, dass die technisch-gestalterischen Partizipationsmöglichkeiten nicht isoliert stehen, sondern eingebettet sind in ein Netzwerk, in dem die Mitglieder durch besondere Merkmale miteinander verbunden sind (hier Geschlecht und spezifische Lebensphase) und ihre Bedürfnisse nach Austausch, Empathie, Anerkennung und Vernetzung befriedigt werden.

8.4.3 Orientierung

Die Beziehungsnetze in der Online-Community stellen für die Mädchen einen Schonraum dar, in dem sie sich mit den für diese Altersphase typischen, von Havighurst benannten Handlungsaufgaben auseinandersetzen. Sie nutzen die Angebote und Informationen im Netzwerk, auf Websites von Mädchen und aus dem Austausch mit virtuellen Peers, Älteren und den Redakteurinnen, um sich in Zukunfts- und Lebensstilfragen als auch über Unsicherheiten zu ihrer Geschlechtsidentität zu orientieren. In Übereinstimmungen mit bisherigen Studien aus der Mädchenforschung zeigt sich, dass die Mädchen das Unter-sich-sein vor allem zur Supervision heterosexueller Umgangsformen und zur Inszenierung von Weiblichkeit nutzen. Beides ist eng miteinander verknüpft. Die zahlreichen Gespräche auf LizzyNet über körperliche Unzulänglichkeiten, angemessene modische Kleidung, die erste Liebe oder der erste Streit mit dem Partner sowie die Unsicherheit darüber, was dem Partner gefällt bzw. der Kampf um die eigenen Bedürfnisse, zeigen, dass die Mädchen sich auch in den virtuellen Beziehungsnetzen mit gesellschaftlichen Weiblichkeitsvorstellungen auseinandersetzen. Das System der heteronormativen Zweigeschlechtlichkeit stellt weiterhin den Orientierungsrahmen, in dem sie sich nicht nur off- sondern auch online bewegen. Vor diesem Bewertungsraster werden das eigene Handeln, das eigene Auftreten und die eigenen Interessen ausgehandelt. Damit orientieren sich die Mädchen an doing-gender-Praktiken, die von ihnen erwartet werden und demzufolge auch Anerkennung versprechen. Die Mädchen nutzen LizzyNet also, um sich auch außerhalb ihres sozialräumlichen Umfeldes zu orientieren.

Wenngleich sich zeigt, dass insbesondere die heterosexuellen Erfahrungs- und Orientierungsmuster laut Forenanalyse und Selbsteinschätzungen der Mädchen die dominierenden sind, werden aber auch andere Konstruktions- und Distinktionsleistungen erbracht. Unter ihresgleichen ist es den Mädchen ebenfalls möglich, ihre Vorliebe für Fußball zu teilen, sich als Fan und Szeneangehörige einer „in real life" doch eher männlich dominierten Jugendkultur zu präsentieren oder Kenntnisse in Internettechnologien zu erwerben und auszutauschen. Sie können sich eine Position erarbeiten, die ihnen in gemischtgeschlechtlichen (realen oder virtuellen) Settings zuvor nicht oder nur schwer zugänglich war.

8.4.4 Soziale Zugehörigkeit

Jede Form der Ich-Inszenierung geht auch mit sozialen Absichten einher. Die Inszenierung der eigenen Person oder eigenen Fähigkeiten ist in der Regel an die Hoffnung auf Anerkennung geknüpft. Die Rückmeldungen der anderen dienen dabei nicht nur der Selbstbestätigung, sondern auch zur Kontaktaufnahme und Integration in ein neues Netzwerk. Es geht den kontinuierlich teilnehmenden Mädchen nicht darum, eine Online-, Schein- oder Parallel-Identität zu kreieren, sondern sich möglichst „authentisch" zu inszenieren. Dies bedeutet, eine im Rahmen des Mediums angemessene Form der Selbstinszenierung zu finden, in der die eigenen Interessen und Bedürfnisse Platz finden. Im Zuge einer engagierten Mitgliedschaft testen die Mädchen neue Erfahrungsräume und neue Bindungen – verschiedene Formen sozialer Zugehörigkeit aus. Die zunächst noch lockeren Bindungen gewinnen an Bedeutung, wenn die Mädchen es schaffen, Vertrauen zu entwickeln und sich für eine gewisse Dauer in der virtuellen Lebenswelt einzurichten. Der geschützte Rahmen von LizzyNet kommt ihnen dabei sehr entgegen. Sie lernen das Angebot genauestens kennen, knüpfen und pflegen Kontakte zu anderen Nutzerinnen, teilweise auch zur Redaktion und schließen sich darüber hinaus auch zu internen Gruppen bzw. Cliquen zusammen. Auf diese Weise werden neue Formen der Vergemeinschaftung möglich, die es den Mädchen außerhalb von jungendominierten Jugendszenen erlauben, an jugendkulturellen Aktivitäten zu partizipieren, ohne sich in heterosexuelle Gefüge einordnen zu müssen.

Zusammenfassend kann also festgehalten werden, dass die Mädchen LizzyNet für eigene Ich-Erzählungen und neue Identitätskonstruktionen nutzen. Die vielfältigen *Selbstkonstruktionen* bzw. performativen Selbstinszenierunen motivieren die Mädchen zu verschiedenen Formen der *sozialen Untertützung*. Die beratenden, tröstenden und wertschätzenden Rückmeldungen sowie konkreten Hilfeleistungen tragen dazu bei, dass sie sich in Folge stärker engagieren, sowohl in Hinblick auf ihr selbstdarstellerisches als auch soziales Engagement. Im Austausch mit anderen sichern sie ihre (geschlechtsspezifischen) Einstellungen und Handlungsmuster ab, beraten sich in aktuellen Problemsituationen, klären für sich wichtige Lebensstil- und Zukunftsfragen – *orientieren sich*. Dabei entstehen individuelle Kontakte und über die Zeit auch komplexere Beziehungsnetze, sodass LizzyNet für die Mädchen insgesamt einen Anerkennungskontext darstellt, in dem sie (als Mensch und Mädchen) mit ihren Eigenarten wertgeschätzt und unterstützt werden – sich *zugehörig* fühlen können.

8.5 Einflussfaktoren auf die Ausgestaltung der Medienräume

In welcher Form und mit welcher Intensität die Mädchen das Netzwerk für die Identitätsarbeit nutzen, hängt nicht nur von virtuellen, sondern auch von sozialräumlichen und individuellen Bedingungen ab.

8.5.1 Sozialräumliches Umfeld

Das sozialräumliche Umfeld markiert den *realen Gestaltungsspielraum*, der den Mädchen für ihre (zunächst) virtuellen Identitätskonstruktionen zur Verfügung steht. Diese Einflüsse lassen sich in Hinblick auf den Zugang zum Internet/Angebot und den Ort der Internetnutzung, die Rolle der „realen“ Peers und die Bedeutung der Eltern und Schule betrachten.

Die *Netzwerkstatistik* von März 2006 zeigt, dass die meisten Mädchen den Zugang zu LizzyNet bisher durch Mund-zu-Mund-Propaganda bzw. über Peers gefunden haben. Insgesamt 41,8% der Mädchen sind über „die Freundin“ auf LizzyNet aufmerksam geworden. An zweiter Stelle steht das Internet (15%), dann folgen LehrerInnen (10,9%) und traditionelle Medien (8,4%). Den Schlusspunkt bilden die Eltern (3,7%). Dieses Verhältnis hat sich über die Jahre nur wenig geändert; allerdings nimmt die Freundin als Vermittlerin eine immer bedeutendere Position ein (siehe Tab. 11).

Kennen gelernt über ...	*März 2003*	*März 2006*
andere Gelegenheit	22,3% (5.005)	16,1% (12.340)
eine Freundin	28,9% (6.483)	41,8% (32.042)
über andere Medien	14,3% (3.212)	8,4% (6.416)
meine Eltern	3,9% (883)	3,7% (2.828)
meine Geschwister	3% (670)	4,2% (3.181)
Lehrerin	12,5% (2.801)	10,9% (8.335)
über eine Suchmaschine	4% (900)	3,7% (2.861)
einen Link von einer anderen Site	11,1% (2.495)	11,3% (8.645)

Tab. 11: „LizzyNet kennen gelernt über ..." im Jahr 2003 und 2006 in Prozent und absoluten Werten

Auffallend viele der *interviewten* Mädchen haben erst durch das Angebot LizzyNet ihren persönlichen Zugang zum Internet gefunden. Nahezu alle berichten, dass sie das Internet und LizzyNet vom eigenen Zimmer oder Wohnzimmer aus nutzen.[109] Nur in seltenen Fällen gehen sie ins Internet-café (Kostengründe) oder in ein Mädchenzentrum (kein eigener Rechner). Die Kosten für die Internetnutzung tragen nahezu in allen Fällen die Eltern, wobei einige Eltern auf Wunsch der Mädchen auch eine Flatrate eingerichtet haben. Wird die Online-Zeit über die Telefonrechnung abgebucht, reglementieren die Eltern (1/4 bis 1/2 h pro Tag) und beteiligen die Mädchen an den Kosten. Generell kann festgehalten werden, dass die Nutzungsdauer einen Einfluss auf das Engagement im Netzwerk hat: Je häufiger und damit auch intensiver die Mädchen partizipieren (dürfen), desto größer ist die Wahrscheinlichkeit, dass sie verbindliche Online-Freundschaften schließen, sich eine Website mit HTML basteln, eigene Artikel einbringen, Verantwortung für einen Club übernehmen und das Internet für Selbstthematisierungen und Identitätskonstruktionen nutzen.

Die Eltern haben nur einen schwachen Einfluss auf die Internet- bzw. LizzyNet-Nutzung der Mädchen. So sind einige der interviewten Mädchen zwar erst durch die Mutter auf das Netzwerk aufmerksam geworden, diese zeigen dann aber i.d.R. kein Interesse mehr. In einzelnen Fällen informieren sich die Eltern (zumeist die Mutter) zwar weiterhin über die Internetaktivitäten der Töchter, lassen sich das Chatten zeigen, bieten bei der Website-Erstellung konkrete Hilfe an[110] oder erleichtern den Zugang und die Partizipation (z.B. Internetanschluss und Flatrate einrichten, eine eigene Domain

109 Zwei der Mädchen besuchen bereits die Hochschule und haben daher über die Standleitung des Wohnheims oder den Computerraum der Hochschule einen kostenlosen Zugang.

110 In diesem Zusammenhang wird nur der Vater genannt.

finanzieren), über deren alltägliche Aktivitäten wissen sie aber wenig. Eher lassen sie sich durch die Internet- *nicht* LizzyNet-Nutzung verunsichern und reagieren mit Unverständnis und Reglementierung (Chat-Verbot, Kontrolle der Surfwege und Onlinezeit). An dieser Stelle wird auch deutlich, wie wichtig pädagogisch betreute Angebote im Internet insbesondere für Mädchen sein können, denn Eltern legen im Internet ähnliche Handlungsmuster an den Tag wie „in real life". Die Sorge vor sexuellen Belästigungen oder Übergriffen führt dazu, dass sie die Mädchen ungern in unbekannte, aus ihrer Perspektive unsichere (virtuelle) Räume vorstoßen lassen. Weder „in real life" noch im Virtuellen werden die Mädchen in ihrem Bestreben unterstützt, die Welt räumlich zu erobern. In diesem Sinne kommt der Internetnutzung der Mädchen noch eine weitere wesentliche Bedeutung zu, denn hier können sie einen (symbolischen) Raumgewinn erfahren.

Die Schule nimmt ebenfalls nur in seltenen Fällen Einfluss, zumal der Computer dort laut Aussagen der Mädchen offenbar weiterhin als männliches Terrain angesehen wird. Die Mädchen sind zwar stolz, wenn die LehrerInnen ihre HTML-Kenntnisse lobend erwähnen – das Lob bekommen sie aber in der Regel außerhalb des Unterrichts. Die Internetnutzung während des Unterrichts findet vorwiegend im Informatikunterricht statt; und zwar in erster Linie zu Recherchezwecken. Andere und eher seltene Verwendungszwecke sind die Dokumentation von Unterrichtsprojekten oder die Jobsuche. Ein grundsätzliches Problem in der Schule stellt laut Aussagen der Mädchen weiterhin die Technik dar (langsame, überlastete Rechner, veraltete Software) und ein offener Zugang zum Rechnerraum besteht in der Regel auch nicht. In den Fällen, in denen die Mädchen ganz gezielt von einer Lehrerin und zwei LizzyNet-Redakteurinnen an LizzyNet und die dortigen Partizipationsformen herangeführt wurden (Berufsfindungsworkshop, Online-Berichterstattung von der „Feminale"), zeigt sich allerdings ein deutlicher Einfluss. So gehörten die Mädchen, die am Workshop und der Feminale teilgenommen haben, während der Erhebungsphase zu den engagiertesten Mitgliedern. Hier wird deutlich, welchen Beitrag die Medienarbeit in der Schule, insbesonderer in Hinblick auf das Konzept „Öffnung von Schule", leisten könnte. Durch Kooperationen mit außerschulischen Partnern und Einrichtungen wäre es den LehrerInnen möglich, an alltagsnahe Erfahrungs- und Handlungsfelder von Jugendlichen anzuknüpfen und den Jugendlichen auf diese Weise neue und langfristige Partizipationsmöglichkeiten aufzuzeigen (vgl. Tillmann/Vollbrecht 2006a).

Zusammenfassend lässt sich für die Gruppe der interviewten Mädchen festhalten, dass in erster Linie nur die Peers Einfluss auf die Internetnutzung nehmen. Die Mädchen werden in der Regel über „eine Freundin" auf das Netzwerk LizzyNet aufmerksam gemacht, tauschen sich mit ihr dann auch virtuell aus, knüpfen darüber hinaus aber auch neue virtuelle Beziehungen. Damit wird ebenfalls deutlich, dass das Internet dem in Jugendmedienstudien immer wieder bestätigten vorrangigen Bedürfnis der Jugendlichen nach „FreundInnen treffen“ Rechnung trägt (vgl. JIM-Studie 2006). Dabei nutzen die Mädchen das neue Medium weniger, um sich, wie mit Büchern, in andere bzw. virtuelle Welten zu flüchten – ein Argument, das im Zusammenhang mit der Internetnutzung ja gerne problematisiert wird –, sondern um sich mit realen und virtuellen FreundInnen auszutauschen und sich in neuen Handlungsfeldern, außerhalb des sozial-ökologischen Zentrums, des ökologischen Nahraums und funktionsspezifischer Beziehungen auszuprobieren. Bei der Aneignung dieser neuen Handlungsfelder können die Schule und die Eltern einen wesentlichen Beitrag leisten, auf Wunsch der Mädchen vor allem durch materielle Unterstützungsleistungen, also z.B. indem sie einen Rechner zur Verfügung gestellt bekommen. Weiterhin fällt auf, dass insbesondere ältere Mädchen sich immer mehr an Gleichaltrigen orientieren, also unter sich Antworten auf ihre offenen Fraugen und Probleme suchen. Sie möchten nicht pädagogisch an die (reale und virtuelle) Welt herangeführt werden, sondern diese gemeinsam mit realen und virtuellen Gleichgesinnten auf ihre Weise „erobern“.

8.5.2 Strukturelle und personelle Einflussfaktoren

Strukturelle und personelle Faktoren haben Einfluss darauf, ob und in welcher Form die neuen Sozialräume genutzt und angeeignet werden. Einen wesentlichen Einfluss hat der *Bildungshintergrund.* In Hinblick auf die Art der sozialen Unterstützung, die die Mädchen suchen und gewähren, zeigt sich, dass die Haupt- und Realschülerinnen vor allem den intensiven sozialen Austausch über die eigenen und die persönlichen Probleme anderer suchen. Sie sind insbesondere an emotionalen Unterstützungsleistungen (Emotional Support) und Informational Support zu persönlichen Problemen interessiert, geben sich aber auch Rückmeldungen auf ihre persönlichen Einstellungen (Esteem Support). Die Gymnasiastinnen hingegen legen größeren Wert auf den persönlichen inhaltlich-fachlichen Austausch (fachlicher Informational Support) und erhoffen sich eher anerkennende Rückmeldungen auf ihre Kenntnisse und Fähigkeiten (Esteem Support). Um ihren spezifischen Internetinteressen (HTML, Webdesign) nachgehen zu können, knüpfen sie aber durchaus auch an Netzwerke außerhalb der Community an (Social Network Support). In Hinblick auf die selbstdarstellerischen Aktivitäten zeigt sich, dass Gymnasiastinnen wissensdurstiger sind, selbsttätig mehr Kenntnisse über Internettechnologien erwerben und sich aufgrund dessen auch vielfältiger in Szene setzen können. Der Wissensvorsprung stellt für sie außerdem ein distinktives Mittel dar, um sich als Expertin positionieren zu können. Dabei wählen sie eher die mittelbare Selbstdarstellung, die älteren Haupt- und Realschülerinnen hingegen favorisieren die unmittelbare Selbstdarstellung. Gymnasiastinnen nutzen z.B. populäre Medientexte eher als Rohmaterial für die Entwicklung eigener kultureller Praktiken, die Haupt- und Realschülerinnen greifen stärker auf die Medientexte zurück, um Gefühle teilen und gemeinsam schwärmen zu können.

Einfluss nimmt der Bildungshintergrund weiterhin auf die Berufsfindung (Orientierung). So haben einige Gymnasiastinnen aufgrund ihrer Medienerfahrungen Anregungen für die zukünftige Berufswahl erhalten und konnten ihre Berufswünsche weiter konkretisieren.

Von Bedeutung für die Art der Aneignung ist auch das *Alter*. Ab ca. dem fünfzehnten Lebensjahr verändert sich die Beziehung zu den Eltern und gewinnt die Peer-Group als Unterstützungsinstanz an Bedeutung. Die Mädchen fordern mehr Selbstständigkeit ein. Dabei büßen die Eltern nicht ihre Vertrauensposition ein – Unterstützungsleistungen zu bestimmten Themen (Sexualität, Liebesbeziehung, Probleme mit Eltern) werden nun aber stärker von den Gleichaltrigen eingefordert und geleistet. Ein Bereich, in dem die Eltern weiterhin die wichtigsten Ansprechpersonen bleiben, ist die Schule und berufliche Zukunft. In Hinblick auf die selbstdarstellerischen Praktiken wird deutlich, dass die jüngeren Mädchen mit HTML-Kenntnissen die Website in erster Linie dazu nutzen, um ihre Fähigkeiten und weniger um sich und ihre Themen darzustellen. Die Mädchen ab dem fünfzehnten Lebensjahr setzen sich verstärkt – auf unmittelbare (persönliche Homepage) oder mittelbare Art und Weise (Fansite, Fanfiktion) – mit sich und ihren Themen auseinander. Weiterhin Einfluss nimmt das Alter auf die Entwicklung sozialer Zugehörigkeit. Während sich die jüngeren Mädchen vor allem mit populären und von einer Mehrheit favorisierten Themen auseinandersetzen, wenden sich die älteren eher individuellen Themen und Vorlieben zu, zumal solchen, mit denen sie ihre Besonderheit herausstellen können. Sie suchen daher neben LizzyNet weitere Communities auf. In Hinblick auf die Orientierung spielt das Alter ebenfalls eine wesentliche Rolle. Die jungen Nutzerinnen bis zum vierzehnten Lebensjahr nutzen LizzyNet noch stärker als Spielplattform, die älteren hingegen beschäftigen sich intensiver mit sich und den für diese Altersphase typischen Handlungsthemen. Ausnahme ist die berufliche Orientierung, die bereits bei 12-jährigen Gymnasiastinnen einsetzt.

Wie die Mädchen den Identitätsspielraum nutzen, hängt weiterhin davon ab, ob sie mit ihrem Freundeskreis im sozialräumlichen Umfeld zufrieden sind. Mädchen, die Unterstützungsleistungen (zeitweilig) nicht abrufen können, suchen Halt in der Online-Community und in Online-Beziehungen. Dabei stellen die Online-Kontakte die reale Lebenswelt oder realen Freundschaften nicht in Frage, sondern ergänzen sie und können bei akutem Mangel an sozialen Ressourcen durchaus Abhilfe schaffen.

Ein weiteres Kriterium, das Einfluss auf die diskursiven Selbstkonstruktionen nimmt, ist der *Wunsch nach Authentizität.* Wenngleich die CvK mehr Freiheitsgrade in Hinblick auf die Selbstrepräsentation verspricht, fällt auf, dass die Mädchen auf LizzyNet nicht anonym bleiben, sondern ihr „wahres“ Ich durchscheinen lassen möchten. Sie geben bewusst ihre Anonymität preis, um Vertrauen herzustellen – mit der möglichen Konsequenz, dass andere Nutzerinnen zukünftig deutliche Erwartungen an sie formulieren.

Einen weiteren Einfluss auf die Selbstdarstellungspraktiken per Website, die empfundene Intensität der sozialen Zugehörigkeit und die Orientierungssuche haben *soziale Unterstützungsleistungen*. Insbesondere Formen der Anerkennung und Aufmerksamkeit (Esteem Support) sowie Ausdrücke von Liebe, Zuneigung und Ermutigung (Emotional Support), aber auch Momente des Informational Support motivieren die Mädchen zur Selbstdarstellung per Website. Dabei beeinflusst die soziale Unterstützung innerhalb der Community stärker als das (kaum vorhandene) Feedback von LehrerInnen und Eltern. Und auch in Hinblick auf die Orientierungssuche zeigt sich, dass die Art und Intensität der erfahrenen sozialen Unterstützung einen wesentlichen Einfluss darauf hat, ob und wie sich die Mädchen austauschen und welche Themen sie anzusprechen wagen. Weiterhin Einfluss nimmt die erfahrene soziale Unterstützung auf das Zugehörigkeitsgefühl. So ist grundsätzlich davon auszugehen, dass Mädchen, die positive Erfahrungen mit anderen Nutzerinnen und den Redakteurinnen gemacht haben, auch eine stärkere emotionale Bindung an das Netzwerk entwickeln.

Die in Kapitel 5 herausgearbeiteten Schlüsselkategorien treten also in unterschiedlichen Ausprägungen und unterschiedlicher Stärke auf. Je nach Bildungshintergrund, Alter, empfundener sozialer Zugehörigkeit, individuellem Wissensdurst, sozialer Unterstützung und der Größe des Wunsches nach Authentizität, nutzen die Mädchen den angebotenen Handlungsspielraum mal intensiv und in „epischer" Breite als *Identitätsspielraum* oder sie beschränken sich auf ausgewählte Funktionen, die einen eher kurzfristigen Lustgewinn versprechen. Dabei gestalten sie in einigen Fällen den zur Verfügung gestellten Aktionsraum nicht nur aus, sondern erweitern bzw. transzendieren diesen auch, indem sie neue Interaktionsräume konstituieren, z.B. Clubs, Blogs, Webrings, Fansites und Fanfiktion. Sie schaffen also neue Netzwerke und Betätigungsfelder.

8.6 Konsequenzen

Die Konsequenzen der „virtuellen" Identitätsarbeit sind das Ergebnis informeller Lernprozesse, die die Mädchen weitgehend selbsttätig und ohne direktive pädagogische Anleitung praktizieren. Die Konsequenzen finden sich sowohl auf der individuellen als auch auf der sozialen Ebene. So haben einige Mädchen ihr soziales Netz erweitert und einen Ort gefunden, an dem sie sich zu Hause bzw. zugehörig fühlen. Im Austausch mit anderen sichern sie ihr Handeln ab, finden auf diese Weise Orientierung und entwickeln mehr Vertrauen in sich. Infolge dessen bringen sie sich intensiver in die Community ein, engagieren sich, übernehmen Verantwortung, möchten die Inhalte und Ausrichtung des Angebots stärker mitbestimmen und verteidigen das Angebot in Solidarität mit anderen Nutzerinnen und Redakteurinnen vor Eindringlingen. Eine weitere Konsequenz, die sich aus der Aktivität im Netzwerk ergibt, ist eine erhöhte Medienkompetenz. Da sie das *pädagogische* Ziel von Mediensozialisation und erklärte Ziel des Modellprojekts LizzyNet ist, soll noch etwas ausführlicher auf diese Konsequenz eingegangen werden.

Die Mädchen lernen im Rahmen ihrer LizzyNet-Nutzung die neuen Technologien vielseitig einzusetzen, dabei entwickeln sie ein vielseitiges Wissen über die mediale Kommunikation im Internet und einen ihren Bedürfnissen entsprechenden Nutzungsstil (siehe 6.1.1). Ihr Wissen beschränkt sich dabei nicht allein auf Handhabungsfertigkeiten und Funktionswissen, vielmehr zeigen die vielfältigen Aneignungs- und Kulturpraktiken, dass Medienkompetenz – ähnlich wie der Spracherwerb – nicht einmalig zu erwerben ist, sondern einer stetigen Weiterentwicklung und auch pädagogischen Förderung bedarf. Wenngleich alle Mädchen die anthropologische Ausstattung zur Ausbildung dieser Kompetenz mitbringen, hängt es weiterhin von moderierenden Faktoren ab, auf welche Weise sie diese performativ entfalten und ihr Kommunikations- und Handlungsrepertoire erweitern können. Einfluss nehmen der Erfahrungs- und Bildungshintergrund, das sozialräumliche Umfeld, die virtuell erfahrene soziale Unterstützung, das Interesse an neuen Kenntnissen und Erfahrungen (Wissensdurst) und auch die Lust auf eine möglichst authentische Ich-Inszenierung, die eine wesentliche Voraussetzung für bedeutungsvolle Online-Freundschaften darstellt. Hier zeigt sich bereits, dass es nicht allein in der Verantwortung der Einzelnen liegt, ob die Fähigkeit im Umgang mit dem Wissen über die mediale (Internet-) Kommunikation erworben und eine bessere Performanz erreicht werden kann. Wesentlich sind außerdem die strukturellen Bedingungen, das sozialräumliche Umfeld als auch das virtuelle Setting, in dem sich die Jugendlichen bewegen. Das Beispiel LizzyNet verdeutlicht damit, dass sich Medienkompetenz in der Auseinandersetzung mit sich, anderen, der sozialräumlichen Umwelt und vorhandenen kulturellen Ressourcen und Angeboten entwickelt. In einer Gesellschaft, in der den Medien eine gewichtige Rolle bei der Vermittlung von Weltbildern, Orientierungen und bei der Gestaltung von Gemeinschaften zukommt und Identität als eine reflexive, alltäglich zu erbringende und performative Leistung konstituiert wird, kristallisiert sich Medienkompetenz damit nicht nur zu einer wesentlichen Handlungsaufgabe heraus, sondern stellt außerdem eine wesentliche Voraussetzung für die Nutzung und Ausgestaltung der medialen und medial durchdrungenen *Identitätsspielräume* dar. Ob gender-sensible und zielgruppenorientierte Angebote wie LizzyNet dazu beitragen, Medienkompetenz zu fördern und wie die politische und gesellschaftliche Förderung dann konkret auszugestalten ist, wäre in einem weiterführenden Diskurs zu klären. Auf diese Weise würde das theoretische Konstrukt Medienkompetenz dann auch im Baackeschen Sinne vor einer individualistischen Verkürzung bewahrt.

9. Fazit

Aus den Ergebnissen lassen sich Konsequenzen für die inhaltlich-konzeptionelle pädagogische Arbeit ableiten, darüber hinaus zeigt die Arbeit aber auch weiteren Forschungs- und politischen Handlungsbedarf auf und lädt zu theoretischen Gedankenspielen ein.

Die auf LizzyNet identifizierten *Identitätsspielräume* ermöglichen informelle Lernprozesse bzw. Formen von Identitätsarbeit, auf die das sozialräumliche Umfeld bisher wenig, oder wenn vor allem hemmenden Einfluss nimmt. Ein *Medienraum*, in dem Mädchen sich spielerisch und freiwillig mit den neuen Diensten und Kommunikationsmöglichkeiten auseinander setzen können, *ihre* Interessen für bedeutsam erklärt, nachgefragt und aufgegriffen werden, nicht vordergründig und ausschließlich der Wissenserwerb, sondern vor allem der Austausch und das soziale Miteinander im Mittelpunkt der Aktivitäten stehen und sie sich wohl bzw. zu Hause fühlen können, hilft ihnen dabei, sich die neuen Technologien zu eigen zu machen und einen eigenen Mediennutzungsstil und souveränen Umgang mit dem Medium zu entwickeln. Auf LizzyNet werden sie motiviert, sich neuen Herausforderungen zu stellen und sich in neuen, auch „mädchenuntypischen" Handlungsfeldern auszuprobieren und selbstbewusst zu bewegen (*undoing gender*). Damit wird auch deutlich, wie wichtig es für die Medienpädagogik ist, sich nicht nur auf die Nutzungsvorlieben (*doing gender*), sondern verstärkt auch auf die Angebotsseite zu konzentrieren – und Alternativen zu entwickeln. Dies verweist selbstverständlich auch auf den Handlungsbedarf von politischer Seite, denn um alternative Angebote bereitstellen, evaluieren und weiterentwickeln zu können, sind MedienpädagogInnen auf personelle, materielle und räumliche Ressourcen bzw. die politische Unterstützung angewiesen.

Die Studie zeigt außerdem, welches Potential in informellen Lernsettings steckt; sie verdeutlicht aber auch, dass nicht an jedem Ort gleich gern und viel gelernt wird, sondern dass Lernprozesse einer anregenden realweltlichen, medialen und virtuellen Lernumgebung bedürfen, damit sie identitätsrelevant werden und eine persönlichkeitsfördernde Wirkung erzielen. Auch wird deutlich, dass pädagogische Lernsettings nicht nach Marktgesetzen entstehen – eine Unterscheidung in nicht-kommerzielle, pädagogische und kommerzielle Angebote macht also weiterhin Sinn.

Gelernt wird also vor allem, wenn die Lernprozesse identitätsrelevant sind, es sich also um *persönlich bedeutsame* Lernprozesse handelt. In diesem Sinne lassen sich informelle Lernprozesse von politischer Seite auch nicht so einfach instrumentalisieren. Im Zuge dieser Erkenntnis stellt die Anerkennung und Unterstützung informeller Lernprozesse von politischer Seite dann auch tatsächlich eine Chance dar, den gesellschaftspolitischen Fokus wieder stärker auf das Konzept *Bildung* zu legen. Damit gelernt wird, müssen Jugendliche bei ihren Interessen abgeholt und überzeugt werden, *ihre* Aktivitäten bestimmen den Lernprozess. Die Erwachsenen haben nur begrenzt Einfluss – ein Aspekt, der diese informellen Lernprozesse für Jugendliche so attraktiv macht. Wollen Erwachsene diese Lernprozesse fördern, besteht ihre Aufgabe vor allem darin, Bildungsgelegenheiten bzw. *Identitätsspielräume* zu schaffen und die Jugendlichen bei der Eroberung der neuen Medienräume bzw. -welten zu unterstützen. Unterstützen können sie, so wurde in dieser Studie deutlich, indem sie z.B. (virtuelle) Angebote präsentieren, in denen Jugendliche/Mädchen sich die Partizipations-, Kooperations- und Vernetzungsdimensionen des Internet hinsichtlich ihrer Relevanz für das eigene Leben erschließen können. Damit wird auch deutlich, dass die Förderung informeller Lernprozesse nicht darin bestehen kann, vornehmlich Selbstsozialisation *zu ermöglichen*. Vielmehr sind MedienpädagogInnen aufgefordert, den Jugendlichen vielfältige und differenzierte Angebote anzubieten, wobei sie hier – darauf kann nicht häufig genug verwiesen werden – stark auf das Wohlwollen und die Unterstützung von politischer Seite angewiesen sind. Die Politik markiert den Handlungsspielraum für die PädagogInnen. Darüber hinaus sind MedienpädagogInnen weiterhin aufgefordert, die Elterngeneration für die Bedeutung der informellen Lernprozesse von Jugendlichen mit Medien zu sensibilisieren, sodass auch diese gewillt sind, die Aktivitäten der Jugendlichen zu unterstützen. In einigen Fällen werden die Jugendlichen die PädagogInnen auch aus der Verantwortung entlassen, nämlich dann, wenn sie den Spielraum von sich aus erweitern und neuen kulturellen Praktiken nachgehen. Auf diese Weise bleiben die Grenzen der Spielräume durchlässig, werden die Entwicklungen neuer Medien- und Identitätsprojekte möglich und neuerliche normative Setzungen verhindert.

Nun wurde im Rahmen der Studie allerdings auch deutlich, dass nicht alle Mädchen auf LizzyNet Lust haben, sich dort als Person mit eigenen Themen zu präsentieren, soziale Unterstützung und Orientierung zu suchen und ein Gefühl von Zugehörigkeit zu entwickeln. Hauptschülerinnen, Migrantinnen und andere gesellschaftlich marginalisierte Gruppen sind nicht oder kaum sichtbar. Sie sind weiterhin aufgefordert, sich neue oder „dritte Räume" zu suchen und zu schaffen, von denen aus sie sprechen und sich einbringen können. Nicht nur im sozialräumlichen Umfeld sondern auch im virtuellen Raum markieren die vorherrschenden Diskurse und Erzählungen weiterhin den Identitätsspielraum von Jugendlichen/Mädchen. Indem die partizipierenden Mädchen an bekannte *doing gender* und kulturelle Praktiken anknüpfen, diese aufgreifen und in der Breite diskutieren, markieren sie gleichzeitig den virtuellen Spielraum für die anderen Mädchen. Ihre Selbst-Narrationen geben eindeutige (Subjekt-) Positionen bzw. diskursive Referenzpunkte vor, zu denen sich andere Userinnen positionieren. Abweichlerinnen haben Schwierigkeiten, sich in diesen Kontext hinein zu erzählen. Damit wird auf einen wesentlichen Punkt bei der Kernkategorie *Identitätsspielräume* verwiesen: Ob Erfahrungen gemacht werden können und wie identitätsrelevant diese Erfahrungen sind, hängt davon ab, wie weit sich die Mädchen mit dem eigenen kulturellen und sozialen Hintergrund als auch der eigenen Lebensgeschichte einbringen können. Finden die Mädchen ihre Themen in Artikeln und im Austausch mit anderen wieder, fällt es ihnen leichter, sich zu verorten und zu orientieren. Sie finden Anschauungsmaterial für Identitätsentwürfe, die an eigene Erfahrungen anknüpfen und können sich mit ihren Erzählungen und Inszenierungen einbringen: sich authentisch darstellen. Nur Mädchen zu sein, reicht nicht aus, um sich auf LizzyNet verorten und zugehörig fühlen zu können. Damit wird erneut auf die Vielschichtigkeit jugendlicher/weiblicher Lebenswirklichkeit und die Unterschiede innerhalb der Gruppe der Jugendlichen/Mädchen aufmerksam gemacht. In der Konsequenz wäre also verstärkt danach zu forschen, wie Angebotsstrukturen für untere Bildungsschichten, Migrantinnen und andere marginalisierte Gruppen zu gestalten sind, damit diese an der gesellschaftlichen Entwicklung partizipieren und Positives für sich und ihr Leben herausholen können. Andererseits ist aber gleichzeitig ebenfalls zu fragen, wie viel Vielfalt ein Projekt verträgt oder – anders formuliert –, ob es weiterhin Sinn macht, die Zielgruppe stetig zu erweitern oder ein zielgruppenspezifisches Angebot auf Dauer nicht vielleicht Erfolg versprechender ist. Hier stellt sich dann die Frage nach der Einrichtung zusätzlicher transkultureller, nicht-heterosexueller Medienräume und Räume für Jugendliche mit Behinderungen, in denen dann auch *andere* Bedürfnisse, Unsicherheiten und Themen Platz finden können.

Die Grounded Theory Analyse hat gezeigt, dass sich die Mediensettings in Hinblick auf die *eröffneten Identitätsspielräume*, also den geschaffenen (Angebot), im sozialräumlichen Umfeld gewährten (Unterstützung), tatsächlich genutzten (Aneignung) bzw. transzendierten Handlungsspielraum (Erweiterung) befragen lassen. Reflektierend wäre dann zu fragen: Welche *Identitätsspielräume* bzw. identitätsrelevanten informellen Lernprozesse werden durch die Konzeption eines Angebots, das lebensweltliche Umfeld und das individuelle Handeln geschaffen oder wie werden die Identitätsspielräume möglicherweise durch die genannten Einflussgrößen begrenzt? Wer fühlt sich angesprochen, wer bleibt außen vor und wie viel Diversität wird zugelassen?

Diese Arbeit fordert am Ende auch noch zu einem Gedankenspiel heraus, in dem noch einmal die Idee des „Dritten Raumes“ und Kritik am binären Raumverständnis aufgegriffen wird (materiell/mental, real/vorgestellt, imaginär/real) (vgl. Soja 2005). Wenngleich im Rahmen der Arbeit binäre Denklogiken in Frage gestellt (männlich-weiblich, real-virtuell) oder im Rahmen des Forschungsprozesses zumindest kontinuierlich kritisch-reflektierend mit einbezogen wurden, sind die Ausführungen jedoch nicht gänzlich davor gefeit, sich weiterhin innerhalb gewisser mentaler Markierungen zu bewegen. So werden z.B. Unterschiede in der realen und virtuellen Kommunikation herausgearbeitet – mit der impliziten hierarchischen Setzung, dass das reale Leben für den Menschen besser, da eben realer ist. Auch wird in den Interviews deutlich zwischen „realen“ und „virtuellen“ FreundInnen unterschieden, die Mädchen in gewisser Weise genötigt, ihre Prioritäten offen zu legen (die sie in dieser Deutlichkeit vorher vielleicht gar nicht so gesetzt haben). Es werden in den Interviewaussagen zwar Unterschiede deutlich, aber auch Zwischentöne laut, die jedoch von mir und den Mädchen schnell dem Schema „real“ und „virtuell“ zugeordnet werden. Wenn wir binäre Kategorien setzen, fühlen wir uns gleichzeitig genötigt, eine Seite positiver zu bewerten als die andere – darauf hat nicht zuletzt die Geschlechterforschung aufmerksam gemacht. Dementsprechend sollte sich die Medienpädagogik vielleicht zukünftig stärker aufgefordert fühlen, die Kategorien weiter auszudifferenzieren oder die Grenzen zwischen realweltlichen, medialen und virtuellen Erfahrungsräumen eher als fließende Übergänge zu sehen.

Darüber hinaus zeigt die Studie aber auch, dass trotz der Öffnung der Medienforschung für neuartige Gedankenexperimente, einige Ambivalenzen in der Beziehung von virtueller und realer Welt bestehen bleiben. So wird das Internet in einigen Fällen zwar durchaus zur Persönlichkeitsentwicklung genutzt, auch hinterlassen die Online-Aktivitäten der Userinnen deutliche Spuren im Medienraum, deren Engagement hat offenbar jedoch in erster Linie individuelle Konsequenzen, der Einfluss auf das reale und soziale Umfeld ist gering. Bestehende Konflikte werden zwar online diskutiert und reflektiert, die Austragung bleibt aber dem Individuum „in real life“ vorbehalten, das sozialräumliche Setting präsentiert sich ihm hier unverändert. Auch setzen sich Begrenzungen aus der realen Welt in gewisser Weise online fort, z.B. indem eine fehlende Ausstattung und eine gezielte Förderung den kreativen und innovativen Einsatz der Technologie für eigene Interessen verhindert.

In welcher Weise und Intensität die virtuelle und reale Welt miteinander verknüpft sind und welche Bedeutung der sozialen Einbettung zukommt, dies konnte in der vorliegenden Studie nur in Ansätzen gezeigt werden. Weitere Studien sind notwendig, um zu klären, wie die Welten sich durchdringen, welche Möglichkeiten mit der Erweiterung des realen Raumes durch den virtuellen einhergehen und wie fruchtbar vielleicht eine theoretische Aufhebung der Binaritäten „virtuell“ und „real“ sein kann. Möglicherweise macht es sogar Sinn, von einer Unhintergehbarkeit medialisierter Welten auszugehen und diese medialisierten Welten dann als Ausgangspunkt für unsere Erkenntnisbestrebungen zu nehmen (vgl. Margreiter 1999). Dann, so Theo Hug, erübrigt sich nicht nur die Frage nach pädagogischen Schonräumen jenseits medienimprägnierter Lebenswelten, wir müssten also nicht mehr nach nicht-medialen realen Welten suchen, vielmehr kristallisiert sich verstärkt *eine* Aufgabe bzw. Frage für die Medienpädagogik heraus, nämlich die nach den Orientierungsmöglichkeiten und Handlungsspielräumen in Medienwelten. Darüber hinaus wäre die Medienpädagogik und Politik weiterhin aufgefordert, „Angebote zur kritischen Reflexion, Nutzung und Gestaltung von Bildungs- und Lernumgebungen zu machen" (vgl. 2005, S. 11). Auch im Rahmen dieses Ansatzes wird dafür plädiert, den Fokus wieder stärker auf das Lernpotential der Medien (-inhalte) zu richten. Dies ist zu begrüßen, da die subjektive Seite der Lernenden, als deren Anwältin sich die Medienpädagogik in den letzten Jahren in besonderem Maße verstanden hat, hier weiterhin berücksichtigt ist (denn das Subjekt *lernt*). Zusätzlich dazu würde allerdings der übergeordnete „Diskurs der Informationsgesellschaft" wieder stärker in den Vordergrund gerückt und ein Austausch über Medienpolitik und die Förderung alternativer Medienangebote und -inhalte forciert.

10. Literatur

Androutsopoulos, J. (2005): Virtuelle Öffentlichkeiten von Migranten. In: Jahrbuch für Kulturpolitik, 5, S. 299-308

ARD/ZDF-Onlinestudien (1997-2007) (Online-Dokumente: http://www.ard-zdf-onlinestudie.de/, Zugriff: 12.06.2006)

Aufenanger, S. (1997): Medienpädagogik und Medienkompetenz – Eine Bestandsaufnahme. In: Medienkompetenz im Informationszeitalter. Bonn, S. 15-22 (hgg. von der Enquete-Kommission „Zukunft der Medien in Wirtschaft und Gesellschaft; Deutschlands Weg in die Informationsgesellschaft"/Deutscher Bundestag)

Aufenanger, S. (1999): Lernen mit den neuen Medien – Perspektiven für Erziehung und Unterricht. In: Gogolin, I./Lenzen, D. (Hg.): Medien-Generation. Beiträge zum 16. Kongress der Deutschen Gesellschaft für Erziehungswissenschaft. Opladen, S. 61-76

Auhagen, A. E. (2002): Freundschaft und Globalisierung. In: Hantel-Quitmann, W./Kastner, P. (Hg.): Die Globalisierung der Intimität. Die Zukunft intimer Beziehungen im Zeitalter der Globalisierung. Gießen, S. 87-116

Austin, J. L. (1979): Zur Theorie der Sprechakte. Stuttgart

Baacke, D. (1980a): Der sozialökologische Ansatz. In: deutsche jugend, 38. Jg., H. 11, S. 493-505

Baacke, D. (1980b): Kommunikation und Kompetenz. Grundlegung einer Didaktik der Kommunikation und ihrer Medien. München/Weinheim

Baacke, D. (1989): Sozialökologie und Kommunikationsforschung. In: Baacke, D./ Kübler, H.-D. (Hg.): Qualitative Medienforschung. Konzepte und Erprobungen. Tübingen, S. 87-134

Baacke D. (1994): Ortlos – sinnlos. Verschiebungen in jugendkulturellen Milieus. In: Baacke, D./Thier, M./Grüninger, C./Lindemann, F. (Hg.): Rock von Rechts. Medienpädagogische Handreichung 3 (GMK – Schriften zur Medienpädagogik 14). Bielefeld, S. 21-30

Baacke, D. (1996): Medienkompetenz – Begrifflichkeit und sozialer Wandel. In: Rein, Antje von (Hg.): Medienkompetenz als Schlüsselbegriff. Bad Heilbrunn, S. 112-124

Baacke, D. (1999): Jugend und Jugendkulturen. Darstellung und Deutung. Weinheim/München (3. überarb. Aufl.)

Baacke, D. (2000): Die 13-18-Jährigen. Einführung in die Probleme des Jugendalters. Weinheim/Basel

Baacke, D. (2003): Die 13-18-Jährigen. Einführung in die Probleme des Jugendalters. (8. überarb. Aufl., Überarbeitung: Ralf Vollbrecht). Weinheim/Basel

Baacke, D./Ferchhoff, W. (1993): Jugend und Kultur. In: Krüger, H.H. (Hg.): Handbuch der Jugendforschung. Opladen, S. 403-445

Baacke, D./Heitmeyer, W. (1985): Neue Widersprüche. Jugendliche in den achtziger Jahren. Weinheim/München

Baacke, D./Ferchhoff, W./Vollbrecht, R. (1997): Kinder und Jugendliche in medialen Welten und Netzen. Prozesse der Mediensozialisation. In: Fritz, J./Fehr, W. (Hg.): Handbuch Medien: Computerspiele. Theorie, Forschung, Praxis. Bundeszentrale für politische Bildung, Bonn, S. 31-57

Baacke, D./Sander, U./Vollbrecht, R. (1991): Medienwelten Jugendlicher. (einbändige und überarbeitete 2. Auflage). Opladen

Badawia, T. (2002): „Der Dritte Stuhl". Eine Grounded Theory-Studie zum kreativen Umgang bildungserfolgreicher Immigrantenjugendlicher mit kultureller Differenz. Frankfurt/London

Bahl, A. (1997): Zwischen On- und Offline. Identität und Selbstdarstellung im Internet. München

Baker, S. L. (2004): Pop (in)to the bedroom. Popular music in pre-teen girls' bedroom culture. In: European Journal of Cultural Studies. Vol. 7 (1), S. 75–93 (Online-Dokument: http://ecs.sagepub.com/cgi/content/refs/7/1/75, Zugriff: 28. 12.04)

Barkawitz, M. (1997): Kleine Fluchten. Teenie-Bands und ihre Fans – Traumboys mildern den Frust des Erwachsenenwerdens. In: Medien Concret, H. 1, S. 48-51

Barnes, J. (1954): Class and Committees in a Norwegian Island Parish. In: Human Relations. Vol. 7, S. 39-58

Barthelmes, J./Sander, E. (2001): Erst die Freunde, dann die Medien. Medien als Begleiter in Pubertät und Adoleszenz. München

Bauer, U. (2002): Selbst- und/oder Fremdsozialisation: Zur Theoriedebatte in der Sozialisationsforschung. In: Zeitschrift für Soziologie der Erziehung und Sozialisation (ZSE), H. 2, S. 118-143

Baym, N. (2000): Vom Heimatdorf zum Großstadtdschungel. In: Thiedecke, U. (Hg.): Virtuelle Gruppen. Charakteristika und Problemdimensionen. Wiesbaden, S. 292-312

Beck, U. (1986): Risikogesellschaft. Auf dem Weg in eine andere Moderne. Frankfurt a. M.

Beck, U. (1998): Was ist Globalisierung? Irrtümer des Globalismus – Antworten auf Globalisierung. Frankfurt a. M. (4. Aufl.)

Beck, U./Beck-Gernsheim, E. (1990): Das ganz normale Chaos der Liebe. Frankfurt a. M.

Beck-Gernsheim, E./Ostner, I. (1978): Frauen verändern – Berufe nicht? Ein theoretischer Ansatz zur Problematik von ‚Frau und Beruf'. In: Soziale Welt, 29. Jg., H. 3, S. 257-287

Becker-Schmidt, R. (1987): Die doppelte Vergesellschaftung, die doppelte Unterdrückung: Besonderheiten der Frauenforschung in den Sozialwissenschaften. In Wagner, I./Unterkirchner, L. (Hg.): Die andere Hälfte der Gesellschaft. Wien, S. 10-25

Bendit, R./Steinmayr, A. (1985): Ausländische Jugendliche – Integriert oder ausgegrenzt. In: Deutsches Jugendinstitut (Hg.): Immer diese Jugend. München, S. 199-210

Berger, P. L./Luckmann, T. (1977): Die gesellschaftliche Konstruktion der Wirklichkeit. Eine Theorie der Wissenssoziologie. Frankfurt a. M.

Bhabha, H. (1990): The Third Space. In: Rutherford, Jonathan (Hg.): Identity: Community, Culture, Difference. New York, New York University Press

Bhabha, H. (1994): The Location of Culture. London/New York: Routledge

Boeckmann, K. (1994): Thema: Medienmündigkeit (1). In: medienpraktisch, H. 1, 1994, S. 34-37
Böhnisch, L. (2005): Sozialpädagogik der Lebensalter. Eine Einführung. Weinheim und München (4. überarb. Aufl.)
Böhnisch, L./Funk, H. (2002): Soziale Arbeit und Geschlecht. Theoretische und praktische Orientierungen. Weinheim und München
Bohn, I. (2002): Mädchenarbeit. In: Deutscher Verein für öffentliche und private Fürsorge (Hg.): Fachlexikon der sozialen Arbeit. Frankfurt a. M., S. 623
Bohnsack, R. (1989): Generation, Milieu und Geschlecht. Ergebnisse aus Gruppendiskussionen mit Jugendlichen. Opladen
Bonfadelli, H. (1981): Die Sozialisationsperspektive in der Massenkommunikationsforschung. Berlin
Bonfadelli, H. (1983): Kinder/Jugendliche und Massenkommunikation: Entwicklung, Stand und Perspektiven der Forschung zu Beginn der 80er Jahre. In: Media Perspektiven, H.5, 1983, S. 313-324
Boos-Nünning, U./Karakasoglu, Y. (2003): Kinder und Jugendliche mit Migrationshintergrund und Sport. In: Schmidt, W./Hartmann-Tews, I./Brettschneider, W.-D. (Hg.): Erster Deutscher Kinder- und Jugendsportbericht. Schorndorf, S. 319-339
Bourdieu, P. (1983): Ökonomisches Kapital, kulturelles Kapital, soziales Kapital. In: Kreckel, R. (Hg.): Soziale Ungleichheiten (Soziale Welt, Sonderband 2). Göttingen, S. 183-198
Bourdieu, P. (1992): Die feinen Unterschiede. Kritik der gesellschaftlichen Urteilskraft, Frankfurt (5. Aufl.)
Braithwaite, D.O./Waldron, V.R./Finn, J. (1999): Communication of social support in computer-mediated groups for people with disabilities. In: Health Communication, 11, S. 123-151
Brake, M. (1981): Soziologie der jugendlichen Subkulturen. Eine Einführung. Frankfurt a. M./New York
Breitenbach, E./Kausträter, S. (1998): „Ich finde, man braucht irgendwie eine Freundin“ – Beziehungen zu Gleichaltrigen in der weiblichen Adoleszenz. In: Zeitschrift für Soziologie der Erziehung und Sozialisation, H. 4, S. 389-402
Breitenbach, E. (2000): Mädchenfreundschaften in der Adoleszenz. Eine fallrekonstruktive Untersuchung von Gleichaltrigengruppen. Opladen
Brinkmann, T. M. (2006): Die Zukunft der Mädchenarbeit. Innovationspotenziale durch neue Geschlechtertheorien und Ungleichheitsforschung. Münster
Bronfen, E./Marius, B. (1997): Hybride Kulturen. Einleitung zur anglo-amerikanischen Multikulturalismus. In: Bronfen, E./Marius, B./Steffen, T. (Hg.): Hybride Kulturen: Beiträge zur angloamerikanischen Multikulturalismusdebatte. Tübingen, S. 1-29
Bronfenbrenner, U. (1976): Ökologische Sozialisationsforschung. Stuttgart
Bronfenbrenner, U. (1981): Die Ökologie der menschlichen Entwicklung. Stuttgart
Bronfenbrenner, U. (2000): Ein Bezugsrahmen für ökologische Sozialisationsforschung. In: Grundmann, M./Lüscher, K. (Hg.): Sozialökologische Sozialisationsforschung: Ein anwendungsorientiertes Lehr- und Studienbuch. Konstanz, S. 79-120 (zuerst erschienen in: Neue Sammlung, Vol. 3, 1976, S. 235-249)
Bruckman, A. (1992): Identity Workshop: Emergent Social and Psychological Phenomena in Text-Based Virtual Reality, April 5th. (Online-Dokument: www-static.cc.gatech.edu/~asb/papers/old-papers.html#IW, Zugriff: 20.04.06)

Bütow, B. (2000): Mädchen zwischen privaten und öffentlichen Räumen. In: Sozialpädagogisches Institut Berlin (SPI) – MÄDEA (Interkulturelles Zentrum für Mädchen und junge Frauen) (Hg.): Mädchen in sozialen Brennpunkten (hgg. vom Bundesministerium für Familie, Senioren, Frauen und Jugend), Berlin

Bütow, B. (2006): Mädchen in Cliquen. Sozialräumliche Konstruktionsprozesse von Geschlecht in der weiblichen Adoleszenz. Weinheim/München

Bundesministerium für Bildung und Forschung (BMBF) (2002): Grund- und Strukturdaten. München

Bundesministerium für Familie, Senioren, Frauen und Jugend (BMFSFJ) (2000): Kinder- und Jugendhilfe (Achtes Buch Sozialgesetzbuch). Berlin

Bundesministerium für Familie, Senioren, Frauen und Jugend (BMFSFJ) (2001): Bericht zur gesundheitlichen Situation von Frauen in Deutschland. Eine Bestandsaufnahme unter Berücksichtigung der unterschiedlichen Entwicklungen in West- und Ostdeutschland. Stuttgart

Bundesministerium für Familie, Senioren, Frauen und Jugend (BMFSFJ); Statistisches Bundesamt (2003): Wo bleibt die Zeit? Zeitverwendung der Bevölkerung in Deutschland 2001/02. (Online-Dokument: http://www.bmfsfj.de/bmfsfj/generator/Kategorien/Forschungsnetz/forschungsberichte,did=12818.html, 04.06.06)

Burrmann, U. (2006): Geschlechtsbezogene Partizipation im Freizeit- und Breitensport. In: Hartmann-Tews, I./Rulows, B. (Hg.): Handbuch Sport und Geschlecht. Beiträge zur Lehre und Forschung im Sport. Schorndorf, S. 175-188

Butler, J. (1991): Das Unbehagen der Geschlechter. Frankfurt a. M.

Butler, J. (1997): Körper von Gewicht. Die diskursiven Grenzen des Geschlechts. Frankfurt a. M.

Butler, J. (1998): Haß spricht. Zur Politik des Performativen. Berlin

Caplan, G. (1974): Support Systems and community mental health: Lectures on concept development. New York:Behavioral Publications

Castell, M. (2001): Das Informationszeitalter: Wirtschaft – Gesellschaft – Kultur. Band 1: Die Netzwerkgesellschaft. Opladen

Chodorow, N. (1985): Das Erbe der Mütter. Psychoanalyse und Soziologie der Geschlechter. München

Clifford, J. (1997): Routes. Travel and Translation in the Late Twentieth Century.

Cambridge, Mass., Harvard University Press, S. 244-277

Cutrona, C. E./Suhr, J. A. (1992): Controllability of stressful events and satisfaction with spouse support behaviours. In: Communication Research, H. 19, S. 154-174

Coleman, J. S. (1988): Social Capital in the Creation of Human Capital. In: American Journal of Sociology, 94, S. 95-120

Collmer, S. (1997): Frauen und Männer am Computer. Aspekte geschlechtsspezifischer Technikaneignung. Wiesbaden

Cornelißen, W./Blanke, K. (2004): Zeitverwendung von Mädchen und Jungen. In: Statistisches Bundesamt (Hg.): Alltag in Deutschland – Analysen zur Zeitverwendung. Wiesbaden, S. 160-174

Cornelißen, W./Gille, M./Knothe, H./Meier, P./Queisser, H./Stürzer, M. (Hg.) (2002): Junge Frauen – junge Männer. Daten zu Lebensführung und Chancengleichheit. Eine sekundäranalytische Auswertung. Opladen

Dausien, B. (1996): Biographie und Geschlecht: zur biographischen Konstruktion sozialer Wirklichkeit in Frauengeschichten. Bremen

Dausien, B. (1999): „Geschlechtsspezifische Sozialisation“ – Konstruktiv(istisch)e Ideen zur Karriere und Kritik eines Konzepts. In: Dausien, B./Herrmann, M./ Oechsle, M./Schmerl, C./Stein-Hilbers, M. (Hg.): Erkenntnisprojekt Geschlecht. Feministische Perspektiven verwandeln Wissenschaft. Opladen, S. 216-246

Deinet, U. (2003): „Spacing“. Verknüpfung, Bewegung, Aneignung von Räumen als Bildungskonzept sozialräumlicher Jugendarbeit. In: deutsche jugend, 51. Jg., H. 7/8, S. 314-323

Deutscher Bundestag (1984): Verbesserung der Chancengleichheit von Mädchen in der Bundesrepublik Deutschland. Sechster Jugendbericht. Stellungnahme der Bundesregierung zum Sechsten Jugendbericht. Drucksache 10/1007. Bonn

Diaz-Bone, R. (1997): Ego-zentrierte Netzwerkanalyse und familiale Beziehungssysteme. Wiesbaden

Döring, N. (1994): Einsam am Computer? Sozialpsychologische Aspekte der USENET Community. In: Schönleber, C. (Hg.): 2. Kieler Netztage '94. Kongressband. Kiel, S. 7-38 (Online-Dokument: www.nicola-doering.de/publications/doering_94.txt, Zugriff: 04.06.06)

Döring, N. (1996): Führen Computernetze in die Vereinsamung? Gruppendynamik, 27 (3), S. 289-308 (Online-Dokument: www.gruppendynamik.de, Zugriff: 03.07.05)

Döring, N. (2000): Romantische Beziehungen im Netz. In: Thimm, C. (Hg.): Soziales im Netz. Sprache, Beziehungen und Kommunikationskulturen im Internet. Opladen/Wiesbaden, S. 39-70

Döring, N. (2003): Sozialpsychologie des Internet. Die Bedeutung des Internet für Kommunikationsprozesse, Identitäten, soziale Beziehungen und Gruppen. Göttingen (2. Aufl.)

Dohmen, G. (2001): Das informelle Lernen. Die internationale Erschließung einer bisher vernachlässigten Grundform menschlichen Lernens für das lebenslange Lernen aller. Bonn (hgg. vom Bundesministerium für Bildung und Forschung)

Dreher, E./Dreher, M. (1985a): Entwicklungsaufgaben im Jugendalter. Bedeutsamkeit und Bewältigungsaspekte. In: Liepman, D./Stiksrud, A. (Hg.): Entwicklungsaufgaben und Bewältigungsprobleme in der Adoleszenz – sozial- und entwicklungspsychologische Perspektiven. Toronto, Göttingen, S. 56-70

Dreher, E./Dreher, M. (1985b): Wahrnehmung und Bewältigung von Entwicklungsaufgaben im Jugendalter: Fragen, Ergebnisse, Hypothesen zum Konzept einer Entwicklungs- und Pädagogischen Psychologie des Jugendalters. In: Oerter, R. (Hg.): Lebensbewältigungen im Jugendalter. Weinheim, S. 30-61

Eckert, R./Vogelgesang, W./Wetzstein, T. A./Winter, R. (1991a): Grauen und Lust. Die Inszenierung der Affekte. Pfaffenweiler

Eckert, R./Vogelgesang, W./Wetzstein, T. A./Winter, R. (1991b): Auf digitalen Pfaden. Die Kulturen von Hackern, Programmierern, Crackern und Spielern. Opladen

Eckert, R./Reis, C./Wetzstein, T. A. (2000): „Ich will halt anders sein wie die anderen!“ Abgrenzungen, Gewalt und Kreativität bei Gruppen Jugendlicher. Opladen

Engel, U./Hurrelmann, K. (1989): Psychosoziale Beziehungen im Jugendalter. Empirische Befunde zum Einfluß von Familie, Schule und Gleichaltrigengruppe. Berlin/New York

Erikson, E. H. (1973): Identität und Lebenszyklus. Frankfurt a. M.

Faulstich-Wieland, H. (1999): Weibliche Sozialisation zwischen geschlechterstereotyper Einengung und geschlechterbezogener Identität. In: Scrabath, H./ Schlottau, H./Straub, V./Waldmann, K. (Hg.): Geschlechter – zur Kritik und Neubestimmung geschlechtsbezogener Sozialisation und Bildung. Opladen, S. 47-62

Faulstich-Wieland, H. (2002): Mädchenarbeit und Koedukation. In: Werthmanns-Reppekus, U./Böllert, K. (Hg.): Mädchen- und Jungenarbeit – Eine uneingelöste fachliche Herausforderung. Der 6. Jugendbericht und zehn Jahre Paragraph 9.3 im Kinder und Jugendhilfegesetz. München, S. 37-53

Ferchhoff, W./Neubauer, G. (1997): Patchwork-Jugend. Eine Einführung in postmoderne Sichtweisen. Opladen

Feierabend, S./Klingler, W. (1998): Jugendliche Medienwelten. Basisdaten aus der Untersuchung JIM 98 – Jugend, Information, (Multi)-Media. In: Dichanz, H. (Hg.): Handbuch Medien: Medienforschung. Konzepte, Themen, Ergebnisse. Bonn, S. 140-170 (hgg. von der Bundeszentrale für politische Bildung)

Fend, H. (1998): Eltern und Freunde. Soziale Entwicklung im Jugendalter. Entwicklungspsychologie. der Adoleszenz in der Moderne, Bd. 5. Bern

Fix, T. (2001): Generation @ im Chat. Hintergrund und explorative Motivstudie zur jugendlichen Netzkommunikation. Erlangen

Fiske, J. (1992): The Cultural Economy of Fandom. In: Lewis, L. A. (Hg.): The Adoring Audience. Fan Culture and Popular Media. London/New York, Routledge, S. 30-49

Fleßner, H. (2000): Frech, frei und fordernd, oder? Mädchenbilder von Pädagoginnen und ihre Bedeutung für die Mädchenarbeit. In: King, V./Müller, B. K. (Hg.): Adoleszenz und pädagogische Praxis. Bedeutung von Geschlecht, Generation und Herkunft in der Jugendarbeit. Freiburg, S. 75-91

Foucault, M. (1990): Andere Räume. In: Barck, K./Gente, P./Paris, H. (Hg.): Aisthesis. Leipzig, S. 34-46

Fritz, K./Sting, S./Vollbrecht, R. (Hg.) (2004): Mediensozialisation. Pädagogische Perspektiven des Aufwachsens in Medienwelten. Opladen

Fritzsche, Y. (2000): Modernes Leben: Gewandelt, vernetzt und verkabelt. In: Deutsche Shell (Hg.): Jugend 2000. 13. Shell Jugendstudie. Band 1. Opladen, S. 180-219

Fritzsche, B. (2003): Pop-Fans. Studie einer Mädchenkultur. Opladen

Fromme, J./Kommer, S./Mansel, J./Treumann, K.-P. (Hg.) (1999): Selbstsozialisation, Kinderkultur und Mediennutzung. Reihe Kindheitsforschung, Band 12. Opladen

Funder, M./Dörhöfer, S. (2004): Frauen in der ITK-Industrie – Neujustierung des Geschlechterverhältnisses? In: Kahlert, H./Kajatin, C. (Hg.): Arbeit und Vernetzung im Informationszeitalter. Wie neue Technologien die Geschlechterverhältnisse verändern. Frankfurt, S. 119-141

Furtner-Kallmünzer, M./Hössl, A./Janke, D./Kellermann, D./Lipski, J. (2002): In der Freizeit für das Leben lernen. Eine Studie zu den Interessen von Schulkindern. München

Gallagher, M. (2001): Gender setting. New agendas for media monitoring and advocacy. Zed Books, London, New York

Gapski, H. (2001): Medienkompetenz. Eine Bestandsaufnahme und Vorüberlegungen zu einem systemtheoretischen Rahmenkonzept. Wiesbaden

García Canclini, N. (1995): Hybrid Cultures. Strategies for Entering and Leaving Modernity. Minneapolis, University of Minnesota Press
Geissler, B./Oechsle, M. (1996): Lebensplanung junger Frauen. Zur widersprüchlichen Modernisierung weiblicher Lebensläufe. Weinheim
Geissler, B./Oechsle, M. (2000): Die Modernisierung weiblicher Lebenslagen. In: Aus Politik und Zeitgeschichte. Beilage zur Wochenzeitung „Das Parlament" 28/7, B. 31-32, S. 11nb-17
Geulen, D. (2002): Subjekt, Sozialisation, „Selbstsozialisation". Einige kritische und einige versöhnliche Bemerkungen. In: Zeitschrift für Soziologie der Erziehung und Sozialisation (ZSE), H. 2, S 186-196
Gildemeister, R./Wetterer, A. (1995): Wie Geschlechter gemacht werden. Die soziale Konstruktion der Zweigeschlechtlichkeit und ihre Reifizierung in der Frauenforschung. In: Knapp, G.-A./Wetterer, A. (Hg.): TraditionenBrüche. Entwicklung feministischer Theorie. Freiburg, S. 201-254 (2. Aufl.)
Gillespie, M. (1995): Television, Ethnicity and Cultural Change. London/New York, Routledge
Gilligan, C. (1984): Die andere Stimme. Lebenskonflikte und Moral der Frau. München
Glaser, B. G./Strauss, A. L. (1967): The Discovery of Grounded Theory. Strategies for Qualitative Research. Chicago, Aldine
Glaser, B. G./Strauss, A. L. (1979): Die Entdeckung gegenstandsbezogener Theorie. In: Hopf, C./Weingarten E. (Hg.): Qualitative Sozialforschung. Stuttgart
Glaser, B. G./Strauss, A. (1998): Grounded Theory. Strategien qualitativer Forschung. Göttingen
Glogner, P. (2000): Selbstsozialisation und Identitätskonstruktion mit der Dr.-Sommer-Seite. Eine Befragung mit dem MultiMedia-Computer zur Rezeption der Jugendzeitschrift BRAVO. In: deutsche jugend. H. 7/8, S. 318-326
Gogolin, I./Pries, L. (2004): Stichwort: Transmigration und Bildung. In: Zeitschrift für Erziehungswissenschaft, 7. Jg., H. 1, S. 5-19
Götz, M. (2003): Identität mit Seifenblasen? Bedeutung von Daily Soaps im Alltag von Kindern und Jugendlichen. In: Winter, C./Thomas, T./Hepp, A. (Hg.): Medienidentitäten – Identitäten im Kontext von Globalisierung und Medienkultur, Köln, S. 264 – 281
Götzenbrucker, G. (2001): Soziale Netzwerke und Internet-Spielwelten. Eine empirische Analyse der Transformation virtueller Gemeinschaften in realweltliche Gemeinschaften am Beispiel von MUDs (Multi User Dimensions). Wiesbaden
Granovetter, M. S. (1973): The strength of weak ties. American Journal of Sociology, Vol. 78, S. 1360-1380
Granovetter, M. S. (1974): Getting a Job. A Study of Contacts and Careers. Cambridge, Harvard UP
Gräf, L. (1997): Locker verknüpft im Cyberspace – Einige Thesen zur Änderung sozialer Netzwerke durch die Nutzung des Internet. In: Gräf, L./Krajewski, M. (Hg.): Soziologie des Internet. Handeln im elektronischen Web-Werk. Frankfurt/New York, S. 99-124
Griese, H. M. (2000): Frühjahrestagungen des Zentrums für Kindheits- und Jugendforschung 1987, 1998, 1999 in Bielefeld. In: Zeitschrift für Soziologie der Erziehung und Sozialisation (ZSE), Heft 1, S. 101-106

Grossberg, L. (1999): Zur Verortung der Populärkultur. In: Bromley, R./Göttlich, U./Winter, C. (Hg.): Cultural Studies. Grundlagentexte zur Einführung. Lüneburg, S. 215-236

Großegger, B. (1999): Der Girl-Faktor. Weibliche Szene-Minderheit im Panorama der Jugendkultur. In: Journal der Jugendkulturen, Nr. 1 (Online-Dokument: www.jugendkulturen.de/sub_r/journal/girlfakt.html, Zugriff: 03.12.05)

Gutiérrez Rodríguez, E. (1999): Intellektuelle Migrantinnen – Subjektivitäten im Zeitalter von Globalisierung. Eine postkoloniale dekonstruktive Analyse von Biographien im Spannungsverhältnis von Ethnisierung und Vergeschlechtlichung. Opladen

Hagemann-White, C. (1984): Sozialisation: männlich – weiblich. Leverkusen

Hagemann-White, C. (1992): Berufsfindung und Lebensperspektive in der weiblichen Adoleszenz. In: Flaake, K./King, V. (Hg.): Weibliche Adoleszenz. Zur Sozialisation junger Frauen. Frankfurt/New York, S. 64-83

Hall, S. (1992): The West and the Rest. In: Hall, S./Gieben, B. (Hg.): Formations of Modernity. Milton Keynes, Polity Press/The Open University Press, S. 275-320

Hall, S. (1994): Rassismus und kulturelle Identität. Ausgewählte Schriften 2. Hamburg

Hannerz, U. (2000): Flows, Boundaries and Hybrids: Keywords in Transnational Anthropology. Transnational Communities Working Paper Series. Oxford, Oxford University. (Online-Dokument: www.transcomm. ox.ac.uk/working papers/hannerz.pdf, Zugriff: 11.06.06)

Hauk, J. (1999): Boygroups! Teenager, Tränen, Träume. Berlin

Havighurst, R. J. (1972): Developmental tasks and education. New York/London, Longman

Haythornthwaite, C./Wellman, B./Garton, L. (2000): Arbeit und Gemeinschaft bei computervermittelter Kommunikation. In: Thiedeke, U. (Hg.): Virtuelle Gruppen: Charakteristika und Problemdimensionen Wiesbaden, S. 356-392

Heintz, B. (2000): Gemeinschaft ohne Nähe? Virtuelle Gruppen und reale Netze. In: Thiedecke, U. (Hg.): Virtuelle Gruppen. Charakteristika und Problemdimensionen. Wiesbaden, S. 188-243

Heintz, B./Müller, C. (2001): Virtuelle Vergemeinschaftung – die Sozialwelt des Internet. Schlussbericht des Projekts „Sozialwelt des Internet" im Projektverbund „Individualisierung und Integration" des Schwerpunktprogramms „Zukunft Schweiz". September 2000. (Online-Dokument: www.soz.unibe.ch/ii/virt/sb00. pdf, Zugriff: 24.11.04)

Heitmeyer, W./Olk, T. (Hg.) (1990): Individualisierung von Jugend. Gesellschaftliche Prozesse, subjektive Verarbeitungsformen, jugendpolitische Konsequenzen. Weinheim

Helfferich, C. (1994): Jugend, Körper und Geschlecht. Die Suche nach sexueller Identität. Opladen

Hepp, A. (1998): Fernsehaneignung und Alltagsgespräche. Fernsehnutzung aus der Perspektive der Cultural Studies. Opladen

Hepp, A. (2002): Translokale Medienkulturen. In: Hepp, A./Löffelholz, M. (Hg.): Grundlagentexte zur transkulturellen Kommunikation. Konstanz, S. 861-885

Hepp, A. (2006): Transkulturelle Kommunikation. Konstanz

Herlyn, G. (2001): Partnersuche im Internet. Mediale Mythenbildung und Aneignungserfahrungen einer alltäglichen Kommunikationstechnik. Kommunikation@Gesellschaft, 2 (Online-Dokument: www.uni-frankfurt.de/fb03/K.G/B2_2001_Herlyn_a.htm, Zugriff: 24.11.04)
Henninger, A. (2004): Freelancer in den neuen Medien: Jenseits standardisierter Muster von Arbeit und Leben? In: Kahlert, H./Kajatin, C. (Hg.): Arbeit und Vernetzung im Informationszeitalter. Wie neue Technologien die Geschlechterverhältnisse verändern. Frankfurt, S. 143-165
Hipfl, B. (1994): Thema: „Medienmündigkeit" (2). Zum Alltagsverständnis jugendlicher Medienkompetenz. In: medienpraktisch, H. 4, S. 38-41
Hipfl, B. (2004): Mediale Identitätsräume. Skizzen zu einem ›spartial turn‹ in der Medien- und Kommunikationswissenschaft. In: Hipfl, B./Klaus, E./Scheer, U. (Hg.): Identitätsräume. Nation, Körper und Geschlecht in den Medien. Eine Topografie. Bielefeld, S.16-50
Hitzler, R./Bucher, T./Niederbacher, A. (2001): Leben in Szenen. Formen jugendlicher Vergemeinschaftung heute. Opladen
Hoffmann, D. (2006): Plädoyer für eine integrative Mediensozialisationstheorie. In: Hoffmann, D./Mikos, L. (2006): Mediensozialisationstheorien. Neue Modelle und Ansätze in der Diskussion, Wiesbaden, S. 11-26
Holler, B./Hurrelmann, K. (1990): Gesundheitliche Beschwerden und soziales Netzwerk bei Jugendlichen. In: Seiffge-Krenke, I. (Hg.): Jahrbuch der medizinischen Psychologie. Bd. 4: Krankheitsbewältigung bei Kindern und Jugendlichen. Berlin, S. 59-79
Hornstein, W. (2001): Erziehung und Bildung im Zeitalter der Globalisierung. Themen und Fragestellungen erziehungswissenschaftlicher Reflexion. In: Zeitschrift für Pädagogik, H. 4, S. 517-537
Huber, M./Rehling, I. (1989): Dein ist mein halbes Herz: Was Freundinnen einander bedeuten. Frankfurt
Hug, T. (2005): PISA und andere Erinnerungen. Beiträge der Medienpädagogik zur Vermeidung von ‚educational lags'. Ein Plädoyer für zukunftsorientierte Reformen unter den Auspizien des ‚mediatic turn'. In: medienimpulse, H. 23, S. 9-13
Hugger, K.-U. (2006): Kommunikative Zwischenwelten. Über deutsch-türkische Jugendliche im Internet, Identität und transnationale soziale Räume, In: Tillmann, A./Vollbrecht, R. (Hg.): Abenteuer Cyberspace. Jugendliche in virtuellen Welten. Frankfurt, S. 183-199
Hungerland, B./Overwien, B. (Hg.) (2004): Kompetenzentwicklung im Wandel. Auf dem Weg zu einer informellen Lernkultur? Wiesbaden
Hurrelmann, K. (2002): Sozialisation oder Selbstsozialisation? Ein sympathisierender, aber kritischer Kommentar. In: Zeitschrift für Soziologie der Erziehung und Sozialisation (ZSE), H. 2, S. 155-166
Jenkins, H. (1992): Textual Poachers. Television Fans and Participatory Culture. New York/London, Routledge
JIM-Studie 2005, Jugend, Information, (Multi-)Media (2005): Basisuntersuchung zum Medienumgang 12- 19-Jähriger. Forschungsbericht des Medienpädagogischen Forschungsverbundes Südwest. Stuttgart
JIM-Studie 2006, Jugend, Information, (Multi-)Media (2006): Basisstudie zum Medienumgang 12- 19-Jähriger in Deutschland. Forschungsbericht des Medienpädagogischen Forschungsverbundes Südwest. Stuttgart

Kahlert, H. (2000): Konstruktion und Dekonstruktion von Geschlecht. In: Lemmermöhle, D./Fischer, D./Klika, D./Schlüter, A. (Hg.): Lesarten des Geschlechts. Zur De-Konstruktionsdebatte in der erziehungswissenschaftlichen Geschlechterforschung. Opladen, S. 20-44

Kauffeldt, K. (2007): Internetnutzer und ihre sozialen Netzwerke. Bedeutungen von Online-Beziehungen für Forenmitglieder. Saarbrücken

Keddi, B./Pfeil, P./Strehmel, P./Wittmann, S. (1999): Lebensthemen junger Frauen. Die andere Vielfalt weiblicher Lebensentwürfe. Opladen

Kellner, D. (1997): Die erste Cybergeneration. In: SPoKK (Hg.): Kursbuch Jugendkultur. Stile, Szenen und Identitäten vor der Jahrtausendwende. Mannheim, S. 310-316

Keupp, H. (1987): Soziale Netzwerke. Eine Metapher des gesellschaftlichen Umbruchs? In: Keupp, H./Röhrle, B. (Hg.) (1987): Soziale Netzwerke. Frankfurt, S. 11-53

Keupp, H. (1997): Diskursarena Identität: Lernprozesse in der Identitätsforschung. In: Keupp, H./Höfer, R. (Hg.): Identitätsarbeit heute: klassische und aktuelle Perspektiven der Identitätsforschung. Frankfurt, S. 11-39

Keupp, H./Ahbe, T./Gmür, W./Höfer, R./Mitzscherlich, B./Kraus, W./Straus, F. (Hg.) (2002): Identitätskonstruktionen. Das Patchwork der Identitäten in der Spätmoderne. Hamburg (2. Aufl.)

Kielholz, A. (2001): Geschlechtsunterschiede bei der Internetnutzung. In: Groner, R./Dubi, M. (Hg.): Das Internet und die Schule. Bern u.a., S. 149-169

Kiesler, S./Siegel, J./McGuire, T. W. (1984): Social Psychological Aspects of Computer-Mediated Communication. In: American Psychologist, 39, S. 1123-1134

Kimmerle, H. (2000): Jacques Derrida zur Einführung. Hamburg

Klaus, E. (2005): Kommunikationswissenschaftliche Geschlechterforschung. Zur Bedeutung von Frauen in den Massenmedien und im Journalismus. Wien (2. Aufl.)

Klaus, E./Pater, M./Schmidt, U. C. (1997): Das Gendering neuer Technologien. Durchsetzungsprozesse alter und neuer Kommunikationstechnologien. In: Das Argument, 39. Jg., H. 223, S. 803-818

Klein, A. (2004): Social Support Quality in Internet Based Information and Communication: From „Digital Divide“ to „Voice Divide“. In: Social Work & Society, Volume 2, Issue 1 (Online-Dokument: www.socwork.de/klein2004.pdf, Zugriff: 24.11.04)

Klein, A. (2005): Online-Beratung für alle? Themenfelder, Unterstützungsmuster und Reichweiten netzbasierter Beratung. (Online-Dokument: www.kib-bielefeld.de/externelinks2005/OnlineBeratungfueralle.pdf, Zugriff: 10.05.04)

Knothe, H. (2002a): Zum Gesundheitsstatus junger Frauen und Männer. In: Cornelißen, W./Gille, M/Knothe, H./Meier, P./Queisser, H./Stürzer, M. (Hg.): Junge Frauen – Junge Männer. Daten zur Lebensführung und Chancengleichheit. Eine sekundäranalytische Auswertung, Opladen, S. 257-308

Knothe, H. (2002b): Junge Frauen und Männer zwischen Herkunftsfamilie und eigener Lebensform. In: Cornelißen, W./Gille, M/Knothe,H./Meier, P./Queisser, H./Stürzer, M. (Hg.): Junge Frauen – Junge Männer. Daten zur Lebensführung und Chancengleichheit. Eine sekundäranalytische Auswertung, Opladen, S. 89-134

Kohli, H. (1977): Fernsehen und Alltagswelt. Ein Modell des Rezeptionsprozesses. In: Rundfunk und Fernsehen, 25, S. 70-85

Kolip, P. (1993): Freundschaften im Jugendalter. Der Beitrag sozialer Netze zur Problembewältigung. Weinheim/München

Kolip, P. (1997): Geschlecht und Gesundheit im Jugendalter. Die Konstruktion von Geschlechtlichkeit über somatische Kulturen. Opladen

Kommission der Europäischen Gemeinschaften (2001): Einen europäischen Raum des lebenslangen Lernens schaffen. Brüssel, KOM (2001) 678 (Online-Dokument: www.na-bibb.de/uploads/e-learning/lebenslanges-lernen_mittteilung.pdf , Zugriff: 03.06.06)

Kraacke, B. (1992): Pubertät und Problemverhalten bei Jungen. Weinheim

Kraß, A. (2003): Queer Denken. Queer Studies. Frankfurt

Krappmann, L. (1991): Sozialisation in der Gruppe der Gleichaltrigen. In: Hurrelmann, K./Ulich, D. (Hg.): Neues Handbuch der Sozialisationsforschung, Weinheim/Basel, S. 355-376

Krappmann, L./Oswald, H. (1983): Beziehungsgeflechte und Gruppen von gleichaltrigen Kindern in der Schule. In: Neidhardt, F. (Hg.): Soziologie der Gruppe. Sonderheft 25 der Kölner Zeitschrift für Soziologie und Sozialpsychologie. Opladen, S. 420-450

Krappmann, L./Oswald, H. (1995): Alltag der Schulkinder. Beobachtungen und Analysen von Interaktionen und Sozialbeziehungen. Weinheim/München

Kraus, W. (1996): Das erzählte Selbst. Die narrative Konstruktion von Identität in der Spätmoderne. Centaurus –Verlagsgesellschaft. Pfaffenweiler

Kraus, W. (1999): Identität als Narration: Die narrative Konstruktion von Identitätsprojekten. (Online-Dokument: http://web.fu-berlin.de/postmoderne-psych/berichte3/kraus.htm, Zugriff: 02.06.06)

Kraus, W./Mitzscherlich, B. (1997): Abschied vom Großprojekt. Normative Grundlagen der empirischen Identitätsforschung in der Tradition von James E. Marcia und die Notwendigkeit ihrer Reformulierung. In: Keupp H./Höfer, R. (Hg.): Identitätsarbeit heute: klassische und aktuelle Perspektiven der Identitätsforschung. Frankfurt a. M., S. 149-173

Küchenhoff, E. et al. (1975): Die Darstellung der Frau und die Behandlung von Frauenfragen im Fernsehen. Stuttgart

Kübler, H.-D. (1997): „Medienkindheit" und Mediensozialisation. Empirische Substanz oder gängige Metaphern? In: Medien Praktisch, H. 4, S. 4-9

Kübler, H.-D. (1998): Medienpädagogik nach Maß? Oder: Was meint Medienkompetenz heute? In: Büchler-Krienke, H./Süddeutscher Rundfunk (Hg.): Materialien zur Medienpädagogik. Nr. 57/1998, S. 19-43. In der vorliegenden Arbeit zitiert aus dem Online-Dokument: www.mediaculture-online.de/fileadmin/bibliothek/kuebler_medienpaedagogik/kuebler_medienpaedagogik.pdf, 02.06.06)

Lange, C. (2002): Sexuelle Gewalt gegen Mädchen. Ergebnisse einer Studie zur Jugendsexualität. Gießen (2. Auflage)

Lappe, L. (1999): Berufliche Chancen Jugendlicher in der Bundesrepublik Deutschland. In: Aus Politik und Zeitgeschichte. Beilage zur Wochenzeitung „Das Parlament" vom 25.6.1999, B 26, S. 30-39

Lazarsfeld, P./Merton, R. K. (1964): Friendship as social Process. A Substantive and Methodological Analysis. In: Berger, M./Abel, T./Page, C. H. (Hg.): Freedom and Control in Modern Society. Toronto, Van Nostrand, S. 18-66

Lea, M./Spears, R. (1998): Love at first byte? Building personal relationships over computer networks. In: Johns, S.G. (Hg.): Cybersociety 2.0: Revisiting CMC and community. Thousand Oaks, Sage, S. 197-233

Lefebvres, H. (1974): La production de l'espace. Paris, Anthropos
Lefebvres, H. (1991): The Production of Space. Cambridge Oxford (UK), Cambridge (MA)
Linssen, R./Leven, I./Hurrelmann, K. (2002): Wachsende Ungleichheit der Zukunftschancen? Familie, Schule und Freizeit als jugendliche Lebenswelten. In: Shell Jugendstudie (2002): Jugend 2002. Zwischen pragmatischem Idealismus und robustem Materialismus. Frankfurt a. M., S. 53-90
Lipski, J. (2000): Für das Leben lernen – aber wo? Anmerkungen zum Verhältnis zwischen informellem und schulischem Lernen. In: Deutsches Jugendinstitut (Hg.): Informelles Lernen in der Freizeit. Erste Ergebnisse des Projektes „Lebenswelten als Lernwelten". München, S. 25-40 (Online-Dokument: www.dji.de/6_leblern, Zugriff: 24.11.04)
Lipski, J. (2003): Für das Leben lernen, was wie und wo? Umrisse einer neuen Lernkultur. In: Hungerland, B./Overwien, B. (Hg.): Kompetenzerwerb außerhalb etablierter Lernstrukturen. Modelle für eine künftige Lernkultur? Opladen
Lötzsch, A. (2005): Geschlechtskonstruktionen im Internet. Eine Forenanalyse der Online-Community „LizzyNet". Unveröffentlichte Diplomarbeit an der Technischen Universität Dresden
Löw, M. (1997): Widersprüche der Moderne. Die Aneignung von Raumvorstellungen als Bildungsprozess. In: Ecarius, J./Löw, M. (Hg.): Raumbildung Bildungsräume. Über die Verräumlichung sozialer Prozesse. Opladen, S. 15-32
Löw, M. (2001): Raumsoziologie. Frankfurt
Mansel, J. (1997): „Selbstsozialisation" und Mediengebrauch. Medien als Instrument einer aktiv gestaltenden Persönlichkeitsentwicklung. In: medienpraktisch, H. 4, S. 9-11
Mar Castro Varela, M. D./Dhawan, N. (2005): Postkoloniale Teorie. Eine kritische Einführung. Bielefeld
Marcia, J. E. (1966): Development and validation of ego-identity status. In: Journal of Personality and Social Psychology, 3 (5), S. 551-558
Marcia, J. E. (1989): Identity diffusion differentiated. In: Luszcz, M. A./Nettelbeck, T. (Hg.): Psychological development across the life-span. North-Holland, Elsevier, S. 289-295
Margreiter, R. (1999): Realität und Medialität. Zur Philosophie des 'Medial Turn'. In: Medien Journal. Zeitschrift für Kommunikationskultur, Jg. 23, H. 1, S. 9-18
Massey, D. (1994): Space, Place, and Gender. University of Minnesota Press, Minneapolis
McRobbie, A. (1982): Abrechnung mit dem Mythos Subkultur. In: McRobbie, A./Savier, M. (Hg.): Autonomie – aber wie! Mädchen, Alltag, Abenteuer. München, S. 205-226
McRobbie, A. (1991): Feminism and Youth Culture: From Jackie to Just Seventeen. London, Macmillan
McRobbie, A. (1996): 'More!: New Sexualities in Girls' and Women's Magazines. In: Curran, J./Morley, D./Walkerdine, V. (Hg.): Cultural Studies and Communications. London, Arnold
McRobbie, A. (1997): Shut up and dance. Jugendkultur und Weiblichkeit im Wandel. In: Kursbuch Jugendkultur. Stile, Szenen und Identitäten vor der Jahrtausendwende. Mannheim, S. 192-213

McRobbie, A./Garber, J. (1979): Mädchen in den Subkulturen. In: Clark, J. u.a. (Hg.): Jugendkultur als Widerstand. Milieus, Rituale, Provokationen. Frankfurt, a. M., S. 217-237

Mead, G. H. (1934): Mind, Self, and Society. Edited by Charles W. Morris. Chicago (Dt. Übersetzung: Geist, Identität und Gesellschaft aus der Sicht des Sozialbehaviorismus. Suhrkamp-Verlag, Frankfurt a. M. 1968)

Mecheril, P. (2003): Prekäre Verhältnisse. Über natio-ethno-kulturelle (Mehrfach-) Zugehörigkeit. Münster u.a.

Mettler von Meibom, B. (1998): Kommunikation in der Mediengesellschaft. Tendenzen, Gefährdungen, Orientierungen. Berlin

Meyer, D./Seidenspinner, G. (1998): Mädchenarbeit. Plädoyer für einen Paradigmenwechsel. In: Arbeitsgemeinschaft Jugendhilfe (Hg.): Einheit der Jugendhilfe. 50 Jahre Arbeitsgemeinschaft für Jugendhilfe. Bonn, S. 58-71

Mikos, L. (1994): Fernsehen im Erleben der Zuschauer. Vom lustvollen Umgang mit einem populären Medium. Berlin/München

Mikos, L. (1999): Ein kompetenter Umgang mit Medien erfordert mehr als Medienkompetenz. In: medien + erziehung, 43. Jg., Nr. 1, S. 19-23

Mikos, L. (2002): Lokale Orientierung des globalen Fernsehmarktes. In: Hepp, A./ Löffelholz„ M. (Hg.): Grundlagentexte zur transkulturellen Kommunikation. Konstanz, S. 436-455

Morley, D. (1992): Television, Audiences & Cultural Studies. London, Routledge

Morley, D. (1997): Where the Global Meets the Local: Aufzeichnungen aus dem Wohnzimmer. In: montage/av 6 (1), S. 5-35

Morley, D. (2001): Nicht »zu Hause« in der Mediennation. In: Busch, B./Hipfl, B./Robins, K. (Hg.): Bewegte Identitäten. Medien in transkulturellen Kontexten. Klagenfurt, S. 21-46

Morley, D./Brundson, C. (1999): Introduction. The Nationwide Television Studies. London, Routledge

Morley, D./Robins, K. (1995): Spaces of Identity. Global Media, Electronic Landscapes and Cultural Boundaries. Routledge, London/New York

Moser, Heinz (1999): Einführung in die Medienpädagogik. Aufwachsen im Medienzeitalter. Opladen (2. Aufl.)

Münch, T. (2006): Sammeln, Tauschen und mehr. Jugendliche Musiknutzer on- und offline. In: Tillmann, A./Vollbrecht, R. (Hg.): Abenteuer Cyberspace. Jugendliche in virtuellen Welten. Frankfurt a. M., S. 133-148

Müller, R. (1999): Musikalische Selbstsozialisation. In: Fromme, J./Kommer, S./Mansel, J./Treumann, K.-P. (Hg.): Selbstsozialisation, Kinderkultur und Mediennutzung. Opladen

Müller, R./Rhein, S./Glogner, P. (2004): Das Konzept musikalischer und medialer Selbstsozialisation – widersprüchlich, trivial, überflüssig? In: Hoffmann, D./ Merkens, H. (Hg.): Jugendsoziologische Sozialisationstheorie. Impulse für die Jugendforschung. Weinheim/München, S. 237-252

Mutzl, J. (2005): „Die Macht von Dreien…“ Medienhexen und moderne Fangemeinschaften. Bedeutungskonstruktionen im Internet. Bielefeld

Nederveen Pieterse, J. (1998): Der Melange-Effekt. In: Beck, U. (Hg.): Perspektiven der Weltgesellschaft. Frankfurt a. M., S. 87-124

Nestmann, F. (1987): „Macht vierzehnachtzig – Beratung inklusive!“ Natürliche Helfer im Dienstleistungssektor. In: Keupp, H./Röhrle, B. (Hg.): Soziale Netzwerke. Frankfurt, New York, S. 268-293

Nestmann, F. (1988): Die alltäglichen Helfer. Theorien sozialer Unterstützung und eine Untersuchung alltäglicher Helfer aus vier Dienstleistungsberufen. Berlin/New York

Nestmann, F. (1989): Förderung sozialer Netzwerke – eine Perspektive pädagogischer Handlungskompetenz? In: Neue Praxis, 19. Jg., H.2, S. 107-123

Nestmann, F. (1991): Beratung, soziale Netzwerke und soziale Unterstützung. In: Beck, M./Brückner, G./Thiel, H. U. (Hg.): Psychosoziale Beratung. Klient/innen, Helfer/innen, Institutionen. Serie: Forum für Verhaltenstherapie und psychosoziale Praxis. Tübingen, S. 47-69

Niesyto, H. (2004): Kritische Anmerkungen zum Konzept medialer Selbstsozialisation. In: Ludwigsburger Beiträge zur Medienpädagogik (Online-Dokument: www.ph-ludwigsburg.de/fileadmin/subsites/1b-mpxx-t-01/user_files/Online-Magazin/Ausgabe5/Schwerpunkt5.pdf, Zugriff: 27.05.04)

Nissen, U. (1992): Raum und Zeit in der Nachmittagsgestaltung von Kindern. In: Deutsches Jugendinstitut (Hg.): Was tun Kinder am Nachmittag? Ergebnisse einer empirischen Studie zur mittleren Kindheit. Weinheim/München, S. 127-171

Oerter, R./Montada, L. (Hg.) (1987): Entwicklungspsychologie. Ein Handbuch in Schlüsselbegriffen. München

Otto, H.-U./Kutscher, N. (2004a): Informelle Bildung online. Perspektiven für Bildung, Jugendarbeit und Medienpädagogik. Weinheim/München

Otto, H.-U./Kutscher, N./Klein, A./Iske, S. (2004b): Soziale Ungleichheit im virtuellen Raum: Wie nutzen Jugendliche das Internet? Erste Ergebnisse einer empirischen Untersuchung zu Online-Nutzungsdifferenzen und Aneignungsstrukturen von Jugendlichen (Online-Dokument: www.bmfsfj.de/RedaktionBMFSFJ/Abteilung5/Pdf-Anlagen/jugend-internet-langfassung,property=pdf.pdf, 06.06.06]

Overwien, B. (1999): Informelles Lernen, soziale Bewegungen und Kompetenzerwerb für eine selbstbestimmte Arbeits- und Lebenspraxis. In: Liebel, M./Overwien, B./Recknagel, A. (Hg.): Was Kinder könn(t)en. Handlungsperspektiven von und mit arbeitenden Kindern. Frankfurt a. M., S. 149-172

Overwien, B. (2003): Das lernende Subjekt als Ausgangspunkt – Befreiungspädagogik und informelles Lernen. In: Wittwer, W./Kirchhoff, S. (Hg.): Informelles Lernen und Weiterbildung: Neue Wege zu Kompetenzentwicklungen. Neuwied 2003, S. 43-70 (Online-Dokument: www.tu-berlin.de/fak1/gsw/gl/dok/bielefeld.pdf, Zugriff: 03.04.04)

Pagenstecher, L./Jaeckel, M./Brauckmann, J. (1985): Mädchen und Frauen unter sich: ihre Freundschaften und Liebesbeziehungen im Schatten der Geschlechterhierarchie. Opladen (hgg. von der Sachverständigen Kommission Sechster Jugendbericht)

Parks, M. R./Floyd, C. (1996): Making Friends in Cyberspace. In: Journal of Communication, 46, H. 1, S. 80-97

Parks, M. R./Roberts, L. D. (1997): 'MakingMOOsic': The development of personal relationships on-line and a comparison to their off-line counterparts. Paper presented at the Annual Conference of the Western Speech Communicaion Association. Monterey, California (Online-Dokument: www.fragment.nl/mirror/various/Parks_et_al.1997.Making_moosic.htm, Zugriff: 08.04.04)

Paravicini, U./Claus, S./Münkel, A./von Oertzen, S. (2002): Neukonzeption städtischer öffentlicher Räume im europäischen Vergleich. Hannover

Pfennig, U. (1996): Soziale Netzwerke in der Forschungspraxis. Zur theoretischen Perspektive, Vergleichbarkeit und Standardisierung von Erhebungsverfahren sozialer Netzwerke. Darmstadt
Polizeiliche Kriminalstatistik 2006 (2006). Hgg. vom Bundeskriminalamt Wiesbaden (Online-Dokument: www.bka.de/pks/pks2004/, Zugriff: 13.02.06)
Pöttinger, I. (1997): Lernziel Medienkompetenz. Theoretische Grundlagen und praktische Evaluation anhand eines Hörspielprojekts. München
Pries, L. (1998): Transnationale Soziale Räume. Theoretisch-empirische Skizze am Beispiel der Arbeitswanderung Mexiko-USA. In: Beck, U. (Hg.): Perspektiven der Weltgesellschaft. Frankfurt a. M., S. 55-85
Pries, L. (2001): Migration und Integration in Zeiten der Transnationalisierung oder: Warum braucht Deutschland eine ‚Kulturrevolution'? In: Zeitschrift für Migration und soziale Arbeit, H. 1, S. 14-19
Pries, L. (2002): Transnationalisierung der sozialen Welt? In: Berliner Journal für Soziologie, H. 2, S. 263-272
Prokop, U. (1976): Weiblicher Lebenszusammenhang. Von der Beschränktheit der Strategien und der Unangemessenheit der Wünsche. Frankfurt a. M.
Pullen, K. (2000): I-love-Xena.com: Creating Online Fan Communities. In: Gauntlett, D. (Hg.): Web.Studies. Rewiring media studies for the digital age. New York, Arnold, S. 52-61
Ravens-Sieberer, U./Thomas, C./Erhart, M. (2003): Körperliche, psychische und soziale Gesundheit von Jugendlichen. In: Hurrelmann, K./Klocke, A./Melzer, W./Ravens-Sieberer, U. (Hg.): Jugendgesundheitssurvey. Internationale Vergleichsstudie im Auftrag der Weltgesundheitsorganisation WHO. Weinheim, S. 19-98
Reischmann, J. (1995): Lernen en passant – die vergessene Dimension. In: Grundlagen der Weiterbildung (GdWZ) 4, S. 200-204
Reismann, J. M. (1990): Intimacy in Same-Sex Friendships. In: Sex Roles, 23, S. 65-82
Rheingold, H. (1993): The Virtual Community: Homesteading on the Electronic Frontier. New York, Addison-Wesley (Online-Dokument: www.well.com/user/hlr/vcbook/index.html, Zugriff: 08.06.06)
Rheingold, H. (1994): Virtuelle Gemeinschaft: Soziale Beziehungen im Zeitalter des Computers. Bonn, Paris u.a
Richard, B./Krüger, H.-H. (1997): Welcome to the warehouse. Zur Ästhetik realer und medialer Räume der Repräsentation von jugendkulturellen Stilen der Gegenwart. In: Ecarius, J./Löw, M. (Hg.): Raumbildung. Bildungsräume. Über die Verräumlichung sozialer Prozesse. Opladen, S. 147-166
Ritzer, G. (1995): Die McDonaldisierung der Gesellschaft. Frankfurt
Robertson, R. (1998): Glokalisierung: Homogenität und Heterogenität in Raum und Zeit. In: Beck, U. (Hg.): Perspektiven der Weltgesellschaft. Frankfurt, S. 192-221
Robins, K. (2004): Beyond Imagined Community? Transnationale Medien und türkische MigrantInnen in Europa. In: Hipfl, B./Klaus, E./Scheer, U. (Hg.): Identitätsräume. Nation, Körper und Geschlecht in den Medien. Eine Topografie. Bielefeld, S. 114-132
Röhrle, B. (1994): Soziale Netzwerke und soziale Unterstützung. Weinheim
Römhild, R. (1998): Die Macht des Ethnischen: Grenzfall Russlanddeutsche. Frankfurt a. M.

Römhild, R. (2003): Globalisierte Heimaten. Kulturanthropologische Beobachtungen in der Alltagskultur. In: Burmeister, H.-P. (Hg.): Die eine und die andere Kultur. Interkulturalität als Programm. 46. Rehburg-Loccum, S. 41-52

Rose, L (2000): Mädchenarbeit und Jungenarbeit in der Risikogesellschaft. In: Neue Praxis, 30. Jg., H. 3, S. 240-253

Rose, L. (2003): Kinderleben im Stadtteil. Ergebnisse einer Kinderbefragung und Schlussfolgerungen für Jugendhilfe und Spielraumplanung. In: deutsche jugend, 51. Jg., H.6, S. 254-264

Rose, L./Scherr, A. (2000): Der Diskurs der Geschlechterdifferenzierung in der Kinder- und Jugendhilfe. Einkritischer Blick. In: Deutsche Jugend, 8. Jg., H. 2, S. 65-74

Roth, R. (2002): Globalisierungsprozesse und Jugendkulturen. In: Aus Politik und Zeitgeschichte, B. 5, S. 20–27

Rudolph, H. (1997): Just in time – Zur Thematisierung der Frauenfrage an der TU Berlin. In: Hartmann, C./Sanner, U. (Hg.): Ingenieurinnen: Ein unverzichtbares Potential für die Gesellschaft. Kirchlinteln, S. 11-21

Sallis, J. F./Prochaska, J. J./Taylot, W. C. (2006): A review of correlates of physical activity of children and adolescents. In: Medicine & Science in Sports & Exercise, 32, S. 963-975

Savier, M./Wildt, C. (1980): Mädchen zwischen Anpassung und Widerstand. Neue Ansätze zur feministischen Jugendarbeit. München

Schachtner, C./Duval, B. (2004): Virtuelle Frauenräume: Wie Mädchen und Frauen im Netz-Medium Platz nehmen. In: Kahlert, H./Kajatin, C. (Hg.): Arbeit und Vernetzung im Informationszeitalter. Wie neue Technologien die Geschlechterverhältnisse verändern. Frankfurt a. M., S. 279-298

Schachtner, C./Winker, G. (Hg.) (2005): Virtuelle Räume – neue Öffentlichkeiten. Frauennetze im Internet. Frankfurt a. M./New York

Shell Jugendstudie (2000): Jugend 2000. 13. Jugend-Shell-Studie. Zuversicht ohne Illusionen. „Die Jugend ist schon in der Zukunft angekommen". Hgg. von Arthur Fischer, Yvonne Fritzsche, Werner Fuchs-Heinritz, Opladen

Shell Jugendstudie (2006): Jugend 2006. 15. Shell Jugendstudie. Eine pragmatische Generation unter Druck. Hgg. von Mathias Albert/Klaus Hurrelmann, M. Frankfurt

Scheunpflug, A. (2003): Stichwort Globalisierung und Erziehungswissenschaft. In: Zeitschrift für Erziehungswissenschaft (ZfE), 2, S. 159-172

Schelhowe, H. (1997): Die Krise für Veränderungen nutzen! Technologie und Gesellschaftsverhältnis in der Informationsgesellschaft. In: Bath, C./Kleinen, B. (Hg.): Frauen in der Informationsgesellschaft. Fliegen oder Spinnen im Netz? Mössingen-Talheim, S. 75-88

Schaoua, N./Keiner, R. (2006): Sport, Ethnizität und Geschlecht. In: Hartmann-Tews, I./Rulows, B. (Hg.): Handbuch Sport und Geschlecht. Beiträge zur Lehre und Forschung im Sport. Schorndorf, S. 139-149

Scherr, A. (2004): Selbstsozialisation in der polykontexturalen Gesellschaft. Primat des Objektiven oder Autopoiese psychischer Systeme. In: Hoffmann, D./Merkens, H. (Hg.): Jugendsoziologische Sozialisationstheorie. Impulse für die Jugendforschung. Weinheim/München, S. 221-235

Scheunpflug, A. (2003): Stichwort: Globalisierung und Erziehungswissenschaft. In: Zeitschrift für Erziehungswissenschaft (ZfE), H. 2, S. 159-172

Schorb, B. (1997a): Medienkompetenz. In: Hüther, J./Schorb, B./Brehm-Klotz, C. (Hg.): Grundbegriffe Medienpädagogik. München, S. 234-240
Schorb, B. (1997b): Medienkompetenz durch Medienpädagogik. In: Weßler, H. et al (Hg.): Perspektiven der Medienkritik. Opladen. In der vorliegenden Arbeit zitiert aus dem Online-Dokument (http://medienkiosk.de/medienkompetenz.0.html, Zugriff: 25.07.03)
Schorb, B. (1997c): Sozialisation. In: Hüther, J./Schorb, B./Brehm-Klotz, C. (Hg.): Grundbegriffe Medienpädagogik. München, S. 335-341
Schröder, A. (2006): Bewältigungen in der Adoleszenz und Entgrenzung der Jugendphase : was bleibt und was sich wandelt (I). In: Deutsche Jugend, 54, 2, S. 74-80
Schröder, A./Leonhardt, U. (1998): Jugendkulturen und Adoleszenz: Verstehende Zugänge zu Jugendlichen in ihren Szenen. Neuwied
Schröer, W. (2004): Befreiung aus dem Moratorium? Zur Entgrenzung von Jugend. In: Lenz, K./Schefold, W./Schröer, W.: Entgrenzte Lebensbewältigung. Jugend, Geschlecht und Jugendhilfe. Weinheim/München, S. 19-74
Seidenspinner,G./Keddi, B./Wittmann, S./Gross, M./Hildebrandt, K./Strehmel, P. (1996): Junge Frauen heute – wie sie leben, was sie anders machen. Opladen
Smyres, K. (1999): Virtual Corporeality: Adolescent Girls and Their Bodies in Cyberspace. In: Cybersociology, Issue 6. (Online-Dokument: www.socio.demon.co.uk/magazine/6/smyres.html, Zugriff: 12.05.05)
Soja, E. W. (1996): Thirdspace: Journeys to Los Angeles and Other Real-and-Imagined Places. Cambridge/Oxford, Blackwell
Soja, E. W. (2005): Die Trialektik der Räumlichkeit. In: Stockhammer, R. (Hg.): TopoGraphien der Moderne. Medien zur Repräsentation und Konstruktion von Räumen. München, S. 93-123
Spanhel, D. (1999): Der Aufbau grundlegender Medienkompetenzen im frühen Kindesalter. In: Gogolin, I./Lenzen, D. (Hg.): Medien-Generation. Beiträge zum 16. Kongreß der Deutschen Gesellschaft für Erziehungswissenschaft. Opladen, S. 225-244
Spitthöver, M. (2000): Freiraumverfügbarkeit. In: Harth, A./Scheller, G. (Hg.): Stadt und soziale Ungleichheit. Opladen, S. 217-231
Statistisches Bundesamt (2005a): Berufliche Bildung. Auszubildende in den 20 am stärksten besetzten Ausbildungsberufen 2004. Männliche Auszubildende. (Online-Dokument:http://www.destatis.de/jetspeed/portal/cms/Sites/destatis/Internet/DE/Content/Statistiken/BildungForschungKultur/BeruflicheBildung/Tabelle/Content50/AzubiRanglisteAusbildungsvertragMaennlich.psml, Zugriff:16.05.07)
Statistisches Bundesamt (2005b): Berufliche Bildung. Auszubildende in den 20 am stärksten besetzten Ausbildungsberufen 2004. Weibliche Auszubildende. (Online-Dokument: http://www.destatis.de/jetspeed/portal/cms/Sites/destatis/Internet/DE/Content/Statistiken/BildungForschungKultur/BeruflicheBildung/Tabellen/Content50/AzubiRanglisteAusbildungsvertragWeiblich.psml, Zugriff: 16.05.07)
Stegbauer, C. (2001): Grenzen virtueller Gemeinschaft. Strukturen internetbasierter Kommunikationsforen. Wiesbaden
Stoll, C. (1996). Die Wüste Internet. Frankfurt a. M
Straus, F. (2002): Netzwerkanalysen. Gemeindepsychologische Perspektiven für Forschung und Praxis. Wiesbaden

Straus, F./Höfer, (1997): Entwicklungslinien alltäglicher Identitätsarbeit. In: Keupp, H./Höfer, R. (Hg.): Identitätsarbeit heute: klassische und aktuelle Perspektiven der Identitätsforschung. Frankfurt a. M., S. 270-307

Strauss, A. (1991): Grundlagen qualitativer Sozialforschung. Datenanalyse und Theoriebildung in der empirischen soziologischen Forschung. München

Strauss, A./Corbin, J. (1996): Grounded Theory: Grundlagen Qualitativer Sozialforschung. Weinheim

Süss, D. (2004): Mediensozialisation von Heranwachsenden. Dimensionen – Konstanten – Wandel. Wiesbaden

Suler, J. (1996): Transient and Long Term Online Relationships. (Online-Dokument: www.rider.edu/suler/psycyber/relationships.html, Zugriff: 06.06.06)

Suler, J. (1998): Adolescents in Cyberspace. The Good, the Bad, and the Ugly. Article revised Feb. 2005 (Online-Dokument: www.rider.edu/%7Esuler/psycyber/ adoles.html, Zugriff: 08.06.06)

Suler, J. (2002): The Psychology of Avatars and Graphical Space in Multimedia Chat Communities or: How I Learned to Stop Worrying and Love My Palace Props. In: Beißwenger, M. (Hg.): Chat-Kommunikation. Sprache, Interaktion, Sozialität & Identität in synchroner computervermittelter Kommunikation. Perspektiven auf ein Forschungsfeld. Band 2. Stuttgart, S. 305-343

Theunert, H./Schorb, B. (2004): Sozialisation mit Medien: Interaktion von Gesellschaft – Medien – Subjekt. In: Hoffmann, D./Merkens, H. (Hg.): Jugendsoziologische Sozialisationstheorie. Impulse für die Jugendforschung. Weinheim/München, S. 203-219

Tillmann, A. (2006): Girls in Cyberspace: An Evaluation of an Online Community Supervised by Media-Educationalists. In: Hipfl, B./Hug, T. (Hg.): Media Communities. Münster u.a., S. 211-230

Tillmann, K. (1992): Jugend weiblich – Jugend männlich. Opladen

Tillmann, A./Vollbrecht, R. (2003): „LizzyNet". Evaluation der Lern- und Kommunikationsplattform für Mädchen von Schulen ans Netz e.V. Dresden (unveröffentlichter Abschlussbericht)

Tillmann, A./Vollbrecht, R. (2006a): Informelle virtuelle Lerngemeinschaften – das Beispiel LizzyNet. In: Arnold, R./Lermen, M. (Hg.) 2006: Didaktik des eLearning. Baltmannsweiler, S. 195-208

Tillmann, A./Vollbrecht, R. (2006b): Cliquen, Jugendkultur und Medien. In: medien + erziehung (merz), H. 4, S. 22-27

Treibel, A./Billes-Gerhart, E. (2004): Jugend und Neue Medien – eine Sekundäranalyse. In: Buchen, S. (Hg.): Gender methodologisch. Wiesbaden, S. 143-161

Tully, C. J. (1994): Lernen in der Informationsgesellschaft. Informelle Bildung durch Computer und Medien. Opladen

Tully, C. J. (2004): Alltagslernen in technisierten Welten: Kompetenzerwerb durch Computer, Internet und Handy. In: Wahler, P./Tully, C. J./Preiß, C. (2004): Jugendliche in neuen Lernwelten. Wiesbaden, S. 153-188

Tulodziecki, G. (1998): Entwicklung von Medienkompetenz als Erziehungs- und Bildungsaufgabe. Pädagogische Rundschau 52, 6, S. 693 – 709

Turkle, S. (1995): Life on the Screen: Identity in the Age of the Internet. New York, Simon & Schuster

Turkle, S. (1999): Leben im Netz. Identität in Zeiten des Internet. Reinbek bei Hamburg

Utz, S. (1996): Kommunikationsstrukturen und Persönlichkeitsaspekte bei MUD-Nutzern. Diplomarbeit. (Online-Dokument: www.tu-chemnitz.de/phil/psych/professuren/sozpsy/Mitarbeiter/Utz/Diplom1.htm, Zugriff: 11.10.04)
Vaskovics, L. A./Watzinger, D. (1982): Wohnumweltbedingungen der Sozialisation bei Unterschichtfamilien. In: Vaskovics, L. A. (Hg.): Umweltbedingungen familialer Sozialisation. Beiträge zur sozialökologischen Sozialisationsforschung. Stuttgart, S. 272-290
Vogelgesang, W. (1991): Jugendliche Video-Cliquen. Action- und Horrorvideos als Kristallisationspunkte einer neuen Fankultur. Opladen
Vollbrecht, R. (2001): Einführung in die Medienpädagogik. Weinheim/Basel
Vollbrecht, R. (2003): Aufwachsen in Medienwelten. In: Fritz, K./Sting, S./Vollbrecht, R. (Hg.): Mediensozialisation. Pädagogische Perspektiven des Aufwachsens in Medienwelten. Opladen, S. 13-24
Vollbrecht, R. (2007): Der sozialökologische Ansatz der Mediensozialisation. In: Hoffmann, D./Mikos, L. (Hg.): Mediensozialisationstheorien. Neue Modelle und Ansätze in der Diskussion. Wiesbaden, S. 93-108
Voß, G. G./Pongratz, H. J. (1998): Der Arbeitskraftunternehmer. Eine neue Grundform der Ware Arbeitskraft? In : Kölner Zeitschrif t für Soziologie und Sozialpsychologie, H. 1, S . 131-158
Wahler, P. (2000): Jugend in Berufsausbildung und Arbeit. In: Sander, U./Vollbrecht, R. (Hg.): Jugend im 20. Jahrhundert. Neuwied, S. 176-189
Wahler, P./Tully, C. J./Preiß, C. (2004): Jugendliche in neuen Lernwelten. Selbstorganisierte Bildung jenseits institutioneller Qualifizierung. Wiesbaden
Waldmann, S./Straus, F. (1992): Identität und soziale Netzwerke. Ein Vergleich von ost- und westdeutschen Jugendlichen. Diskurs, Vol. 1, S. 53-59
Walter, C. (1998): Technik, Studium und Geschlecht. Was verändert sich im Technik und Selbstkonzept der Geschlechter? Opladen
Walther, J. B. (1996): Computer-mediated communication: Impersonal, interpersonal, and hyperpersonal interaction. In: Communication Research, H. 23, S. 3-43
Walther, J. B./Boyd, S. (2002): Attraction of computer-mediated social support. A revised version of this work appears in: Lin, C. A./Atkin, D. (Hg.): Communication technology and society: Audience adoption and uses. Cresskill, NJ: Hampton Press, S. 153-188 (Online-Dokument: www.people.cornell.edu/pages/jbw29/docs/support.html, Zugriff: 13.11.04)
Walther, J. B./Burgoon, J. K. (1992): Relational Communication in Computer-Mediated Interaction. Human Communication Research, H. 19, S. 50-88
Weiderer, M. (1993): Das Frauen- und Männerbild im deutschen Fernsehen. Regensburg
Wellman, B (1997): An electronic group is virtually a social network. In: Kiesler, S. (Hg.): Culture of the Internet. Mahwah, NJ: Lawrence Erlbaum7, S. 179-205
Wellman, B./Gulia, M. (1999): Net Surfers Don't Ride Alone: Virtual Communities as Communities. In: Kollock, P./Smith, M. (Hg.): Communities in Cyberspace. London/New York, Routledge, S. 167-194 (Online-Dokument: www.chass.utoronto.ca/~wellman/publications/netsurfers/netsurfers.pdf, Zugriff: 09.01.06)
Welsch, W. (1992): Transkulturalität. Lebensformen nach der Auflösung der Kulturen. In: Information Philosophie 2, S. 5-20
West, C./Zimmermann, D. H. (1991): Doing Gender. In: Lorber, J./Farell, S. A. (Hg.): The Social Construction of Gender. Newbury Park, London/New Delhi, S. 13-37

Wetterer, A. (2002): Arbeitsteilung und Geschlechterkonstruktion. „Gender at Work“ in theoretischer und historischer Perspektive. Konstanz
Wetzstein, T./Dahm, H./Steinmetz, L./Lentes, A./Schampaul, S./Eckert, R. (Hg.) (1995): Datenreisende. Die Kultur der Computernetze. Opladen
Willemsen, T. M. (1998): Widening the gender gap. Teenage magazines for girls and boys Sex Roles. A Journal of Research. (Online-Dokument: www.find articles.com/p/articles/mi_m2294/is_n9-0_v38/ai_20914094, Zugriff: 01.01.05)
Willis, P. (1981): „Profane Culture“. Rocker, Hippies. Subversive Stile der Jugendkultur. Frankfurt
Winker, G./Carstensen, T. (2004): Flexible Arbeit – bewegliche Geschlechterarrangements. In: Kahlert, H./Kajatin, C. (Hg.): Arbeit und Vernetzung im Informationszeitalter. Wie neue Technologien die Geschlechterverhältnisse verändern. Frankfurt, S. 167-185
Winker, G./Drüeke, R./Sude, K. (2004): Neue Öffentlichkeiten durch frauenpolitische Netze im Internet? In: Kahlert, H./Kajatin, C. (Hg.): Arbeit und Vernetzung im Informationszeitalter. Wie neue Technologien die Geschlechterverhältnisse verändern. Frankfurt a. M., S. 239-257
Winter, R. (1991): Zwischen Kreativität und Vergnügen. Der Gebrauch des postmodernen Horrorfilms. In: Müller-Doohm, S./Neumann-Braun, K. (Hg.): Öffentlichkeit, Kultur, Massenkommunikation. Oldenburg, S. 213-229
Winter, R. (1995): Der produktive Zuschauer. Medienaneignung als kultureller und ästhetischer Prozess. München
Witzel, A. (1985): Das problemzentrierte Interview. In: Jüttemann, G. (Hg.): Qualitative Forschung in der Psychologie. Weinheim, S. 227-256
Witzel, A. (2000, Januar): Das problemzentrierte Interview. Forum Qualitative Sozialforschung. Online Journal (http://qualitative-research.net/fqs, 23.08.03)
Wright, K., B. (2000): Perceptions of on-line support providers. An examination of perceived homophily, source credibility, communication and social support within on-line support groups. In: Communication Quarterly, H. 48, S. 44-59
Wright, K. B./Bell, S. B. (2003): Health-related Support Groups on the Internet: Linking Empirical Findings to Social Support and Computer-mediated Communication Theory. In: Journal of Health Psychology. Vol. 8 (1), S. 39-54
Wüstenrot-Stiftung (Hg.) (2003): Jugendliche in öffentlichen Räumen der Stadt. Chancen und Restriktionen der Raumaneignung. Leverkusen
Youniss, J./Smollar, J. (1985): Adolescent Relations with Mothers, Fathers, and Friends. Chicago, University of Chicago Press
Zeiher, H./Zeiher, H. J. (1994): Orte und Zeiten der Kinder. Soziales Leben im Alltag von Großstadtkindern. Weinheim/München
Zinnecker, J. (2000): Selbstsozialisation – Essay über ein aktuelles Konzept. In: Zeitschrift für Soziologie der Erziehung und Sozialisation (ZSE), 20. Jg., H. 3, S. 272-290
Zinnecker, J./Behnken, I./Maschke, S. (2002): null zoff und voll busy. Opladen
Zwick, M. M./Renn, O. (2000): Die Attraktivität von technischen und ingenieurswissenschaftlichen Fächern bei der Studien- und Berufswahl junger Frauen und Männer. Stuttgart